J. A. E. Curtis

·

The Englishman From Lebedian'
A Life Of Evgeny Zamiatin (1884–1937)

BOSTON

2013

Джули Куртис

Англичанин из Лебедяни

Жизнь Евгения Замятина (1884–1937)

Academic Studies Press
БиблиоРоссика
Бостон / Санкт-Петербург
2020

УДК 82.01/.09
ББК 83.3(2)6
К93

Перевод с английского Ю. Савиковской

Серийное оформление и оформление обложки Ивана Граве
*(в оформлении использован шарж на Е. И. Замятина
из книги Н. Радлова «Воображаемые портреты»)*

Куртис Дж.
К93 Англичанин из Лебедяни: Жизнь Евгения Замятина (1884–1937) / Джули Куртис ; [пер. с англ.]. — СПб.: Academic Studies Press / БиблиоРоссика, 2020. — 448 с. — (Серия «Современная западная русистика» = «Contemporary Western Rusistika»).

ISBN 978-1-6446931-7-9 (Academic Studies Press)
ISBN 978-5-6043579-7-2 (БиблиоРоссика)

Книга Дж. Куртис, известной исследовательницы творчества Евгения Замятина и Михаила Булгакова, представляет собой первую полную биографию Евгения Замятина, включающую редкие материалы архивов США, Франции и России. Тщательному исследованию, в равной мере академическому и увлекательному, подвергаются не только подробности личной жизни и творчества одного из самых недооцененных писателей России первой половины XX века, но и значимые события культурной, политической и экономической жизни того времени.

УДК 82.01/.09
ББК 83.3(2)6

© Julie Curtis, text, 2013
© Academic Studies Press, 2013
© Ю. Савиковская, перевод с английского, 2020
© Оформление и макет ООО «БиблиоРоссика», 2020

ISBN 978-1-6446931-7-9
ISBN 978-5-6043579-7-2

Светлой памяти моей матери Барбары Рендалл (1920–2012), которая сделала все, чтобы у ее детей были возможности, которых было лишено ее поколение

Евгений Замятин   *Eugène Zamiatine*

Портрет Замятина работы Ю. П. Анненкова (1921)
(«Портреты», Петербург, 1922)[1]

---

[1] Автор и издательство предприняли разумные усилия по поиску правообладателей и идентификации авторов отдельных иллюстраций и фото, что не во всех случаях оказалось возможным, и готовы рассмотреть обращения по соответствующим вопросам.

Предисловие

> Синтетизм пользуется интегральным смещением планов. Здесь вставленные в одну пространственно-временную раму куски мира — никогда не случайны: они скованы синтезом, и ближе или дальше — но лучи этих кусков непременно сходятся в одной точке, из кусков — всегда целое[2].

Совмещение несовместимого, парадоксальность — в этих понятиях ключ к синтетизму Евгения Замятина. Они также дают представление о личности одного из наиболее выдающихся российских писателей революционной эпохи. Неокубистские линии знаменитого портрета Замятина, выполненного Анненковым в 1921 году, воспроизводят противоречивые грани характера писателя. Этот человек прожил несколько жизней одновременно, но ему удалось соединить их в себе, и даже — несмотря ни на что — сохранить свою внутреннюю целостность.

Этому чрезвычайно умному и образованному человеку приходилось переделывать себя на протяжении всей своей жизни. Он превратился из провинциального мальчика в искушенного городского жителя; из сметливого сына священника в заговорщика большевистского толка; из бывшего инженера в писателя. Побыв русским в Англии, он умышленно приобрел облик «англичанина» в новую советскую эпоху. Он прошел путь от покорного любовника до уверенного мужа; от беллетриста до драматурга и сценариста; от революционера до умеренного социалиста; от наставника нового поколения писателей, выходцев из рабо-

---

[2] Из эссе Е. И. Замятина «О синтетизме», напечатанного в виде вступления к альбому «Портреты» [Анненков 1922: 19].

чего класса, до поборника свободы слова и противника пролетарских догм; от советского гражданина до эмигранта во Францию; от ностальгического летописца жизни русской глубинки до пророка индустриальной эпохи.

Замятин всегда был верен себе. Он не был оппортунистом, скорее любил находиться в конфронтации. Изучение жизни писателя позволяет понять особенности его моральной и политической позиции, которая, по сути, и определила его положение в двух мирах — в СССР 1920-х годов и во Франции 1930-х, — где ему постоянно приходилось говорить вслух о своих внутренних убеждениях. Он не принадлежал своему времени, всегда находясь в оппозиции к господствующим идеологии и культуре. Он также никогда до конца не срастался с местом, где жил — будь это провинциальная Лебедянь, буржуазная Англия, советский Ленинград или эмигрантский Париж.

С другой стороны, в отличие от других русских писателей его поколения, жизнь Замятина охватывает более широкий спектр событий и впечатлений. Выходец из очень религиозной семьи в маленьком городке Лебедянь, что на реке Дон, в 1903 году он смог получить место в престижном только что открывшемся Политехническом институте в Санкт-Петербурге, чтобы изучать морское инженерное дело. В последние годы правления Романовых он заразился пылом молодежной революционной деятельности в Санкт-Петербурге и даже несколько месяцев провел в тюрьме как большевик. Именно в то время он познакомился со столь же радикально настроенной студенткой-медиком Людмилой Николаевной Усовой, которая впоследствии станет его женой. Когда в 1908 году подходило к концу его обучение, он уже писал свой первый рассказ. Подобно А. П. Чехову и М. А. Булгакову, на протяжении многих лет Замятин будет профессионально развиваться одновременно в двух областях. На протяжении десяти лет он изъездил Россию вдоль и поперек, контролируя строительство экскаваторов, насосов и подводных лодок. Параллельно он находил время для написания противоречивых повестей и рассказов, быстро получивших признание, — таких как «Уездное» и «На куличках».

В 1916 году начался новый период жизни Замятина: его отправили в Англию на 18 месяцев, чтобы наблюдать за строительством ледоколов на реке Тайн для Антанты в ходе Первой мировой войны. Жизнь в Ньюкасле вдохновила Замятина на создание смешных сатирических текстов об английском среднем классе. Он вернулся в Россию перед началом Октябрьской революции 1917 года, но уже через несколько недель после восстания пришел к осуждению насилия и авторитарной политики В. И. Ленина и большевиков. В 1919–1920 годах он работал над романом «Мы». Роман предупреждает, к чему могут привести репрессии в общественной сфере и сексуальной жизни человека. В нем критикуются методы промышленного массового производства, с которыми автор столкнулся в Англии. Кроме того, «Мы» пророчески предвосхищает тоталитарную природу советского государства. Вследствие этого вскоре стало очевидным, что роман не может быть опубликован в СССР.

Поработав инженером в Англии, Замятин, облаченный в твидовый костюм, вернулся в Россию, где занял ведущую позицию в советской литературной жизни 1920-х годов. Он был очень работоспособным и профессиональным редактором и рецензентом, преподавал литературное мастерство, а также создал целый ряд рассказов, статей, эссе и пьес. Он несколько раз подвергался арестам — на этот раз от самих большевиков, а не за их поддержку, и едва не был выдворен из страны в 1922 году. Неутомимый помощник Максима Горького в его визионерских проектах, целью которых было помочь выжить литературе и одновременно создать новое поколение писателей рабочего класса, он занимался этими начинаниями даже после того, как Горький уехал в Италию. В течение десяти лет он боролся за то, чтобы защитить литературу от растущего вмешательства и регулирования со стороны органов государственной власти. Он был превосходным стилистом-новатором и создал собственную новую школу синтетизма (или «неореализма»). Он знал всех, переписывался со всеми, был членом бесчисленных организаций и журналов. Кроме того, он играл в покер и засиживался до рассвета, выпивая с ведущими писателями, поэтами, художниками и музыкантами своего времени.

В этот период советское правительство и органы безопасности проявляли необычайно высокий интерес ко всему, что касалось культуры. Есть свидетельства, что судьба Замятина не раз зависела от исхода разбирательств на высших уровнях ЧК (позже ГПУ). Так, в 1919 и 1922 годах он был арестован, и из Москвы поступали противоречивые инструкции. Это повторилось в 1929 году, когда он, казалось бы, получил разрешение покинуть страну после кампании, проведенной против него организацией пролетарских писателей (РАПП), но в последний момент ему запретили выехать за границу. Горький в то время имел огромное влияние на И. В. Сталина (хотя скоро потерял его): это видно из очень подробных писем, которыми они обменивались в течение нескольких лет между Сорренто и Москвой, взвешивая каждую деталь литературных событий и определяя судьбы десятков писателей. Когда Горький вернулся в Россию в 1931 году, Замятин и его близкий друг М. А. Булгаков в отчаянии умоляли его помочь им выбраться из страны. Горький лично ходатайствовал за них перед Сталиным, и Замятину было разрешено выехать за границу в ноябре. Почему у Замятина получилось то, что не вышло у Булгакова? Причина в том, что Горький, уже давно почувствовавший, что Замятин не близок ему как писатель, тем не менее был признателен и верен Замятину как одному из своих самых преданных и энергичных коллег в первые годы советской власти. Возможно, Сталин, как и Горький, тоже благоговел перед широтой образования Замятина: этот человек совмещал технические знания и писательское искусство, рано став истинным «инженером человеческих душ».

Замятин с женой Людмилой прибыли в Париж в феврале 1932 года, и оставшиеся годы своей жизни он провел во Франции. Его писательская карьера не развивалась, а финансовые сложности все чаще вынуждали его писать киносценарии, чтобы зарабатывать на жизнь.

С одной стороны, Замятин оставался советским гражданином и сохранял связи с посольством. Его заявка на вступление в члены нового Союза писателей в 1934 году была одобрена — уникальный случай — лично самим Сталиным в Москве. Он также посетил антифашистский конгресс, прошедший в 1935 году в Париже, — мероприятие, полное агрессивной просоветской пропаганды.

С другой стороны, хотя некоторые из его друзей, в том числе неоднозначно оцениваемый К. А. Федин, открыто пытались уговорить его вернуться и он даже встретился со многими из тех, кого, в свою очередь, убедили это сделать, он сопротивлялся их уговорам. Конечно, он никогда не стал бы разделять монархические симпатии белых эмигрантов первого поколения; но он также не мог пропагандировать советский режим, как делали многие его знакомые. Его откровенная переписка с друзьями, жившими за пределами СССР, отражает его растущее беспокойство по поводу развития событий на родине, будущее направление которых он смог провидчески предсказать. Большое количество документального материала в форме переписки и дневников, найденных в архивах в постсоветский период, дает нам возможность составить очень подробный портрет человека, сумевшего с большим мастерством лавировать между политическими ловушками и неопределенностью как во Франции, так и в Советской России. В этих документах Замятин всегда искренен, остроумен и информирован.

На известность Замятина за рубежом в значительной степени повлияла антиутопия «Мы», законченная в 1919–1920 годах. В далеком будущем коллективное восторжествовало над индивидуальным: Единое Государство навязало одинаковые нормы всем гражданам, стало регулировать их жизнь с помощью научных и математических предписаний и потребовало полной политической лояльности. И если Олдос Хаксли отрицал, что прочитал «Мы» до того, как написал «О дивный новый мир» в 1931 году, то Джордж Оруэлл с готовностью признавал, что чтение романа Замятина помогло сформировать его собственные идеи для романа «1984», опубликованного в 1949 году (при этом он ставил Замятина намного выше Хаксли). После своей смерти в 1937 году Замятин, казалось, был обречен на забвение на Западе. Одновременно его вычеркнули из истории литературы в России. В тот момент на развитие событий сильно повлиял Оруэлл, который вместе с профессором Г. П. Струве озаботился репутацией Замятина после Второй мировой войны.

Роман «Мы» был переведен на английский и французский еще в 1920-х годах, но в 1952 году его полный текст наконец-то впервые появился на языке оригинала — русском. Он был опубликован в эмигрантском издательстве в Нью-Йорке. Как и «Мастер и Маргарита» Булгакова, роман Замятина достиг русскоязычного читателя (хотя в его случае это были только эмигранты) спустя четверть века после того, как был написан. Пройдет шестьдесят пять лет и даже чуть больше, прежде чем он наконец станет доступным для русских читателей на родине — это случится в самом конце советской эпохи. Лишь в наши дни роман «Мы» был признан в России основополагающим текстом, предупреждающим о политических и технологических опасностях наступающего века. В двадцать первом веке работы писателя обрели свой заслуженный статус и были с энтузиазмом включены в список обязательных книг для чтения в российских школах и университетах. Так Замятин обрел свое место в ряду классиков русской литературы. Он выполнил свое собственное пророчество, в котором говорил о том, что «у русской литературы одно только будущее: ее прошлое» («Я боюсь», 1921).

Глава первая

Из Лебедяни в Санкт-Петербург (1884–1906)

Ну, что же? Я — свободен. Далеко позади безмолвные, томительные стены, железный звон замка, кусочек голубого неба, изрезанный безжалостно решеткою суровой, товарищей угрюмые, измученные лица, немые, серые, холодные, как камень, дни... Все потонуло в той пучине, что зовется прошлым. Свободен я. И вместо сводов небо надо мной раскинулось весеннее, лазурное, и ласковый, и теплый шопот ветра — вместо молчанья каменного стен. Не вижу я Борьбы, с ее жестоким, гордым, страданьем искаженным лицом. Бороться не умеют здесь. <...> Дешевенькое, маленькое счастье кругом: в болоте мягком и удобном мирно дремлют люди. <...> Я уже начинаю понемногу заниматься. Музыка почему-то не привлекает меня, как всегда, пение — тоже. Сижу один с своими книгами, с своими... фантазиями. Мои фантазии? Вы думаете, они пройдут? Как они пройдут, если я *не хочу*, чтобы они проходили, если, верней, я не могу, не в силах хотеть этого? Как может вылечиться больной, если он не хочет лечиться, принимать лекарств? Да разве нужно лечиться?[1]

Автором этих слов был молодой, двадцатидвухлетний человек, только что (в марте 1906 года) выпущенный на свободу после трехмесячного срока, проведенного в одиночной камере петер-

---

[1] Письмо Людмиле, 26 марта 1906 года [РНЗ 1997: 13, 14, 15]. 334 письма, написанные Замятиным Людмиле Николаевне Усовой (Замятиной) между 1906 и 1931 годами, впервые были опубликованы в этом аннотированном издании, которое стало важнейшим источником для любого биографического исследования, посвященного писателю.

бургской тюрьмы по подозрению в революционной деятельности. Прежде всего, он надеялся удивить благородством своих чувств и тем самым произвести впечатление на девушку, с которой он познакомился всего за несколько недель до ареста. Теперь же, по указанию властей вынужденный уехать за тысячу километров в свой семейный дом в Лебедяни, расположенный на таком же расстоянии к юго-востоку от Москвы, что и сама Москва от Петербурга, он злился и переживал.

Лебедянь — небольшой провинциальный город в самом центре европейской части России. Евгений Иванович Замятин родился там 20 января 1884 года[2]. В тот период в городе насчитывалось около 800 домов и примерно 6000 жителей. За прошедший век число жителей выросло всего до 20 000 человек. Этот маленький городок раскинулся на холмистых склонах, ведущих к верховьям реки Дон. Дон здесь еще довольно узок и лишен ярко выраженной набережной, поэтому на его берегах — кустики, тростник, среди которого плавают утки, иногда попадаются небольшие островки. Как правило, у домов местных торговцев и других горожан были пристройки — небольшие веранды, выходившие на дорогу, где можно было пить чай в жаркую погоду. У Ивана, отца Замятина, были золотые руки, и он много сделал, чтобы благоустроить свой скромный одноэтажный деревянный дом на пыльной Покровской улице. Он вырастил фруктовый сад на участке земли, сбегавшем по крутому склону прямо к Дону: этот район, граничащий с Черноземьем, известен многочисленными сортами хрустящих, сочных яблок. Внизу, у реки, также был теннисный корт, а рядом с ним — купальня.

---

[2] Сам Замятин в автобиографиях 1920 и 1923 годов приводит дату 19 января [РГАЛИ. Ф. 1776. Оп. 2. Ед. хр. 3; Галушкин и Любимова 1999: 3], и справка о принятии его на военную службу от этого же года подтверждает это [BDIC, dossier 124], однако в его студенческом досье указана дата 20 января [ЦГИА СПб. Ф. 478. Д. 765. Оп. 1]. В его заграничном паспорте 1916 года есть вклейки, на которых присутствуют обе даты [BDIC, dossier 133]. Но метрическая книга Лебедяни за январь 1884 года подтверждает, что он родился 20-го и был крещен 21-го (страница из метрической книги на 1884 год, ее копия есть в [ДМЗ]).

Берег Дона в Лебедяни. Сад дома Замятина простирался до берега реки справа (фото автора)

Позже Иван построил еще один дом рядом — для младшей и единственной сестры Евгения Александры (1885–1957) в связи с ее замужеством [Стрижев 1994: 103; Комлик 1997: 109][3].

Так как Лебедянь расположена на Дону, в месте, где сходились пять губерний (Тамбовская, Воронежская, Рязанская, Орловская и Тульская), она быстро стала процветающим торговым городом. С конца семнадцатого века здесь три раза в год устраивалась крупная ярмарка лошадей, в город приезжали торговцы экзотическими товарами, шулера и цыгане. И. С. Тургенев описал Лебедянскую ярмарку в одном из своих коротких рассказов из цикла «Записки охотника» (1852): «Окончившие сделку спешили в трактир или в кабак, смотря по состоянию... И всё это возилось, кричало, копошилось, ссорилось и мирилось, бранилось и смеялось в грязи по колени» («Лебедянь») [Тургенев 1979: 174]. В письме к Кате (возможно, кузине), написанном, когда мальчику было восемь лет, Евгений сообщает, что мама купила ему на январской крещенской ярмарке новый мячик за 75 копеек и что купили нового пони. По-видимому, семья имела относительно

---

[3] Александра Ивановна Замятина (Волкова) родилась 7 мая 1885 года.

Дом Замятина на Покровской улице в Лебедяни, перестроенный в 2009 году под музей Замятина (фото автора)

хороший достаток по меркам того времени: в том же письме мальчик говорит, что его отец был назначен председателем Комитета по голоду и приобрел весы, чтобы распределять овес и рожь, которыми местные власти снабжали сельских священников, чтобы те раздавали их голодающим. Железная дорога была проведена в город в том же 1892 году[4].

В отдельных отрывочных воспоминаниях о своем детстве Замятин описывает себя погруженным в книги, одиноким ребенком, который уже в четыре года гордо зачитывал своим родителям газетные заголовки: чтение и письмо, как и правописание, давались ему «удивительно-легко, инстинктивно»[5]. Сохранилось несколько длинных и очень ласковых писем к «милой маме», написанных еще до того, как он научился отделять слова друг от друга. В одном, написанном в конце 1880-х или начале

---

[4] Краткие автобиографии Замятина 1922, 1923, 1924 и 1928 годов опубликованы в [Галушкин и Любимова 1999: 2–12]. В них приводится большая часть информации, указанной на этих страницах. Другим важным источником по этому периоду являются следующие книги: [Полякова и Комлик 2007, 2004]. Письмо Замятина к Кате от 26 февраля 1892 года приведено в [РНЗ 1997: 422].

[5] Письмо к С. А. Венгерову от 27 января 1915 года [Любимова 2002: 186].

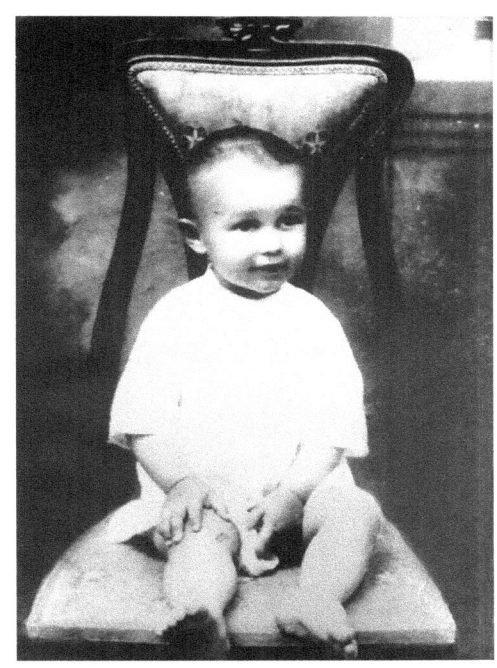

Замятин в раннем детстве (середина 1880-х годов) (публикуется с разрешения Международного научного центра изучения творческого наследия Е. И. Замятина)

1890-х годов, он сообщает, что у его сестры Саши (Александры) болят гланды, что коза «стала брухаться», что астры в банке начали распускаться, и что он ест постное (яйца) и пьет молоко [РНЗ 1997: 420–21]. Его мать, Мария Александровна, урожденная Платонова (1864–1925), была дочерью местного священника; она получила хорошее образование, была музыкально одарена и любила исполнять произведения Шопена, Брамса, Бетховена и Шумана. Замятин вспоминает, как он лежал под роялем и читал, а за окном, обрамленном геранями, барахтались в пыли поросенок и цыплята. Его отец, Иван Дмитриевич Замятин (1853–1916), также был из семьи священников, жившей в соседнем Липецке. В 1883 году, после женитьбы, он был назначен священником церкви Покровского прихода в Лебедяни. Эта должность досталась ему непосредственно от тестя, который умер в том же году. Таким образом, молодая пара обустроилась и стала жить в семейном доме Марии, где также обитали ее овдовевшая мать Анастасия (1836–1914) и младшая сестра Варвара (Варя, 1872–1931). Об Иване Дмитриевиче известно, что он был добрым человеком с легким заиканием, прихожане его любили, а церковь вознаграждала за образцовое служение на протяжении всей карьеры. В семье соблюдались церковные обряды и праздники,

Замятин и его сестра
Александра
(начало 1890-х годов)
(Дом-музей
Е. И. Замятина.
Публикуется
с разрешения
Н. С. Замятиной)

читалось Священное Писание, совершались поездки в близлежащие монастыри. Дом посещали прихожане и местные священники, летом семья участвовала в крестных ходах «...с запахом полыни, с тучами пыли, с потными богомольцами, на карачках пролезающими под иконой Казанской. Бродячие монахи, чернички, юродивый Вася-Антихрист, изрекающий божественное и матерное вперемежку...» [Стрижев 1994: 103; Автобиография 1931 года, Каталог выставки 1997: 5].

Замятин запомнил несколько тяжелых моментов из раннего детства. В возрасте восемнадцати месяцев его держали перед окном, чтобы он смог увидеть багровое солнце — он болел и, видимо, был близок к смерти. Он помнил чувство отчаяния, испытанное примерно через год, когда в церкви соседнего Задонска потерял своих родителей в людской толпе. Еще одно воспоминание: его мать и тетя Варя спешат закрыть двери в дом, в то время как по улице перевозят больных холерой. Он также запомнил собственную гордость, когда, облачившись в длинные брюки, первый раз пошел в местную гимназию. Его отец, Иван Дмитриевич, преподавал латынь и каллиграфию в нескольких местных школах и отвечал за религиозное образование учеников. Когда ему было одиннадцать и он поправлялся от кори, Евгений создал свой собственный журнал «Калейдоскоп». После пяти лет обучения в школе в сонной Лебедяни, получив сертификат, подписанный учителями (в том числе и отцом), где упоминались его очень хорошее поведение, работоспособность и успехи, и книгу в подарок, юный Замятин в возрасте двенадцати лет переехал в интернат при гимназии в Воронеже, губернском городе в ста километрах к югу[6]. Как и Лебедянь, Воронеж расположен на шумном Дону, одной из главных водных артерий России.

Описывая свои школьные годы в Воронеже, с 1896 по 1902 год, Замятин упоминает случай из своей школьной жизни: однажды, когда ему было четырнадцать лет, его укусила бешеная собака и он решил никому не рассказывать об этом, а выждать две недели, в течение которых могло проявиться заражение бешенством. Это было мальчишеское испытание собственного характера — в течение этого времени он вел дневник, чего больше не делал никогда. Когда он рассказал о случившемся, его сразу отправили в Москву на курс инъекций, но все оказалось хорошо. В возрасте семнадцати лет он написал письмо своей сестре Александре, которая училась в другом городе. В письме видны как привязанность, так и некоторое важничание: он описывает игру на фортепиано и поход в театр, перечисляет отличные отметки, полученные по всем предметам, рассказывает, как ему понравился вышедший в 1863 году роман Г. П. Данилевского «Свобода» (в нем описывались проблемные стороны манифеста об отмене крепостного права 1861 года). Он обещает предоставить сестре несколько идей для письменного сочинения, которое ей нужно было написать (ему самому тоже задали сочинение о лирических отступлениях в «Мертвых душах» Гоголя), а конец письма, по просьбе сестры, посвящает долгому (и несколько помпезному) размышлению об истинной природе любви[7]. Несмотря на высшие оценки, которые он регулярно получал за

---

[6] Копия сертификата находится в [ДМЗ].

[7] Письмо А. И. Замятиной от 13–14 ноября 1901 года. Копия находится в [ДМЗ].

русский и сочинение, он «...не всегда легко ладил с математикой. Должно быть, именно потому (из упрямства) я выбрал самое что ни на есть математическое: кораблестроительный факультет Петербургского Политехникума». Но в итоге в рекомендательном письме из Воронежа отмечаются его «отличные успехи в науках, в особенности же в русском и древних языках и математике» [Галушкин и Любимова 1999: 2] (Автобиография 1922 года); [Брюханова 2008: 24].

Замятин признавал, что возможность путешествовать по миру, которую предлагала кафедра судостроения для своих студентов, была важным стимулом при выборе курса для высшего образования. Ведь несмотря на то, что до ближайшего выхода к морю было около 1000 километров как к северу, так и к югу, река Дон около Лебедяни и Воронежа с семнадцатого века была важнейшим центром судостроения, так что эта область не была вовсе неизведанной для Замятина [Галушкин и Любимова 1999: 3] (Автобиография 1923 года); [Голикова 2009: 2]. Будущий писатель окончил учебу в Воронеже в 1902 году с «золотой медалью», полученной за высшие оценки на всех выпускных экзаменах; ему скоро придется заложить эту медаль за

Замятин — выпускник Воронежской гимназии (1902 год) (публикуется с разрешения Международного научного центра изучения творческого наследия Е. И. Замятина)

25 рублей в Санкт-Петербурге. Он также получил справку о том, что в дневнике поведения записей о нем не было и что «в нравственном отношении Замятин Евгений совершенно безупречен» [ЦГИА СПб. Ф. 478. Оп. 1. Д. 765] (Студенческое дело). Однако в последний день школьный инспектор предупредил его о поведении бывшего ученика П. Е. Щеголева, который позже станет выдающимся литературоведом: "Вот тоже кончил у нас с медалью, а что пишет! Вот и в тюрьму попал. Мой совет: не пишите, не идите по этому пути". Наставление не помогло...» [Автобиография 1931 года, Каталог выставки 1997: 5]. Щеголев был старше Замятина на семь лет и позже стал одним из его близких друзей в Санкт-Петербурге.

Поступая в Политехнический институт в рамках первого набора студентов в октябре 1902 года, Замятин задавал себе высокую планку: на 25 мест на факультете судостроения поступало 500 человек, и те, кто был допущен к собеседованию, должны были продемонстрировать выдающиеся успехи в учебе, знание иностранных языков (Замятин изучал греческий и латынь, а также французский и немецкий) и иметь рекомендацию, подтверждающую их «надежность». Институт, созданный под покровительством министра финансов графа Витте для содействия промышленному и экономическому развитию, размещался в великолепных, только что построенных корпусах. Все студенты жили в одноместных комнатах в комфортабельных общежитиях в Сосновке, на окраине города, и сам институт был обеспечен оборудованием и учителями для обучения цвета молодого поколения. Подобно Пушкину, ставшему учеником первого набора Царскосельского лицея столетием ранее, будущий писатель получал лучшее образование, доступное в России. Задачей кораблестроительного факультета был выпуск специалистов, «природному уму и таланту которых высшее образование должно указать новые пути открытий и изобретений» [Голикова 2009: 2]. Замятин переехал в Петербург в августе 1902 года и с 1 октября начал студенческую жизнь. Однако через несколько недель после приезда он выражал в письме к своей сестре Александре беспокойство, что, возможно, сделал неправильный

Студент Замятин со своей сестрой Александрой (начало 1900-х годов) (Дом-музей Е. И. Замятина. Публикуется с разрешения Н. С. Замятиной)

выбор, предпочтя судостроение экономике. Проблема была не в трудности учебы, хотя он описывал свое напряженное расписание с лекциями от 9 до 17 часов и перерывом на полтора часа, не считая домашней работы, а в том, что ему казались более интересными темы, которые изучали экономисты — они нравились ему больше, чем математика. В любом случае, он собирался посетить лекцию по средневековой истории для экономистов, прежде чем попросить о смене курса обучения[8]. Но очевидно, что вскоре он вновь примирился со своим первоначальным выбором.

Чувство собственной цели и склонность искать на первый взгляд парадоксальный, менее очевидный путь заметны как в этих эпизодах из его молодости, так и в размышлениях Замятина из того первого письма к его девушке, которое он написал после выхода из тюрьмы в 1906 году. В письме, напомним, он поднял вопрос, стоит ли «вылечить» себя от фантазий и творческих импульсов. Необычное стремление к бурной свободе, а не безмятежному счастью, было ключевой темой Достоевского

---

[8] Письмо А. И. Замятиной от 20/7 октября 1902 года [Полякова 2009: 434–435].

Замятин и его сестра Александра со своими родителями Иваном Дмитриевичем и Марией Александровной (начало 1900-х годов) (Дом-музей Е. И. Замятина. Публикуется с разрешения Н. С. Замятиной)

и станет одной из основных тем в творчестве Замятина. Поэтому, наверное, неудивительно, что этот ребенок из низшего среднего класса, из благочестивой губернской семьи, согласно официальному определению скромно названный «потомственным почетным гражданином», вскоре оказался втянутым в повсеместное революционное брожение в Петербурге [BDIC, dossier 128] (Свидетельство, 13 ноября 1905). Царствование Николая II сопровождалось усилением ограничений, налагаемых даже на столь слабые демократические учреждения, как земства, введенные в эпоху реформ 1860-х годов. Агрессивная политика русификации привела к росту недовольства в регионах и подпитывала антисемитские настроения, ставшие на рубеже веков причиной широкомасштабных погромов. Появление радикальной молодежи привело к налаживанию связей между угнетенными рабочими и хорошо образованными, но не участвовавшими в жизни государства политическими группами левого толка. Это недовольство усугубилось во время внешнеполитической авантюры: попытка сдержать амбиции Японии по отношению к Китаю и Маньчжурии закончилась унижениями русского флота в Порт-Артуре в 1904 году и в Мукдене и Цусиме в 1905 году.

В одно снежное зимнее воскресенье на Невском проспекте, находясь в огромной толпе народа, Замятин следил за часами:

> И когда подан знак — один удар, час дня — на проспекте во все стороны черные человеческие брызги, куски «Марсельезы», красных знамен, казаки, дворники, городовые... Первая (для меня) демонстрация — 1903 год. И чем ближе к девятьсот пятому — кипенье все лихорадочней, сходки все шумнее[9].

28 ноября 1904 года он стал свидетелем очередной демонстрации на Невском проспекте, призывавшей к созданию Учредительного собрания (это был первый шаг, необходимый для последующего введения демократических политических структур). Демонстрация была разогнана полицией и казаками, преданными царю [Там же].

Вскоре после этого с печально известных событий 9 января 1905 года, вошедших в историю как «Кровавое воскресенье», начался год первой русской революции. Безоружная процессия бастующих, состоявшая из рабочих Путиловского завода, шла к Зимнему дворцу, чтобы вручить петицию царю. В толпе, возглавляемой священником, отцом Георгием Гапоном, было много женщин и детей; люди несли иконы и портреты царя. Тем не менее войска запаниковали и начали рубить участников шествия саблями и шашками. В итоге более сотни демонстрантов было убито, а раненых было еще больше — люди не успевали убежать, пробираясь через сугробы. Возмущение, вызванное этими событиями, послужило катализатором для волны волнений и забастовок солидарности по всей стране. Несколько студентов Политеха приняли участие в марше; один был убит, и после его похорон начались отставки и беспорядки в институте. Замятин, которому, как обычно, разрешили вернуться домой в Лебедянь на рождественские каникулы, направил в институт телеграмму, чтобы узнать, возобновятся ли занятия; ему ответили, что до 15 февраля это исключено. Фактически из-за волнений занятия

---

[9] Автобиография 1931 года [Каталог выставки 1997: 5, 6]; письмо Людмиле от 22 апреля 1906 года [РНЗ 1997: 30–31].

в институте были приостановлены более чем на полтора года. Учеба возобновилась только осенью 1906 года [ЦГИА СПб. Ф. 478. Оп. 1. Д. 765] (Студенческое дело); [Брюханова 2008: 26].

В бытность студентом Замятин вынужден был жить на скудные средства, которые высылала ему семья; в декабре 1903 года ему пришлось обратиться к руководству института с просьбой выделить ему сумму в несколько рублей на поездку в Москву для лечения (болезнь он не упоминает); эти деньги ему выдали, при этом частично освободили от платы за учебу. В ноябре 1905 года он получил разрешение уехать в Лебедянь, несмотря на то что только частично оплатил проживание в общежитии [ЦГИА СПб. Ф. 478. Оп. 1. Д. 765] (Студенческое дело). Тем не менее в целом он жил неплохо, и курс, который он в итоге выбрал, полностью соответствовал его любви к путешествиям: каждое лето у него бывали практические занятия на верфях, реках или в море. В это время он открыл для себя Россию, «прибаутливые, веселые третьеклассные вагоны, Севастополь, Нижний, Камские заводы, Одессу, порт, босяки». С мая по сентябрь 1903 года он был в Севастополе, в 1904 году путешествовал по реке Каме, что на Урале к северу от Перми; а летом 1905 года, в возрасте 21 года, он совершил самое захватывающее морское путешествие в своей жизни, отплыв на пароходе «Россия» из Одессы по Черному морю и восточному Средиземноморью и обогнув побережье до самой Александрии. Все, что он видел, было полно экзотики:

> Константинополь, мечети, дервиши, базары, беломраморная набережная Смирны, бедуины Бейрута, белый Яффский прибой, черно-зеленый Афон, чумной Порт-Саид, желто-белая Африка, Александрия — с английскими полисмэнами, продавцами крокодиловых чучел, знаменитый Тартуш. Особенный, отдельный от всего, изумительный Иерусалим, где я с неделю жил в семье знакомого араба [Галушкин и Любимова 1999: 9] (Автобиография 1928 года).

Когда в середине июня Замятин вернулся из этой летней поездки, он оказался в эпицентре революционных волнений, так как его корабль прибыл обратно в Одессу как раз в то время, когда там вспыхнул мятеж на броненосце «Потемкин». Экипаж броненосца, оборудованного по последнему слову техники, уже был деморализован поражениями во время Русско-японской войны. После того как матросы отказались есть гнилое мясо, командный состав стал угрожать им наказаниями, и тогда они восстали против офицеров. Около Одесского порта сложилась безвыходная ситуация; когда для подавления восстания была выслана военно-морская эскадра, экипажи кораблей подняли мятеж, а «Потемкину» было разрешено уплыть в Румынию. Этот эпизод показал царю, что на вооруженные силы больше нельзя полагаться. Среди выстрелов, пожаров и погромов Замятин целые сутки бродил по Одессе в компании инженера с «России». В своем рассказе «Три дня» (1913), основанном на реальных наблюдениях, он ярко описал события с точки зрения пассажира корабля, недавно вернувшегося из поездки на Ближний Восток. В его голове всплывают картины слепящей жары и песков, звучит шелковый шум волн. В рассказе описывается, как пассажир удивленно замечает стихийное сочувствие простых людей к бунтующим матросам, в то время как респектабельные горожане суетливо снуют по городу, собираются, чтобы праздно поглазеть, или разбегаются в панике после взрыва бомбы. Главная забота рассказчика — вернуться на свой корабль, который после тревожных дней, проведенных в непосредственной близости от «Потемкина» и эскадры, посланной из Севастополя для подавления восстания, уходит из Одессы и вдоль побережья направляется в Очаков.

Вернувшись на север, в Санкт-Петербург, Замятин попал в город, бурлящий от беспорядков, забастовок и сходок, но жизнь в нем была яркой, захватывающей и интересной. «Лето 1905 года — особенно синее, пестрое, тугое, доверху набитое людьми и происшествиями. <...> В те годы быть большевиком — значило идти по линии наибольшего сопротивления; и я был тогда большевиком» [Галушкин и Любимова 1999: 9] (Автобиография 1928 года); [Каталог выставки 1997: 6] (Автобиография 1931 года). В сентябре того же года он присоединился к большевистской секции Российской социал-демократической рабочей партии

РСДРП(б). Во время учебы в Политехе Замятин стал заниматься студенческой общественной работой, вступив в члены (к концу 1907 года он уже был его председателем) Студенческого совета. Как он замечал двадцать лет спустя:

> Все это сейчас — как вихрь: демонстрации на Невском, казаки, студенческие и рабочие кружки, любовь, огромные митинги в Университете и Институтах. Тогда был большевиком (теперь — не большевик), работал в Выборгском районе; одно время в моей комнате была типография. Сражался с кадетами в студенческом Совете Старост [Галушкин и Любимова 1999: 4, 5] (Автобиографии 1923 и 1924 годов).

На второй неделе октября 1905 года в городе были созданы Советы, и общенациональная всеобщая забастовка практически остановила страну. 17 октября царь был вынужден издать манифест, который стал важным шагом на пути к конституционной реформе: он предусматривал создание парламента — Думы, избираемой узко ограниченным кругом граждан, но имевшей право законодательного вето. Манифест также обещал введение гражданских прав, например свободы слова и собраний. Однако для представителей левых партий этих уступок было по-прежнему недостаточно.

К тому времени Замятин уже стал партийным активистом: в середине ноября 1905 года ему пришлось спешно сменить адрес, чтобы иметь возможность тайно раздавать листовки, хранить у себя оружие и взрывчатые вещества. В институте все еще не начинались занятия. Он работал в Выборгском районном штабе РСДРП(б) и присутствовал на различных встречах, в том числе и 22 ноября, когда обсуждалось проведение референдума о партийных фракциях. Именно тогда он впервые встретил симпатичную молодую студентку-медика Людмилу Николаевну Усову (1884–1965), работавшую на большевиков вместе с сокурсниками Замятина по Политеху — Борисом Крыловым и библиофилом Я. П. Гребенщиковым[10]. Позже он вспоминал, что заметил кра-

---

[10] О дружбе между Замятиным и Гребенщиковым см. [Любимова 2002: 252–

Замятин
в Санкт-Петербурге
(приблизительно
1910 год) (BDIC,
Collection
E. Zamiatine —
F DELTA RES 614)

сивую девушку, когда они сидели в переполненной библиотеке перед началом собрания. Новость о том, что он будет выполнять революционные задачи под ее руководством, вызвала в нем одновременно тревогу и радость. Он был недоволен ее властностью, но ему нравились ее живой характер и прямота, а вскоре ему пришлось пережить вспышки ярости и негодования по поводу ее близких отношений с Борисом Крыловым. «О, как я доволен! Как я разозлил ее сегодня! Мне хочется делать ей больно, неприятно. Она грозит, что не будет говорить со мной. Значит, для нее это совершенно все равно?»[11]

Однако через несколько дней они с Людмилой отправились в театр Яворской, чтобы посмотреть премьеру «Евреев» Е. Н. Чи-

---

270]. В налоговой декларации Людмилы за 1963 год указана дата ее рождения — 20 октября 1889 года [BDIC, dossier 209], тогда как согласно информации, найденной лично М. Ю. Любимовой в студенческой медицинской справке Людмилы, дата ее рождения указана как 5 сентября 1884 года, что кажется более правдоподобным.

[11] Замятин вел записи о первых днях их отношений, которые он затем отправил Людмиле в качестве приложения к своему письму от 9–10 мая 1906 года [РНЗ 1997: 38–41].

Людмила Николаевна Замятина (предположительно в 1920-е годы) (BDIC, Collection E. Zamiatine — F DELTA RES 614)

рикова. Спектакль вызвал сенсацию, так как в нем со сцены звучали призывы положить конец эксплуатации рабочих и детально изображался погром. Написанная в 1903 году после печально известного погрома в Кишиневе, прошедшего весной того же года, пьеса сначала была запрещена в России, но была поставлена в 1904–1905 годах в Берлине, Лондоне, Нью-Йорке, Чикаго и Бостоне. Однако в тот вечер Замятин больше всего запомнил детскую простоту, с которой Людмила поцеловала маму на прощание, когда они уходили в театр, и свою радость в тот момент, когда она, смотря спектакль с места, располагавшегося за его креслом, положила голову ему на плечо[12].

В конце ноября 1905 года Замятин, как обычно, обратился за официальным разрешением вернуться в Лебедянь на каникулы, но в этот раз ему не пришлось уехать из столицы. 3 декабря весь исполнительный состав Совета Санкт-Петербурга, которым руководил молодой Троцкий, был арестован. 11 декабря в квартире некоего Константина фон Шульмана арестовали самого Замятина

---

[12] [Любимова 1991: 98–99]. Большая часть материала этого раздела взята из данного источника.

и тридцать других членов боевой группы штаба РСДРП(б) Выборгского района[13]. Полиция ворвалась в помещение и обнаружила там всю группу с планами и огнестрельным оружием. Замятину пришлось быстро продумать план действий: накануне вечером к нему пришел его приятель, «крылоухий» рабочий Николай В., и попросил оставить у него мешочек с пироксилином, так как за ним следили. Если бы полиция нашла пироксилин, оставленный в бумажном мешочке на подоконнике рядом с сахаром и колбасой, а также революционные листовки под кроватью, это могло привести к смертной казни. После того как его обыскали и избили во время ареста, Замятин успел быстро набросать записку и выбросить ее из окна на улицу своим знакомым, попросив их избавиться от «всего неподобающего» в его комнате. Пока его вместе с другими вели на допрос, а также во время одиночного заключения он не знал, была ли выполнена его просьба [Галушкин и Любимова 1999: 9] (Автобиография 1928 года). Подобное ноющее беспокойство из-за возможного обнаружения компрометирующего материала будет испытывать и инженер Д-503, герой замятинского футуристического романа «Мы». Заслуживает внимания, что в романе Замятин использует тот же необычный термин «крылоухий» для описания персонажа S-4711, роль которого в революционном заговоре под руководством «Мефи» сознательно прописана как неоднозначная.

После короткого предварительного расследования он был помещен в одиночную камеру в тюрьме на Шпалерной улице, откуда писал своему отцу. Сдержанно пытаясь утешить его — ведь все письма из тюрьмы внимательно просматривала цензура, — Замятин говорит, правда, без особой уверенности: «Твоя вера поможет тебе, дорогой мой отец, перенести горе. Меня оно, может быть, научит лучше верить». Человек, знавший отца писателя, упоминает, что горе действительно сказалось на Иване Дмитриевиче, здоровье которого ухудшилось в течение последующих лет. В том же письме Замятин сообщает отцу, что, когда его мать — по его просьбе взявшая на себя основные за-

---

[13] Письмо Л. Н. Усовой от 26 марта 1906 года [РНЗ 1997: 16, сноска 1].

боты по его освобождению — приедет в Петербург, она сможет узнать точное место его заключения от семьи Усовых, которых он характеризует как «очень симпатичных, простых людей» [Стрижев 1994: 104; Геллер 1997: 60]. Семья Людмилы состояла из ее матери Елизаветы Ивановны и сестры Марии Николаевны. Студентка медицинского факультета Мария Николаевна, как и ее сестра, также входила в состав РСДРП(б), и ее арестовали вместе с Борисом Крыловым, как и еще 70 других людей, на следующий день после Замятина. У Крылова был изъят печатный станок и 500 прокламаций. Людмила также едва избежала ареста в начале апреля 1906 года, и Замятин умолял ее не рисковать без необходимости, так как, если она попадет в тюрьму, он будет очень страдать. 17 апреля 1906 года Людмила обратилась в полицию с просьбой освободить ее сестру Марию, что в итоге и было сделано.

Официальное обвинение было предъявлено Замятину в последний день декабря 1905 года. Как позже выяснилось, его друзьям удалось вынести из его комнаты компрометирующие предметы, и в отчете полиции от 19 января 1906 года было написано следующее:

> При обыске Замятина у него ничего предосудительного найдено не было, но ввиду нахождения его в этой квартире, куда он, по его словам, пришел как сотрудник газеты «Новая жизнь», для получения сведений для хроники газеты, из помещающегося здесь же «Бюро союза волокнистых веществ», не дает оснований сделать какой-либо вывод о его участии в совершении государственного преступления, впредь до выяснения дознанием всех обстоятельств дела [Замятин 2011: 5, 99, сноска 20].

Тем временем его мать приехала в Петербург. Обратившись за поддержкой к князю А. Г. Гагарину, возглавлявшему Политехнический институт, в конце февраля она написала в Департамент полиции с просьбой о том, чтобы ее сына отпустили под домашний арест. При этом «случайную» связь сына с политическими радикалами она объясняла «молодостью и легкомыслием» [Там же].

В течение трех месяцев одиночного заключения Замятин делал заметки о книгах, которые прочитал. Среди них были философские трактаты и исследования — например, книга популярного немецкого психолога Макса Нордау «В поисках за истиной (Парадоксы)»[14]; он также читал художественную литературу (Золя, Сенкевича), занимался английским языком (который начал изучать в институте) и, по-видимому, написал несколько стихотворений. Опыт тюремного заключения, несмотря на физические неудобства, оказался не таким уж бесполезным. Он чувствовал, что это придало твердости его характеру, и испытал действие мощной стихии:

> Вы никогда не купались в прибое? — А мне вспоминается сейчас мое последнее купание в Яффе. — Вал огромный, мутно-зеленый, покрытый белой косматой пеной, катится медленно, все ближе, ближе — и вдруг с ревом хватает в свои мощные объятья, бросает, комкает, несет... Чувствуешь себя маленькой щепкой в его могучей власти, без силы, без воли, находишь какое-то странное удовольствие от ощущения своей ничтожности и бессилия, удовольствие — отдаться с головой во власть этого чудовища теплого, сильного... Еще несколько порывов — и вас выбрасывает на горячий песок, под горячее солнце...
> Так было в жаркой Яффе. Что-то похожее на это было и в холодном Петербурге. И досадно мне было, и рад я был, страшно рад этой волне[15].

Людмила писала ему и передавала посылки, но ни одно из его ответных писем из тюрьмы не сохранилось. Однако он сохранил некоторые из собственных заметок, которые позже процитировал в одном из писем, посланных ей уже после выхода на свободу. Так, 12 февраля 1906 года он размышлял о том, как важно жить полной жизнью, жить настоящим, независимо от последствий:

---

[14] [Любимова 2002: 12]. Этот анализ Любимова развивает дальше в [Замятин 2011: 37–38].

[15] Письмо Л. Н. Усовой от 9 апреля 1906 года [РНЗ 1997: 23].

> Не тратить свою жизнь? Беречь ее? Чтобы дольше протянуть ее? — Да ведь это все равно, что подарить чудную музыкальную пьесу, полную Шопеновской неги, огня Моцарта, Вагнеровских вакханалий, величия Бетховена, грусти Чайковского — и посоветовать играть ее не всю сразу, а... по строчке каждый день. <...> И только тем доступна чудная, полная счастья и страданий, музыка, которые смело, запрокинувши голову, жадными глотками выпивают жизнь, не заглядывая, много ли еще осталось до дна, и не заботясь о том, что пьют они — яд или лекарство[16]...

Благодаря усилиям матери к 13 марта Замятин был освобожден из тюрьмы, но ему было поставлено условие проживания за пределами столичных городов и под надзором полиции. За те три дня, что оставались до его вынужденного отъезда из Петербурга в Лебедянь, они с Людмилой смогли провести вместе 15 часов, и его письма, написанные той весной, полны тревоги о том, что он прожил это время неправильно. Неудивительно, что в этих обстоятельствах им было неловко вместе: «Мы оба были какие-то странные, точно другие, точно мы не узнавали друг друга» [Там же: 36]. Замятин неохотно говорил об их отношениях, так как был переполнен эмоциями; основными были переживания и боль от осознания надвигающегося расставания. Но он очень обрадовался, когда, попрощавшись у городской почты, Людмила пришла и на вокзал, чтобы по-настоящему проводить его.

Особенно показательны десять сохранившихся писем, написанных Замятиным Людмиле из Лебедяни весной 1906 года[17]. Они были написаны молодым человеком 22 лет предмету его первой серьезной любви и должны были выполнять сразу несколько задач. Короткая на тот момент история отношений молодых людей опиралась всего лишь на три недели знакомства в процессе тайной революционной деятельности, когда вопросы

---

[16] Цитата из письма Л. Н. Усовой от 9–10 мая 1906 года [РНЗ 1997: 37].

[17] Большая часть материалов для последней части этой главы взята из следующих писем Замятина к Людмиле и сопутствующих им примечаний: 26 марта; 6, 9 15, 17 и 22 апреля; 5, 9–10 и 20–23 мая 1906 года [РНЗ 1997: 13–43]. Соответствующие даты будут указаны после цитат в тексте.

власти и подчинения осложнялись проявлениями ревности со стороны Замятина. В течение следующих трех месяцев отношения развивались только через тюремную переписку и поддерживались редкими посещениями. Те несколько часов, что они провели вместе после его освобождения, закончились его ссылкой в город за 1000 километров от Петербурга. Следовательно, у их романа почти не было времени или возможности развиться. Однако Замятин был полон решимости сохранить этот маленький огонек, несмотря на большое географическое расстояние между ними. Поэтому его первые письма содержат размышления об их общем прошлом и перспективах на будущее, а также выражают чувства, его желание закрепить эту любовь в реальности. Одиночество в Лебедяни побудило его высказывать важные мысли о себе, говорить о своих чувствах, описывать свою личность, чтобы она поняла, с каким человеком встретилась. Они также включают в себя добросовестные — возможно, даже несколько чрезмерные — декларации революционных убеждений, ставших первопричиной их встречи.

В том первом письме от 26 марта, где он писал о том, что наконец оказался на свободе, Замятин описывал свою тоску по работе, риску и борьбе после почти четырех месяцев вынужденного бездействия. Он явно понимал, что некоторые из его писем могут быть перехвачены, и поэтому использовал довольно простой код, основанный на перестановке букв алфавита, когда упоминал политические события — такие как предстоящий Четвертый конгресс РСДРП(б), который должен был пройти в Стокгольме в апреле[18]. В следующем письме он опровергает предположение, сделанное, по-видимому, загадочным Николаем В., о том, что его приверженность революционному делу поверхностна или неискренна. Замятин возражает, говоря о том, что самые идейно фанатичные люди обычно проявляют наи-

---

[18] Код был расшифрован Бучиной и Любимовой. 22 апреля 1906 года Замятин сообщил Людмиле, что его письмо от 10 апреля, вероятно, было перехвачено, так как полицейский, который его знал, увидел, как он принес его к почтовому вагону на станции [РНЗ 1997: 17, 30].

большую активность в революционном движении, но часто бывает так, «как совершенно верно замечает Ницше, этот тонкий психолог», что этим очень деятельным людям не хватает творческой жилки (6 апреля). Он уверяет Людмилу в том, что тюрьма только укрепила его готовность служить партии, и говорит ей, что собирается использовать время ссылки для того, чтобы лучше освоить такие темы, как аграрный вопрос и роль кадетов, а также разобраться в ограничениях полномочий будущей Думы новыми указами, вышедшими весной того года. Он прочитал недавно опубликованную книгу Троцкого «Одна или две палаты», и с тревогой упоминает о жестоком обращении с членами партии, о котором узнал из прессы. Замятин составил список из пятнадцати книг и статей и хотел, чтобы Людмила отправила их ему в дополнение к тем социалистическим газетам, которые он уже получал. В список входили Бебель, Каутский и другие авторы, писавшие об анархизме и социализме, Марксе и Ницше, браке и свободной любви, интеллигенции и пролетариате, социал-демократии и научном социализме, а также аграрном вопросе. Он признавался, что не все предназначалось для него самого, поскольку он планировал предлагать эти статьи и книги местным жителям, надеясь тем самым внести свой вклад в революционное дело[19].

К апрелю у Замятина появились некоторые основания надеяться на амнистию; такая возможность обсуждалась в связи с началом работы первой Думы (в которой доминировали либерально-демократические партии, так как эсеры решили бойкотировать выборы). Он с презрением отзывался о «предательстве» тех представителей левого движения, которые призывали к сотрудничеству с Думой. Подобный настрой на компромисс, как он считал, может привести к окончательному поражению рево-

---

[19] М. Ю. Любимова отмечает, что этот парафраз указывает на то, что Замятин читал книгу Ницше «По ту сторону добра и зла», которая была переведена на русский язык в 1905 году [РНЗ 1997: 21, примеч. 2]. Философские и политические произведения, которые Замятин читал в течение 1906 года, приведены М. Ю. Любимовой. См. [Замятин 2011: 37–82].

люции 1905 года. 9 мая он все еще надеялся, что его собственные, как он их называл, «заблуждения» будут «милостиво прощены». Однако он признается Людмиле, что в целом ему сложно сосредоточиться на чтении политических трудов, так как его слишком часто отвлекают мысли о ней. Он нежно называет ее своей дорогой или милой Люси, используя непривычный уменьшительный вариант ее имени, который скорее всего был калькой с английского Lucy. В то же время он продолжает использовать вежливую форму «вы» вместо более личной «ты». Нормы обращения в то время уже изменились, и вполне возможно, что это была лишь условная вежливость. Интересно, что Замятин продолжал обращаться к Людмиле на «вы» даже после заключения брака и во всех последующих письмах к ней. Вспоминая те непростые часы, которые они провели вместе после его освобождения из тюрьмы, он извиняется за свою неуклюжесть и за свою «корректность», которая, скорее всего, мешала ему проявлять свои истинные чувства. В его первом письме некоторые места были потом вырезаны, а в оставшемся тексте он ограничился просьбой прислать ему свою фотокарточку школьных лет и написал на прощание: «Крепко жму Вашу маленькую руку». На том этапе он редко был откровенным, предпочитая ограничиваться эротическими намеками — например, упоминая упругие молодые весенние листья на деревьях в саду, трепещущие под нежными поцелуями дождя. Но затем он возвращался к прежней застенчивости и самоиронии:

> — Ну, а теперь, когда я написал это и прочитал — мне смешно, мне почти стыдно! Ну, скажите мне Вы, смешно ведь это, глупо? Или нет? Так всегда со мной. — Расколотый я человек, расколотый на двое. Одно «я» хочет верить, другое — не позволяет ему, одно — хочет чувствовать, хочет красивого — другое смеется над ним, показывает на него пальцами... Одно — мягкое, теплое, другое — холодное, острое, беспощадное, как сталь... И оно побеждает, холодное, оно побеждало всегда — с тех пор, как я стал думать. И жизнь была такая холодная... Оттого я искал всегда нового, разнообразия, опасностей — иначе было бы слишком холодно, слишком пусто... (9 апреля).

В письмах Замятин просит ее стать ему настоящим другом, так как у него раньше их не было, предлагает довериться ему, как брату, и рассказать ему о том, что она чувствует по отношению к нему. Ему было очень неприятно узнать, что Мария, которая, видимо, к тому времени вышла из тюрьмы и вернулась жить к сестре, читала его интимные письма к Людмиле. Он, очевидно, почувствовал, что сестра не слишком поддерживает их отношения, и признавал, что она в чем-то права, описывая его как эгоиста и хищника, которого сдерживает только кодекс поведения интеллигента. Он также просит Людмилу быть снисходительной к его фантазиям, уверяя ее, что любой, кто застрянет в Лебедяни, обязательно сойдет с ума, начнет странно вести себя и говорить глупости. Он даже разработал свою собственную «теорию о "глупостях"», доказывая, что преднамеренная, сознательная глупость продуктивна, подобно высшей математике, где нет гипотез, которые априори не содержали бы элементов неточности, приблизительности и возможных ошибок. Другими словами, разум всегда включает в себя элементы глупости.

К тому времени он всеми силами души желал выбраться из Лебедяни: «Или, быть может, мне довольно свободы передвижения по затхлым улицам затхлого городишка, встреч с черносотенцами и пустоголовыми девицами, с головой ушедшими в наряды и кокетство?» (6 апреля). Он был потрясен, увидев местных полицейских, проходивших интенсивную подготовку: «Все в черном, на черных конях... "Скачут и взад, и вперед", бросаются с обнаженными шашками в атаку на невидимого (внутреннего) врага, учатся рубить людей по всем правилам искусства... Винтовки болтаются за спинами, нагайки привешены у седел...» (22 апреля). Жить дома тоже было тяжело из-за постоянного потока посетителей, отвлекавших его, когда он пытался сосредоточиться и почитать. Его сестра Александра готовилась выйти замуж за учителя литературы из Лебедянской гимназии, сурового человека лет на 12 старше ее, Владимира Волкова. По мнению Замятина, из-за этого распадалась жизнь его семьи:

> В семье — драма, молчаливая, тихая. Драма такая, как чеховский «Вишневый сад», как «Дядя Ваня». Семья разрушается, обваливаются красивые пристройки, остаются одни голые, старые, пустые стены.
> Мать всю жизнь жила только детьми — мной и сестрой. Теперь дети ушли: сестра — замуж, я совсем в другую, чужую жизнь. А она стоит и видит впереди себя одно пустое пространство: нет цели жизни, нечем дышать. Переживать это — тяжело невыносимо. Смотреть — тоже тяжело... Сестра — человек с большими идейными запросами. Я думал ввести ее в круг тех же интересов, которыми живу сам. Осенью она хотела ехать на курсы, но... вышла замуж. И мне кажется, что муж сделан совсем из другого теста и что она скоро разочаруется в нем. Боюсь, что и она чувствует то же. Смотреть на это — тоже тяжело...
> А я сам — устал. Устал оттого, что нет жизни, которая толкала бы, будила, увлекала, не давала слишком много задумываться. А то иной раз, как сегодня, дойдет до того, что ни в себя и ни во что, кажется, не веришь, и ничего нет в душе — ни энергии, ни мысли: пусто там, как в вымершем доме... (9 мая).

Поразительно, что в этом описании он ничего не говорит о своем отце. Возможно, это свидетельствует о дистанции между ними, которая только увеличивала нараставший разрыв внутри семьи между матерью и детьми, братом и сестрой.

К тому же он плохо себя чувствовал: подхватил грипп, жаловался на головные боли, бессонницу и шалящие нервы. Но главным для него оставалось твердое решение вернуться в Петербург: «Ведь весна на 23-м году жизни не повторяется» (5 мая). Он засиделся в Лебедяни в том числе и из-за финансовых обстоятельств: «Своих денег у меня всего-навсего рублей 25, а *просить* у отца денег, чтобы жить в Петербурге для дела, которое он считает вредным для меня, и вообще — я не хочу. <...> Потому-то я и хотел было устроиться на практику в Питере, если можно, а нет — так на рейс Петербург — Лондон». Поэтому он пытался наладить контакт с деканом кораблестроительного факультета К. П. Боклевским, известным своей неподдельной заинтересованностью в делах студентов. «Одно я знаю, что долго еще — здесь не выдержу. Куда-нибудь уеду. Тянет меня, между прочим, и моя привычка — странствовать» (22 апреля). 30 мая инспектор полиции в Лебедяни наконец поставил штамп в его документах, чтобы зафиксировать дату отъезда, а еще одна полицейская печать, отмечающая его временную регистрацию по адресу в Санкт-Петербурге, датирована 4 июня. Тем не менее он, видимо, еще не имел права на постоянную регистрацию в Санкт-Петербурге [Галушкин и Любимова 1999: 10] (Автобиография 1928 года). Хотя его точный юридический статус на тот момент не совсем ясен, можно предположить, что за выполнением условий его внутренней ссылки следили не слишком строго ввиду политической оттепели, связанной с открытием первой Думы.

Примечательно, что руководство Политехнического института отнюдь не было равнодушно к судьбе одного из своих самых блестящих, пусть и политически проблемных студентов, и поддерживало его на протяжении ряда лет, даже десятилетий. Видимо, в ответ на просьбу о работе, обращенную к декану Боклевскому, через несколько недель после возвращения в Санкт-Петербург Замятина отправили на практику (с выплатой стипендии) в Финляндию, на Сандвикский корабельный док в Гельсингфорсе (Хельсинки) [ЦГИА СПб. Ф. 478. Оп. 1. Д. 765] (Студенческое дело). Это помогло ему избежать нежелательного внимания петербургской полиции. Если судить по его письмам к Людмиле, он приехал туда вскоре после 20 июня. Получается, что пара в очередной раз рассталась, и снова спустя всего две-три недели, согласно уже сложившейся модели их удручающе непостоянных отношений. Он занятно описывает ей, как он и его сокурсник, выглядевшие и чувствовавшие себя дикарями среди аккуратных и элегантных скандинавов, посещали сауну и восхищались отсутствием стеснения у местных, которые плавали, прыгали, ныряли и пили кофе обнаженными. Его также впечатлила свобода отношений между влюбленными парами, обнимавшимися в парках по вечерам: он жаждал поделиться этим с ней, хотя она, — судя по всему, чтобы поправить свое здоровье (вскоре у нее найдут туберкулез), — решила провести свой отпуск с друзьями на Волге: «Когда я видел эти парочки — я вспоминал о Вас. Мне хотелось бродить, ездить по морю, сидеть на скалах, слушать музыку — с Вами». Очевидно, именно это письмо возымело свое действие, потому что Людмила вскоре изменила свои планы и присоединилась к нему. Замятин вспоминал то лето в Хельсинки с нежностью: «Комната на Эрдхольмсгатан, под окнами — море, скалы. По вечерам, когда чуть видны лица, — митинги на сером граните. Ночью — не видно лиц, теплый черный камень кажется мягким — оттого что рядом ОНА, и легки, нежны лучи свеаборгских прожекторов»[20].

Его слова о митингах заставляют вспомнить о том, что Финляндия в то время еще была частью Российской империи и, по сути, с начала века подвергалась все более жестким мерам русификации. Свободы, завоеванные для России во время революции 1905 года, были предоставлены и финнам, но радикально настроенные работники Красной гвардии во главе с Йоханом Коком в тот момент настаивали на более основательных демократических уступках. Замятин однажды был представлен Коку в бассейне, причем оба были без одежды. Затем пришли известия о тревожном развитии событий в России: царь Николай II, которого привел в ярость настрой Думы на конфронтацию, послал войска занять Таврический дворец и 9 июля выпустил указ о роспуске первой Думы. На протяжении почти трех недель Россия была охвачена беспорядками, так как в знак протеста революционные силы пытались спровоцировать массовое восстание.

Почти половина членов распущенной первой Думы уехала в Финляндию [Seton-Watson 1967: 624]. Замятин описал одно из собраний в Хельсинки, на котором он присутствовал. На нем выступал писатель-модернист Л. Н. Андреев: «Было это в 1906 году. Революция не была еще законной супругой, ревниво блюдущей свою законную монополию на любовь. Революция была юной, огнеглазой любовницей, — и я был влюблен в Револю-

---

[20] Письмо Л. Н. Усовой, 1 июля 1906 года [РНЗ 1997: 45–48]; [Галушкин и Любимова 1999: 10] (Автобиография 1928 года).

цию»²¹. Читатели Андреева знали его как автора рассказов, и пришло много народа, чтобы послушать его мнение о современных политических вопросах. Торжественная и выразительная речь Андреева, в которой он предсказал неминуемую казнь венценосного главы российского народа, была встречена бурными овациями. Вскоре произошел серьезный мятеж на военно-морской базе на острове Свеаборг в Финском заливе, и царь послал морскую эскадру из Кронштадта, чтобы подавить восстание в рядах финской Красной гвардии. В какой-то момент среди этих событий Замятин решил вернуться в Петербург, переодевшись, чтобы его не узнали: «выбритый, в каком-то пенснэ» [Галушкин и Любимова 1999: 10] (Автобиография 1928 года).

Царские власти слишком хорошо понимали, в какой степени студенты Политеха, да и многие его сотрудники, были причастны к революционной деятельности, и посылали шпионов следить за проходящими там собраниями. В августе 1905 года царь даровал университетам автономию, в результате чего революционные партии развили активность в их помещениях [Seton-Watson 1967: 599–600]. 29 сентября 1906 года в институт поступила жалоба о том, что на его территории неделей раньше прошла встреча 42 рабочих, 56 студенток и 15 студентов. 28 октября руководству доложили о том, что на следующий день в институте должно было состояться важное заседание партии эсеров: декану Боклевскому было поручено не допустить проведения собрания, чтобы избежать вмешательства полиции. В ноябре и декабре поступали новые жалобы по поводу митингов, на которых присутствовали примерно 1500 человек, причем многие из них были рабочими. Там профессора призывали студентов поддержать передачу земли народу, распространялись подстрекательские листовки, звучали призывы созвать Учредительное собрание или насильственно свергнуть существующий порядок, декламировались опасные стихи и пелись революционные песни. Один раз полицейское руководство пожаловалось на то, что, несмотря на четкое предписание, высшие должностные лица

---

²¹ «Л. Андреев» (1922) [Замятин 1967: 53].

института, директор князь А. Г. Гагарин и профессор А. С. Постников, намеренно мешкали с тем, чтобы прервать заседание в одном из общежитий института, позволив пятерым рабочим и десяти студенткам сбежать [Студенческое дело: ЦГИА СПб. Ф. 478. Оп. 1. Д. 765].

На фоне этих событий осенью 1906 года Замятин наконец снова приступил к учебе в Политехе, уже успев проявить свои левые взгляды и пройдя сравнительно невредимым через испытания тюрьмой и внутренней ссылкой. Наконец они с Людмилой могли быть вместе, расставаясь лишь тогда, когда этого требовали их обычные дела и обязательства. Он перестал зависеть от своего дома и воспитания, начав взрослую самостоятельную жизнь. И именно в это время, еще учась на инженера-кораблестроителя, он встал на совершенно новый путь и написал свой первый художественный текст — рассказ «Один», основанный на собственном тюремном опыте в декабре 1905 — марте 1906 года.

Глава вторая

Из Астрахани в Архангельск (1906–1916)

Замятина, вернувшегося к занятиям на кораблестроительном факультете Политехнического института осенью 1906 года, можно увидеть на фотографии 1907 года с группой старост курсов и директором-основателем института князем А. Г. Гагариным. Этим студенты бросали вызов властям, так как фотография была сделана в знак солидарности с князем, по личному приказу Николая II вынужденным уйти в отставку за недостаточную твердость в исполнении своих обязанностей. Летом 1907 года студенческие общежития института закрыли, чтобы предотвратить усиление политической активности, и Замятину пришлось несколько раз переезжать с квартиры на квартиру [Каталог выставки 1997: 13; Брюханова 2008: 28–29]. Он закончил учебу в Политехе 21 мая 1908 года (только 11 из 25 студентов первоначального набора смогли выпуститься в том году), представив для защиты диссертацию «О выборе главных размерений грузовых судов» с эскизами и схемами в качестве приложений. Еще один сохранившийся чертежный набросок — оригинальный проект гибкой плотины, где резиновая пластина может быть отогнута назад, чтобы перекрыть поток воды, — демонстрирует его чертежное мастерство, отличающееся точностью и красотой линий [Голикова 2009: 3; Брюханова 2008: 7; BDIC, dossier 185]. Получив квалификацию морского инженера, он сразу подал заявку в Министерство торговли для поиска работы. Однако

44 | Глава вторая

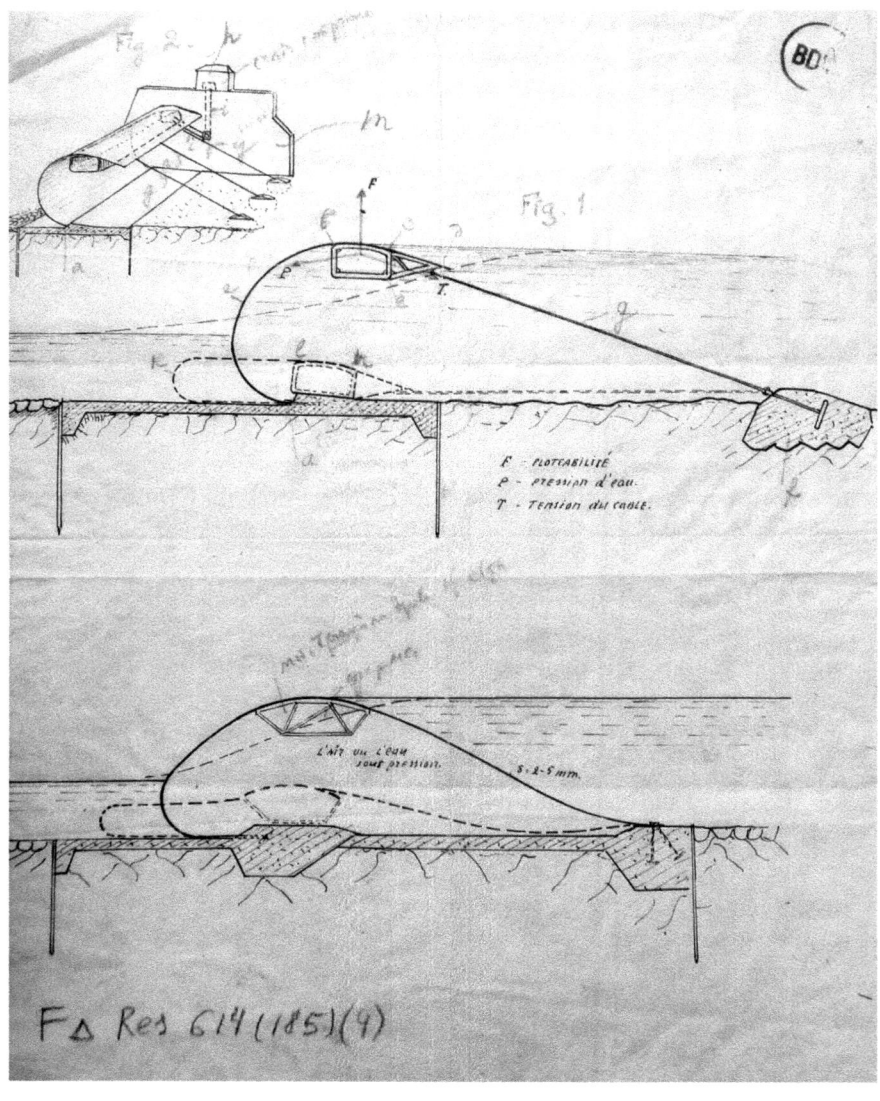

Чертеж гибкой плотины, выполненный Замятиным (предположительно начало 1910-х годов) (BDIC, Collection E. Zamiatine – F DELTA RES 614)

министерство решило навести справки о его политической благонадежности. Когда из полиции пришел ответ с подробностями его ареста в декабре 1905 года, в трудоустройстве Замятину было отказано. Во второй половине 1908 года представители Политеха, видимо, замолвили за него слово, так как в конце октября полиция сообщила министерству, что уголовного расследования его дела не будет. Политехнический институт сразу же предоставил ему стипендию для учебы в магистратуре и изучения строительства береговых установок. 19 ноября он получил диплом, подписанный деканом Боклевским, и одновременно был назначен на должность преподавателя института. Всего через неделю, снова благодаря помощи Боклевского, он получил место инженера в Отделе торговых портов Министерства торговли и промышленности, и это станет его официальной должностью на ближайшие десять лет, вплоть до 1918 года.

В течение 1909 года Замятин работал на разных заданиях: в августе и сентябре он проверял чертежи верфей Белого моря в Архангельске, посещал поражающие своими размерами Путиловский и Металлический заводы, где изготавливались детали для линкоров, переводил отрывки из статьи о кранах, написанной французским инженером, и контролировал доставку новой лебедки. Следующим летом он был назначен на должность инженера по техническим занятиям в черноморском порту Поти. В период с 1909 по 1915 год он опубликовал более десятка статей о разработках в области проектирования судов, экскаваторов, подводных лодок и ледоколов, где активно выступал за замену паровых двигателей на двигатели внутреннего сгорания. С 1911 года, несмотря на неопределенный политический статус своего протеже, декан Боклевский регулярно продлевал его контракт «преподавателя корабельной архитектуры» в Политехе [BDIC, dossiers 133b/120 (3)]. На протяжении долгих лет инженеры и коллеги из института останутся близкими друзьями Замятина.

В течение этих лет ему приходилось постоянно переезжать, чтобы полиция его не обнаружила, так как по условиям внутренней ссылки ему до сих пор официально не было разрешено жить в Санкт-Петербурге. Он катался в город и в Политех, но был вынужден искать жилье за городом, в частности в Сестрорецке, к северо-западу от столицы, и на побережье у Лахты, что было немного ближе. К счастью для него, произошла административная путаница по поводу того, к какому именно учебному заведению он принадлежит, что помешало властям поступить с ним в соответствии с их первоначальными планами:

> Повестка: явиться в участок. В участке — зеленый листок: о розыске «студента университета Евгения Ивановича Замятина», на предмет высылки из Петербурга. Честно заявляю, что в *университете* никогда не был и что в листке — очевидно, ошибка. Помню нос у пристава — крючком, знаком вопроса: «Гм... Придется навести справки». Тем временем я переселяюсь в другой район: там через полгода — снова повестка, зеленый листок, «студент *университета*», знак вопроса и справки. Так — пять лет, до 1911 года, когда наконец ошибка в зеленом листке была исправлена и меня выдворили из Петербурга [Галушкин и Любимова 1999: 10] (Автобиография 1928 года).

Когда в июне 1911 года полиция все-таки обнаружила его, Замятин сообщил Людмиле, что ему дали три-четыре дня, чтобы уехать из Петербурга, но все же продолжал надеяться, что декан Боклевский попытается спасти положение. Однако ему пришлось временно прекратить работать, так как если бы полиция обнаружила, что он остался в городе, ему могли дать три месяца тюрьмы. Боклевский обратился к губернатору с просьбой разрешить Замятину жить в Санкт-Петербурге, но эта просьба была отклонена «ввиду имеющихся в Охранном Отделении неблагоприятных сведений об инженере <...> Евгении Ивановиче Замятине»[1]. Временное решение, найденное Боклевским, заключалось в том, чтобы отправлять Замятина в различные командировки, например на Коломенский завод под Москвой в июле 1911 года. Также в июле Замятин побывал у губернатора, где ему вручили повестку в охрану; перед тем как пойти туда, он в тревоге уничтожил некоторые из писем Людмилы и другие документы. В итоге с ним обошлись

---

[1] Письмо от Боклевского, 19 июня 1911 года [Нечипоренко 1996: 71].

исключительно вежливо, но тем не менее настояли на том, чтобы он уехал из Петербурга. Это требование было еще раз подтверждено в официальном письме губернатора Боклевскому от 5 августа. В сентябре он посетил Лебедянь и работал над статьей, которую планировал отправить в качестве заявки на конгресс в Филадельфии, куда он надеялся поехать в 1912 году. В Америку на конгресс он не попал, но статья под названием «Будущее морского судостроения и дноуглубительные работы в морских каналах и портах» была опубликована в двух частях в ежемесячном издании «Русское судоходство» в 1912 году [Каталог выставки 1997: 13].

Доступные документальные свидетельства о жизни Замятина в период, когда ему было под 30, в основном фрагментарны, если не считать писем, которые он писал Людмиле во время их частых разлук. Она работала в различных пригородах Санкт-Петербурга как акушер и гинеколог, а он разъезжал по всей стране в командировки по вопросам судостроительства. Оба были чрезвычайно заняты, перемещаясь с места на место по работе или беспокоясь по поводу полиции, а позже из-за проблем со здоровьем. Революционный пафос, на удивление, больше не появляется в его письмах за эти годы. Нет никаких документов, указывающих на их дальнейшее активное участие в радикальном социалистическом движении. Возможно, проверки полиции стали более строгими, однако, скорее всего, теперь собственная трудовая и личная жизнь занимала все их время.

Ноябрь 1908 года стал переломным не только в профессиональной, но и в литературной деятельности Замятина. «В 1908 году кончил Политехнический институт по кораблестроительному факультету <...>. Одновременно с листами проекта башенно-палубного судна — на столе у меня лежали листки моего первого рассказа. Отправил его в "Образование"» [Галушкин и Любимова 1999: 10] (Автобиография 1928 года). Завершенный в 1907 году рассказ «Один» описывает молодого студента Белова, который уже три месяца сидит в одиночной камере. Не имея связи с революционными товарищами, он мечтает о Лёльке, которую в свое время встречал на политических вечерах, где шли жаркие споры. Находясь в тюрьме, он обменивается с ней письмами, и его дни наполняются эротическими фантазиями и мечтами о любви. Она по-доброму относится к нему и даже шлет передачи, но в конце концов сообщает, что собирается уехать из города вместе со своим будущим мужем. Уничтоженный этой новостью, Белов бросается с тюремного балкона и разбивается. В этом рассказе недавно пережитый Замятиным опыт тюремного заключения перерос в трагическую историю, с той лишь разницей, что в его случае судьба улыбнулась ему и женщина, о которой он мечтал, ответила взаимностью.

В рассказе «Девушка» (1910), также написанном в эти годы, тема страсти и тоски, испытываемых в условиях ограниченных контактов с обществом, развивается на примере молодой девушки Веры. Связанная обязательствами перед матерью-инвалидом, она настолько охвачена эротическими желаниями, что преодолевает социальные запреты и завлекает слегка смущенного юношу к себе домой. Когда молодые люди начинают целоваться, в комнате появляется мать, и юноша убегает, оставив охваченную страстью Веру. В контексте развития отношений между Людмилой и Замятиным в первые годы их знакомства, а также с учетом того, что сексуальность станет одной из ключевых тем в его творчестве, поражает выстраивание автором образов, связывающих чувственное влечение с женским авторитетом и даже насилием. В мечтах Белова о Лёльке он прислуживает богине, как раб: «...хочется чего-нибудь еще более рабского, еще более унижающего», и «...чтобы она взяла всего его». Когда Вера пытается соблазнить молодого библиотекаря, она «...тонкими, горячими пальцами схватывает его за лицо и за шею, впивается поцелуем — так, что своими зубами касается его зубов, и зубы скрипят. Скорее — пить из него жизнь. Может быть — минуты остались». Почувствовав, что эти рассказы чрезмерно истеричны по тону, Замятин предпочел не включать их в более поздние собрания своих сочинений. В 1928 году он писал: «Когда я встречаюсь сейчас с людьми, которые читали этот рассказ [«Один»], мне так же неловко, как при встречах с одной моей тетушкой, у которой я, двухлетний, однажды публично промочил платье» [Галушкин и Любимова 1999: 10–11] (Автобиография 1928 года). В конце

1908 года была также впервые напечатана его литературная рецензия, где осуждалось самодовольство недавно открывшегося петербургского журнала «Новые мысли», редакторы которого обещали «лучшее чтение для пищеварения», отказавшись от полемических материалов — то есть игнорируя политические и социальные беды современной России[2].

Эксперименты с прозой увлекли Замятина. Тем не менее завершенными оказались лишь немногие из рассказов и новелл, написанных между 1906 и 1912 годами, в то время, когда он заканчивал учебу и начинал карьеру преподавателя и специалиста в морском инженерном деле[3]. В ноябре 1908 года, примерно в то время, когда он предоставил свой рассказ «Один» к публикации, он писал своей сестре Александре, что изучает французский и инженерное дело (он вот-вот должен был получить свою первую зарплату), но больше всего поглощен литературой. Он начал ходить на литературные вечера, где молодые писатели читали свои произведения вслух. Его новелла «Чайная роза», входившая в цикл из запланированных четырех рассказов, была очень хорошо принята и вызвала много дискуссий. В декабре он планировал вернуться в Лебедянь, так как там ему лучше писалось[4]. Действительно, всякий раз, когда он приезжал, мать, которая его обожала, следила за тем, чтобы бумаги в его комнате были разложены именно так, как он их оставил. Летом 1910 года он мучился, сомневаясь, как спланировать отпуск — ехать вместе с Людмилой и провести свободное время с ней, или писать: «...моя бедная литература! Она,

---

[2] «Журнал для пищеварения» (1908) [Галушкин и Любимова 1999: 14–16 (14)].

[3] В архивах сохранились следы предварительных записей для коротких рассказов 1907–1908 годов с названиями «Утром и вечером», «В толпе» и «Снежное окно», а также для цикла из четырех новелл, названных именами цветов и объединенных общим заголовком «Цветы говорят мне в сумерках» или «Зеркало цветов». Летом 1909 года он также написал рассказы «В маленькой комнатке», «Девушка-улыбочка» и «притчу» в стихах «Премудрый Нгабами» [ИМЛИ. Ф. 47. Оп. 1. Ед. хр. 11, 5–7, 8–9, 12–14, 18, 105].

[4] Письмо А. И. Замятиной (Волковой) от 19 ноября 1908 года. Комлик Н. Н., Замятина Н. С. «Предания русского семейства: (Новые материалы к биографии Е. И. Замятина)» в [Полякова 2009: 436–437].

ведь, тоже меня ревнует — к тебе. И тоже соблазняет меня». Через пару недель, вторя знаменитому изречению Чехова, он заговорил о предательстве своей настоящей жены — литературы, так как все же решил провести август с Людмилой[5].

В 1906–1912 годах личная жизнь Замятина ознаменовалась как огромным счастьем, так и последовавшим за ним крушением надежд. Его письма в первые годы уже прочных отношений с его «милым мышонком» (май 1908 года) или «ландышем» пропитаны эротической нежностью молодого любовника — «целую уголки мои милые — как чашечки ландыша» (июнь 1909 года). Эти «уголки» вновь станут отличительной чертой эротичной соблазнительницы I-330 в романе «Мы». В 1908 году он написал для Людмилы стихотворение (что делал нечасто), озаглавленное «Желание»: «Я упаду на костер / В пламя объятий твоих»[6]. В связи с этим следует упомянуть, что общественное давление, исходящее в том числе и от его собственной чрезвычайно религиозной семьи, предположительно привело к тому, что они официально зарегистрировали свой брак, но нет никаких документальных свидетельств, указывающих на дату церемонии. Летом 1909 года в одном из писем Замятин называл свою «родную Люсиньку» своим ребенком, любовью, женой и нежной матерью. Возможно, к тому времени они уже начали понимать, что, вероятно, у них никогда не будет детей:

> Инстинкт деторождения, инстинкт материнства... Может быть этого и не будет, и может быть — еще сильнее от этого будет любовь? Может быть — то, что ты должна была отдать ребенку — ты отдашь мне? Может быть — тебе будет сладко от того, что я буду класть голову к тебе на грудь и брать ее губами, как ребенок, и называть тебя матерью? Может быть ты — мать — будешь все прощать мне, твоему ребенку? И, может быть, мне будет сладко тебе, слабой и маленькой, отдать свои силы, держать тебя — ребенка — на коленях, носить ребенка — на руках?[7]

---

[5] Письма Людмиле от 11 и 27 июля 1910 года [РНЗ 1997: 64, 66–68].

[6] Письмо Людмиле от 14 июня 1909 года [РНЗ 1997: 51, 439].

[7] Письма Людмиле от 27 и 29 июля 1909 года [РНЗ 1997: 52–54].

В этих письмах он с нежностью пишет о ее губах, маленьких зубках, интимных запахах, менструальной влаге, нежной остроте ее грудей, ощущаемой через блузку, милых ему изгибах ее запястий со светлыми волосками на них и о его желании обнять ее ноги, положить голову ей на колени или поцеловать ее грудь через платье. Все эти образы позже появятся в его прозе.

В конце июня 1911 года он размышлял о том, какую роль в их отношениях играет власть одного над другим. Робкий ухажер из его ранних писем иногда снова проявляется, связь между ними уже прочна, но баланс сил явно изменился:

> Моя маленькая госпожа. Как приятно мысленно подчиняться тебе и целовать твои руки, ставши на колени. И как я за это же не люблю тебя и себя — за то, что моя любовь к тебе и твоя ко мне — заставляют меня чему-то, кому-то подчиняться, — пусть этот кто-то даже и ты; за то, что я в чем-то стесняю себя, в чем-то обуздываю себя — пусть это делается даже ради великой чистоты и полноты наших ласк, твоих ласк.
> Не знаю, что это: моя ли (еще) молодость, или привычка к слишком свободной морали, или испорченность, или, просто, явление физиологической категории — но все эти женщины, которых ежедневно видишь — они, увы, действуют на мое любопытство. Я с удовольствием посмотрел бы, как эта, или другая, или десятая — из неприступной, из богини — становится бесстыдной и послушной. Вероятней всего, я именно «посмотрел бы» на это, откуда-то сверху, улыбаясь, забывая о своем участии. (С тобой, при тебе — я никогда таким не бываю; кроме тебя — меня настоящего, непритворного, пожалуй, никто не знает, не видал.)[8]

В соответствии с его пониманием свободной любви их отношения были достаточно открытыми и допускали возможность измены. В августе 1910 года он признавался, что немного тосковал при мысли, что она полна жизни и желаний и была готова отдаться кому-то другому; он надеялся, что она подождет его еще хотя бы десять дней. С другой стороны, в июне 1911 года он признавался, что провел значительную часть времени в течение

---

8 Письма Людмиле от 30 декабря 1909 года, 22 июля 1910 года, 15–16, 19–20, 25 и 27–29 июня 1911 года [РНЗ 1997: 62, 65–66, 79–85].

последних двух-трех недель с некой Марией Андреевной и целовал ее — «нет, не до конца...», — злорадно наслаждаясь процессом флирта, пока Мария Андреевна не влюбилась в него. Теперь же, продолжал он, она окончательно исчезла из их жизни, так как он не хочет допустить даже вероятности того, что тень пробежит между ним и Людмилой[9].

Однако после пяти лет счастливых интимных отношений с Людмилой в жизни пары появился новый фактор, повлиявший на интенсивность и характер их сексуальных контактов. Начиная с лета 1911 года, когда он был в командировке в Московской губернии, Замятин начал страдать от рецидивов неприятного состояния, которое впервые проявилось предыдущим летом:

> Увы, доктор, — я страдаю: *cholera chronica* [хроническая холера]. Помнишь, как в прошлом году, когда мы жили на Матвеевской. За эту неделю, с прошлого понедельника до этого, — я попробовал пообедать всего один раз, на Петров день (показалось, что выздоровел) — и увы, еще хуже. Питался все время бульоном и чаем. Подвело меня — так прямо страсть. Я уж и салол пил, и Гуниади-Янос, и опять салол с бензонафтолом, — все никакого толку. Вчера, наконец, пошел к тутошнему доктору (как все почти доктора, — очень мил) и получил от него бисмут с опием. За обедом — с завистью смотрю, как едят всякие колбасы и закуски и скромно ем бульончик и манную кашку, маленький ребеночек. — Вчера чувствовал себя очень скверно, болела голова, слабость, — может, потому еще, что не выспался в дороге. Сегодня ничего[10].

Мучения Замятина из-за проблем с пищеварением, которые в виде тяжелой формы колита будут возвращаться в течение многих лет, стали основной темой его писем к жене, имевшей медицинское образование и опыт. Конкретно этот период болезни длился еще около десяти дней, и он сообщал о диарее, обложенном языке и резкой потере веса. Он также жаловался на дискомфорт, головные боли и слабость, и раздражался, когда врачи, к которым он обращался, давали ему противоречивые

---

[9] Письма Людмиле от 2 августа 1910 года и 5 июня 1911 года [РНЗ 1997: 69, 74–76].
[10] Письмо Людмиле от 5 июля 1911 года [РНЗ 1997: 86–88].

советы касательно его диеты. Все это происходило — и, возможно, эти процессы были взаимосвязаны, — пока он постоянно переезжал с места на место, будучи вынужден делать это из-за работы, а также в связи с продолжавшимися проблемами с получением права на постоянное жительство.

К августу 1911 года он заболел так сильно, что вернулся в Лебедянь, где за ним стала ухаживать мать. Его потребность в заботе привела к примирению с семейным окружением, от которого он так резко отказался, будучи молодым студентом. В течение нескольких следующих лет он нередко возвращался домой, когда ему требовалась поддержка и было необходимо восстановить силы. Очевидно, его письма о том, как ему плохо, очень обеспокоили всю его семью, потому что на вокзале соседнего Ельца его встречали родители в сопровождении шурина: «...отчасти, кажется, потому, что думали, что <...> меня придется выносить из вагона». Его первые письма к Людмиле из Лебедяни, написанные тем летом, пишутся в виде медицинских «бюллетеней». В них очевидна характерная для него озабоченность каждой деталью своего состояния:

> Спал часов 7½. Накануне вечером делал клизму с висмутом — безрезультатно: ничего, кроме клизмы и небольшого куска слизи*. Небольшие боли. Утром у отца был доктор. Вытащили и меня — хотя я уверен, что о колите сумею ему больше рассказать, чем он мне. — И рассказал. Доктор нашел, что вероятно — неперепончатый колит (судя по характеру болей) и что диета была слишком строга: нужно цыпленка etc. Пить — Виши лучше, чем Боржом. Итак, в первый же день утром — я пью какао с сухарями. — В 12 час. — рисовое пюре и бульон. В 2½–3 ч. обед из 3-х блюд: бульон, пюре из цыпленка (оч. вкусно) и черничный кисель. В 5½ — чай и ½ стакана детской муки «Нестле» (нечто вроде желе или киселя — вкусное). В 8 час. — 8½ мясной сок и пюре из цыпленка. — Пил Виши и висмут с бензонатом. После приемов пищи были довольно резкие боли в желудке, но я их определял, как нервные. — И не смущаясь, ел. — Аппетит был. Язык приличен. Клизмы не делал. Около 11 — лег в постель. Т — 35,9 градусов. Пульс 48–50. Слабость.
> * Всю дорогу стула не было[11].

---

[11] Письмо Людмиле от 21–22 августа 1911 года [РНЗ 1997: 94–95].

Конечно, мрачноватое письмо, если учитывать, что его писал мужчина двадцати семи лет своей молодой жене, которая на протяжении последующих более чем шести месяцев не будет жить с ним как жена «в полном объеме этого слова»[12]. Тем летом почти месяц он провел в Лебедяни, но в конце августа вместе с матерью отправился в Москву, чтобы проконсультироваться со специалистом, который пришел к выводу, что это колит, совмещенный с неврастенией. Он попробовал другие лекарства, в том числе инъекции мышьяка, и стал чувствовать себя гораздо лучше, смог есть мясо и цветную капусту и даже пить кофе без кофеина. Но в середине сентября приступы возобновились, и он вернулся к рисовым пюре, хотя вскоре после этого снова начал работать в Петербурге[13].

Рождество 1911 года было унылым. Здоровье Замятина снова ухудшилось, и вот он уже пишет Людмиле из санатория в Подсолнечной на северо-западе Москвы, где находился под присмотром доктора Щуровского, специалиста, к которому летом обращался за консультацией. Он провел там шесть недель, и его письма оттуда полны жалоб на плохой сон (он был чрезмерно чувствителен к свету и шуму), на клопов в комнате и на некомпетентность поваров, которые, по его мнению, готовили не то, чего требовала его диета. Некоторое облегчение доставляли беседы с другими пациентами, чтение книг и газет, игра на пианино, бильярд, а также катание на коньках в периоды, когда он чувствовал себя лучше. Тем не менее, что даже удивительно, Замятин нашел силы и время писать; это произошло ближе к концу его пребывания там, когда его состояние стабилизировалось и ему удалось набрать в весе четыре-пять килограммов. Наконец, во второй половине февраля 1912 года он снова приступил к работе в Санкт-Петербурге. На этот раз его сопровождала мать, продолжавшая ухаживать за ним. Однако полгода спустя он вернулся в санаторий. К этому времени он разработал систему баллов для описания своих выделений в письмах к Люд-

---

[12] Письмо Людмиле от 9–10 января 1912 года [РНЗ 1997: 109–110].

[13] Письма Людмиле от 25 августа и 13 сентября 1911 года [РНЗ 1997: 97, 99–101].

миле, используя градацию от 4+ до 2=. Он снова проводил время за бильярдом, фортепиано или шахматами, а также на рыбалке и иногда за письменным столом. Его вес до возвращения в санаторий составлял всего 60 килограммов, но поняв, что с момента приезда он похудел еще больше, он уехал из санатория и вернулся в Лебедянь. Оттуда Замятин послал грустное письмо:

> Просто, дело сейчас обстоит так, что ни одна женщина не волнует меня, ни одна — не дорога мне. Все — безразличны. Если есть у меня что-то, то именно к Вам. Я не решаюсь даже дать имя этому чему-то, это, конечно, только бледные зарницы далекой грозы. Но, во всяком случае, большего — у меня нет ни к кому. Это — правда, может быть, и очень печальная, и зависящая от того, что я вообще — мертв, пуст, что я намеренно поверхностно отношусь к жизни, что я часто себя ненавижу[14].

В период с 1910 по 1913 год у Замятина было несколько подобных моментов сильного отчаяния, судя по отдельным свидетельствам, позволяющим понять его настрой и состояние в тот период. Тем не менее именно в это время он развил бо́льшую уверенность в себе, возможно, вследствие более стабильных отношений с женой. Теперь, убедившись в верности и преданности Людмилы, он был не так подвержен резким приступам неуверенности в себе. Период с 1905 года, когда они впервые встретились, до самого кануна Первой мировой войны также отмечен двумя другими проявлениями его «стабилизации». Во-первых, он делал успешную карьеру в качестве морского инженера. А во-вторых, он начал писать более содержательные и удачные рассказы, которые стали привлекать внимание публики.

1911 год стал годом, когда, по его собственному признанию, Замятин «всерьез начал писать». Он вспоминал, как однажды возвращался на поезде из Лебедяни с ее густым черноземом в бесцветную каждодневность Петербурга:

---

[14] Письма Людмиле от 7–8, 13 и 21 сентября 1912 года [РНЗ 1997: 123–126].

> На какой-то маленькой станции, недалеко от Москвы, я проснулся, поднял шторы. Перед самым окном — как вставленная в рамку — медленно проплыла физиономия станционного жандарма: низко нахлобученный лоб, медвежьи глазки, страшные четырехугольные челюсти. Я успел прочитать название станции: Барыбино. Так родился Анфима Барыба и повесть «Уездное» [Галушкин и Любимова 1999: 5, 160] (Автобиография 1924 года; «Закулисы»).

Узкий лоб и угловатое лицо с железными челюстями и четырехугольным ртом появляются в первых строках рассказа, в описании глуповатого, но хитрого паренька Барыбы. Мальчик, выгнанный из дома за то, что не сдал школьные экзамены, превращается в бездумного авантюриста, которого сначала унижает, а затем соблазняет гротескно тучная и хищная купчиха Чеботариха. Вырвавшись из ее когтей, он крадет деньги у монаха и предает своих друзей. Текст рассказа, включающий недоговоренности как элемент стиля и насыщенный речью необразованного люда Тамбовской губернии, наполнен мечтательностью и лиризмом. В то же время в нем резко осуждается нравственная пустота, свойственная провинциальной российской жизни. Замятин написал почти всю повесть...

> ...в снегу, одиночестве, тишине. <...> Если я что-нибудь значу в русской литературе, то этим я целиком обязан Петербургскому Охранному Отделению: в 1911 году оно выслало меня из Петербурга, и я года два очень безлюдно жил в Лахте. Там, от белой зимней тишины и зеленой летней — я написал «Уездное». [Брюханова 2008: 32]; [Галушкин и Любимова 1999: 2–3] (Автобиография 1922 года).

Во время своего первого лечения в санатории на Подсолнечной (в 1911–1912 годах) он начал писать еще один текст: «На прошлой неделе я свихнулся и начал писать новый рассказ (из Владивостокской жизни!) — под влиянием рассказов одного типа в санатории. Написал 2 главы и всю схему — и отложил. Устаю»[15]. Это

---

[15] Письмо Людмиле от 29 января 1912 года [РНЗ 1997: 116].

стало черновиком произведения, которое позже будет названо «На куличках». Фактически в течение 1912 года он писал эти две первые большие повести параллельно. Названия обеих отражают место происходящих событий, указывая на их удаленность от современной столичной жизни. Подобно Гоголю с его украинскими повестями, Замятин начал свою писательскую карьеру, описывая то, что знал лучше всего — незадачливых чудаков и сексуальные шалости сонной провинциальной жизни. И, подобно Гоголю, он насыщал эти рассказы диалектизмами и смешивал местные христианские и языческие поверья.

Также в эти годы Замятин совершил много рабочих поездок. В общей сложности в период с 1906 по 1917 год он отправил Людмиле письма не менее чем из 39 различных городов. Выходит, что он был одним из самых путешествующих авторов своего поколения, на личном опыте узнавшим трудовую жизнь российской глубинки и изъездившим европейскую часть России вдоль и поперек — на пароходе по ее широким рекам и на поезде. Есть основания предположить, что это явилось одним из многих качеств, сблизивших Замятина с его будущим литературным покровителем, Максимом Горьким. Горький двадцатью годами ранее, во время своего нищего и тяжелого детства на Волге и бродячих подростковых лет, сам объездил всю Россию и ярко описал это время в своей автобиографической трилогии, опубликованной в период между 1913 и 1922 годами. Еще одним фактором, повлиявшим на литературную карьеру Замятина, стало снятие запрета на его проживание в Петербурге в рамках амнистии для сосланных в регионы России и за ее пределы, объявленной Думой в начале 1913 года во время празднования трехсотлетия дома Романовых[16]. Благодаря этой амнистии Горький тоже вернулся в Россию в декабре 1913 года после восьми лет, проведенных в Америке и в Италии в качестве большевика в изгнании.

По воспоминаниям издателя С. П. Постникова, молодой человек, о котором раньше никто не слышал, появился в Петер-

---

[16] См. письмо Людмиле от 5 января 1909 года [РНЗ 1997: 51, сноска 1].

бурге в феврале 1913 года и предложил повесть «Уездное» для умеренно левого журнала «Заветы», который он начал выпускать в прошлом году. Он и его соредакторы Р. В. Иванов-Разумник и В. С. Миролюбов сразу отметили выдающиеся качества повести[17]. Они согласились опубликовать ее с одной незначительной правкой в мае того же года. Повесть произвела большое впечатление: Постников нашел 300 упоминаний о ней в литературных обзорах, в которых многие говорили о Замятине как об одном из представителей нового поколения талантливых писателей. Связь с «Заветами» помогла ему познакомиться с рядом известных писателей — например, с А. М. Ремизовым и М. М. Пришвиным. Замятин подарил Ивану Дмитриевичу напечатанный экземпляр «Уездного», подписанный лаконично «Отцу» [Стрижев 1994: 104]. Интересно, какова была реакция последнего на эту повесть — ведь действие в ней происходит в городке, в котором узнается Лебедянь. По ее сюжету, выгнанный отцом Барыба затем, не особо стесняясь, возвращается домой, чтобы похвастаться тем, чего он правдами и неправдами добился в жизни, однако его неумолимый и строгий отец вновь прогоняет его. Это мало походило на изображение счастливых отношений между отцом и сыном.

Наверное, Замятина расстроило то, что в момент триумфального выхода на столичную литературную сцену его опять послали в командировку из Петербурга в другой конец России, что привело к очередному расставанию с Людмилой. В июне 1913 года его направили на полгода в важный южный торговый порт Николаев, расположенный недалеко от черноморского побережья на реке Буг. Поездка была утомительной, к тому же по пути он прищемил палец дверью поезда. Несмотря на то что Замятин обосновался в Николаеве, ему часто приходилось ездить в командировки как представителю порта, выполняя контроль качества, перед тем как совершить официальную приемку судов

---

[17] [RS 1996 II, 2: 516–520] (Постников С. «Страницы из литературной биографии Е. И. Замятина») (на с. 517 Постников ошибочно относит их первую встречу к 1912 году).

или техники, построенных для Николаева на заводах Луганска, Никополя-Мариуполя и Донецка-Юрьевска, а также на российско-бельгийском заводе в Енакиево. Оттуда он писал: «Часов по 6 в день приходилось работать. Да еще иной день работа эта идет в кузнице. Жара адская, пасти печей кругом, стук, дым — отчаянно устаешь здесь. Вечерами только и способен был — лечь и лежать, в книжку глядеть»[18].

Летом 1913 года плохая еда, неудобное расписание поездок и бессонница привели к тому, что его колит снова обострился. После этого, и возможно, подбодренный недавним воодушевлением по поводу своего литературного дебюта, он решил пойти наперекор решениям своих работодателей. Ему поручили направиться на еще один завод в Царицыне, но вместо этого он решил вернуться в Николаев, заявив, что если его будут и дальше загружать подобными поездками, то он вообще откажется там работать[19]. Тем не менее ему понравилась поездка по Волге, в которой ему «попадались любопытные типы», и, посещая один завод за другим, он собирал полезный материал для своих дневников. Эти ранние дневниковые записи состоят из списков диалектизмов и описаний людей и мест, а также любопытных историй и популярных поговорок[20]. Он думал, что в Николаеве его ждет выговор за то, что он вернулся раньше времени и отказался ездить в подобные поездки. Но его начальник был очень любезен с ним: «Либо потому, что я был в кителе своем со знаком, либо потому, что я к слову ввернул, что я, мол, преподаватель Института. Словом, дело кончилось тем, что дурак Куткин едет завтра по заводам, а я сижу здесь». После этого разговора из-за нестабильного здоровья начальство сократило ему рабочие часы. Пока его коллеги ездили по стране, он должен был посещать близлежащие заводы, но делал это не каждый день. Это было важной победой. Он использовал освободившееся время для ежедневных занятий литературой (он иронично

---

[18] Письмо Людмиле от 22 июня 1913 года [РНЗ 1997: 130–131].
[19] Письмо Людмиле от 30 июня 1913 года (1) [РНЗ 1997: 133].
[20] Письмо Людмиле от 3 июля 1913 года [РНЗ 1997: 135; Замятин 2001: 16–27].

называл их «бумагомараньем»), что сильно изменило соотношение сил между карьерой инженера и творчеством писателя в его жизни[21].

В середине июля он писал Людмиле: «Буду только раза 2 в неделю ездить на землечерпальную эскадру — верст за 8 по Бугу. А то — буду дома сидеть <...>, на пианино играть, может, и попишу кое-что». Хотя он все еще страдал от приступов колита, тон его писем отражал более позитивный настрой. Он с воодушевлением описал свое морское путешествие вдоль побережья в Херсон — там он проводил испытания рефулера. Он даже предложил Людмиле приехать на юг и присоединиться к нему в поездке в Херсон или даже через Черное море в Константинополь, так как один знакомый работник порта мог помочь съездить туда без заграничных паспортов[22]. В августе он весело описал свой первый опыт получения взятки, которую он незамедлительно вернул смущенному капитану судна.

На волне своего литературного успеха в течение лета 1913 года Замятин получал предложения от ряда журналов, в том числе от В. С. Миролюбова, который отделился от «Заветов», чтобы издавать свой собственный журнал[23]. Он приготовил для Миролюбова короткий рассказ «Непутевый», написанный в конце июля. Это рассказ о милом и мечтательном московском студенте, которого застрелили, пока он пытался убежать от царских гвардейцев. Затем он перечитал написанное еще раз и, как сам выразился, «тут, на мой глаз, торчит, там торчит — надо еще пострулать немного». Замятин с нетерпением ждал момента, когда приедет Людмила и он покажет ей рассказ[24]. Судя по всему, прототипом главного героя стал друг писателя, книголюб Я. П. Гребенщиков:

---

[21] Письма Людмиле от 3 и 26 июля 1913 года [РНЗ 1997: 135, 142].

[22] Письма Людмиле от 15–18 и 21–22 июля 1913 года [РНЗ 1997: 137–138, 139–141].

[23] Письмо Людмиле от 26 июля 1913 года [РНЗ 1997: 142–143].

[24] [RS 1996 II, 2: 422] («Переписка Е. И. Замятина с В. С. Миролюбовым» / Под ред. Н. Ю. Грякаловой и Е. Ю. Литвина).

> Вечный студент Сеня, погибший на баррикадах в рассказе «Непутевый», — жив до сих пор: это — бывший мой товарищ по студенческим годам Я. П. Г-в. Ни его внешности, ни действительных событий его жизни в рассказе нет — и тем не менее именно от этого человека взята основная тональность рассказа.
> Позже он стал основателем секты книгопоклонников. В первые, голодные годы революции он часто заходил ко мне, с ним был всегда полный «куфтырь» книг — они покупались на последнее, на деньги от проданных татарину штанов. И, до неузнаваемости загримированный, он еще раз вышел на сцену в роли «Мамая 1917 года» — в рассказе «Мамай» [Галушкин и Любимова 1999: 163] («Закулисы»).

Замятин также обратился за советом к своему опытному издателю Миролюбову, так как в то время ему настойчиво рекомендовали выпустить сборник рассказов. Миролюбов придерживался твердого мнения, что ему следует подождать, пока появится достаточное количество рассказов, которые можно предложить публике: «Ваше от Вас не уйдет»[25]. Это было своеобразным приглашением больше писать, на которое Замятин немедленно отреагировал. Правда, при этом он описывал Людмиле трудности, все еще возникавшие во время сочинительской работы:

> В четверг положил перед собой лист чистой бумаги и карандаш — и сказал: «Ну, дурак, — пиши». Понимаешь, Мила Николаевна — иногда прямо ужас берет вот, когда сядешь перед пустой белой бумагой: что написать? Как можно что-нибудь написать? А потом этот *timor primae noctis* [страх первой ночи (лат.)], так сказать, проходит — и работаешь, если не с любострастием, то во всяком случае — как будто карандаш повазелинен, легко ходит по бумаге.
> И вот — за четыре дня — из ничего создалось 25 страниц — 6 глав. Правда, не всеми доволен, но есть места, которые мне нравятся. И это преимущественно неожиданные, необдуманные заранее.

---

[25] [RS 1996 II, 2: 425] («Переписка Е. И. Замятина с В. С. Миролюбовым» / Под ред. Н. Ю. Грякаловой и Е. Ю. Литвина)

Он извинялся за то, что тщеславно описывает процесс собственного творчества: «Но что ж, Мила Николаевна, делать, когда это единственное, чем я забиваю немного пустой и дырявый мешок теперешней моей жизни»[26]. Своеобразная ласковая форма обращения к жене, которую он здесь использует, станет наиболее употребительной в дальнейших письмах к ней. 22 сентября он закончил работу над своим новым рассказом. Это было во многом автобиографичное повествование о мятеже 1905 года на броненосце «Потемкин». Он сразу отправил рассказ Миролюбову, озаглавив его «Три дня (Из прошлого)».

В сентябре Людмила, видимо, кратко посетила Николаев, а потом туда же приехала мать Замятина. Он был обеспокоен тем, что Мария Александровна пробудет у него всего две-три недели, поскольку не знал, как будет справляться сам после ее отъезда. Однако еще до приезда мать обещала найти для него специально обученную прислугу, и после ее отъезда Агра (Аграфена Павловна Гроздова) приехала ухаживать за Замятиным. С того момента она стала опорой семьи Замятиных, ведя хозяйство в доме вплоть до их отъезда из Советской России в 1931 году. И все же примерно со второй недели октября, после отъезда матери, его стало терзать эротическое томление по отношению к Людмиле, и он писал ей жалобные письма, умоляя снова приехать к нему. Его единственным утешением было то, что новая домработница хорошо ухаживала за ним. Кроме того, он с нетерпением ждал дня, на который был запланирован запуск новых миноносцев, — обещали, что будет присутствовать сам царь (но его не было), и для этого мероприятия нужно было взять напрокат сюртук и цилиндр. Как бы то ни было, запуск посетил декан Боклевский. На пригласительном билете от 18 октября Замятин подчеркнул фразу «с супругою» и добавил восклицательный знак (видимо, выражая им сожаление о ее отсутствии)[27].

Постникова и Иванова-Разумника немного рассердило то, что «Непутевый» попал не к ним, и они настоятельно просили За-

---

[26] Письмо Людмиле от 7 сентября 1913 года [РНЗ 1997: 148–149].
[27] [Каталог выставки 1997: 14]; см. иллюстрацию в [РНЗ 1997: 159].

мятина написать что-то новое для «Заветов», пообещав, что на этот раз его гонорар будет выше[28]. Поэтому он решил заставить себя доработать историю, связанную с Владивостоком, которую начал еще в январе 1912 года. К середине октября он написал сорок страниц повести «На куличках», а когда Людмила пообещала, что скоро приедет, поставил перед собой цель завершить работу над ней до приезда жены[29]. Однако вскоре он сник:

> Миленькая, прости — я устал писать «На куличках» — не могу. Вчера вот — усадил себя, писал, а потом часов до 3-х не спал. Вот, когда приедешь, погружусь в тебя, обновлюсь, прочитаю тебе написанное — вот, тогда только, может, опять возьмусь медленно, понемногу. <...> А все-таки — черновая работа кончена, вышло страниц 80 с лишком. Пока не очень-то нравится. Даже больше: пока — все это мне осточертело, как-то и не думается об этом, а только о... Да, знаешь, конечно, о ком и о чем[30].

Но пока он дожидался ее приезда, в начале ноября его охватил новый прилив вдохновения: «Нужно было что-нибудь новое, занялся новым, совсем неожиданным рассказом, который уже почти и кончил — написано 6 глав, осталась одна». Вероятно, речь идет о рассказе «Чрево», повествующем о крестьянке, которая убивает своего мужа после побоев и потери ребенка, зачатого от любовника. Самое поразительное в этом рассказе — не вопрос справедливости и возмездия, а чувственность, с какой описываются беременность героини и предвосхищение процесса кормления ребенка:

> Ведь Афимья баба молодая, сытая, крепкая: как ребенка не зажелать? Ведь чрево у ней — как земля пересохшая — дождя ждет, чтобы родить. Ведь груди — как почки о весеннюю пору — налились, набухли, ждут расцвести, ждут сладкое молоко то-

---

[28] Письма Людмиле от 23 и 24 сентября 1913 года [РНЗ 1997: 151–153].
[29] [BDIC, dossier 210]; [RS 1996 II, 2: 517–518] (Постников С. «Страницы из литературной биографии Е. И. Замятина»).
[30] Письма Людмиле от 20, 28 и 30–31 октября 1913 года [РНЗ 1997: 162–163, 164–167].

чить. И есть ли что слаще в бабьем житье, как не это вот: всю себя расточать, кровью-молоком исходить, выносить, выкормить дите первенькое? <...> Господи, ведь сосать будет, вот тут вот, вот тут...

Последующие описания жестокостей, из которых состоит жизнь крестьянки, будут иногда мелькать и в других рассказах, но зачарованная озабоченность процессом рождения ребенка — темой, которая была так болезненно актуальна для бездетной четы Замятиных, — сохранится во всей его прозе вплоть до конца 1920-х годов.

В десятых числах ноября Людмила навестила мужа в Николаеве, а уже к концу декабря он писал ей, что наконец едет домой в Петербург. Он был уверен в том, что начинается новый этап в его жизни. Ему по-прежнему приходилось работать инженером и преподавателем, чтобы получать средства для существования. Тем не менее многочисленные хвалебные отзывы на его повесть «Уездное» и новый прилив вдохновения, благодаря которому в течение 1913 года он написал еще несколько рассказов, показывали, что литература открывает ему путь к успеху. Его здоровье все еще было слабым, но, несмотря на его ворчание, домашняя жизнь стала более комфортной благодаря поддержке и привязанности жены и заботе прислуги. Снятие официального запрета на проживание в Санкт-Петербурге устранило источник мелких беспокойств. Все позволяло надеяться, что 1914 год принесет интересные возможности.

В парижском архиве Замятина хранится элегантный альбом, обложка которого покрыта черной с позолотой тканью. Это безукоризненно составленное собрание содержит более 150 вырезок статей о нем, датируемых периодом с 1913 по 1923 год. Они начинаются с отдельных критических обзоров «Уездного» и передают то непосредственное и сильное впечатление, которое произвел Замятин как новый писатель. Некоторые критики говорили о том, что на его стиль повлиял неореализм Алексея Ремизова с его эксцентричным сочетанием славянских архаизмов и модернистских повествовательных техник, хотя сам Замятин впоследствии отрицал, что читал Ремизова, когда начал писать.

Один московский рецензент совершил ошибку, которую повторят многие, написав, что при всем своем знании разговорного языка не известный никому Замятин, скорее всего, «...самородок. Человек, безусловно, не книжный, человек, вобравший в себя не премудрости печатного листа, а весь трепет и мощное дыхание жизни. Он пишет, как говорит». Б. М. Эйхенбаум, который писал о нем в июле 1913 года, был гораздо более проницателен по отношению к мнимому самоучке. Приветствуя новый и очень оригинальный талант, от которого многого можно было ожидать в будущем, он утверждал, что связь с творчеством Ремизова возникает не через подражание, а скорее из-за органического сходства подходов двух писателей к повествованию. Ремизов внимательно изучал русские сказки, чтобы добиться эпического повествовательного эффекта. В творчестве Замятина же автор просто отсутствует: «Не знаешь, что себе сам Замятин думает, и каким языком он сам говорит»[31].

1914 год начался хорошо: в двух первых выпусках издания Миролюбова «Ежемесячный журнал для всех» были опубликованы соответственно «Непутевый» и «Три дня (Из прошлого)». Там же Замятин опубликовал несколько рецензий на книги. Он продолжит поддерживать связь с этим журналом в течение нескольких последующих лет. В середине февраля по подсказке писателя А. Н. Толстого, с которым он незадолго до этого познакомился, Замятин написал Н. С. Ангарскому и предложил его московскому издательству готовый сборник своей прозы, в который входили «Уездное», «На куличках», «Непутевый», «Три дня» и «Девушка»[32]. Очевидно, он получил обнадеживающий ответ. Но 12 апреля в короткой записке к Ангарскому он попросил немедленно возвратить ему все посланные тексты [РО РГБ. Ф. 9. Карт. 1. Ед. хр. 49]. Осуществлению проекта помешал скандал, разразившийся в марте того же года из-за публикации в третьем

---

[31] [BDIC, dossier 210]; важное обсуждение влияния Ремизова приведено в [Cavendish 2000: 9–32].

[32] [RS 1996 II, 2: 417–418] («Переписка Е. И. Замятина с В. С. Миролюбовым» / Под ред. Н. Ю. Грякаловой и Е. Ю. Литвина).

номере «Заветов» повести «На куличках». В истории непростых отношений Замятина с властями это был первый литературный скандал. Как только номер вышел, все издание «Заветов» было изъято цензорами и «арестовано» из-за того, что сюжет повести нашли аморальным [BDIC, dossier 126]. В «На куличках» события развиваются на дальневосточной российской военно-морской базе во Владивостоке. Наивного молодого рассказчика из Тамбова потрясли и заинтриговали сексуальные привычки сурового офицера Шмита и его прекрасной крошечной жены Маруси. Он не может понять смысла ее замечания о том, что она любит даже жестокости Шмита, особенно когда видит, как путем шантажа ее принуждают переспать с генералом, а после ей приходится терпеть холод, побои и насилие Шмита. Убежать от него она не может, но при этом и не хочет, потому что понимает, что в жестокости мужа странным образом проявляется его глубокая страсть и любовь к ней, и страдания их обоюдны. В последних строках рассказа повествователь пытается залить печаль, натужно веселясь «...пьяным, пропащим весельем, тем самым последним весельем, каким нынче веселится загнанная на кулички Русь». В «Резолюции» от 11 марта 1914 года, принятой петербургским Комитетом по делам печати, было сделано следующее заключение:

> Повесть разделяется на 24 главы и посвящена автором описанию внутреннего быта небольшого военного отряда на Дальнем Востоке. Жизнь эта изображена в самом отталкивающем виде. Замятин не жалеет грубых красок, чтобы дать читателю глубоко оскорбительное представление о русских офицерах. С этой целью Замятин подбирает в своей повести целый ряд мелких фактов, не останавливаясь перед весьма непристойными картинами. <...> По его описанию русские офицеры только ругают и избивают солдат, сами развратничают и пьянствуют, в Собрании затевают драку в присутствии приглашенных для чествования иностранных офицеров. <...> Вместе с тем Замятин, имея в виду еще более унизить выведенных в повести офицеров, рисует самые интимные и для публичного разглашения непристойные стороны супружеской жизни и приводит порнографические выражения, чем оскорбляет чувство благопристойности [Анненков 1991, 1: 252–253].

Это решение было подтверждено еще раз 22 апреля. Издатель Н. М. Кузьмин попытался снять запрет на выход повести, предложив убрать компрометирующие отрывки, но суд постановил оставить запрет в силе, «...не признавая <...> возможным выделить из этого рассказа отдельные тексты, являющиеся совершенно неблагопристойными в виду многочисленности таковых, а равно потому, что весь рассказ по содержанию и изложению своему представляется явно противным нравственности» [Анненков 1991, 1: 254]. Поэтому в итоге были поспешно выпущены новые экземпляры журнала, где рассказ В. Я. Шишкова «Суд скорый (Рассказ из тунгусской жизни)» заменил повесть Замятина, хотя при этом была утеряна последовательная нумерация страниц. Довольно беззаботной реакцией на все эти события явилась открытка от сестры Александры с изображением его школы в Лебедяни, посланная в первых числах апреля:

> Мы с Владимиром Васильевичем [Волковым] собрались было за границу летом и я воспламенилась мечтами о Венеции и Швейцарии, но увы, он не получил отпуска, <...> и пришлось остыть.
> Придется ли куда поехать — не знаю. А что автора «Куличек» не послали еще на кулички? Папа собирается в Крым.
> Больше нового ничего нет.
> Целую. Твоя сестра А. В.[33]

В результате «На куличках» не публиковали до 1923 года[34]. После Николаева Замятина не освободили от рабочих обязанностей, хотя желудок продолжал мучить его на протяжении всех этих лет. В середине апреля 1914 года он был вынужден оставить столичную литературную шумиху вокруг своей прозы и снова отправиться в поездку, связанную с кораблестроением, на этот раз, правда, за границу — в Германию. Его вторая заграничная поездка началась с нескольких дней в Берлине. Как и всем русским путешественникам, ему пришлось привыкать

---

[33] Письмо от А. И. Волковой, начало апреля 1914 года [РНЗ 1997: 541].
[34] См. первое письмо Людмиле от 17 мая 1916 года [РНЗ 1997: 203, сноска 2].

к тому, что календарь в Западной Европе на тринадцать дней отличался от отечественного. Поэтому так же, как и во многих более поздних письмах из-за рубежа, он в первом письме Людмиле использовал двойную систему датировки (здесь неточную), указав дату 14/23 апреля. Еще необычней то, что он придерживался российского времени, указывая его в письмах, как, например: «9 часов вечера (петербургское время)». Он описывает жене свой день: как он провел его в удушающей жаре, покупая одежду для них обоих, и как посетил Тиргартен, восхищаясь его липами и тюльпанами. На следующий день он отправился в зоопарк, где был очарован детенышами африканских антилоп, которые могли вылизывать собственные глаза, и видел кроншнепа с «небесно-синевым» языком. К нему присоединился еще один инженер из Управления торговыми портами Е. А. Романов. Они посетили «Пале де Данс», где его поразило, как танцевали танго, а следующим вечером уехали из Берлина и отправились в порт Штеттин. Вполне вероятно, что его направили туда в связи с контрактом царского флота на строительство огромного ледокола «Царь Михаил Федорович». Работы над ледоколом, который был доставлен в эстонский Таллин в конце года, вел в Штеттине А. Г. Вулкан-Верке[35]. Точно неизвестно, сколько времени Замятин провел в Германии в ту последнюю весну перед Первой мировой войной.

Во время второй летней командировки он примерно десять дней путешествовал по центральной России (в Москву, затем в Нижний Новгород, вдоль Оки в Муром, вдоль Волги в Рыбинск и Арзамас), вернувшись в Санкт-Петербург 9 июня. Находясь в Москве, он попытался найти адрес Бориса Крылова, их с Людмилой друга по революционному прошлому. Письмо к ней от 4–5 июня написано на корме парохода, направлявшегося вверх по Оке, под легким ветерком и среди аромата лесов. Он пишет о том, с каким наслаждением слушал, как нараспев произносит

---

[35] Письма Людмиле от 13, 14–15 и 16 апреля 1914 года [РНЗ 1997: 171–173]; а также см.: Steamer-icebreaker Suur Tõll URL: http://www.meremuuseum.ee/?op=body&id=43 (дата обращения: 08.01.2020).

слова «изящная» барышня из Мурома, а после задержался допоздна на палубе, разговаривая с другим местным жителем и заинтересованно записывая слова некоторых песен. Возможность собрать еще больше подобных материалов, продолжая путешествие на пароходе, приободрила его, несмотря на то что поездка на завод в Кулебаках оказалась ужасной. Пароход опоздал на 12 часов, невообразимо кусались комары, каюту дали сырую, плохо пахнущую и расположенную прямо напротив бильярдной, при этом еще и плотники начали работать с самого раннего утра[36].

В июле Замятин уехал в Лебедянь, чтобы пару недель отдохнуть в тишине. Его попутчиком в поезде был приятный генерал, с которым он обсуждал политику, недавнее почти смертельное покушение на Распутина, совершенное женщиной, а также забастовку в Санкт-Петербурге, в ходе которой тысячи рабочих вышли на улицы, чтобы поддержать работников нефтяных промыслов в Баку, пострадавших от притеснений полиции. Возможно, одним из предметов обсуждения «политики» стало и убийство эрцгерцога Франца Фердинанда 28 июня в Сараево. Дома он проводил время, разгуливая в теннисной рубашке, играл в крокет, читал Чехова в тени, чтобы укрыться от жары, и собирал и ел созревающие груши и яблоки с предсказуемыми последствиями для своего желудка. Несмотря на физический комфорт, его письма к Людмиле были полны жалоб: «Ай, миленькая, — презираю Лебедянь, как Вы, также. <…> Ужасно, миленькая, ужасно: какая презренная Лебедянь»[37]. На этот раз его недовольство, судя по всему, было вызвано огромными блохами, которые мешали ему выспаться. В это время Людмила была на Урале, в Златоусте, со своей семьей, как обычно, проводя отпуск без него. Конечно, к 25 июля главной темой его писем стала надвигающаяся война — из-за нее поезда стали ходить менее регулярно и могла закрыться ежедневная газета «Речь», которую он всегда честно пытался читать в поездках и которая теперь вступила на путь, как он выразился, более «потреотического»

---

[36] Письма Людмиле от 1, 2, 3, 4–5, 6 и 8 июня 1914 года [РНЗ 1997: 173–176].
[37] Письма Людмиле от 14–16 и 28 июля 1914 года [РНЗ 1997: 178, 180].

курса. В период между 1906 и 1917 годами газета была органом партии кадетов. Чтение Замятиным «Речи», по-видимому, отражает явный сдвиг в его политических взглядах от юношеских социалистическо-революционных идеалов к более умеренному социализму. Летом 1914 года патриотизм был разлит в воздухе: «Вчера в Лебедяни все, кроме меня, ходили с портретами, флагами и кричали ура. А я сидел в доме и писал»[38].

Затем жара спала, и это позволило ему приступить к работе над очередным рассказом — «Алатырь»: «...почти написан, осталась одна, нецелая, глава. Всего — 9 глав, небольших; печатных — стр. 20. Все это — конечно, еще вчерне, но, право, кажется, будет недурно: забавно»[39]. Это был еще один текст с мягкой сатирой на жизнь сонной провинции. Герои рассказа — дочь начальника полиции Глафира, мечтающая о поцелуе и завидующая собственной кошке, вскармливающей котят, нелепый начинающий поэт Костя Едыткин и князь, работающий почтмейстером и призывающий к изучению эсперанто. 28 июля всего лишь за день он написал еще один короткий рассказ — возможно, «Старшину». В этот день во всех храмах шел колокольный звон по случаю вскрытия мощей и канонизации тамбовского епископа XVII века Питирима, и ему представлялось, что в этот день все должны были выйти на улицу и пуститься в пляс.

Он ожидал, что, скорее всего, из-за начавшейся войны его скоро снова вызовут на работу. Судя по всему, в свои 30 лет он был непригоден для действительной службы по состоянию здоровья, но его специальность в любом случае была стратегически важной. Незадолго до этого Государственная Дума проголосовала за то, чтобы средства, шедшие на коммерческое судостроение и развитие портов, впредь поступали на оборону и укрепление Черноморского флота. Замятин предполагал, что после этого

---

[38] Письмо Людмиле от 25 июля 1914 года [РНЗ 1997: 179].

[39] [Там же]. «Алатырь» был закончен 28 января 1915 года (ему предшествовали три черновика) и напечатан в 9-м номере (1915) «Русской мысли»; см.: Кукушкина Т. А. «Материалы Е. И. и Л. Н. Замятиных в собраниях Пушкинского Дома. Аннотированный каталог» в [Любимова 2002: 411].

только он и еще один инженер, занятый на ледокольных проектах, сохранят свои должности, а многие из остальных его знакомых, вероятно, будут призваны на службу или переведены на военные задания. Между тем он сильно скучал по Людмиле и выразил желание приехать к ней в Златоуст, куда уже шесть раз отправлял ей письма[40]. Мы не знаем, осуществил ли он это намерение, но вскоре он действительно вернулся на работу и в четвертый раз за тот год был вынужден расстаться с женой. 7 ноября 1914 года он покинул Петроград (город был патриотически переименован в августе, когда началась война) и двинулся на юг. На этот раз из-за перебоев в расписании поездов, связанных с началом войны, ему понадобилось более двух суток, чтобы добраться до Николаева. Уже на следующий день он должен был отправиться в Херсон, где по-прежнему проводил испытания рефулеров. Температура упала до десяти градусов мороза. И работа, и окружение казались Замятину скучными, он жаловался на то, что под рукой не было даже «Речи». Вместо этого он читал литературу о подводных лодках и рассказы из журнала «Мир приключений»:

> Сейчас вернулся с прогулки. На столе хрипит самовар. За окном — мороз, небо — как хрусталь, и рождественские звезды. Воздух и небо единственные два приличные в Херсоне продукта, — остальное — дрянь, особенно булки. К счастью, воздухом питаться приходится много. Встаю в начале десятого: чай. К одиннадцати — наша очередь; моя и моего старика (мы поделились на очереди), идти на рефулер. Там — заводской завтрак в час: ветчина, семга, масло, сыр (замечательный), десятифунтовая банка икры, чай. Дежурим на рефулере с 11 до 4-х. Все время на палубе. Около 5, в шестом — обедаем. После обеда — читаю и — *horreur* [ужас] — сплю, час-полчаса. Потом иду гулять. И начинай сначала[41].

Оказалось, что некоторое время ему придется оставаться в Херсоне (чем он был очень недоволен), и ему пришлось попросить Людмилу предупредить руководство Политеха, что он не

---

[40] Письма Людмиле от 12, 14–16, 25 и 28 июля 1914 года [РНЗ 1997: 176–181].
[41] Письмо Людмиле от 13 ноября 1914 года [РНЗ 1997: 184].

сможет проводить занятия на кораблестроительном и инженерном факультетах. 16 ноября он обнаружил в своей комнате клопов (что еще больше разозлило его) и был вынужден сменить квартиру. Однако потом, к его большой радости, река начала замерзать, и так как это означало, что работы придется приостановить, к 22 ноября он рассчитывал уехать.

В декабре Миролюбов попросил Замятина написать что-нибудь новое для журнала, и в первом номере «Ежемесячного журнала» за 1915 год вышел рассказ «Старшина» о неграмотном, но волевом крестьянине, живущем в 1860-х годах, в период отмены крепостного права. Е. Г. Лундберг из «Современника» тоже попросил у него что-нибудь для журнала, и он послал им сентиментальный очерк «Апрель». А 12 марта 1915 года Замятин получил письмо от А. Г. Горнфельда из «Русских записок», в котором сообщалось, что его рассказ «Солонина» принят к печати [ОР ИМЛИ. Ф. 47. Оп. 3. Ед. хр. 62]. Еще одним свидетельством того, что он теперь признанный писатель, стала поступившая в конце 1915 года просьба от выдающегося историка литературы и обществоведа С. А. Венгерова предоставить информацию для второго издания его критического и биографического словаря русских писателей и ученых. В феврале при поддержке Венгерова и Иванова-Разумника он был избран членом «Общества для пособия нуждающимся литераторам и ученым»[42].

Однако 30–31 марта Замятин был вынужден снова ехать в Николаев и, как всегда, жаловался на скопление народа, жару, прокуренное купе и на то, что проводник не смог достать ему билет в вагон первого класса. Только аспирин, который дала в дорогу Людмила, принес облегчение. Потом он узнал, что скоростные

---

[42] Замятин отослал свои биографические данные 27 января, но не смог предоставить дополнительную библиографическую информацию, которую Венгеров попросил прислать 10 сентября 1916 года, в то время, когда прошла примерно половина его пребывания в Великобритании, поэтому статья о нем в итоге не вошла в словарь; см. [Любимова 2002: 186–187] (Кукушкина Т. А., Литвин Е. Ю. «Переписка Е. И. Замятина с С. А. Венгеровым»); [ОР ИМЛИ. Ф. 47. Оп. 2. Ед. хр. 10].

поезда больше не ходят и что до Николаева он доберется только к вечеру 1 апреля — «...horreur, черт, дьявол»... Он жалел, что почти дочитал бывшую у него с собой книгу Джека Лондона, однако, добравшись до Николаева, стал читать Чехова — вероятно, его недавно опубликованные письма, — а также свою излюбленную «Речь». Эта поездка длилась почти неделю.

В 1915 году Замятин отправился еще в одну командировку, во время которой буквально исколесил всю европейскую часть России, посещая заводы. Он начал с Петрограда в первых числах мая, затем через Саратов поехал в Астрахань. Поездка опять была тяжелой, прежде всего из-за жары, а также из-за клопов, обнаруженных даже в «международном» вагоне поезда. Затем он поехал обратно на север, в Ярославль, где красоты Волги заставили его забыть о мучительной бессоннице. Оттуда он направился по Волге обратно на юго-восток и повернул на северо-восток, вверх по Каме, к Сарапулу, расположенному недалеко от Перми. Через три недели, 8 июня, он вернулся в ненавистную ему, полную сероводородного зловония Астрахань, где атаки мух были «хуже немцев». Затем он направился в Баку, — ему понравилось трехдневное морское путешествие туда. 17 июня он прибыл в Тбилиси, который показался ему очень красивым, а после поехал на машине на север, во Владикавказ, по Военно-Грузинской дороге. Оттуда он вернулся в Лебедянь, где провел конец июня и начало июля. Однако вместо того, чтобы вернуться в Петроград, как ожидалось, после получения телеграммы с работы ему пришлось ехать через Москву в Нижний Новгород на Волге. Поэтому он пригласил Людмилу поехать с ним в однодневное путешествие по Волге из Нижнего в Казань, после чего он сопроводил бы ее обратно вверх по реке до Рыбинска. Такая поездка примерно на 600 километров заняла бы, по его подсчетам, пять-шесть дней. Мы не знаем, приняла ли Людмила его внезапное приглашение.

В конце июля Замятин снова отправился в командировку, но на этот раз на север. Сначала он поехал в Вологду, а на следующий день проехал еще 500 километров на север до пункта назначения — портового города Архангельска на Белом море. Там он понял, что местная летняя температура больше напоминает петербургский октябрь, и ему было холодно даже в плотном драповом пальто. Когда оказалось, что в гостиницах города нет свободных номеров, он был вынужден отправиться на ледокол «Канада» — один из тех, что ему предстояло осмотреть, — и попросил каюту на борту. Бортовой режим показался ему несколько суровым; особенно не понравился ему ранний и шумный подъем в семь утра. Но потом выглянуло солнце, и он начал получать удовольствие от происходящего. Его настроение особенно поднялось, когда после осмотра двух подводных лодок один инженер пригласил его на обед, где он с наслаждением отведал лосося и пирогов с местными ягодами — морошкой и черникой. 8 августа на пароходе «Мурман» он отправился в Сороку. Так как он возглавлял рабочую экспедицию, то запросил для себя большую одиночную каюту, отчего слегка застыдился. После этого он с радостью вернулся домой. Поездка вдохновила Замятина на создание двух мощных рассказов о рыболовецком населении Арктики: «Африки» и «Севера». После трех черновых версий 16 октября он завершил первый из них. Писатель Б. А. Лазаревский отмечал:

> Молодой, еще мало известный беллетрист Замятин прочел свой рассказ «Африка»... Рассказ как музыка, на фоне поморской промысловой жизни... Казалось бы зверский холод, гарпунщики-китобойцы, где уж там быть изящной грезе любви, а вот... у него вышло нежно и трогательно. <...> Затем долго говорили мы по поводу этой вещи. Ремизов и Клюев были в восторге, да и другие... [Любимова 2002: 440].

Замятин был знаком с эксцентричным и эрудированным А. М. Ремизовым по крайней мере с 1914 года и к этому моменту общался с ним уверенно, даже слегка подтрунивая над ним[43].

В октябре того же года во время подготовки к публикации его первого сборника «Уездное» возникла проблема техниче-

---

[43] Письмо С. А. Венгерову от 15 декабря 1916 года в [Любимова 2002: 191, сноска 4]; [Бузник 1992а].

ского характера. В книге было так много опечаток, что он настоял на том, чтобы весь тираж был снят с печати и уничтожен, а своего друга, историка и литературоведа П. Е. Щеголева, он попросил поддержать его в этом решении[44]. 8 февраля 1916 года он наконец смог подарить Людмиле экземпляр «Уездного». В уже правильно перепечатанном сборнике насчитывалось чуть менее 200 страниц [РНЗ 1997: 522]. Также в 1915 году Замятин написал первый черновой вариант народной сказки о крестьянской любви «Кряжи (Иван да Марья)» и миниатюры «Дьячок» и «Петька (Дрянь-мальчишка)». В «Дьячке» говорится о наивном провинциальном дьяконе, который решил вскарабкаться под самые облака, на ту гору, где стоял Моисей, но когда добрался туда, обнаружил, что среди облаков темно, холодно и сыро. «Петька» — рассказ о ребенке, который ломает новую игрушку, чтобы посмотреть, как она работает, — вероятно, был заказан Ремизовым для благотворительного сборника, который выпускался с целью сбора средств для детского дома. Однако когда в 1916 году сборник «Пряник осиротевшим детям» вышел, перу Замятина в нем принадлежали два других небольших рассказа — «Картинка» и сказка «Глупый ангел Дормидон». Почти во всех этих ранних рассказах Замятин опирается на свои глубокие знания и любовь к древней Руси с ее традиционными сельскими пейзажами и напевным крестьянским говором. Здесь не найти атмосферы современного города или отражения радикальной политики. Этот ностальгический элемент его сознания заметен и в выборе книг для чтения в период с марта по июль 1915 года, о котором можно узнать из списка одолженной Замятиным у Гребенщикова литературы (он регулярно брал у него книги, по крайней мере с конца 1912 года). В этот список входили: глоссарий тюремного и просторечного жаргона для слов со значением «выпить», том сказок Пермского края, переводная немецкая книга о физиогномике и хиромантии, детская книга

---

[44] [ОР ИМЛИ. Ф. 47. Оп. 2. Ед. хр. 43, 44]; и см. сноску в журнале «День» от 8 октября 1915 года в [BDIC, dossier 210]; также письмо П. Щеголеву от 4 октября 1915 года [ОР ИМЛИ. Ф. 47. Оп. 3. Ед. хр. 17].

XVIII века о православной вере и книга фольклориста С. В. Максимова о нечистой силе[45].

Теперь его закидывали приглашениями со всех сторон: следующим стал А. А. Измайлов из журнала «Биржевые ведомости», попросивший его предоставить для издания пару коротких рассказов и пообещавший, что редакционная коллегия примет тексты любого характера и не вычеркнет упоминания войны [ОР ИМЛИ. Ф. 47. Оп. 3. Ед. хр. 88]. В феврале он работал над текстом «Бог — рассказ», в котором опять высмеивал религию, — в нем таракан, живущий в комнате слезливого почтальона, принимает его за бога. 25 февраля вышла рецензия Ю. И. Айхенвальда в любимой газете Замятина «Речь», которой он, должно быть, был доволен, так как автор с энтузиазмом писал о сборнике «Уездное»: «Несомненно, как мастер входит он своей книгой в нашу художественную литературу, с очень индивидуальной физиономией, с живым и самоцветным талантом» [BDIC, dossier 210]. В тот же день известный художник и иллюстратор Д. И. Митрохин дал ему билеты на закрытый просмотр одной из выставок «Мира искусства» и захотел «…еще раз сказать Вам, какая прелесть Ваши рассказы и как они мне нравятся. "Алатырь" — так прямо хочется к нему иллюстрации делать — такой это очаровательный и жуткий гротеск» [ОР ИМЛИ. Ф. 47. Оп. 3. Ед. хр. 142]. В последний день февраля поэт С. А. Есенин подарил ему копию своей «Радуницы», которая вышла в конце января, подписав ее: «Баяшнику, словомолитвенному рабу Евгению Замятину с поклоном и лютой верой» [РНЗ 1997: 529].

Однако как раз в то время, когда на него посыпались все эти долгожданные знаки признания, Замятин был вынужден покинуть Россию и снова уехать за границу. 16 января Ремизов подарил ему свой новый сборник рассказов, подписав его на шутли-

---

[45] Тиханов П. «Криптоглоссарий»; Зеленин Д. К. «Великорусские сказки Пермской губернии»; Курьезное и краткое изъяснение любопытства достойных наук физиогномии и хиромантии; книга автора XVIII века П. С. Могилы о православной вере для детей; и Максимова С. В. «Нечистая сила». См. [Любимова 2002 : 255] (Любимова М. Ю. «Я. П. Гребенщиков и Е. И. Замятин: Переписка (1916–1928)»).

вом ломаном английском: «Sir Eugene John Zamiatin»[46]. Он и его друзья уже некоторое время знали, что его собираются откомандировать в длительную поездку в Англию для помощи странам Альянса в военных вопросах. Но радостные волнения по этому поводу оказались омрачены печальным событием. 5 марта 1916 года отец Замятина Иван Дмитриевич умер от воспаления легких, а сын не успел доехать до Лебедяни вовремя, чтобы попрощаться с ним. Замятин отмечал, что это ужаснуло его больше, чем смерть матери девять лет спустя, хотя он любил отца меньше, чем мать[47]. 12 марта ему выдали заграничный паспорт, и через пару недель он отправился в Англию. Пройдет полтора года, прежде чем он вернется на родину.

---

[46] Ремизов А. «Укрепа: Слово к русской земле, о земле родной, тайностях земных и судьбе»; [ОР РНБ. Ф. 292. Ед. хр. 43].

[47] [RS 1996 II, 2: 432] («Переписка Е. И. Замятина с В. С. Миролюбовым» / Под ред. Н. Ю. Грякаловой и Е. Ю. Литвина).

Глава третья

Из Петрограда в Ньюкасл-на-Тайне (1916–1917)

Так как в нем больше не видели угрозу для правопорядка, в марте 1916 года российский министр торговли и промышленности князь В. Н. Шаховской отправил Замятина в Англию в качестве представителя официальной миссии. Князь обратился к Его Императорскому Величеству с просьбой разрешить Замятину выехать за границу в качестве гражданского морского инженера для осуществления надзора за строительством ледоколов в Великобритании. Как позже объяснял сам Замятин:

> В годы Великой войны воды Балтийского моря — того самого «окна в Европу», которое 200 лет назад прорубил Петр Великий, — были перекрыты немецким флотом. Чтобы поддерживать связь со своими союзниками, Россия была вынуждена прорубить новое «окно в Европу» — далеко на севере, во льдах, идущее через Белое море и Северный Ледовитый океан. Для этой цели срочно потребовалась целая эскадра ледоколов. Каждый кусочек пространства на русских верфях в то время был занят новыми линкорами и транспортными судами, и поэтому ледоколы были заказаны в Англии — три у Суона Хантера и Уигэма Ричардсона в Уоллсенде, один у Армстронга в Ньюкасле, два в Саут Шилдс и один в Глазго. Я провел почти два года в Великобритании, руководя строительством трех ледоколов[1].

---

[1] «Russian Shipbuilding: Problems Following the Revolution. Recovery from Industrial Paralysis. Second Five-Year Plan», by Professor Eugene Zamiatin of the Leningrad Shipbuilding Institute, *Glasgow Herald Trade Review* (31 декабря 1932), цит. в [Tejerizo 1988: 70].

Как гражданскому лицу Замятину не полагалось возмещение расходов на подобную поездку, однако из-за начавшейся войны ситуация изменилась. К 22 февраля 1916 года он получил разрешение на проезд и пособие в размере 20 рублей в сутки плюс 350 рублей на путевые расходы [РНЗ 1997: 193–94, сноска 1]. В его заграничном паспорте имеется выездной штамп, поставленный 24 марта в Петрограде [BDIC, dossier 133].

Связи между судостроительными компаниями в Ньюкасле и российским правительством были установлены несколькими десятилетиями ранее. В 1852–1853 годах Чарльз Митчелл основал верфь в городе Лоу-Уокер на Тайне. После того как он построил несколько кораблей для России, в 1862 году царское правительство пригласило его в Санкт-Петербург, для того чтобы основать там верфь и начать переход от деревянных кораблей к судам из железа. В 1868 году в качестве признания его заслуг царь Александр II наградил Митчелла орденом святого Станислава 2-й степени. В 1871 году великий князь Константин приехал в Ньюкасл, чтобы посетить верфь в Лоу-Уокер, и после этого замечательно провел время в «великолепной резиденции г-на Митчелла в Джесмонд Тауэрс». В газетной статье об этом визите сообщалось, что, «в целом, вклад фирмы в материальный и социальный прогресс в России был более значительным, чем у других британских компаний». Чарльз Митчелл вместе со своим партнером Генри Своном построили более 90 судов для России. В 1882 году фирма объединилась с другой компанией и стала называться «Армстронг Митчелл», а после смерти Митчелла, последовавшей в 1895 году, в 1897 году произошло очередное слияние двух компаний и название сменилось на «Армстронг Уитворт». В этой компании на рубеже веков работало 25 000 человек. В 1895–1996 годах в рамках масштабного проекта, на осуществление которого ушло четыре года, в Ньюкасле был собран паром-ледокол «Байкал», который затем был демонтирован и перевезен в Сибирь почти в 7000 контейнеров. Там под руководством инженеров из Ньюкасла-на-Тайне он был заново собран, его запуск состоялся на Байкале в 1899 году. Работа парома обеспечила важную связь между двумя частями Транссибирской магистрали, просуществовавшую до введения железнодорожного сообщения вдоль южных берегов озера. 1895 год ознаменовался получением фирмой контрактов на постройку ледоколов для конкретных задач, и к началу 1900-х годов компания приобрела репутацию первопроходца в области их проектирования. Среди других известных ледоколов, произведенных на верфи в Лоу-Уокер, был огромный «Ермак», завершенный в 1899 году. Он стал первым кораблем, предназначенным для прохождения полярных льдов [French and Smith 2004: 40–43; Keys and Smith 1997: 18–29; McGuire 1988: 12–15; Kitchen 2001: 6–7]. Таким образом, поездка Замятина была лишь очередным звеном в очень давно установленных англо-российских коммерческих отношениях.

Он выехал из Петрограда 24 марта и расстался с Людмилой на станции Белоостров, недалеко от финской границы. Его первые письма домой были отправлены с финско-шведской границы, а затем из Христиании [Осло], куда он наконец добрался 27 марта: с ним в купе ехал «…самый настоящий немец. *Affreux*! [Ужас!]». В Христиании он отметил, что между Россией и Норвегией существует разница во времени в один час, «…но я упорно не перевожу. Не переведу и в Англии, где разница будет уже 1 ч. 40 м. Так выйдет, что как будто режим не изменится: буду поздно ложиться, поздно вставать». Вскоре после его прибытия в Англию, 21 мая 1916 года, в Британии впервые была введена практика переноса времени на час вперед, получившая название «британского летнего времени». По прошествии недели, к большому удивлению довольно неряшливой английской горничной, Замятин все еще позволял себе просыпаться не ранее 10:30 или 11 утра. 12 июня он продолжал сопротивляться этому нововведению: «Встаю иной день в 10, т. е. по-настоящему в 9, ибо здесь так называемое summer-time, летнее время»[2].

Другим сбивающим с толку фактором стало расхождение между российским юлианским и западноевропейским григорианским календарями. Выехав за пределы России, он скакнул на

---

[2] Письма Людмиле от 28 марта и 12 июня 1916 года [РНЗ 1997: 194, 205]. В основном тексте этой главы события и письма приводятся с использованием их британской датировки по григорианскому календарю.

13 дней вперед, сразу в апрель. Поэтому в его паспорте при выезде из Норвегии был поставлен штамп от 11 апреля, рядом с которым была сделана запись, что целью его поездки является наблюдение за процессом сборки ледоколов, строящихся для российского правительства в Ньюкасле и Глазго [BDIC, dossier 133]. Каждое письмо, отправленное Замятиным Людмиле во время поездки, имело две даты, поэтому его самое первое послание из Англии, отправленное из шикарного отеля «Сесил» на Стрэнде в Лондоне, имеет дату 3/16 апреля. Вскоре он начал датировать свои письма иначе, предпочитая указывать местную дату первой. Он подписывал эти письма, адресованные жене, с которой прожил десять лет, на удивление формально, например: «ЕЗамят», «ЕвгЗ» или «Евг Замят», «Е. Замятин» или «Евг. Замятин».

В Англию из норвежского Бергена он отплыл на довольно потрепанном корабле, а не на современном «Хааконе», как планировалось: «Все время был сильный ветер. Качало свирепо. Полпути я лежал, пропустил один обед и один завтрак. Думал: Вы бы от такой качки, бедная Милуша, прямо бы умирали. Чемоданы ползут; бутылки со стола летят на пол; пойдешь — попадаешь об стены лбом. Шли около 40 часов». Первые впечатления о месте назначения, составленные по прибытии, привели его в смятение: «...сам Нью-Кастль — какой противный. Все улицы, все жилые дома — одинаковые, как амбары хлебные в Питере возле Александро-Невской Лавры». На Норвежской пристани в Ньюкасле Замятина встретил русский инженер, который помог пройти все формальности и на следующий день сопроводил его в Лондон: «...езды часов 6. И мимо мелькают все те же амбарные города, одинаковые, стриженые под нулевой номер. Ужас, какое отсутствие воображения»[3]. В его паспорте были проставлены штампы от 13 и 14 апреля: сначала в Бюро регистрации иностранцев в Ньюкасле, а затем на Боу-стрит в Лондоне. Первую неделю в Лондоне он провел в одиночестве: познакомился с парой русских, в том числе с выдающейся жур-

---

[3] Письмо Людмиле от 3–4 / 16–17 апреля 1916 года [РНЗ 1997: 195–196].

налисткой и литературоведом З. А. Венгеровой, но в основном сам ходил по магазинам, зашел к портному, а затем в пасхальные выходные объехал город на верхнем этаже омнибуса и посидел на скамейке в парке. Он также узнал, что очень невежливым считается пить чай, оставив чайную ложку в чашке — деталь, которую он позже использует в «Островитянах». «До этого на Западе был только в Германии, Берлин показался конденсированным, 80%-ным Петербургом. В Англии другое: в Англии все было так же ново и странно, как когда-то в Александрии, в Иерусалиме» [Галушкин и Любимова 1999: 11] (Автобиография 1928 года).

После возвращения из Лондона (23 апреля) он планировал пробыть в Ньюкасле всего лишь месяц и затем поселиться в Глазго, чтобы прожить там все оставшееся время. Однако через неделю после его возвращения на север, к его большому разочарованию, выяснилось, что ему придется остаться в Ньюкасле: «Город большой, но скучный непроходимо. Мало мне симпатичная русская публика, глупейшие театры, <…> добродетельная английская публика». Первые несколько недель он снимал квартиру на Кавендиш-Плейс, 10. Русский консул пригласил его на свою вечеринку, и там он от горя выпил больше, чем за предыдущие шесть лет, вернувшись домой после трех утра[4]. Ремизову он жаловался на еду: «В Англии мне живется неважно, кормят все имбирем да перцем; полезно разве только для подготовки к геенне огненной»[5]. 24 мая он снял себе постоянное жилье в доме судового маклера на Сандерсон-Роуд, 19, в очень респектабельном районе Джесмонд, недалеко от красивого парка Джесмонд-Ден с оврагом и водопадом. Парк был в 1880-х годах разбит для городских нужд судостроительным магнатом лордом Армстронгом. «Квартира на английский лад: внизу столовая и гостиная, кухня; во втором этаже — кабинетик и спальня, ванна; в третьем — комната для прислуги, кладовая, —

---

[4] Письма Людмиле от 30/17 апреля и 11 мая / 28 апреля 1916 года [РНЗ 1997: 197–198, 200].

[5] Письмо А. М. Ремизову от 22/5 мая 1916 года [Бузник 1992а: 178].

Дом Замятина в 1916–1917 годах в Ньюкасле-на-Тайне, Сэндерсон-роуд, 19. Посвященная ему мемориальная доска около входной двери была помещена там при поддержке Иосифа Бродского (фото автора)

вот и весь дом. Но только холодно в комнатах, пусто и скучно». Однако в доме были колесо и поле для рулетки, и в конце июня он попробовал скрасить свое одиночество, созвав гостей на вечер игры в рулетку: «...русский консул с женой; итальянский консул; французский консул с женой; португальский капитан и испанец — секретарь русского консула. Забавная компанийка, не правда ли? А все-таки одного Яшку Гребенщикова я предпочел бы всем им»[6]. Еще один штамп в паспорте говорит о том, что в начале июля он вновь посетил Лондон.

Первые шесть месяцев пребывания Замятина в Англии во время Первой мировой войны отражены в письмах (их более тридцати), отправленных домой Людмиле. Больше никаких свидетельств от этого периода не осталось. Письма полны постоянных стенаний, скуки, разочарования и упреков. Поначалу упреки Замятина были направлены на него самого. Он печалился:

---

[6] Письма Людмиле от 21/8 и 23/10 июня 1916 года [РНЗ 1997: 207–208]. Исследователь Замятина Алан Майерс при поддержке Иосифа Бродского смог добиться установки в 2002 году мемориальной таблички на доме по Сандерсон-Роуд, где жил Замятин.

> Сидел я в сумерках у камина и горевал, что так испортил Вам жизнь. И вот что я думал: немножко рано я встретил Вас. Надо, чтоб это было после, когда я уже немножко «укипел» бы, как говорят тамбовцы про щи; надо, чтоб Вы были моей последней. А так, может случиться, Вы будете первой и будете последней (тут уже Ваша воля), но все это — боль[7].

Первое письмо жены дошло до него только через три недели, а потом не было писем еще неделю. Это, вероятно, приводило его в бешенство: ведь в городе, несмотря на военное время, четыре-пять раз в день забирали почту и осуществляли три-четыре ежедневные доставки [Ellis 1920: 3]. К концу мая он начал предлагать ей подумать о том, чтобы присоединиться к нему в Англии, и, не получив в течение еще двух недель ответа, написал, что тоска по ней привела к тому, что он заболел: «Припадок был сильнее, чем в 1913 г. в Николаеве, потому что физически я все-таки теперь не совсем лярва»[8]. Это не означало, что он больше не мучился от болей в желудке, и он неоднократно просил Людмилу прислать ему лекарство, обычно помогавшее при них. 18 июня он послал ей телеграмму на английском языке, на котором еще явно не говорил свободно (он брал уроки у итальянца): «If you wish and could come New-Castle our quarter transmit with furniture till January or leave furniture conservation telegraph answer Zamiatin» [*sic*][9]. Когда она наконец ответила на его предложение найти жильцов в квартиру или сдать мебель на склад, в ее письмах дважды повторился отказ приехать. 27 июля Замятин с большой горечью пишет:

> ...надо было, чтобы Ваше решение сложилось совсем свободно (Вы же знаете, какой я поклонник свободы). <...> Соблазнять Вас Англией, и сам при этом соблазняться, больше не буду. <...> А впрочем, это было забавно, как все новое, потому что до сих

---

[7] Письмо к Людмиле от 30/17 апреля 1916 года [РНЗ 1997: 198].

[8] Письмо Людмиле от 9 июня / 27 мая 1916 года [РНЗ 1997: 204].

[9] Телеграмма Людмиле от 18 июня 1916 года [РНЗ 1997: 208]. «Если ты хочешь и можешь приехать Нью-Касл нашу квартиру отдай с мебелью до января или оставь мебель сохранение ответь телеграфом Замятин».

пор редко случалось, чтобы женщины отказывали мне. <...> Право, *chère* [дорогая] Усова, Вы — роковая женщина: Вам суждено, кажется, разбудить во мне все человеческие <...> страсти, одну за другой. Это становится, наконец, опасным... <...> Подумать только: человек за 20 лет, далеконько ушедший, ночью занимается мечтами, голубыми, розовыми и ярко-красными преимущественно — вместо того, чтобы мирно спать... <...> Куда лучше призвать этого корректнейшего и беспощаднейшего полисмена — рассудок, как это сделали Вы сперва и как это сделал я теперь. <...> А то, что Вы написали: «Я пополнела; это нехорошо и стыдно без Вас» — это чушь. Молодости и здоровья — меньше всего надо стыдиться, можно стыдиться нездоровья и немолодости, какие есть у меня.

В довольно низком порыве он упомянул, что получил письмо от некой Марии Могилянской, которую Людмила «ядовито» описала в письме как одно из «украшений» его жизни, но при этом сообщил, что содержание письма было «слишком интимно, чтобы его передавать». Если жена хоть чуть-чуть о нем думает, пусть пришлет еще книг и лекарств: «А не пришлете — и на старой ласке спасибо». В гневном постскриптуме он добавляет: «Вспомнил случайно: десять лет назад Вы не побоялись ехать ко мне в Гельсингфорс. Как много воды утекло: не вся ли? Это так, платонически: с путешествием Вашим решено, аминь. И Вы решили, и я решил»[10]. Пять дней спустя последовало похожее письмо:

> Никто еще не поил меня такой горечью, как Вы теперь. <...> К несчастью, я все-таки еще не избавился от этой маниакальной идеи о Вас. Я не могу ни писать, ни работать, ни спать. Я не живу, я корчусь. <...> Но как же это случилось, как это могло случиться, что Вы не поняли, как Вы нужны были именно теперь и как я хотел Вас видеть? Если бы Вы были прежней, какой я оставил полгода назад, какой я Вас помню в Белоострове — Вам и в голову не пришло бы спрятаться за трудности путешествия. <...> Что изменилось — я не знаю. Быть может, Вы слишком оценили прелесть покоя «безгорестной жизни», жизни без меня. Быть может, Вы нашли себе что-нибудь более подходящее и удобное, чем я, вечно лезущий, как мой дьячок,

---

[10] Письмо Людмиле от 27/14 июля 1916 года [РНЗ 1997: 209–210].

> в небо — которого нет. Ну что ж, я мешать Вам не буду... <...> А ведь теперь я больше чем когда-нибудь понял, чтó Вы для меня. И знать, что это поздно... Может быть, некоторое время я не буду писать, пока все это не кончу в себе[11].

Вскоре после этого он получил от жены несколько писем, как обычно, дошедших не по порядку. Первое из сохранившихся, полное обиды письмо из Петрограда, датировано 15 июля (28 июля в Англии):

> Вы хотите, чтобы я изменила свое решение, если Вы останетесь до января? Если Вы этого хотите, если Вам нужен приезд мой, если это желание не мимолетное — я приеду. Только Вам придется очень считаться, что я не совсем еще освободилась от «темных сил», которые так не нравятся Вам во мне. Вообще я еще далеко не та, какой хотела бы быть. Вот — это одна из главных причин, из-за которых я отказывалась раньше. Вам не страшно это? Подумайте. Из-за Вас, главным образом, не хотела, Вы это запомните. Из внешних причин Вы считайтесь с тем, что я, вероятно, не смогу уже вернуться в лазарет, т. к. отношения со старшим врачом очень натянуты. <...> Квартиру придется оставить все-таки за собой. Нужно ли говорить о моем желании быть с Вами, об унынии, если Вы надолго останетесь в Англии, а я буду здесь. Думаю, что нет. <...> Вы должны помнить, что осенью климат будет еще хуже, следовательно и Ваше здоровье. И что ждет Вас здесь Ваша прекрасная Дама — Литература. <...> А как боюсь дороги![12]

Письмо не слишком его смягчило:

> Как будто, я был прав не во всем. Но в том, что не приехав Вы сделали ошибку — в этом я прав. Ваши отказы и неответ на последнюю мою телеграмму вылили на меня столько холодной воды, что желания мои начинают гаснуть. Но это обойдется мне дорого. Живу с вечными перебоями сердца и с постоянным *globus Histericus* [истерический комок, ком в горле]. Все на свете — мне все равно.

---

[11] Письмо Людмиле от 1 августа / 19 июля 1916 года [РНЗ 1997: 211].

[12] Письмо Людмилы Замятину от 15 июля 1916 года [РНЗ 1997: 541–542]; она указала, что это было восьмым по счету письмом, посланным ему.

На следующий день он выбрал более примирительный тон: «Я по-прежнему — никудышный; пробовал писать — не могу. Начинаю опять всячески истреблять себя; в субботу — вернулся домой в 8 утра — играли, веселились и пили. Помогает плоховато». 9 августа он писал, что провел половину предыдущей ночи в саду перед домом, где наслаждался прекрасной погодой:

> И так презирал Вас — за то, что Вас нет здесь; была бы такая невероятная острая, такая особенная ночь. Мне горько и больно терять Вас, а я чувствую с каждым днем — Вы уходите и уходите. И скоро уйдете совсем. А я уже из упрямства — буду только помогать Вам уйти[13].

Поток жалоб в итоге оказался выше ее сил. В тот же день он получил ответ, которого так долго ждал, и ответил на него телеграммой: «Lettre reçu arrivez vite telegraphiez Zamiatin» [*sic*][14]. 10 августа она сообщила ему, что получила письмо от «14 июля» (предположительно длинное и полное обиды письмо от 27 июля, процитированное выше):

> Евгений Иванович, с самого Вашего отъезда меня не оставляло желание быть с Вами, иначе говоря — ехать в Англию. И если бы у нас были «человеческие» отношения, то, поверьте, я сразу бы ответила полным согласием на Вашу 1-ую же телеграмму. Но я хорошо еще помнила, как Вы искали спасения от меня в поездке в Англию. Я не «простила» Вам еще всех ужасов прошлой зимы... Вы не дали понять мне ни разу, что я не являюсь уже для Вас тем «чудищем», от которого нужно было бежать. <...> С чего Вы взяли, что я живу сейчас безгорестно? <...> Ведь я одинока не менее, чем Вы. <...> Какое чужое, недоброе Ваше письмо, я никогда бы не смогла написать Вам такое... Может быть, для нас в конце концов и лучше будет, если мы увидимся — в Новом году не раньше[15].

---

[13] Письма Людмиле от 24/6, 24/7 [*sic*] и 27/9 августа 1916 года [РНЗ 1997: 212–214]. Замятин пронумеровал последнее из этих писем как 23-е по счету из посланных ей.

[14] «Письмо получено приезжайте скорее телеграфируйте Замятин» (*фр.*). Телеграмма Людмиле от 9 августа 1916 года [РНЗ 1997: 215].

[15] Письмо Людмилы Замятину от 10 августа 1916 года [РНЗ 1997: 543].

Но она осталась тверда в своем решении поехать в Англию:

> Не верится мне, что я еду к Вам, и страшно, до невероятности страшно всего: боюсь Вашего разочарования, Вашего «непостоянства», боюсь самой поездки... Ведь без конца нельзя делать экспериментов, и так страшно, чтобы этот не был последним. До Вашей телеграммы я ничего не предпринимала для получения паспорта. На днях должна получить из участка, что не имеется препятствий к выезду.

Один из коллег Замятина упомянул, что ее муж мог вернуться в Россию в октябре, если бы захотел, и она подчеркнуто спросила его, почему же он этого не сделал. «Я хочу сказать одну вещь. Ведь правда, живя Вы в культурном центре, имея много знакомых, <...> будь это в России или где-либо — Вы никогда бы не захотели меня видеть, следовательно не звали бы». Но через несколько дней она тоже перешла на более примирительный тон: «Как могло случиться, что я не поняла, насколько я нужна Вам именно теперь? <...> Не поняла, мудрила без конца, как я презираю себя теперь». Она все не могла поверить, что именно она должна была заверять его в своей любви:

> И, может быть, теперь уж не так будет радостен для Вас мой приезд, ибо слишком много горечи во всем. Но, милый Евгений Иванович, будьте немного справедливы и ко мне. <...> Вы меня встретите на пристани обязательно? Может быть, это письмо придет позже меня, ибо я думаю, что в консульстве особой задержки не будет и я смогу выехать числа 8–10.
> Ну, простите и до свидания[16].

В последней телеграмме, посланной им 1 сентября, он кратко ответил: «Health pretty well glad at last see you Zamiatin»[17].

Приведенные выше письма являются отголоском глубокого кризиса в их отношениях, начавшегося еще предыдущей зимой.

---

[16] Письма Людмилы Замятину от 17 и 23 августа 1916 года [РНЗ 1997: 544–545].
[17] Телеграмма Людмиле от 1 сентября 1916 года [РНЗ 1997: 216] [Здоровье довольно хорошо рад наконец вас видеть Замятин].

В одной автобиографии Замятин даже пишет о том, что в бурный, снежный январь 1915–1916 годов он был вызван на дуэль, и, возможно, это было связано с его непростыми любовными отношениями [Галушкин и Любимова 1999: 11] (Автобиография 1928 года). К этому моменту Людмила стала играть гораздо менее активную роль в их отношениях, и, как будет видно, в дальнейшем она отчасти уйдет в тень, преимущественно находясь на втором плане на протяжении их дальнейшей совместной жизни. Однако в их обвинениях, обращенных друг к другу, сквозит взаимная страсть, и им обоим удалось преодолеть обиды и найти пути к достойному сближению. Из-за отсутствия других источников эта первоначальная подавленность писателя во многом формирует наши впечатления от пребывания Замятина в Англии, но такие письма охватывают только первые полгода. После того как Людмила присоединилась к мужу, они пробыли там еще целый год. Почти нет документальных свидетельств того, как они проводили свое время, и кто знает, возможно, они были очень счастливы, исследуя страну и удивляясь причудливостям английской жизни. Нельзя точно сказать, как обстояли дела, но больше никогда в их дальнейшей переписке не будет подобных обид и взаимного недовольства. Видимо, вернувшись в Россию, они уже были крепкой и полностью сформировавшейся парой.

Как бы то ни было, жизнь Замятина не всегда была такой уж мрачной, как он описывал Людмиле. Тон письма Гребенщикову от 28 августа (написанного, правда, после того, как он получил известие о решении Людмилы приехать к нему) куда более оживленный. Письмо было почти целиком написано в псевдонародном стиле, с использованием местечковых выражений из его родного региона под Тамбовом, и представляло собой шутливый, «молодецкий» рассказ о времени, проведенном в Англии. В нем упоминались поздние посиделки и выпивка: «А что касаемо девушек здешних — так про них худого слова не скажешь, окромя хорошего. Волосы у них повсюду светлые, к чему ты, я знаю, весьма привержен. Личность — приятная, и где надо — сдобы пущено, и вообще — все в порядке». Он просил у Гребенщикова помощи в подготовке второго издания его сборника «Уездное» (которое в итоге так и не вышло), а взамен обещал привезти ему из Англии «...дорожную жену: очень удобно, можно возить в кармане или портфеле, а при пользовании надувается, как подушка, и цена вся — 14 sh. [шиллингов]»[18].

Видимо, он посещал различные местные мероприятия, в том числе ряд публичных спиритических сеансов — чаще всего от скуки[19]. После того как приехала Людмила, они, скорее всего, нашли и другие способы развлечься, в том числе встречаясь с его знакомыми в Ньюкасле. Он попросил Людмилу привезти с собой ее диплом о медицинском образовании, но нет никаких свидетельств того, чтобы она работала, пока жила в Англии[20]. Сняв квартиру в Джесмонде, Замятин поселился в одном из самых буржуазных и респектабельных районов города. Очень близко от их дома располагался давно существовавший теннисный клуб, в который они, возможно, вступили. Он описывал, как «...вечером возвращался с завода на своем маленьком Рено» [Галушкин и Любимова 1999: 182] (О моих женах, о ледоколах и о России (1922)). Поскольку большинство рабочих верфи в Ньюкасле ездили на работу, используя очень удобную, разветвленную трамвайную службу, существовавшую с 1901 года, а конный транспорт постепенно выходил из употребления, владельцы собственных автомобилей неизменно привлекали внимание. Скорее всего, лишь избранные из его друзей (если таковые вообще были) среди русских писателей имели собственный автомобиль — В. В. Маяковский купил «рено» только в 1928 году в Париже.

Можно точно утверждать, что Замятины использовали автомобиль для поездок по северо-востоку Англии. В этом регионе Британии имеется много интереснейших мест для туризма. Их внимание мог привлечь растянувшийся на сотни метров разру-

---

[18] Черновик письма цитируется в [Любимова 2002: 256–258] (Любимова М. Ю. «Я. П. Гребенщиков и Е. И. Замятин: Переписка (1916–1928)»).

[19] Письмо Людмиле от 9 июня / 27 мая 1916 года [РНЗ 1997: 205].

[20] Телеграмма Людмиле от 10 августа 1916 года [РНЗ 1997: 215].

шенный замок Данстанбург на побережье Нортумберленд. В автобиографии 1923 года Замятин пишет о том, что он «...много ездил в 1916–1917 гг. по Англии, Шотландии» [Галушкин и Любимова 1999: 4] (Автобиография 1923 года). Однажды он посетил Эдинбург, где его поразил черный силуэт замка на фоне заката. Он пишет, что в Англии он «...строил корабли, смотрел развалины замков, слушал, как бахают бомбы с немецких цеппелинов, писал повесть "Островитяне"» [Галушкин и Любимова 1999: 3] (Автобиография 1922 года). Видимо, в ноябре 1916 года он также посетил Лондон (предположительно в компании Людмилы), так как в его записных книжках есть описание парада лорд-мэра. После одной из своих лондонских поездок он язвительно отзывался о британской постановке «Вишневого сада», критикуя ее нелепые костюмы. Однако его поразил либерализм местной театральной цензуры, разрешающей ставить на сцене пьесы Оскара Уайльда (само упоминание его имени приводит леди Кембл, героиню «Островитян», в негодование) [Казнина 1997: 200–01].

Вероятно, участие Замятина и Людмилы в культурной жизни Ньюкасла было ограничено их уровнем владения языком. Например, нет свидетельств того, что они брали книги в элегантной библиотеке Литературно-философского общества Ньюкасла-на-Тайне, которую все сокращенно называли «Лит и Фил». «Лит и Фил» находилась рядом с главным вокзалом и отелем, где Замятин остановился, когда приехал в Ньюкасл. В библиотеку было записано несколько тысяч человек, ее книжная коллекция насчитывала более 60 000 томов. Кроме того, в ней была богатая музыкальная подборка, включавшая 700 партитур современной британской, французской и русской музыки, приобретенных в 1914 году. Библиотека предлагала обширную программу лекций и концертов, которые не прекращались на протяжении военных лет, и, казалось бы, она могла стать для Замятиных хорошим местом для времяпрепровождения [Parish 1990: 22, 28, 31, 33, 75]. Музыкальная жизнь города была очень насыщенной, а художественная галерея «Лэнг», открывшаяся в 1904 году, отражала богатство «Северного мегаполиса», население которого насчитывало четверть миллиона человек.

Сохранилось очень мало писем, отражающих период с сентября 1916 по сентябрь 1917 года, т. е. те двенадцать месяцев, которые семья Замятиных провела в Ньюкасле. Это и неудивительно, учитывая существовавшие во время войны перебои в почтовых и иных сообщениях с Россией, поскольку паромное сообщение с Норвегией через Северное море было приостановлено. Черновик одного письма, датированный, судя по всему, концом 1916 года, был адресован Вульфу и Варе, их родственникам. В шутливо-строгом тоне Замятин пишет Вульфу, что ему не хочется начинать свои новогодние поздравления с упрека, но как же это так — Вульф, как «старший», забыл объяснить Варе, что младенцев не аисты приносят — ведь теперь уже слишком поздно. На обороте этой же страницы он ласково обращается к Варе, выражая надежду, что «a light touch of maternity» [легкое касание материнства] помогло расцвести ее красоте. Замятин шутит, что, пока она занимается увеличением числа жителей Земли, он, находясь на другом конце Земли, каждый день представляет собой угрозу его сокращения, так как рискует переехать кого-то из молодых британцев на своем автомобиле, с восторгом разгоняясь на нем до 15 миль [24 километров] в час [ОР ИМЛИ. Ф. 47. Оп. 3. Ед. хр. 4]. 18 декабря они с Людмилой отправили с Сандерсон-Роуд письмо Ремизову, в котором писали, что страдают от холода из-за отсутствия в Британии русских печей и что им приходится прибегать к виски, чтобы согреться [ОР ИМЛИ. Ф. 47. Оп. 3. Ед. хр. 12]. Два дня спустя он также написал своему бывшему редактору Миролюбову:

> Уж почти что год из России. Обрыдла мне заграница за этот год вот так — просто мочи моей нет. В январе-феврале думаю вырвусь отсюда и домой вернусь, хоть мясопустую жизнь вести — да зато русскую. Изголодался я тут в Англии: мяса — сколько хочешь, а людей — мало. И все машины, уголь, копоть и грохот. <...> Так вот и я, в колесах с утра до ночи, весь год провертелся. И уж куда там писать: не написал ничего, хоть и чесались руки подчас. Нелепо оно как-то выходит: занесла буревая в Англию

эту, и живешь тут невесть зачем, и делаешь невесть что — только не то, что хочется. Неужто этак и дальше пойдет? Неужто и Новый Год все такой же будет?[21]

Во время пребывания за рубежом Замятину было важно быть в курсе литературных событий в России, но раздобыть русские книги было трудно. В письмах он упрашивал Людмилу прислать ему некоторые из них: новый рассказ Есенина «Яр», новый сборник П. Д. Успенского «Разговоры с дьяволом. Оккультные рассказы», русские переводы «Железной пяты» Джека Лондона и «Обломки крушения» Уильяма Локка. Видимо, он все же предпочитал читать на русском, а не на английском, который не изучал в школе. Кроме того, он снова читал переписку Чехова[22].

Пока он был в отъезде, его собственные рассказы продолжали издаваться в России: рассказ «Кряжи» из сборника «Уездное» был переиздан, а «Письменно» был опубликован в «Биржевых ведомостях» от 21 марта 1916 года, хотя он потом клялся, что ничего больше посылать им не будет, так как издание мало платило авторам[23]. «Африка» была опубликована той же весной в «Северных записках», и, несмотря на цензурный запрет от 1914 года, Замятин продолжал попытки найти в Москве издателя для своей скандальной повести «На куличках»[24]. Вполне вероятно, что Максим Горький впервые заметил Замятина после публикации повести «Уездное» в «Заветах» в 1913 году, хотя тогда их встреча не состоялась. В начале 1916 года новый журнал Горького «Летопись» опубликовал рецензию В. П. Полонского, хвалившего рассказ: «Пишет он кратко и резко — точно из камня высекает контуры» [Примочкина 1987: 148; BDIC, dossier 210]. В следующем выпуске «Летописи» (номер 4) Горький опубликовал «Бога», «Дьячка» и «Петьку» (под названием «Дрянь-мальчишка») — последний

---

[21] [RS 1996 II, 2: 416–437 (432–433)] («Переписка Е. И. Замятина с В. С. Миролюбовым» / Публ. и подгот. текста Н. Ю. Грякаловой и Е. Ю. Литвина).

[22] Письма Людмиле от 21/8 апреля и 30/17 мая 1916 года [РНЗ 1997: 197, 202].

[23] Письма Людмиле от 11 мая / 28 апреля и 30/17 мая 1916 года [РНЗ 1997: 200, 202].

[24] Письмо Людмиле от 30/17 мая 1916 года [РНЗ 1997: 202–203].

рассказ изначально был предназначен для благотворительного проекта Ремизова [Примочкина 1996: 181]. Замятина очень расстраивало то, что, покинув страну как раз в тот момент, когда его известность заметно выросла, он был вынужден находиться вдали от всех важных событий. Он изводил Людмилу просьбами вырезать и отправлять ему всю вышедшую критику, особенно на сборник «Уездное».

В сентябре 1916 года пришло еще одно письмо от С. А. Венгерова с просьбой предоставить дополнительную информацию для его «Критико-биографического словаря русских писателей и ученых». На этот раз Венгеров попросил его рассказать, что оказало интеллектуальное и социальное влияние на его развитие как писателя и как он смог достичь «…такого блистательного усвоения народной речи». Он спрашивал, как это часто делали рецензенты прозы Замятина, повлиял ли на него Ремизов[25]. В ответе, посланном через три месяца, Замятин писал, что его язык сформировался в период детства и юности в Лебедяни, и особенно при участии бабушки по материнской линии Анастасии Васильевны, знавшей огромное количество народных поговорок, заклинаний и примет. Он также отчасти перенял емкую речь, свойственную жителям Костромской губернии, от своих друзей, в том числе от Гребенщикова:

> Ремизова лично узнал не очень давно, да и книги его стал читать сравнительно поздно. Кладовая языка у меня и у Ремизова разные: у него — рукописи и редкостные книги, а я книгами почти не пользовался. Внутреннее мое несходство с Ремизовым — чем дальше, тем, вероятно, будет больше заметно.

В черновом варианте этого письма он пишет, что Ремизов и Иванов-Разумник повлияли на его постепенное осознание важности *инструментовки* (звуковой организации) прозы. Он также упоминает об особенной любви к Гоголю, развившейся с детства: «Люблю Гоголя посейчас, и, думаю, не без его влияния

---

[25] Письмо от С. А. Венгерова от 10 сентября 1916 года, приведено в [Любимова 2002: 184–192 (188–190)].

явилась у меня склонность к шаржу, гротеску, к синтезу фантастики с реальностью». Это, пожалуй, первое письменное упоминание его концепции синтеза, которая станет важнейшей составляющей его определения синтетизма, или неореализма. Он подтверждает в письме Венгерову, что в таких рассказах, как «Африка», «Бог», «Дьячок» и «Петька», точнее всего выражены его философские убеждения. Возможно, причина этому — пессимистичный тон, общий для этих рассказов: в них надежды и мечты всегда неумолимо разрушаются, а религия не приносит утешения. Что касается интеллектуального развития, то этот путь, по его мнению, он прошел по большей части самостоятельно, хотя в какой-то момент Маркс и Ницше оказали на него значительное влияние, хотя и «...в виде изрядно еретизированной пыли. <...> Последние 7–8 лет много читаю и люблю стихи символистов, наших и французских. Одна из любимейших книг: "Цветы зла" Бодлера»[26].

Тем не менее он был очень подавлен тем, что не мог написать ничего нового с момента прибытия в Англию. В первые, тяжелые для него месяцы жизни в этой стране он постоянно жаловался, что совершенно не может ничего написать и что ему трудно даже заставить себя играть на фортепиано в квартире на Сандерсон-Роуд. Первое свидетельство его литературного творчества в Англии — черновик «Правды истинной», датированный «27/14 июля 1916 года, Ньюкасл». Получается, что этот рассказ был написан в тот же день, что и его самое длинное и полное обид письмо Людмиле. Этот текст, отражающий его состояние, представляет собой письмо, написанное служанкой своим домашним. Ее рассказ о новой жизни, поначалу оптимистичный, постепенно выдает ее состояние — она глубоко несчастна [ОР ИМЛИ. Ф. 47. Оп. 1. Ед. хр. 38]. Через месяц он писал Гребенщикову: «...за все 5 месяцев не написал я строчки путной, будучи весьма занят пианством и блудом»[27]. Тем не менее перспектива

---

[26] Письмо от С. А. Венгерова от 10 сентября 1916 года, приведено в [Любимова 2002: 190–192 (188–190)].

[27] Письмо Гребенщикову от 28 августа 1916 года, приведено в [Любимова 2002: 252–270 (257)] (Любимова М. Ю. «Я. П. Гребенщиков и Е. И. Замятин: Переписка (1916–1928)»).

приезда Людмилы, видимо, высвободила его творческую энергию, и черновики новых небольших рассказов датированы числами начиная с 9 сентября 1916 года [ОР ИМЛИ. Ф. 47. Оп. 1. Ед. хр. 39–42]. Поразительно, однако, что, находясь так далеко от дома, он также принялся за «Знамение» — еще одну из своих русских «монастырских» сказок, наполненных диалектизмами.

Наиболее значительным произведением из написанных в английский период явилась повесть «Островитяне», сатирически изображающая жизнь в Джесмонде. На основных черновиках «Островитян» имеется датировка «июнь / июль 1917 года, Ньюкасл», хотя есть и отдельные версии ее начала под отдельным заголовком «Кембл. Повесть», которые датируются концом января[28]. Замятин насмешливо описал жизнь благовоспитанного светского общества Ньюкасла в период царствования Георга V, британского монарха, отличавшегося поразительным внешним сходством со своим двоюродным братом, царем Николаем II. В этой повести приходский священник, викарий Дьюли, олицетворяет все ханжеские ценности британского среднего класса, привыкшего подавлять свои истинные побуждения[29]. Вместе со своим приходским советом, Корпорацией почетных звонарей и Армией спасения он пытается прожить свою жизнь в соответствии с составленным им «Заветом принудительного спасения», в котором заранее расписаны все его действия, включая совокупления каждую третью субботу месяца. Джесмонд состоит из рядов одинаковых домов с тщательно выскобленными ступенями перед порогами, в нем живут тысячи одинаковых «воскресных джентльменов», словно выпущенных с заводского конвейера. Приходской священник пытается убедить жену в том, что если развитие жизни уподобится механизму без перебоев, то общество автоматически

---

[28] [ОР ИМЛИ. Ф. 47. Оп. 1. Ед. хр. 33–36; Оп. 1. Ед. хр. 32]; дата этого черновика неверно помечена 1916 годом.

[29] О приличном воспитании типичного ребенка среднего класса того времени, включающем полезные занятия, одобренные местной церковью, см. [Peacock 1986].

продвинется к достижению своих целей. Но вмешиваются эротические влечения: жена священника влюбляется в наивного Кембла, медлительного мужчину с квадратными чертами лица; Кембл, в свою очередь, бросает свою осторожно-правильную жизнь, увлекшись танцовщицей с плохой репутацией Диди Ллойд, а последнюю заманивает в свои сети аморальный и опасный ирландец О'Келли — и все заканчивается трагически. Похожие темы — подавление сексуальных желаний и лицемерие — позже будут затронуты во втором английском рассказе Замятина «Ловец человеков» (1921), действие которого разворачивается в Лондоне во время бомбежек города цеппелинами.

В «Островитян» вошел весь предыдущий опыт жизни Замятина в Англии, от топографии Ньюкасла и его пригородов до губ матери Кембла леди Кембл («похожих на червей»), явно списанных с лица леди Нобл, вдовы старого друга и бывшего делового партнера лорда Армстронга сэра Эндрю Нобла[30]. Благодаря своему языковому чутью Замятин безошибочно передает свойства английской речи для русского читателя. И так же, как «Петербургские повести» представляют собой фундаментальный сдвиг в развитии Гоголя как писателя после сказочной прозы с элементами украинского фольклора, «Островитяне» знаменуют собой значительный отход Замятина от его предыдущих произведений. Писатель перестает описывать российскую глубинку, его проза теряет ранее свойственную его стилю «народность»: теперь из-под его пера выходят сказки о городе, где языковые средства используются более экономно, а в организации повествования видны элементы модернизма. И примечательно, что во многих проявлениях — как стилистических, так и тематических — его сатира на буржуазную Англию в «Островитянах» становится прямым прообразом антиутопического романа «Мы», несмотря на то что действие романа развивается в далеком буду-

---

[30] Это одно из многочисленных открытий, сделанных Аланом Майерсом во время его исследования жизни Замятина на северо-востоке Англии. У него есть ряд важных статей на эту тему (см. Библиографию); о сэре Эндрю Нобле см. [Dougan 1968: 93].

щем, в котором безошибочно угадываются черты послереволюционной России.

У Замятина оставалось не так много свободного времени для творчества, так как он был постоянно занят своими служебными обязанностями. В ходе поездки в Британию он стал свидетелем стремительного развития инженерной мысли, которое и обеспечило победу союзникам. Во время Первой мировой войны север Англии внес ключевой вклад в события военных лет, только на верфях Тайна было построено 1130 новых судов, причем на 1917 год пришелся пик этой поразительной производительности. На торжественном собрании, состоявшемся в Ньюкасле в июле 1919 года, была зачитана телеграмма короля, в которой он поздравлял инженеров и судостроителей северо-востока с их потрясающими достижениями. Тогда же было отмечено, что налеты цеппелинов прерывали ночные рабочие смены только пятнадцать раз, причем самый длинный вынужденный перерыв в шесть часов пришелся на 2 апреля 1916 года, менее чем за две недели до прибытия Замятина. «Остается загадкой, почему нас не бомбили чаще и не нанесли больше повреждений», — заметил один из выступавших на собрании. Сохранился отчет, передающий содержание речи сэра Джозефа Маклая по этому случаю:

> В конце 1916 года условия в стране были тревожными, и, по его мнению, в то время никто не оценил, насколько страна зависела не только от флота, но и морской торговли. <...> Не корабли военно-морского флота становились целью для подводных лодок; <...> враги поняли, что страна крайне зависела именно от торгового морского флота, и что если его уничтожить, мы, а также наши союзники, с которыми мы были так тесно связаны, останемся без пропитания [*Victory Meeting*, 58, 95].

Большое значение Ньюкасла на международной арене подчеркивалось тем, что в 1920 году там все еще находились консулы и вице-консулы, представлявшие 23 различные страны Европы, Америки и Ближнего Востока [Ellis 1920: 95]. Поскольку на кораблях и военных заводах работало много иностранцев, была введена система строгого надзора на случай подрывной деятельности или шпионажа. В реестре иностранцев компании «Уоллсенд Слипвей и Инджиниринг» были указаны данные обо всех иностранных гражданах, нанятых на работу, и главе местной полиции сразу сообщалось даже об одном дне пропуска [TYNE and WEAR, *Register of Aliens*, DS/WS 23].

Замятин писал Людмиле, как ему приходилось регулярно посещать четыре различных завода, а также иногда ездить на два других, при этом добираться до каждого приходилось по 40–50 минут. Вот как проходил его типичный день:

> После чаю утром сажусь за расчеты — часа на 1½–2; завтракаю, еду на завод; возвращаюсь часов в 7, обедаю; после обеда часто приходит помощник мой, механик, и тоже всякие деловые разговоры на час, на два. Сейчас, впрочем, самое тяжелое время: утверждение чертежей.

Иногда по вечерам он должен был заниматься перепиской с представителями заводов: «…да все это по-английски. Некогда даже книг почитать, газеты залеживаются». 13 июня 1916 года он поехал в Глазго и провел там три дня: «Хороший город, не сравнить с Ньюкастлем, жаль что не в Глазго суждено мне жить». Однако вернулся он с «жесточайшим насморком»[31].

Крупнейшими судами, построенными для российского государства под руководством Замятина в 1917 году, стали ледоколы «Святой Александр Невский» и «Святогор»[32]. Позднее он описывал «Александра Невского» как свое «детище»: он сам начертил эскизы, «…и дальше ни один чертеж этого корабля не попадал в мастерскую, пока не был проверен и подписан "Chief Surveyor of Russian Icebreakers Building E. Zamiatin" [*sic*]» [Главный наблюдающий за строительством русских ледоколов Е. Замя-

---

[31] Письма Людмиле от 27/14 и 30/17 мая, 12 июня / 30 мая и 17/4 июня 1916 года [РНЗ 1997: 201, 204, 205, 206].

[32] Я нашла важную информацию для этой части главы на очень полезном веб-сайте, созданном покойным Аланом Майерсом, — «Замятин в Ньюкасле»: URL: http://www.seaham.i12.com/myers/zamyatin.html (в настоящее время ссылка на него недоступна); хорошая иллюстрация к «Святогору» есть в [French and Smith 2004: 40].

Ледокол «Святогор» (позднее «Красин»), построенный в Ньюкасле в 1916–1917 годах под наблюдением Замятина (Итар-ТАСС)

тин][33]. Однако строительство ледокола было полностью завершено только после его отъезда из Ньюкасла, то есть после Октябрьской революции. Политические потрясения 1917 года привели к приостановке выполнения всех царских заказов на строительство ледоколов. В конечном итоге компания «Армстронг Уитворт» была вынуждена требовать компенсацию за выполненные работы от британского военно-морского министерства. Интересно, что к 1920–1921 годам, не особо смущаясь произошедшими переменами, она уже занималась переговорами о новых выгодных контрактах на ремонт железнодорожных локомотивов с большевиками[34].

Должно быть, Замятин с некоторым беспокойством следил за судьбой этих двух судов после их запуска. Так как контракт не

---

[33] [Галушкин и Любимова 1999: 4] (Автобиография 1923 года); [Галушкин и Любимова 1999: 182] («О моих женах, о ледоколах и о России»).

[34] [Heywood 1992: 53, 61, 87, note 20].

был выполнен, после завершения строительства «Александра Невского» его приобрел британский Королевский военно-морской флот и переименовал его в «HMS Alexander». Но в конце концов корабль был возвращен России в начале 1920-х годов и переименован в «Ленин». В период между Первой и Второй мировыми войнами ледокол регулярно расчищал путь во льдах южной части Карского моря для кораблей, направлявшихся в устье Енисея и Оби в Сибири. Когда был завершен «Святогор», выполненный по подобию «Ермака» и «Царя Михаила Федоровича», за строительством которых Замятин следил в 1913 году в Штеттине на верфи «Вулкан», он стал крупнейшим ледоколом в мире. Корабль использовался в арктических морях около Мурманска и Архангельска, помогая прокладывать морские пути во льдах для союзников. Однако в 1918 году, менее чем через два года после постройки, «Святогор» был затоплен под Архангельском большевиками. Этим они пытались блокировать реку Двину и не допустить интервенции британских войск против революционных сил. Тем не менее британцам затем удалось поднять его и присоединить к судам Королевского военно-морского флота. В конце 1921 года он наконец снова перешел к России, после того как Соединенное Королевство дипломатически признало советское правительство. В 1927 году ледокол был переименован в «Красин», а в 1928 и 1934 годах принимал участие в знаменитых спасениях полярников в Арктике.

В той или иной степени Замятин был вовлечен в строительство еще нескольких ледоколов на верфях «Уолкер», «Уоллсенд» и «Саут-Шилдс» на Тайне, а также в Сандерленде на реке Уэар. Это были «Добрыня Никитич», «Илья Муромец» «...и штук пять маленьких ледоколов», а также «Кузьма Минин» и «Князь Пожарский» (Замятин называл их «близнецами»), строительство которых было завершено в ноябре и декабре 1916 года. Его поездки в Глазго в 1916 и 1917 годах, возможно, были связаны со строительством кораблей «Ледокол VI» и «Ледокол VII» на верфи «Фергюсон Бразерс» в Порт-Глазго [Tejerizo 1988: 67].

В 1932 году, уже находясь в эмиграции во Франции, Замятин с большой любовью писал о проектировании этих судов, внешне выглядевших неуклюжими: «Я даже не уверен, можно ли ледокол назвать кораблем. Корабль, как всем известно, существо морское, он идет только по воде, а ледокол — это амфибия, половину своего пути он делает по суше. По суше?! Да, по суше, потому что лед — конечно, суша». Ледокол — парадоксальный корабль, так как его винт расположен на другом конце (спереди) и он может раскачиваться из стороны в сторону, чтобы высвободиться из ледяных глыб. Он также может, если это необходимо, использовать якоря, чтобы двигаться назад.

> Как Иванушка-дурачок в русских сказках, ледокол только притворяется неуклюжим, а если вы вытащите его из воды, если вы посмотрите на него в доке — вы увидите, что очертания его стального тела круглее, женственнее, чем у многих других кораблей. В поперечном разрезе ледокол похож на яйцо — и раздавить его так же невозможно, как яйцо рукой [Галушкин и Любимова 1999: 178–183] («О моих женах, о ледоколах и о России»).

В своем докладе «О кораблестроении в России» в декабре 1934 года Замятин говорил о запуске новой обширной советской программы по строительству ледоколов: «Строительство этой ледокольной флотилии начнется в 1935 году. Можно отметить, что это будет первый случай строительства ледоколов на родине. Все бывшие русские суда такого рода были построены за рубежом, и в основном в Великобритании» [Tejerizo 1988: 79].

Опасения Людмилы относительно ее путешествия в Англию в сентябре 1916 года были вполне обоснованы. Помимо того, что 40-часовое путешествие по бурному Северному морю, которое ранее описывал ей Замятин, было само по себе неприятно, было также все более опасно путешествовать во время войны. Она решила поехать на «Юпитере»[35], поездка на котором рекламировалась как «самая быстрая и удобная», с выездом из Скандинавии и всего 22 часами в открытом море. За первые два года войны ни один корабль на маршрутах между Норвегией и Ньюкаслом-на-Тайне не был потоплен. Однако 16 ноября, всего лишь через два

---

[35] Письмо Людмилы Замятину от 23 августа 1916 года [РНЗ 1997: 545].

месяца после того, как Людмила благополучно добралась до Англии, немецкая подводная лодка затопила корабль «Вега», доставлявший груз с продовольствием для Великобритании. К счастью, никто не погиб, но движение пассажирских судов было приостановлено. Его попробовали восстановить в марте 1917 года, но почти сразу же был затоплен «Поллукс» и погибло 18 человек. А тем же летом, после Ютландского сражения, в котором англичане потеряли 14 кораблей, а немцы 11, Германия объявила о снятии ограничений на действия военных подводных лодок против торговых судов. В 1917 году был поврежден «Хаакон VII», пропал грузовой корабль «Алгол», видимо потопленный торпедой, а 12 декабря четыре немецких эсминца нанесли сокрушительный удар по колонне из одиннадцати кораблей. Через два дня после этой катастрофы Ллойд Джордж заявил о необходимости организовать противодействие атакам подводных лодок: «Победа стала вопросом тоннажа, именно в нем залог успеха. Ничто не заставит нас проиграть, кроме нехватки грузоподъемности» [Dougan 1968: 132]. В своих записных книжках Замятин отмечал: «Чувствовалось именно так: на острове, отрезаны, как Робинзоны. Кругом — серое Северное море, полное стальных акул. Кругом, — чужие, чудные Пятницы. <...> Слова у нас общие. Но разве нам в чем-нибудь сговориться?» [Казнина 1997: 202–203].

Замятин продолжал следить за политическими событиями в России: он проглатывал выпуски любимой газеты «Речь», которые смог получить в Лондоне, так как сразу по приезде оформил подписку на три месяца, и позже попросил Людмилу продлить ее[36]. С начала 1917 года, несмотря на возможные опасности, супруги очень захотели вернуться, читая новости о сенсационных событиях на родине: «Когда в английских газетах запестрели жирные заголовки: "Abdication of Tsar" — "Revolution in Russia" [«Отречение царя», «Революция в России»] — в Англии стало невмочь; и в сентябре 1917 г. вернулся в Россию» [Галушкин

---

[36] Письма Людмиле от 21/8 апреля и 12 июня / 30 мая 1916 года [РНЗ 1997: 197, 205].

и Любимова 1999: 6] (Автобиография 1924 года). Однако прошло несколько месяцев, прежде чем они наконец получили разрешение на выезд. В Лондоне норвежский и шведский консулы поставили в паспорт Замятина штампы от 6 сентября 1917 года, а в российском посольстве в Британии соответствующие штампы проставили 10-го и повторно 17 сентября. Тогда же в паспорте была сделана запись — естественно, на дипломатическом французском: «Il retourne en Russie pour reprendre son service et que ses signes distinctifs sont: cheveux chatain [sic], moustache blonde coupeé, yeux gris, taille 5f. 10 inches anglaises» [Он возвращается в Россию, чтобы снова приступить к своим рабочим обязанностям. Его отличительные черты: темно-русые волосы, короткие светлые усы, серые глаза, рост 5 футов 10 дюймов] [BDIC, dossier 133]. С апреля все пассажирские суда в целях безопасности направлялись в Берген в сопровождении военного конвоя и следовали из Абердина в Шотландии, а не из Ньюкасла, поэтому 23 сентября в Абердине в его паспорте поставили новый штамп. Их путешествие в Россию в конце сентября 1917 года было чрезвычайно опасным [Keys and Smith 2002: 12–14]. В двух вариантах своей автобиографии, написанных в 1922 и 1928–1929 годах, Замятин отмечал:

> Очень жалко, что не видел февральской революции и знаю только октябрьскую. <...> Это все равно, что никогда не знать влюбленности и однажды утром проснуться женатым уже лет этак десять. <...> Как раз к октябрю... <...> на стареньком английском пароходишке (не жалко, если потопят немцы) — я вернулся в Россию. Шли до Бергена долго, часов пятьдесят, с потушенными огнями, в спасательных поясах, шлюпки наготове [Галушкин и Любимова 1999: 3, 11] (Автобиографии 1922 и 1928 годов).

Его паспорт проверили в Бергене 25-го, в Стокгольме 29 сентября, и 30 сентября 1917 года они с Людмилой вернулись домой в Петроград.

Глава четвертая

Петроград (1917–1921)

Вернувшись в Россию и уже через несколько недель оказавшись в эпицентре Октябрьской революции, Замятин сразу оставил деятельность морского инженера, сохранив лишь должность преподавателя с неполным рабочим днем в Политехническом институте. Чувствуя, что начинается новая эпоха, он решил, что настало время полностью посвятить себя творческому призванию. В 1920-е годы он проявил себя не только как писатель, но и как литературовед — критик, рецензент, редактор и администратор, а также как педагог, взрастивший новое поколение. Он вложил в эти задачи незаурядную долю профессионализма — наследие своего предыдущего опыта. В свои 30 лет он привык работать самостоятельно и принимать ответственные решения и пользовался значительным личным авторитетом. В источниках, содержащих свидетельства о его жизни в следующее десятилетие, личное в значительной степени отступает в тень, а на первый план выходит общественный деятель.

По возвращении домой Замятины произвели сильное впечатление:

> Помню серенький осенний день 1917-го года. Петербург тогда — уже не Петербург, и еще не Ленинград, — а Петроград. <...> Звонок. <...> — Это, верно, англичане... Вошла молодая пара — свежие, бодрые, ладно, не по-петербургски одетые, и впрямь английского облика. Замятины тогда только что вернулись из Англии... <...> Уклад английской жизни пришелся им по вкусу,

они быстро вошли в нее, переняли черты английского обихода, и до последних дней в облике, в манере одеваться, принимать гостей — сохранили английские привычки. <...> Жил он тогда с женой, грациозной, хрупкого здоровья, чрезвычайно привлекательной маленькой женщиной.

Его соседка А. Ф. Даманская описывает, как Замятин в суровые зимние месяцы рубил дрова, держа во рту короткую английскую трубку, а затем садился за рояль и играл этюды или ноктюрны Скрябина — не виртуозно, но с подлинным лиризмом, который диссонировал с холодной сдержанностью его внешнего вида и манер[1]. Хотя его первые впечатления об Англии были скорее негативными, в России он использовал внешние атрибуты английского джентльмена. Его несколько официальная наружность «англичанина» в одежде и манере поведения в послереволюционной России была умышленно созданным образом. Этот консервативный облик, видимо, придавал ему смелости сохранять интеллектуальную независимость среди своих коллег, ценимую им превыше всего.

В это время он завел сыгравшие важную роль дружеские отношения с Максимом Горьким. Горький был известным писателем, автором произведений, ставших классикой социалистической литературы, — среди прочих пьесы «На дне» (1902), действие которой происходит в ночлежке, и романа о мятежных фабричных рабочих «Мать» (1906), который позже стал образцом для прозы советского социалистического реализма. После возвращения из политической ссылки в 1913 году Горький окунулся в литературную и культурную жизнь Санкт-Петербурга, взяв на себя роль лидера прогрессивной литературы. Он организовал несколько издательских проектов и поддерживал молодых писателей, особенно вышедших из низов [Barratt and Scherr 1997: 175]. Некоторые из рассказов Замятина он опубликовал в журнале «Летопись» в 1916 году, а сразу после возвращения писателя из

---

[1] [Любимова 2002: 393–396] (А. Мерич [Августа Даманская]. «Встречи с Е. И. Замятиным // Р. М. Янгиров. Современники о Е. И. Замятине. По материалам русской зарубежной печати 1920–1930-х гг.»).

Замятин у фортепиано, изучающий ноты «Прелюдий» Скрябина (предположительно конец 1910-х годов) (BDIC, Collection E. Zamiatine — F DELTA RES 614)

Англии в 1917 году он принял к печати его новый рассказ — «Глаза». Это аллегорический рассказ о дворняжке с красивыми, мучительно человеческими глазами, которая ненадолго убегает от своего жестокого хозяина, но униженно возвращается за миской гниющего мяса. Однако его первая беседа с Горьким в редакции была не об этом рассказе, а о технологии строительства ледоколов. Горький имел лишь обрывочные познания в области математики (и иностранных языков), и его поразила широта знаний Замятина. Гораздо позже Замятин вспоминал:

> В Петербург я вернулся только осенью 1917 года и тогда в первый раз встретился с Горьким. Так случилось, что с революцией и с Горьким я встретился одновременно. Поэтому в моей памяти образ Горького встает неизменно связанным с новой, послереволюционной Россией.

Скоро его задействовали в осуществлении амбициозных проектов, которые в своей роли неофициального министра культуры большевистской партии начал Горький для сохранения литературы и помощи писателям, выживавшим в суровые годы Гражданской войны (1918–1921). Этими проектами стали «Всемирная литература» — цикл публикаций переводов зарубежной классики, серия «100 лучших книг русской литературы», создание комитета «Исторической драмы» и преподавание в Литературной студии и Доме искусств [Галушкин и Любимова 1999: 224–226] («М. Горький» (1936)). А между тем одной из основных причин сближения Горького и Замятина стала схожая реакция на захват власти большевиками в октябре 1917 года и его последствия.

Художественные произведения и статьи Замятина 1917–1919 годов отражают его моментально возникшую враждебность к ленинскому управлению страной, большевистской политике и методам. Радость и волнение, которые он испытывал в Англии, когда свергли царя в феврале 1917 года, вскоре сменились тревогой, когда либеральные конституционные начинания Временного правительства были сметены октябрьским большевистским переворотом. Тревога усилилась в январе 1918 года, после принудительного разгона большевиками демократически избранного Учредительного собрания. Он обвинял большевиков в том, что они украли «…почтенное имя социалистов и демократов, пока уж им не стало вовсе неприлично носить это имя» [Галушкин и Любимова 1999: 23] («Презентисты»). Всего лишь через несколько недель после Октябрьской революции он опубликовал четыре сказки о Фите, в которых были явные нападки на Ленина. Фита — это странное, «пола — преимущественно мужского» существо, лысеющее и пузатое, которое спонтанно появилось на свет из кучи пыльных бумаг в подвале отделения полиции. В одной сказке Фита пытается победить голод и холеру декретом; в другой он сносит собор, чтобы построить ненужную дорогу; в третьей он заставляет «вольных» граждан маршировать и петь ему хвалебные песни; а в заключительной сказке, предвосхищающей Единое Государство в романе «Мы», Фита обязывает всех граждан жить в казармах, брить головы и носить одинаковые серые мундиры с пронумерованными металлическими значками на груди. В конце концов Фита постановляет, что каждый человек — в том числе и он сам — должен впасть в слабоумие во имя счастья и уравнивающей всех демократии и не издавать никаких звуков, кроме хрюканья. В июне 1918 года под псевдонимом «Мих‹аил›

Платонов» (фамилия его матери), который он использовал для многих публикаций того времени, Замятин опубликовал рассказ «Великий ассенизатор» о «сумасшедшем ассенизационном поэте», одержимом канализационными схемами и все больше воняющем экскрементами человеке, который захватил власть в России.

Его сильнейшее отвращение к насилию находит выражение в рассказе «Четверг», написанном в последние недели 1917 года. В нем невежественный старший брат (названный «большеньким» для нужной ассоциации) бездумно убивает всех, кто с ним не согласен[2]. Противодействие насилию также является темой самой первой статьи, написанной им после революции и опубликованной 11 января 1918 года в недолговечном антиленинском журнале Горького «Новая жизнь». К статье автора побудило прошедшее 6–7 января линчевание двух арестованных кадетов моряками, которые ворвались в больницу, где те проходили лечение. Замятин обвинил в произошедшем недавние публикации в «Правде», которые после покушения на Ленина в начале года разжигали насилие и призывали к кампании массового террора[3]. В этот период Горький тоже выразил свое возмущение линчеванием в статьях, опубликованных в «Новой жизни» [Gor'ky 1995: 125, 143].

В статьях, написанных весной 1918 года («О лакеях» и «Бунт капиталистов»), Замятин стремился показать, как насилие порождает насилие. Кроме того, он осудил левое крыло партии эсеров за то, что они присоединились к большевикам в тот самый момент, когда красногвардейцы арестовывали и казнили рабочих, во имя которых они совершили революцию, так как эти самые рабочие вышли на демонстрацию против них [Галушкин и Любимова 1999: 38, 43] («О лакеях» и «Бунт капиталистов»). В декабре 1917 года

---

[2] Замятин подарил журналистке Луизе Брайант, любовнице Джона Рида, экземпляр «Четверга» в начале 1918 года, и она опубликовала его в своей книге «Шесть красных месяцев в России» (New York: George H. Doran Company, 1918). См. гл. 22 «Свободная речь»: URL: http://www.marxists.org/archive/Bryant/works/Russia/ch.22.htm (дата обращения: 24.05.2013).

[3] [Галушкин и Любимова 1999: 21–22] («Елизавета английская»); см. также полезные комментарии к этой и другим статьям в этом же сборнике, сделанные А. Ю. Галушкиным.

он написал рассказ «Херувимы», в котором Россия изображалась как страна штыков, пыток и казней, в которой не осмеливаются поселиться ангелы[4]. В одной из его самых сильных миниатюр этого периода, «Драконе», опубликованном в марте 1918 года в газете эсеров «Дело народа», изображается человек-«дракон», который хвастается тем, что безжалостно убил представителя интеллигенции, и чьи глаза, «две щелочки из бредового в человечий мир», почти всегда скрыты под большой кепкой. Лишь на мгновенье, когда он кладет штык на пол трамвая и согревает замерзшего воробья, возвращая его к жизни в своих сложенных ладонях, в нем проглядывает человеческое. Замятин был потрясен, когда смертная казнь, торжественно отмененная на следующий день после Октябрьской революции, была вновь введена летом следующего года для борьбы с противниками советской власти [Галушкин и Любимова 1999: 45–46] («Последняя страница»). Весной 1919 года он обратился с прочувствованным призывом прекратить революционные разрушения, какими бы необходимыми они ни были, чтобы наступило время мира и восстановления: «Пулеметом нельзя пахать. А пахать давно уже пора» [Галушкин и Любимова 1999: 48] («Беседы еретика. 1. О червях»).

Также его беспокоили события культурной жизни. С 1918 по 1920 годы, в бурный период Гражданской войны, большевики позволили радикальной организации Пролеткульт обрести фактическую монополию на культурную политику. Эти писатели провозгласили презрение к традиционному искусству программной поэмой Владимира Кириллова «Мы», в которой обещали сжечь картины Рафаэля и снести музеи во имя будущего, в котором пролетарские художники (и только они) прославят достижения фабричных рабочих. Замятин предупреждал, что это приведет к культуре рабов, которая уничтожит искусство как таковое [Галушкин и Любимова 1999: 39–42] («О равномерном распределении»). Он проводил границу между теми, кого подобная авторитарная политика «усмирит», и теми, кто, обладая свободой духа, останется «диким» [Галушкин и Любимова 1999:

---

[4] См. полную версию «Херувимов» в [Замятин. Сочинения. Т. 3: 361–362].

35–38] («Домашние и дикие»). Истинный художник в его понимании был типичным скифом, беспокойным кочевником на лошади, который никогда не найдет себе постоянного пристанища:

> Здесь — трагедия, и здесь — мучительное счастье подлинного скифа: ему никогда не почивать на лаврах, никогда ему не быть с практическими победителями, с ликующими и поющими «славься». Удел подлинного скифа — тернии побежденных; его исповедование — еретичество; судьба его — судьба Агасфера; работа его — не для ближнего, но для дальнего. А эта работа во все времена, по законам всех монархий и республик, включительно до советской, оплачивалась только казенной квартирой: в тюрьме. <...> Ненависть к свободе — самый верный симптом этой смертельной болезни: мещанства. Остричь все мысли под нолевой номер; одеть всех в установленного образца униформу; обратить еретические земли в свою веру артиллерийским огнем. <...> ...так у нас, на Руси, лечили от заблуждений раскольников, молокан, социалистов [Галушкин и Любимова 1999: 26–27] («Скифы ли?»).

Весной 1919 года в статье «Завтра» он сформулировал еще один аргумент, защищавший ересь и еретиков, которых в то время он предпочитал любой вере:

> Тот, кто нашел свой идеал сегодня — как жена Лота, уже обращен в соляной столп, уже врос в землю и не двигается дальше. Мир жив только еретиками: еретик Христос, еретик Коперник, еретик Толстой. <...> Сегодня — отрицает вчера, но является отрицанием отрицания — завтра: все тот же диалектический путь, грандиозной параболой уносящий мир в бесконечность. Тезис — вчера, антитезис — сегодня, и синтез — завтра. <...> Единственное оружие, достойное человека — завтрашнего человека — это слово. Словом русская интеллигенция, русская литература — десятилетия подряд боролась за великое человеческое завтра. И теперь время вновь поднять это оружие [Галушкин и Любимова 1999: 48–49] («Завтра»).

Все это стало тем интеллектуальным и политическим фоном, на котором будет выковано самое острое оружие, направленное Замятиным против репрессивной политики, — его роман «Мы», над черновым вариантом которого он работал в последующие месяцы 1919 года.

В первые годы, проведенные в Петрограде, еще до начала работы над романом, он писал, публиковался, ему регулярно заказывали статьи и рассказы. Из полной литературной изоляции в Англии он внезапно попал в самый центр хаотичной и волнующей культурной жизни новой России. Ему явно было приятно, что к нему проявляли повышенный интерес, что его уважали и в нем нуждались. В первой половине 1918 года он познакомился с рядом известных писателей, в том числе с А. А. Блоком. Замятин был поражен сочетанием возвышенно-рыцарских и обычных современных черт во внешности писателя. Блок, в свою очередь, удивился тому, насколько ошибочным было его собственное представление о Замятине, которого он ожидал увидеть бородатым сельским врачом. Такой образ возник на основе чтения его рассказов, описывавших российскую провинцию, но он выглядел иначе — как «англичанин... московский». В течение трех лет они часто работали вместе в качестве редакторов для таких проектов, как «Всемирная литература». Горький был очень привязан к Блоку, а Замятин им искренне восхищался, чувствуя в нем не только преданного идее и проницательного писателя, но и одинокого человека, остро ощущавшего кризис гуманитарных знаний, грозивший охватить всю русскую культуру. К лету 1919 года он обратил внимание на внутренние изменения, произошедшие с Блоком, — это больше не был тот человек, который в начале 1918 года открыто приветствовал большевистский переворот в своей блестящей и противоречивой поэме «Двенадцать». В последние годы перед своей смертью в августе 1921 года Блок испытывал душевные страдания и проблемы с физическим здоровьем. Однажды в 1920 году у них с Замятиным состоялся откровенный разговор, в котором Блок поделился своими чувствами по поводу России, которые он определил как «ненавидящая любовь» [Галушкин и Любимова 1999: 114–123, 145–146] («Воспоминания о Блоке» (1921) и «Речь на вечере памяти А. А. Блока»).

Замятин продолжал дружить и с Ремизовым, с которым познакомился еще до Первой мировой войны благодаря журналу

«Заветы». На протяжении 1918 года они обменялись несколькими письмами по практическим вопросам, касающимся авторских гонораров. Замятину также было присвоено новое звание в эксцентричной литературной группе Ремизова «Обезвельволпал» («Обезьянья Великая и Вольная палата»), где он поднялся из разряда «кандидатов» в «князья» и позже «кавалеры». Эта причудливая и пародийно организованная группа была, по сути, посвящена защите свободы слова. Она возникала как результат восхищения Ремизова Э. Т. А. Гофманом, чьи произведения вскоре приведут к созданию советского сообщества «Серапионовых братьев». Вскоре после того, как Замятин в 1917 году вернулся в Россию, ему предложили вместе с другими подписать документ, дававший П. Е. Щеголеву более высокий ранг в группе. Его фамилия появляется на изысканно написанном и красиво иллюстрированном Ремизовым листе бумаги среди подписей других известных писателей, таких как А. А. Блок, М. М. Пришвин, Р. В. Иванов-Разумник, Б. Н. Бугаев (Андрей Белый), А. Н. Толстой, В. В. Розанов и сам Ремизов. Это в очередной раз подтверждало его высокий статус в литературной элите столицы [ОР ИМЛИ. Ф. 47. Оп. 3. Ед. хр. 171].

В первую зиму по возвращении в Россию Замятин принимал участие в многочисленных начинаниях. В период с октября 1917 по лето 1918 года он опубликовал около шести рассказов и статей в умеренном журнале партии эсеров «Дело народа», взгляды которого явно соответствовали его собственной политической позиции. Контакты с журналом осуществлялись через посредничество человека, «открывшего» его для «Заветов», — его друга С. П. Постникова, убеждённого эсера, избранного членом злополучного Учредительного собрания, разогнанного большевиками. В октябре 1918 года правительство временно запретило «Дело народа», а весной 1919 года окончательно его закрыло[5]. В первой половине 1918 года у Замятина было особенно много дел: он появлялся на литературных мероприятиях и печатался

---

[5] [RS 1996 II, 2: 478–482, 494] (Янгиров Р. "Заветный друг" Евгения Замятина. Новые материалы к творческой биографии писателя»).

вместе с Горьким, Блоком и другими литературными звездами — А. А. Ахматовой, Ф. К. Сологубом и К. Д. Бальмонтом[6]. Он писал письма от имени «Дела народа», заказывая молодым писателям новые произведения [Бузник 1992а: 178], и просматривал первые рассказы молодого писателя Н. С. Тихонова [Фрезинский 2003: 136]. В конце апреля он опубликовал краткую статью, где осуждался правительственный указ, призывавший снести все памятники царям и царским приспешникам [Галушкин и Любимова 1999: 34–35] («О служебном искусстве»). В начале лета он также ненадолго вернулся к своей инженерной работе и опубликовал статью, в которой усомнился в осуществимости правительственных планов по использованию вод северных рек для энергоснабжения [Замятин 1970–1988. Т. 4: 549–551] («О белом угле»).

Летом 1918 года Замятин сделал небольшой перерыв в своей бурной деятельности, связанной с политическими и культурными вопросами, и на некоторое время вернулся к прозе. В середине июня он создал первые наброски своей второй «английской» повести «Ловец человеков» [ОР ИМЛИ. Ф. 47. Оп. 1. Ед. хр. 51–52]. В ней он снова предвосхищает некоторые темы и образы романа «Мы» — такие как непреодолимое эротическое воздействие музыки, исполняемой органистом Бэйли. Привлекательный Бэйли имеет атавистически «обезьяньи» волосатые руки, — как позже и инженер Д-503, стеснявшийся их. Героиня, Лори Краггс, как и миссис Дьюли в «Островитянах», соответствует стереотипу «холодной» англичанки. О ней говорится, что ее губы прикрыты розовой занавесочкой, шнурок от которой был потерян. Как часто бывает у Замятина, слово «губы» здесь может обозначать и половые губы. Кульминация рассказа приходится на время рейда цеппелинов над Лондоном, когда Бэйли пользуется возможностью раскрыть занавесочку (или неповрежденную девственную плеву), до сих пор скрывавшую женскую сущность

---

[6] [ОР ИМЛИ. Ф. 47. Оп. 3. Ед. хр. 86]; [Любимова 2002: 240] (Литвин Е. Ю. «А. А. Ахматова и Е. И. Замятин: Переписка (1922–1924)»); [Павлова и Лавров 1997: 385].

героини. Безрассудство сексуальной страсти возвышается до уровня прекрасного и бросает вызов подавляющим человека лицемерным мещанским правилам. На тревожный вопрос ее унылого и двуличного мужа-шантажиста о том, была ли она ранена во время рейда, Лори, улыбаясь, отвечает лишь: «Да... То есть нет. О, нет!»

Также в течение июня и июля он усиленно работал над рассказом, который сначала назвал «Пирог (Сподручница грешных)», — восхитительной сказкой, в которой крестьяне, тайком пробирающиеся в монастырь ночью, чтобы экспроприировать его активы, оказываются совершенно обезоружены поведением настоятельницы, накормившей их пирогом [ОР ИМЛИ. Ф. 47. Оп. 1. Ед. хр. 53–56]. 23 июля в Лебедяни был написан первый набросок еще одного рассказа, где упоминается близлежащий монастырский городок Задонск[7]. Это подтверждает, что Замятин вернулся в дом своего детства на летние каникулы. Попасть туда было непросто:

> Все уезжаем из Питера, и уже чемоданы уложены — а ни с места — в Златоустье, куда собирается Людмила Николаевна, катятся ядра, свищут пули — во славу необъятной любви к человечеству российских коммунаров. В Тамбовской губернии, куда я собирался ехать, идет резня с мужиками, горой стоящими за Советскую власть, и еще большей горой — за свой хлеб. <...> Если катастрофки кончатся и катастрофищ не произойдет — недельки чрез 1½ рассчитываю все же тронуться.

В этом же письме к критику В. П. Полонскому он добавляет: «У меня от коммунистического пропитания сегодня холерно болит живот» — и эти боли, возможно, стали еще одной, более прозаической причиной его решения вернуться в привычный уют Лебедяни[8]. В августе он ненадолго вернулся в Петроград, где вместе с Горьким должен был выступить на благотвори-

---

[7] «Вдова Поливанова (Надежное место)» [«В Задонск на богомолье»].

[8] Письмо Вячеславу Полонскому. 30 июня 1918 года [РГАЛИ. Ф. 1328. Оп. 1. Ед. хр. 147].

тельном мероприятии в пользу бедствовавшей интеллигенции. 24 августа он снова отправлялся в родной город, пообещав, что его следующая повесть «Север» будет готова в течение месяца[9].

Следующие два месяца Замятин провел без Людмилы, что к тому времени стало привычным для них обоих, так как они строили раздельные планы на летние каникулы. Его первое письмо к ней было написано 29–30 августа, когда он добрался до Москвы после бессонного путешествия, во время которого один знакомый непрерывно говорил ему что-то в подглуховатое левое ухо. Затем на улице его постигла та же участь, что недавно случилась и с ней: у него украли бумажник. К счастью, он потерял не так много денег, но пропало несколько документов, в том числе его внутренний паспорт, и он точно не знал, разрешат ли ехать дальше без него: «Вот видите, как меня отпускать одного». Так как в том году была острая нехватка продовольствия, другой важной новостью, которой он делился в письме, было то, что теперь в Москву можно было привезти до 1,5 пудов (около 25 килограммов) хлеба. Благодаря введению нового правила цена на хлеб там уже упала, и он надеялся, что со временем эта льгота распространится и на Петроград. Ему пришлось два дня отстоять в очереди (перед ним было «толпы тысячи в три») за билетом до Тамбова, откуда он мог добраться до Лебедяни. В купленной на вокзале газете он прочитал историю «...необычайных приключений Урицкого и Ленина (бедная: Вы в отчаянии, I am sure [я уверен]). Кругом разговоры, что будет сегодня обыск на вокзале, будут проверять документы всех отъезжающих — и прочее. Мне, беспаспортному, было очень лестно»[10]. 30 августа 1918 года в Петрограде был убит глава ПетроЧК Моисей Урицкий, а рассерженная эсеровка Фанни Каплан совершила новое покушение на Ленина. В ближайшие дни больше-

---

[9] [Любимова 2002: 193, 199–201] (Галушкин А. Ю. «Е. И. Замятин и К. И. Чуковский: Переписка (1918–1928)»).

[10] Письма Людмиле от 29–30 августа и 3 сентября 1918 года [РНЗ 1997: 216–218; 218–219].

вики развязали официальную кампанию красного террора, в ходе которой тысячи мнимых врагов революции подверглись зверским пыткам и казням.

Одной из удивительных особенностей писем и воспоминаний Замятина 1918–1921 годов было то, что опасности и жестокости революции и Гражданской войны почти не вмешивались и непосредственно не угрожали ходу его повседневной жизни. В конце концов, он жил в Петрограде в те самые месяцы, когда большевики пришли к власти, а на соседних улицах шли боевые действия. Для сравнения можно вспомнить роман М. А. Булгакова о Гражданской войне «Белая гвардия», в котором описаны нависшая над семьей Турбиных пугающая неопределенность и опасности, поджидающие их прямо за дверью уютной киевской квартиры. Как и Булгаков, Замятин происходил из семьи священников, и согласно жестким правилам правосудия того времени оба писателя могли быть привлечены к ответственности как классовые враги. Однако за плечами Замятина еще со времен революции 1905 года было большевистское прошлое, а его близость к Горькому, судя по всему, позволила ему попасть в своего рода святая святых, где (по крайней мере, поначалу) он мог спокойно сосредоточиться на литературе, не опасаясь неожиданных репрессий, направленных против него. Он сохранил проницательность, мужественность и бескомпромиссность в своих высказываниях о политическом развитии страны и происходящих событиях, но при этом нигде не выражал чувства тревоги по поводу возможной опасности для себя или жены.

Когда в конце лета 1918 года Замятин наконец сел в поезд до Лебедяни, тот был до невозможности переполнен, и пришлось вызывать дополнительный локомотив, чтобы поднять его вверх по склону. Один пассажир умер, а остальных отправили в вагон для свиней. За сутки Замятин выпил стакан чая и съел немного хлеба, а также все свои таблетки.

> Вероятно, никогда в жизни не был еще так измучен. Если бы мог знать — не рискнул бы ехать. Невзирая ни на какие декреты, лебедянские красноармейцы совершенно не дают вывозить

муки. А тут можно достать белой. <...> Совдепы, под страхом расстрела, запретили купаться (сырая вода, ведь, в реке) (3 сентября)[11].

Далее он язвительно пишет о большевистских властях:

> Железные, черные ночи с несчетными звездами. В доме — запах яблок (корзинка с яблоками — под моим письменным столом; решето, полное китайских яблок [апельсинов] — на рояли). Перед открытым балконом — липы, улица — зеленая. И все-таки по зеленой улице совдепы скачут. Идут аресты заложников. Издан декрет об учете и обязательном обучении мужеского пола от 18 до 40... (9 сентября).

Он имеет в виду меру, принятую 29 июля 1918 года, в соответствии с которой все мужчины этой возрастной группы подлежали призыву. Так что, возможно, ему повезло, что в число документов, доставшихся карманнику в Москве, не попало его медицинское освобождение от военной службы. Он жаловался на то, что в домах и квартирах, в том числе в доме его матери, стали принудительно расселять бездомных, а также на то, что ему было тяжело сконцентрироваться и продолжать писать.

> Товарищи-коммунисты в Лебедяни здорово орудуют. На днях (с неделю) позакрыли все до одного магазины — всех сортов, не только съестные; оказывается, национализируют всю торговлю, опережая своей предприимчивостью Москву далеко. Пока, поэтому, с неделю ничего нельзя купить: мяса, спичек, соли. Говорят, скоро магазины откроются; сейчас идет учет. Поживем — увидим. Мясо и прочее съестное здесь с успехом достается по знакомству (9 сентября).

На самом деле питался он хорошо, съедая на завтрак три яйца и белые пышки на сметане (Людмиле бы они очень понравились), и обещал попытаться отправить что-нибудь из еды в Петроград

---

[11] Эта поездка в Лебедянь описана в его письмах Людмиле от 29–30 августа, 3, 9 и 24 сентября, 6/19 октября 1918 года [РНЗ 1997: 216–226]. Соответствующие даты приводятся после цитат в тексте.

до того, как правила снова ужесточатся. Спустя две недели он отправил свою домработницу Агру в Петроград с 25 килограммами зерна и ящиком яблок и груш, а сам решал, где лучше всего провести зиму: «Плохо, в конце концов, и тут, и там. Тут в доме тесновато, и не по нутру мне вся здешняя жизнь. А в Питере — будет голодно, и может быть, холодно...» (24 сентября). Он попытался уговорить Людмилу приехать в Лебедянь в октябре, заверив ее, что Агра будет ухаживать за ним, а она сможет устроиться в местную больницу. Он слишком много курил, не прибавлял в весе, несмотря на превосходную пищу, и не очень много писал, хотя «Сподручница грешных» была в целом готова к отправке в редакцию. Но Людмила решила не приезжать, и через две недели он в письме расхваливал пропущенную ею чудесную, теплую осень и представлял, как она наелась бы местных хрустящих яблок и стала бы еще прекраснее. В конце октября он планировал ехать в Петроград, но из-за недавних конфискаций теперь собирался привезти не больше половины пуда (8 килограммов) зерна или хлеба.

В Лебедяни ему удалось закончить рассказ «Север» — он работал на веранде, пока не становилось слишком жарко, а во второй половине дня садился читать на садовой скамейке: «И все это — без пальто, в одном моем голубом golf-jacket [куртка для игры в гольф], — это в октябре-то!» (19 октября). Он дважды переписал рассказ и, как обычно, планировал сделать это еще по крайней мере один раз, вернувшись в Петроград. Место действия «Севера» — Арктика, где Замятин был три года назад. Это лирическое, эмоциональное повествование о любви бесхитростного, медлительного Марея и дикой рыжеволосой Пельки. Если Марей напоминает Кембла из «Островитян», то Пелька — невысокая, тоненькая, чувственная женщина, похожая на Диди (а также на I-330 в «Мы» и Плацидию в «Биче Божьем»). Эти женщины часто внешне напоминают мальчиков, им свойственна резкость и угловатость. Они не беременеют и не стремятся к материнству, получая наслаждение сами и, видимо, обещая его другим. Во время любовных соитий они проникают в покорного мужчину, обожженного их сосками или коленями, ужаленного их губами, локтями или зелеными глазами, пронзенного их голосом, пригвожденного взмахом их копьевидных ресниц. Из-за этой инверсии привычных активных и пассивных, мужских и женских ролей именно женщины в прозе Замятина часто инициируют и контролируют сексуальные отношения.

Он также пишет Людмиле о том, что прочитал лекцию в недавно открывшемся Народном университете Лебедяни, темой для которой, по настоянию руководства, была выбрана не современная Англия, как изначально планировалось, а «современная русская литература» (24 сентября). Он рассказал слушателям о развитии русской литературы от реализма, представленного Чеховым и Горьким, к его антитезе в лице символистов Белого и Блока (футуристов, кроме Маяковского, он не принимал, считая их довольно инфантильными) и новому синтезу, представленному неореалистами, в число которых входил он сам. Последние, по его описанию, взаимодействовали с миром, который часто представляла провинция, включая в свою прозу диалектизмы, острый юмор, а подчас и элементы невероятного и фантастического. Их метод заключался в экономии средств, ярком импрессионизме и использовании музыкальной оркестровки языка [Замятин 1970–1988, 4: 348–365] («Современная русская литература»).

Вернувшись осенью того же года в Петроград, Замятин с головой ушел в проекты, начатые Горьким. Первым из них (он был запущен 4 сентября 1918 года) стал проект «Всемирная литература», целью которого было познакомить русского читателя с прогрессивными зарубежными писателями. Он также стал важным средством обеспечения небольшого дохода для писателей, находившихся под угрозой голодной смерти в условиях наступившего экономического и социального коллапса [Вейдле 2002: 104]. В последующие годы Замятин отредактирует и представит читательской аудитории «Всемирной литературы» переводы Чарльза Диккенса, Герберта Уэллса, Джека Лондона, Бернарда Шоу, Аптона Синклера, Ромена Роллана, О. Генри и других. Одним из источников информации об этом насыщенном событиями времени являются довольно язвительные дневники популярного детского писателя К. И. Чуковского, отличавшегося тем, что он с большой долей неприязни описывал своих знакомых. Не стал исключением и Замятин, которого тот, очевидно, находил невыносимым. 5 марта 1919 года Чуковский увидел Замятина «в зеленом английском костюмчике»; в мае он отметил его огромный и «неожиданный» успех во время чтения рассказа «Алатырь» на литературном вечере, где публика слушала его «благоговейно» [Чуковский 2003: 117, 127]. Оба писателя заведовали английской секцией «Всемирной литературы», так как лучше всех владели английским языком. Тогда же Замятин, Чуковский, Блок и Николай Тихонов с энтузиазмом готовили издание нового альманаха «Завтра» под редакцией Горького. Видимо, написанная в то время одноименная статья Замятина была предназначена для публикации именно в этом журнале [Галушкин и Любимова 1999: 48–49] («Завтра»); [BDIC, dossier 96]. Предполагалось, что издание не будет отражать взгляды какой-либо партии, защищая культуру, объединяя интеллигенцию и восстанавливая духовные связи с Западом; в первом томе также планировалось напечатать рассказ «Север», переработанный писателем в мае[12].

Еще одним крупным проектом стал Дом искусств, и 19 ноября 1919 года состоялось его торжественное открытие в бывшем Елисеевском дворце на Невском проспекте, организованное Горьким и Тихоновым. До революции в этом здании располагался самый роскошный в городе продовольственный магазин, петербургский аналог английского «Фортнум энд Мейсон». А. А. Блок рассказывает, что во время открытия в двух комнатах, куда смогли провести отопление, поэт Н. С. Гумилев и художник Ю. П. Анненков жадно поедали сладости и сдобу, принесенные из Елисеевского магазина, запивая их горячим чаем. В качестве дополнения к проекту «Всемирная литература» Горький организовал в Доме искусств переводческие и литературные студии для подготовки молодых писателей, а также пригласил Замятина читать лекции по сочинительскому искусству. Он выступал на

---

[12] Контракт от 16 мая 1918 года [ОР ИМЛИ. Ф. 47. Оп. 2. Ед. хр. 51].

такие темы: «Психология творчества», «О языке», «О сюжете и фабуле». В студии читались лекции по литературе для более чем 300 студентов, в основном из непривилегированных слоев общества. Имелась поэтическая студия под руководством Гумилева, шли занятия по сочинительству под руководством Замятина, свои курсы вели Андрей Белый, В. М. Жирмунский, а также формалисты В. Б. Шкловский, Ю. Н. Тынянов и Б. М. Эйхенбаум. Как писал сам Замятин, «в озябшем, голодном, тифозном Петербурге — была культурно-просветительная эпидемия. Литература — это не просвещение, и потому поэты и писатели — все стали лекторами. И была странная денежная единица: паек, — приобретаемая путем обмена стихов и романов — на лекции» [Галушкин и Любимова 1999: 117] («Воспоминания о Блоке» (1921)). Дом искусств также предоставил комнаты для жилья более 60 писателям, в том числе Гумилеву[13], Тихонову, О. Д. Форш[14], М. Л. Слонимскому, М. М. Зощенко и О. Э. Мандельштаму. Люди из бывшей прислуги Елисеева тоже все еще жили здесь и убирались в комнатах писателей. Когда весь остальной город погружался во тьму, это место оставалось наполнено светом, теплом и музыкой. В нем были парадный зал с зеркалами и экстравагантный внутренний декор, включавший несколько скульптур Родена, и даже была какая-то еда, например знаменитые торты Елисеева. Здесь велись бесконечные разговоры — в прокуренной комнате Слонимского всегда было полно народу, и именно там зародились «Серапионовы братья».

Другим проектом, который вели Горький и издатель З. И. Гржебин параллельно со «Всемирной литературой», было издание 100 томов великих произведений русской литературы, начиная с Фонвизина и до настоящего времени. Тексты отбирались на основе списка, весьма тщательно составленного Блоком. В редакцию, выпускавшую эту литературную серию, вошли уже

---

[13] Где Гумилева арестовали в 1921 году, после того как его проводили до дома преданные ученики.

[14] В романе Ольги Форш о Доме искусств «Сумасшедший корабль» (1930) Замятин описывается в образе персонажа под именем Сохатый.

знакомые ключевые фигуры: Блок, Горький, Замятин, Гумилев, Чуковский. Чуковский рассказывает, что в тот день, когда состоялось торжественное открытие Дома искусств (19 ноября), почти все эти писатели побывали еще на трех встречах в другом аристократическом особняке на Моховой, который был выделен Горькому для «Всемирной литературы» и связанных с ней проектов. Эти встречи были посвящены планированию серий «Исторической драмы», «Всемирной литературы» и «100 лучших русских книг», и на них одновременно велись серьезные дискуссии и обсуждались сплетни. Пока писатели заседали, художник Ю. П. Анненков написал блестящий портрет Тихонова в обмен на пуд (17 килограммов) белой муки: таковы были условия художественного труда из-за повсеместной нехватки еды и дров [Галушкин и Любимова 1999: 117] («Воспоминания о Блоке» (1921)); [Чуковский 2003: 141, 143–144].

В течение 1919 года у Замятина периодически случались стычки с большевистской милицией — очевидно, что его статьи с оппозиционными идеями не остались незамеченными. Каждый раз Горький спасал его. В начале года мать писателя выселили из их семейного дома в Лебедяни, и, находясь в Петрограде, Замятин обратился к Горькому за помощью. Тот послал телеграмму и ходатайство в местный Совет, и Марии Александровне разрешили вернуться[15]. 15 февраля ЧК провела обыск в квартире Замятина, изъяла часть его корреспонденции и задержала его. На допросе он объяснил, что в настоящее время не принадлежит ни к одной из партий, хотя в студенческие годы входил в большевистскую ячейку РСДРП. Он отрицал связь с эсерами, хотя и признавал, что в ходе своей литературной деятельности имел дело с некоторыми из них. Можно предположить, что при этом он ничего не сказал о разговоре со своим бывшим редактором Миролюбовым, состоявшемся примерно в это же время, в ходе которого он осудил большевиков и признался, что его все больше

---

[15] Стрижев [Стрижев 1994: 105] относит это событие к 1918 году; но Примочкина [Примочкина 1987: 150] цитирует телеграмму от Горького, пришедшую в 1919 году.

тянет к эсерам, которые просили его чаще писать для «Дела народа»[16]. Он объяснил ЧК, что занимал две должности — редактора «Всемирной литературы» и преподавателя в Петроградском политехническом институте. Он обратил их внимание на свои профессиональные и личные связи с Горьким:

> В настоящее время, когда я — по указанию того же Горького и целого ряда критиков — пришел к выводу, что моим призванием является именно художественная литература, — в настоящее время ни к политике, ни к политическим партиям отношения не имею и поэтому производством обыска и ареста весьма удивлен.

Его освободили в тот же день, а дело замяли[17]. По-видимому, именно этот арест Замятин описывает в автобиографии от 1923 года, но ошибочно датирует его следующим месяцем: «В марте 1919 г. — вместе с А. А. Блоком, А. М. Ремизовым, Р. В. Иванов-Разумником, К. С. Петров-Водкиным — был арестован и провел ночь на Гороховой» <дом ЧК> [Галушкин и Любимова 1999: 5] (Автобиография 1923 года). Эти аресты были связаны с выявлением в Москве «эсерского» заговора. Большинство задержанных писателей и художников были почти сразу освобождены, но некоторых, например Блока, продержали под стражей еще пару ночей [Pyman 1980: 332–333]. В мае Замятина опять ненадолго арестовали, и 20 мая Горькому пришлось вновь ходатайствовать за него перед петроградскими властями: «Я прошу Вас освободить Е. И. Замятина, как лицо, крайне необходимое для работы "Всемирной литературы", и как преподавателя Политехникума. Очень обяжете меня исполнением этой просьбы» [Примочкина 1996: 182].

Помимо этих разрозненных деталей, есть лишь скудные свидетельства о жизни Замятина в 1919 году — неизвестно, например,

---

[16] [RS 1996 II, 2: 418] («Переписка Е. И. Замятина с В. С. Миролюбовым» / Публ. и подгот. текста Н. Ю. Грякаловой и Е. Ю. Литвин; вступ. ст. и коммент. Н. Ю. Грякаловой).

[17] [Геллер 1997: 80] (Файман Г. С. «И всадили его в темницу»: Замятин в 1919, в 1922–1924 гг.»).

где он провел лето. Сохранилось также мало информации о творческой работе писателя в том году. Это придает убедительности предположению первого биографа Замятина, Алекса Шейна, о том, что, должно быть, именно в этот период он закончил основную работу над черновиком романа «Мы» [Shane 1968: 37]. Это подтверждается отдельными автобиографическими заметками сделанными Замятиным в 1920 году: «В 1919 г. написана большая повесть, которая при существующих цензурных условиях едва ли может быть скоро напечатана» [РГАЛИ. Ф. 1776. Оп. 2. Ед. хр. 3]. К написанию романа Замятина подвиг опыт недавней поездки в Англию, где трудности военного времени привели к высокой механизации труда. Повлияло также его неприятие социального конформизма и подавления эротических желаний, с которыми он столкнулся на Западе. Эти впечатления он соединил с мыслями о том, что могло бы получиться, если реализовать речи большевиков о коммунистическом государстве будущего. Замятин интерпретировал в своем тексте кошмарные инсинуации поэмы пролеткультовского поэта Кириллова «Мы», заимствовав при этом ее название. Единое Государство в романе Замятина — это тоталитарный режим далекого будущего, для которого уравнительная коллективная логика стала важнее творческой и сексуальной свободы личности. Все граждане («нумера») Единого Государства живут в соответствии с установленными властями нормами, регулирующими их работу, досуг, сексуальную активность и право иметь детей. Происходит попытка восстания силами подрывной группы («Мефи») во главе с I-330, роковой женщиной, вызвавшей у главного инженера Д-503 сомнения в верности математических аксиом, до этого определявших его конформистское существование. Д-503 ценен для повстанцев тем, что он спроектировал ракету «Интеграл», построенную для завоевания других планет. Роман «Мы» написан в форме дневника, который ведет Д-503, — в нем отражается его смятение, растущее по мере того, как он сначала поддается эротическому влечению, а затем уступает аргументам, ставящим под сомнение «рациональные» основы Единого Государства. Выпад автора против коммунистической утопии вполне очевиден.

Роман выдвигает обвинение Западу и одновременно предупреждает об опасностях, ожидающих советское государство, проводя неожиданные аналогии между буржуазной Англией и русским послереволюционным обществом. Четверть века спустя Джордж Оруэлл несомненно прочитал текст именно под таким углом:

> Вполне вероятно <...>, что Замятин не намеревался делать советский режим мишенью своей сатиры. Создавая роман еще до смерти Ленина, он не мог иметь в виду сталинскую диктатуру, а условия в России 1923 года были таковы, что вряд ли кто-либо стал бы бунтовать против них на том основании, что жизнь становится слишком безопасной и комфортной. Замятин, похоже, критиковал не какую-то конкретную страну, а предполагаемые цели индустриальной цивилизации. <...> Фактически это исследование Машины — того джинна, которого человек бездумно выпустил из бутылки и теперь не может загнать обратно[18].

Ошибка Оруэлла, считающего, что роман «Мы» был создан в 1923, а не в 1919–1920 годах, лишь подчеркивает правильность его аргумента о том, что в первое время после 1917 года было еще рано критиковать советский социализм в его окончательно сформировавшемся тоталитарном варианте. Объекты сатиры самого Оруэлла в его романе «1984», на создание которого в какой-то мере повлияло прочтение замятинского «Мы», также были обобщенными, а не конкретными:

> Мой последний роман [«1984»] задумывался не как критика социализма или британской Лейбористской партии (которую я поддерживаю), но как разоблачение извращений, к которым может привести централизованная экономика и которые уже частично проявились в коммунизме и фашизме. <...> Действие книги разворачивается в Великобритании, чтобы подчеркнуть, что англоязычные нации не являются от рождения лучше других, и что тоталитаризм, *если с ним не бороться*, может восторжествовать где угодно[19].

---

[18] Orwell G. Freedom and Happiness // *Tribune*. 1946. January 4.
[19] Джордж Оруэлл, письмо от 16 июня 1949 года Фрэнсису Хенсону, цит. в [Myers 1975: 24].

Однако первые читатели романа «Мы» не оценили широту политической сатиры Замятина.

Видимо, в том же 1919 году он написал две короткие сатирические «сказки»: «Церковь божия» (о человеке, который не может избавиться от трупного зловония в церкви, построенной на деньги, украденные у убитого им купца) и «Арапы» (о двух людоедских племенах, обвиняющих друг друга в безнравственности). Они не публиковались до 1922 года, а когда были напечатаны, вероятно, стали одной из причин его последующего ареста [Галушкин 1992: 12]. В октябре он написал краткие воспоминания о встрече с Л. Н. Андреевым в Финляндии в 1906 году. Андреев умер незадолго до этого, и эти записки были с большим успехом прочитаны Замятиным на ноябрьском вечере его памяти, на котором присутствовал юный Владимир Познер[20]. Если 1919 год был действительно почти полностью посвящен созданию романа «Мы», то, возможно, его текст был большей частью завершен к 1 декабря, когда Замятин написал длинную биографическую статью о Джулиусе Роберте Майере, «еретике» и отце-основателе термодинамики[21].

С момента возвращения из Англии Замятины жили по адресу Широкая улица, 19, но в конце 1919 года они переехали в квартиру на Карповке, на Петроградскую сторону[22]. Их соседом по Широкой и близким другом был художник Б. Д. Григорьев (а их общим другом был Анненков)[23]. Увидев, что ситуация в России ухудшается, в октябре 1919 года Григорьев уехал из России в Фин-

---

[20] 11 октября 1919 года [ОР ИМЛИ. Ф. 47. Оп. 1. Ед. хр. 69]; 8 ноября 1919 года [Чуковский 2003: 139].

[21] ОР ИМЛИ. Ф. 47. Оп. 1. Ед. хр. 166; в ноябре 1919 года Замятин одолжил у Гребенщикова книгу Н. Н. Маракуева о Роберте Майере. См. [Любимова 2002: 255].

[22] Набережная реки Карповки, дом 19, квартира 4 (см. [RS 1996 II, 2: 434 и II, 3: 366]); Брюханова, по словам которой он жил там до 1921 года, упоминает ее как квартиру родителей жены Замятина (машинописная версия статьи Брюхановой).

[23] [RS 1996 II, 3: 354] (Доронченков И. А., Любимова М. Ю. «Письма Б. Д. и Е. Г. Григорьевых к Е. И. и Л. Н. Замятиным»).

ляндию, тайно перебравшись туда на небольшой лодке с женой и маленьким сыном [Терехина 1988: 164]. Год спустя А. Ф. Даманская, еще одна соседка Замятиных, жившая на Широкой улице, также покинет страну и поселится во Франции.

Проект «Историческая драма», запущенный Горьким весной 1919 года, набирал обороты, и к марту 1920 года уже состоялось 45 заседаний его редакционной коллегии. Планировалось проиллюстрировать ключевые моменты истории с помощью драмы, при этом особое внимание уделить религиозным и научным вопросам, в соответствии с чем и были распределены темы [Russell 1992: 228–248]. Пьеса «Огни св. Доминика», ставшая вкладом Замятина в этот проект, была завершена в 1920 году. В ней поднимаются те же вопросы насильственно навязанной общепринятой веры и ересей, центральные и для «Мы», и, должно быть, пьеса была написана вскоре после завершения романа[24]. Так же как и молодой писатель Л. Н. Лунц, который посвятил свою пьесу «Вне закона» событиям в Испании, но не скрывал ее актуальности, Замятин написал произведение о жестоком деспотизме севильской инквизиции, включающее множество отсылок к современности. Переехав во Францию в 1930-х годах, он так писал об этой пьесе: «В XVI веке мы находим параллель нашим дням, когда фанатики политических догм считают себя вправе насилием, террором "спасать" людей. Так же как в средние века — целые народы в наше время живут в постоянном страхе, под надзором бесчисленных шпионов»[25]. Пьеса так и не увидела сцены, хотя Горький отмечал, что это было «...интересно. Содержательно». Ремизов также восхищался тем, как Замятин обращается с языком в своей первой пьесе, и добавлял, что актеры и театры должны бороться за постановку этого отчасти «оперного» текста: «Словом он владеет в совершенстве: любит

---

[24] В автобиографических заметках Замятина 1920 года упоминается, что пьеса была написана и принята к печати и постановке в течение 1920 года [РГАЛИ. Ф. 1776. Оп. 2. Ед. хр. 3].

[25] [BAR, Ms Coll. Zamiatin, Box 2, item 17] («Огни св. Доминика» (193?), ms 6pp.»).

и ценит слово, и ладит слова с большим мастерством. <...> Успех обеспечен». Чуковский, однако, счел драму чересчур интеллектуальной, переполненной туманными аллюзиями и непонятными выражениями: «Вообще, мне кажется, Замятин до странности слабо ощущает аудиторию, к которой обращается»[26]. Когда пьеса в 1923 году была в конце концов напечатана, к ней очень враждебно отнеслись маркистские критики, такие как печально известный В. И. Блюм, утверждавший, что в нее всего лишь «...перенесены обывательские разговоры утомленных революцией наших интеллигентов»[27].

Драмой — и в частности Шекспиром — Замятин много занимался зимой 1919–1920 годов. 22 января в недавно созданном Большом драматическом театре (БДТ) в Петрограде состоялась премьера спектакля «Отелло». Замятин внес коррективы в перевод, а также участвовал в обсуждении пьесы с актерами[28]. Также летом 1920 года вместе с Блоком он переработал русский перевод «Короля Лира» для БДТ, где Блок был назначен председателем Директории.

> На одной из таких последних ночных репетиций — вдруг стало невмочь и решили выбросить сцену с вырыванием глаз у Глостера. Помню, Блок был за то, чтобы глаза вырывать: — Наше время — тот же самый XVI век... Мы отлично можем смотреть самые жестокие вещи... (1921) [Галушкин и Любимова 1999: 120] («Воспоминания о Блоке»).

Премьера этой постановки «Короля Лира», художником которой был М. В. Добужинский, состоялась 21 сентября. Одновременно Замятин доработал перевод «Венецианского купца», или

---

[26] [Любимова 2002: 72, 72–73] (Золотницкий Д. И. "Измена литературе": Е. И. Замятин — драматург»); [Любимова 2002: 194] (Галушкин А. Ю. «Е. И. Замятин и К. И. Чуковский: Переписка»).

[27] См. [RS 1996 II, 2: 350–60] (Золотницкий Д. И. «Евгений Замятин и "Инсценировка истории культуры"»); [Любимова 2002: 75] (Золотницкий Д. И. «"Измена литературе"...»).

[28] [Любимова 2002: 66] (Золотницкий Д. И. «"Измена литературе"...»).

«Шейлока», как он его называл, для спектакля, режиссером и художником которого стал А. Н. Бенуа. Эта премьера состоялась в БДТ 27 ноября, и постановка шла в течение трех сезонов [Graffy and Ustinov 1994: 351–353, 359–362].

Разумеется, эти задачи были поручены ему как человеку, свободно владеющему английским языком. Однако детский писатель С. Я. Маршак, который до войны учился в Лондоне, был не слишком впечатлен его английским: «Иду ночью по Моховой и слышу, как Замятин разговаривает с дамочкой по-английски. Во весь голос! На всю улицу! И плохо — как английский дворник»[29]. Возможно, Маршак заметил, что разговорный английский Замятина носил следы его пребывания в Ньюкасле, где в ходе работы на верфях он общался с жителями этого региона и рабочими с характерным для Севера акцентом. Маршак же, как и другие русские люди его поколения, был воспитан на английском, свойственном для южной Англии. Поэтому это замечание, возможно, явилось примером британского снобизма в его российском варианте.

В целом 1920 год стал для Замятина «английским», так как наряду с работой над Шекспиром он много сделал для выхода во «Всемирной литературе» книг Герберта Уэллса, написав предисловия к переводам его романов «Война миров»[30] и «Машина времени» [ОР ИМЛИ. Ф. 47. Оп. 1. Ед. хр. 167]. Научная фантастика английского писателя, пусть и отличавшаяся во многом от политической антиутопии Замятина, несомненно, послужила важным источником вдохновения для романа «Мы». Осенью того же года Герберт Уэллс приехал в Петроград, и вполне естественно, что именно Замятина попросили встречать и приветствовать его на приеме, состоявшемся 18 октября в Доме искусств. Уэллс поблагодарил собравшихся писателей во главе с Горьким за возможность наблюдать такой «курьезный исторический опыт», как социалистическая революция. Уязвленный подобным снисхождением А. В. Амфитеатров резко ответил, что на самом

---

[29] Цит. по: Е. Шварц «Мемуары» [Graffy and Ustinov 1994: 362, note 2].

[30] [Замятин. Сочинения, 3: 467–472, 473–476].

деле писатели пришли сюда, чтобы вкусно поесть, а не для встречи с Уэллсом. В. Б. Шкловский, автор интереснейшего формалистического анализа «Тристрама Шенди», с гневом выкрикнул, что подлая британская блокада страны, организованная после революции, привела русских людей к голоду и нищете. Замятину пришлось, пустив в ход свой английский, сглаживать неприятное впечатление, после чего мероприятие было объявлено закрытым [Анненков 1991, 1: 30–32]. В начале января 1920 года он закончил длинное эссе «Заметки о творчестве Герберта Уэлса» [«Герберт Уэлс»]. Вспоминая, как двенадцать лет назад он в первый раз увидел самолет, Замятин писал о фантастике Уэллса, в которой точная наука сочетается со сказочным вымыслом, что «завтра она уже станет бытом»[31].

4 июля 1920 года Замятин вместе с коллегами основал организацию писателей, работа в которой в 1920-е годы станет основным направлением его организаторской деятельности. Это было Петроградское отделение ВСП (Всероссийского союза писателей) под председательством Акима Волынского. ВСП активно пропагандировал свободу слова, а также защищал законные права и обеспечивал материальное благосостояние своих членов, тесно сотрудничая с Домом писателей. Замятин был активным и опытным членом ВСП, участвовал в разработке многих проектов организации в течение последующих лет[32].

Сохранилось только одно письмо Замятина Людмиле этого периода, написанное летом 1920 года. В ней он пишет своей «Милусе», а также обращается к игрушечному мишке Мише, который вместе с куклой Ростиславом «поселился» в их доме. Друзья Замятиных хорошо знали и любили эти игрушки: позже Ахматова оставила посвящение Ростиславу на одной из своих подписанных фотографий, а Анненков изобразил его в углу

---

[31] [ОР ИМЛИ. Ф. 47. Оп. 1. Ед. хр. 168–169]; 6 января 1921 года он подарил копию «Герберта Уэллса» (напечатан издательством «Эпоха» в 1922 г.) Людмиле с посвящением «в снежный сочельник». См. [РНЗ 1997: 523].

[32] [Любимова 2002: 108–125] (Кукушкина Т. А. «Е. И. Замятин в правлении Всероссийского союза писателей (Ленинградское отделение)»).

знаменитого портрета Замятина 1921 года[33]. Бездетность как семейное горе к тому времени стала постоянной темой его прозы — например, пышногрудая О-90 в «Мы» не может преодолеть желание нарушить закон и иметь ребенка, даже рискуя собственной жизнью. Для самого писателя это был пробел, для заполнения которого он находил много других вариантов: например, его «родительские» чувства к ледоколам, «Серапионовым братьям» и в целом к молодым советским писателям.

Это письмо к Людмиле было написано во время отдыха на даче около Сестрорецка. В то лето сотрудникам «Всемирной литературы» и Дома искусств был предоставлен целый дачный поселок под Петроградом. Домики были очень аскетичны — в них имелись только голые стены и крыши. Там отдыхали Шаляпины, а также семьи Чуковского, Анненкова, Гржебина, Ремизова и многих других[34]. Таким образом, Замятин теперь работал и отдыхал вместе с выдающимися деятелями культуры того времени. В августе, проживая в дачном поселке в Ермиловке, он написал черновой вариант кощунственного и игриво-непристойного сочинения «О том, как исцелен был инок Эразм» [ОР ИМЛИ. Ф. 47. Оп. 1. Ед. хр. 70]. В этой пародии на сказку-миракль невинный монах Эразм, благодаря своим картинам и чтению «Песни Песней», невольно вызывает у других обитателей монастыря неистовую мастурбацию и видения облаков, из которых сочатся грудное молоко и сперма. В конце концов отец настоятель понимает, что, только позволив Эразму получить сексуальный опыт с являющейся ему в видениях преподобной Марией Египетской, можно «исцелить» его самого и его творения от излишней подверженности эротизму. Пожалуй, из всех его «нечестивых» сказок в этой он переступает границу дозволенного наиболее открыто. В ней проявляется глубокая дистанция, формировавшаяся долгие годы между ним и его набожным отцом.

---

[33] См. примечания к письму Людмиле от 13 мая [апреля?] 1921 года [РНЗ 1997: 228–229].

[34] Письмо Людмиле, лето 1920 года [РНЗ 1997: 226–228, примеч. 4].

В октябре 1920 года Замятин написал совершенно другой, полный ярких образов рассказ «Пещера», описывающий бедную жизнь обычной семейной пары в морозных условиях Петрограда в период Гражданской войны. Их существование уподобляется новому ледниковому периоду, в котором из-за невыносимых условий в поведении людей пропадает человеческое. Такая жизнь лишена всякой надежды, поскольку привычные ценности цивилизации перестают действовать, и люди доходят до самоубийства [ОР ИМЛИ. Ф. 47. Оп. 1. Ед. хр. 74–75]. В том же месяце он завершил рассказ «Мамай» (который сначала назывался «Мамай 1917 года»). Современный Мамай (его прототипом стал, как нам известно, Яков Гребенщиков) — заядлый собиратель книг, свирепость которого направлена лишь на мышь, которая съела деньги, отложенные на очередную заветную покупку. Но в этом рассказе присутствует не только юмор — выбранный сюжет позволяет также описать атмосферу жизни петроградских домов, где жители боятся ночных рейдов и живут под постоянной угрозой конфискаций[35]. «Мамай» был напечатан в первом номере нового журнала «Дом искусств», который вышел в конце февраля 1921 года[36]. Полемическая статья Замятина «Я боюсь» была опубликована в том же номере. В ней он резко критиковал продолжавшиеся попытки властей контролировать творчество писателей, а также обвинял многих коллег, поддержавших государственный режим, в оппортунизме. Статья заканчивалась так:

> Я боюсь, что настоящей литературы у нас не будет, пока не перестанут смотреть на демос российский, как на ребенка, невинность которого надо оберегать. Я боюсь, что настоящей литературы у нас не будет, пока мы не излечимся от какого-то нового католицизма, который не меньше старого опасается

---

[35] 12 октября 1920 года (новый вариант написан 18 января 1921 года) [ОР ИМЛИ. Ф. 47. Оп. 1. Ед. хр. 72–73].

[36] Письмо Миролюбову от 24 февраля 1921 года [RS 1996 II, 2: 434–435] («Переписка Замятина с В. С. Миролюбовым» / Под ред. Н. Ю. Грякаловой и Е. Ю. Литвина).

всякого еретического слова. А если неизлечима эта болезнь — я боюсь, что у русской литературы одно только будущее: ее прошлое[37].

Эта публикация наделала шуму и спровоцировала резкие ответные статьи: молодого писателя Константина Федина, вышедшую в февральско-мартовском номере журнала «Книга и революция», и влиятельного большевистского критика Александра Воронского[38].

Тот факт, что в библиотеке Замятина появилось много книг с авторскими посвящениями, в том числе от Шкловского (его книга «Сюжет как явление стиля») и Ахматовой (ее сборник «Anno Domini»), лишний раз подтверждает, что к тому времени он стал одной из ключевых фигур в литературном мире Петрограда [РНЗ 1997, 2: 529–530]. Также именно в этот период он подружился с Б. А. Пильняком, еще одним молодым писателем, который издавался у Миролюбова. Вероятно, их встреча произошла, когда Пильняк гостил у Горького [ОР ИМЛИ. Ф. 47. Оп. 3. Ед. хр. 156]. В своей статье «Рай» Замятин сетовал на уже наскучившие своим благозвучным однообразием хвалы режиму, появлявшиеся у большинства писателей. Редким исключением, по его мнению, стал Пильняк, являвшийся настоящим художником: «Это — человек, который задохнется в дистиллированнейшем райском воздухе: ему нужен земной, грешный, полный дыма, тумана, запаха женских волос, душного дыхания майской черемухи, крепких весенних курений земли» [Галушкин и Любимова 1999: 58–59] («Рай»). В другой статье (предварительно озаглавленной «Записки мечтателей») он размышлял о том, что многим писателям, издавна бывшим, подобно ему, социалистами и пострадавшим из-за этого в свое время, трудно устоять

---

[37] Статья «Я боюсь» написана не ранее апреля 1920 года и напечатана не позже 18 января 1921 года [Галушкин и Любимова 1999: 52–53].

[38] [Malmstad and Fleyshman 1987: 104–108]. Хотя Замятин написал черновик резкого ответа Федину, он не опубликовал его — см. [Галушкин и Любимова 1999: 238–239 и 329–330] («О зеркалах»); о Воронском см. [Галушкин 1994: 367].

перед соблазном официального одобрения и успеха. Примером мог служить Маяковский с его пропагандистской пьесой 1918/1921 года «Мистерия-Буфф». Однако истинный писатель должен оставаться непрактичным и упрямым мечтателем [Галушкин и Любимова 1999: 240–241] («Записки мечтателей»).

После семи лет опустошений войны, революции и Гражданской войны, а также вследствие экономической блокады Альянса и политики военного коммунизма, в рамках которой была сделана попытка полностью национализировать всю собственность и торговлю, условия жизни стали исключительно трудными. В январе 1921 года Замятин написал юмористическое стихотворение о стоимости пачки китайского чая (30 000 рублей) и обвинил белого генерала Врангеля и иностранную интервенцию в финансовом кризисе[39]. Примерно через неделю Чуковский сделал запись в дневнике о волнительном событии — подаренной ему Ахматовой бутылке молока для дочери [Чуковский 2003: 180]. Ахматова сама нуждалась в деньгах и на следующий день была принята во «Всемирную литературу» в качестве переводчика[40]. Тем временем Замятин жаловался на то, что в Петрограде не ходили трамваи, и это означало, что ему приходилось ходить пешком через сугробы на свои лекции в Политехе[41].

К середине февраля Чуковский с семьей был вынужден уехать из Петрограда в деревню, чтобы не страдать от голода; записи в его дневнике, сделанные в последующие месяцы, полны описаний забот о пайках и хлебе. Попросив освободить его от обязанностей в ВСП, он так объяснил это:

> Причина болезни — голод. Никогда еще русскому писателю не жилось так тяжело, как теперь. 7 июня я и вся моя огромная семья совсем не садилась за стол. 8 июня суп и по кусочку

---

[39] [Любимова 2002: 440–441] (Кукушкина Т. А. «Материалы Е. И. и Л. Н. Замятиных в собраниях Пушкинского Дома. Аннотированный каталог»).

[40] [Любимова 2002: 240] (Литвин Е. Ю. «А. А. Ахматова и Е. И. Замятин: Переписка (1922–1924)»).

[41] [RS 1996 II, 2: 434–435] («Переписка Е. И. Замятина с В. С. Миролюбовым» / Под ред. Н. Ю. Грякаловой и Е. Ю. Литвина).

136 | Глава четвертая

Шуточный автопортрет Ю. П. Анненкова холодной зимой
1919–1920 годов в Петрограде («Портреты», Петербург, 1922)

хлеба. 9 июня селедка без хлеба на всех. Ни масла, ни яиц мы уже давно не видели. Моя дочь, сейчас после операции, худеет с каждым днем. Сыновья плачут от голода[42].

Большевистские власти наконец и сами признали, что страна находится на грани разрухи, и в конце марта 1921 года, на X съезде партии, Ленин объявил о начале новой экономической политики (НЭПа). Разрешив развитие малого частного предпринимательства, НЭП должен был дать толчок развитию экономики и помочь восстановлению России. Успехи НЭПа в 1920-е годы постепенно избавят людей от непосильной ноши повседневных трудностей и заложат основу для интенсивной индустриализации 1930-х годов.

Удивительно, что именно в разгар этих лишений и попыток обеспечить свое скудное существование некоторые молодые писатели, взращенные визионерскими культурными проектами Горького, решили, что настал подходящий момент для создания собственной независимой литературной организации. Литературное сообщество «Серапионовы братья» возникло 1 февраля 1921 года: его основателями были М. Л. Слонимский, Л. Н. Лунц, Н. Н. Никитин и В. С. Познер, в возрасте от всего лишь 16 до 26 лет. В течение следующего года к ним присоединились другие писатели, в том числе Зощенко, Федин, Тихонов и Е. Г. Полонская. Вдохновившись сборником рассказов Э. Т. А. Гофмана «Серапионовы братья» (1819–1821), эта группа отказалась от какой-то единой идеологической платформы и сделала своим руководящим принципом поддержку индивидуальных литературных экспериментов. Первое издание «Серапионовых братьев» вышло летом 1921 года, и они успешно просуществовали до 1923–1924 года, когда давление со стороны властей, эмиграция многих участников и оплакиваемая всеми смерть Льва Лунца (которому было всего 23 года) в Германии привели к постепенному распаду этой группы [Фрезинский 2003: 13–24]. Многие известные писатели, в том числе Горький и Замятин, были наставниками

---

[42] Цит. в [Кукушкина 2004].

«Серапионовых братьев». Позже Замятин напишет: «С точки зрения техники, большинство из "Серапионов" были моими учениками. В 1919–1922 годах при петербургском Доме искусств была литературная студия, где я читал лекции по "Технике художественной прозы". В этой студии родились "Серапионовы братья", и я был их литературным акушером»[43]. Осенью 1920 года он получил лестное письмо от Николая Никитина, занимавшегося у него в Доме искусств: «…нетерпеливо дожидаюсь начала занятий с Вами. Я чувствую ту огромнейшую пользу, которую они мне принесли — и не знаю, чем смогу Вас за это отблагодарить. Из слепого Вы меня сделали зрячим. Буквально!»[44]

Позже Никитин задумывался о том, не навредило ли им влияние Замятина, особенно его любовь к стилизации и частое использование «провинциализмов». Однако он признавал: «Он учил эту молодежь кристальной любви к русскому слову, к поэтизации его, к бескорыстной вере в него… <…> глубокое, засевшее в душу понимание, что такое русское слово, каков его вес, как много оно значит в литературе…» [Стрижев 1994: 118]. Один из преподавателей Дома искусств А. Я. Левинсон вспоминал об истинном педагогическом таланте Замятина: «Сдерживал их стальной рукой и насмешливо прищуренным взглядом. Молодую стихию он подчинил дисциплине. Умел показать ученику прием, точно рассчитанный и скупой, сберегающий энергию и бьющий в цель»[45]. Полонская будет вспоминать, что «Замятин был очень резок. Но умница, замечательный человек» [Стрижев 1994: 110–111].

Весной 1921 года Замятин все так же был чрезвычайно занят, читая лекции и посещая редакционные или организационные собрания. Левинсон, в марте эмигрировавший за границу, позднее написал воспоминания о Замятине той эпохи, в которых вновь подчеркивал выделявшую его «английскость»:

---

[43] Интервью, взятое Ф. Лефевром [F. Lefèvre]: «Один час с Замятиным, кораблестроителем, прозаиком и драматургом» (1932) [Галушкин и Любимова 1999: 261–262].

[44] Письмо от 30 сентября 1920 года [ОР ИМЛИ. Ф. 47. Оп. 3. Ед. хр. 148].

[45] Статья 1923 года, цит. в [Галушкин и Любимова 1999: 303].

> Влияние его чрезвычайно велико: для тех же, кто знает лишь невысокую стопку его книг, оно подчас загадочно. Это власть личная, прямое излучение закаленной воли. Весь Замятин ладно скроен; все в нем точно пригнано; крепок и гибок; нетороплив, а все у него спорится; молчалив, зря себя не тратит. Волосы зачесаны на прибор, на устах усмешка, в углу усмешки трубка; табак в ней крепкий, пахучий и ровный: Navy Cut. Англичанин из Лескова; колонизатор в белом шлеме; мистер Замятин; Замятин-эффенди; джентльмен[46].

В мае наконец осуществился проект по изданию новой «Литературной газеты», которую планировалось выпускать раз в две недели. В редакцию вошли Волынский, Замятин, Тихонов и Чуковский. В первом номере должна была выйти еще одна статья Замятина, посвященная свободе печати, — «Пора». Однако близкие к антибольшевистским настроения значительной части авторов были признаны неприемлемыми, и газета была запрещена [РНЗ 1997, 2: 480–81]. Пока шли дискуссии о судьбе издания, Чуковский и Волынский оставались в Петрограде, чтобы следить за печатью первого номера. Замятин вместе с художником Добужинским отправился в отпуск в загородный дом для писателей и художников в Холомках Псковской области, который был предоставлен в распоряжение членов Дома искусств. Именно туда в феврале уезжал Чуковский, когда с семьей пережидал голодные времена. По стечению обстоятельств Холомки были родовым поместьем того самого князя Гагарина, первого директора Политехнического института. Это его вдова княгиня Мария разрешила Чуковскому и Добужинскому организовать дом отдыха не только в своем имении, но и в соседнем поместье Бельское Устье, принадлежавшем ее сестре. Однажды она показала Чуковскому письма поддержки и благодарности, которые получал князь Гагарин, защищая своих учеников от преследования полиции при Николае II. Среди прочих там была записка и от студента Замятина [Чуковский 2003: 183]. Той весной Замятин

---

[46] [Любимова 2002: 355–358] (Статья А. Левинсона от 2 апреля 1923 года в журнале «Звено» (Париж)).

провел в Холомках около недели, наслаждаясь хорошей погодой и записывая свои мысли в записные книжки. В итоге он даже не приехал в Петроград к 23 мая, как первоначально планировал[47]. Беседы с княгиней Марией и ее дочерью Софией вдохновили его на наброски для романа «Дубы», действие которого, очевидно, происходит в Холомках. В нем описывается дореволюционная жизнь семьи Гагариных [Брюханова 2008: 34].

Важно отметить, что лето того года было для писателя очень насыщенным. После Холомков он поехал в Москву — частично по совету Пильняка. 13 июня он прочитал «Ловца человеков» аудитории, состоявшей из писателей. Там присутствовал Б. Л. Пастернак, похваливший его. 24 июня он прочитал тот же рассказ потенциально более враждебной, просоветски настроенной публике, добавив «Пещеру» в качестве своего рода провокации. К его удивлению, этот вечер также прошел успешно[48]. Он встретился с Горьким и издателем Гржебиным (надеясь получить свои гонорары, но безуспешно); он также предложил уговорить наркома просвещения А. В. Луначарского снять запрет на издание «Литературной газеты». В то же время он попытался предложить одному из московских театров свою пьесу «Огни св. Доминика»[49]. Он собирался провести какое-то время в Лебедяни, где заболела его мать, но узнал, что поезда до близлежащего Ельца не ходят с начала мая — трасса была повреждена, скорее всего в результате диверсии, проведенной антибольшевистскими повстанцами. Прошедшее в то время крестьянское восстание в Тамбовской губернии возглавил бывший социалист-революционер А. С. Ан-

---

[47] Письма Людмиле от 13 и 18 мая 1921 года [РНЗ 1997: 228–230].

[48] Письмо Чуковскому от 2 июля 1921 года [Любимова 2002: 202–203] (Галушкин А. Ю. «Е. И. Замятин и К. И. Чуковский: Переписка (1918–1928)»); описание этого события есть в обзоре Е. Миндлина в «Новом мире» (Берлин), цит. в [Галушкин и Любимова 1999: 250–251]; «Ловец человеков» был напечатан в конце года во втором номере журнала «Дом искусств».

[49] Письмо Людмиле от 12 июня 1921 года [РНЗ 1997: 230–233]; [Любимова 2002: 202–203] (Галушкин А. Ю. «Е. И. Замятин и К. И. Чуковский: Переписка (1918–1928)»); обзор пьесы (в печатном виде) был сделан Августой Даманской в «Воле России» 19 августа 1921 года. См. [RS 1996 II, 2: 513].

Иллюстрация
Ю. П. Анненкова
(1921 года)
к рассказу Замятина
«Ловец человеков»
(«Портреты»,
Петербург, 1922)

тонов. Тогда Замятин принял приглашение Пильняка поехать с ним на несколько дней в Коломну — старинный город, расположенный чуть более чем в 100 километрах к юго-востоку от Москвы. Несмотря на то что на вокзале была длинная очередь за билетами, он смог получить билет в обмен на четыре булочки, которые испекла Людмила. Он был в восторге от церквей, монастырей и кремля в центре этого города на Москве-реке. Однако Замятину было трудновато в грязноватом доме Пильняка, к тому же имевшего привычку допоздна не ложиться спать[50]. Пильняк тоже не мог понять, нравится ли ему новый приятель, который в тот приезд вызвал у него очевидное раздражение: «...думаю, что его несчастье, что он как человек почти совсем инженер и почти совсем не писатель (вещи плохо совместимые), как человек он не очень выигрышен, а человек он талантливый и умный». Далее Пильняк пишет, что проза Замятина холодна и лишена эмоций, но все же признает высокое качество его эссе[51].

---

[50] Письма Людмиле от 17, 20 и 25 июня 1921 года [РНЗ 1997: 233–238].
[51] Письмо Пильняка Миролюбову от 26 июля 1921 года [Андроникашвили-Пильняк 1994: 124].

Портрет
К. И. Чуковского
работы
Ю. П. Анненкова
(1921 год)
(«Портреты»,
Петербург, 1922)

Итак, на этот раз Замятин не смог добраться до Лебедяни и вскоре вернулся в Петроград. Тем не менее он писал Чуковскому, все еще заведовавшему Холомками, что в Москве за ним бегали две женщины, одной из которых он не отдал бы ничего, кроме «...4–5 вершков соответствующей части себя», в то время как ради другой он, возможно, смог бы пожертвовать частью своей души. В первой половине июля он был занят редактированием второго номера журнала «Дом искусств», занимался другими издательскими проектами и заканчивал статьи, недописанные друзьями. В то же время он с завистью думал о том, как Чуковский наслаждается душистыми липами и голосом кукушки. Очевидно расстроенный тем, что не смог поехать в Лебедянь, он думал о возвращении в Холомки, а точнее в Бельское Устье, и, возможно, даже вместе с Людмилой. Он пытался собрать немного денег, чтобы Людмила смогла отправиться отдохнуть (а ему самому нужно было сходить к стоматологу — выпало несколько пломб). Для этого он написал еще одно предисловие к произведениям Герберта Уэллса. Интересно, что он планировал взять с собой Людмилу, потому что, судя по всему,

Портрет
А. М. Ремизова
работы
Ю. П. Анненкова
(1920 год)
(«Портреты»,
Петербург, 1922)

именно в это время у него началась довольно болезненная романтическая связь с дочерью Гагариных — княжной Софией. Она помогала управлять бывшим имением отца и, возможно, была как раз той женщиной, ради которой он мог пожертвовать частью своей души[52]. Его супружеская жизнь с Людмилой, по-видимому, периодически включала в себя подобные случайные романы, но в целом они, судя по всему, не расстроили их брак. Как он написал Чуковскому, не беда, если поездка в Холомки не удастся: «...буду сидеть тут и доделывать злейший роман»[53]. Речь идет о романе «Мы», которым он был «болен» в то время.

В начале августа он еще был в Петрограде, работая в Комитете по оказанию помощи голодающим в Поволжье, созданном вместе с Горьким, Ремизовым, Белым, Ахматовой и Блоком. Горький покинет Россию в октябре — частично для того, чтобы

---

[52] Переписка с Чуковским в начале июля, 2 и 19 июля 1921 года в [Любимова 2002: 202–209, и см. примеч. 6, 205] (Галушкин А. Ю. «Е. И. Замятин и К. И. Чуковский: Переписка (1918–1928)»).

[53] Письма Чуковскому от 2 и 6/19 июля 1921 года [Там же: 202–208].

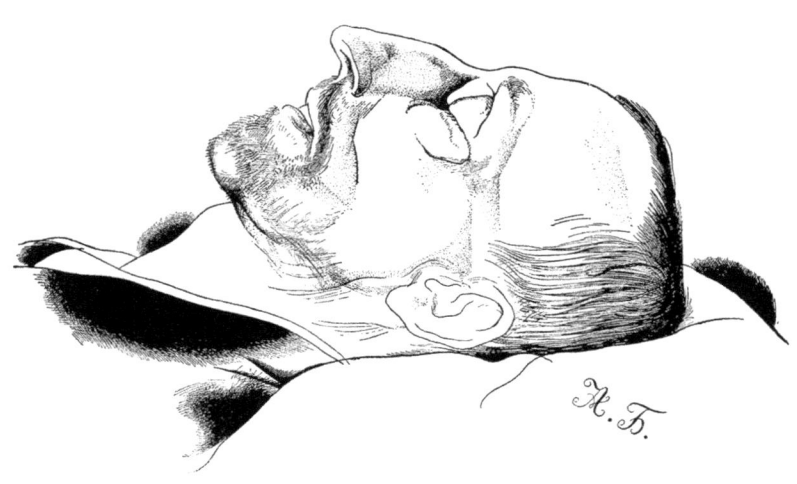

Портрет А. А. Блока в гробу работы Ю. П. Анненкова (1921 год) («Портреты», Петербург, 1922)

работать от имени этого комитета, но также по состоянию здоровья[54]. Он не вернется в Россию на протяжении нескольких лет. Замятин продолжал оставаться членом «Обезьяньей великой и вольной палаты» Ремизова, в которой он теперь дослужился до звания «Епископа Обезьянского смиренного Замутия в мире князя обезьяньего»[55]. Однако 28 июля он попрощался с Ремизовыми, которые тоже решили покинуть Россию. Он вписал в альбом жены Ремизова подходящую для момента прощальную цитату из еще не опубликованного романа «Мы», где перефразировал ироничный пассаж, в котором официальный государственный поэт R-13, подобно великому инквизитору Достоевского, утверждает, что счастье важнее свободы:

> — Древняя легенда о рае — это, в сущности, о нас, о теперь, и в ней есть глубокий смысл. Вдумайтесь: этим двум в раю был предоставлен выбор — или счастье без свободы, или свобода

---

[54] Письмо Чуковскому от 4 августа 1921 года [Там же: 209–210].
[55] [Любимова 2002: 420–421] (Кукушкина Т. А. «Материалы Е. И. и Л. Н. Замятиных...»).

без счастья; третьего — не дано. Они выбрали свободу — и вечно тосковали об оковах. И вот только теперь Мы снова сумели заковать людей — и, стало быть, сделать их счастливыми [Примочкина 2003: 165–166; Грачева 1997: 21].

Август 1921 года оказался очень тяжелым: 7 августа, в тот день, когда Ремизовы пересекли границу, скончался А. А. Блок[56]. За четыре месяца до этого Замятин отмечал, что Блок выглядел усталым, когда читал свои стихи о России в БДТ:

> Какая-то траурная, печальная, неживая торжественность была в этом последнем вечере Блока. Помню сзади голос из публики: — Это поминки какие-то!
> Это и были поминки Петербурга о Блоке. Для Петербурга — прямо с эстрады Драматического театра Блок ушел за ту стену, по синим зубцам которой часовым ходит смерть: в ту белую апрельскую ночь Петербург видел Блока в последний раз [Галушкин и Любимова 1999: 122] («Воспоминания о Блоке» (1921)).

Замятин сразу же передал Чуковскому печальные известия о кончине Блока и рассказал о еще одной очень тревожной новости:

> Вчера, в половине одиннадцатого утра — умер Блок. Или, вернее: убит — пещерной нашей, скотской жизнью. Потому что его еще можно — можно было спасти, если бы удалось вовремя увезти за границу. 7 августа 1921 года — такой же невероятный день, как тот — 1830 [1837] года, когда узнали: убит Пушкин. Я человек металлический, и мало, редко кого люблю. Но Блока — любил, и вот — знать, что он умер — ну да что говорить. <…> Во вторник на прошлой неделе арестован Гум<илев>, никто не знает почему[57].

---

[56] [Любимова 2002: 241] (Литвин Е. Ю. «А. А. Ахматова и Е. И. Замятин: Переписка (1922–1924)»).

[57] Письмо Чуковскому от 8 августа 1921 года [Любимова 2002: 210–211] (Галушкин А. Ю. «Е. И. Замятин и К. И. Чуковский: Переписка (1918–1928)»). Замятин снова использовал фразу о том, что Блока убила «пещерная» современная жизнь, в черновике своей статьи о поэте, также написанной в августе и предназначавшейся для «Записок мечтателей», в [Галушкин и Любимова 1999: 302, примеч. 2].

Анненков уверяет, что с трудом добытое разрешение для крайне истощенного Блока на выезд за границу на лечение, ради которого Горький сделал все возможное, пришло всего через час после его смерти. Анненков отправился в квартиру к Блоку, пока его тело еще находилось там, и сделал зарисовку поэта на смертном одре. Замятин и Ахматова присутствовали на похоронах 10-го числа. Официальная реакция «Правды» на смерть Блока была настолько поверхностной, что вызвала всеобщее возмущение, а Замятин стал одним из многих писателей, поспешивших в печати отдать поэту должное. В его кратком, образном некрологе, опубликованном в том же месяце в «Записках мечтателей», выражено пережитое им горе — мир потерял благородного и доброго идеалиста. Описывая похороны, он отмечал, что на них присутствовала вся литературная Россия, вернее, то немногое, что от нее осталось[58].

Поэт Гумилев, его коллега по многим проектам Горького, был арестован ЧК по подозрению в участии в монархическом заговоре и, к ужасу литературного сообщества, был осужден и без промедления расстрелян в последнюю неделю августа вместе с 60 другими подозреваемыми. Замятин вспоминал о том, как некоторое время спустя разговаривал с Горьким: тот в бессильной ярости рассказывал, что ему удалось убедить московские власти пощадить Гумилева, но Петроградская ЧК поспешила исполнить приговор, услышав о возможности отсрочки [Галушкин и Любимова 1999: 228] («М. Горький» (1936)). По словам Чуковского, Замятин был глубоко потрясен и взволнован казнью Гумилева[59].

К концу августа он снова приехал в Холомки, куда его уговорил вернуться Чуковский. Последний был расстроен тем, что его коллеги-писатели не пользовались возможностями для отдыха,

---

[58] [Анненков 1991, 1: 85]; [Галушкин и Любимова 1999: 67–68, 122–123] («А. А. Блок» и «Воспоминания о Блоке»); Горький обиделся на намек Замятина о том, что он недостаточно быстро действовал, чтобы спасти Блока.

[59] [Любимова 2002: 210–211, примеч. 3] (Галушкин А. Ю. «Е. И. Замятин и К. И. Чуковский: Переписка (1918–1928)»).

создать которые ему стоило немало труда, и не спешили насладиться обилием хлеба, молока, яиц, зерна, муки и яблок. Чуковский также беспокоился о Софии Гагариной, которая взяла на себя тяжелую работу по управлению делами усадьбы и тосковала по Замятину, несмотря на то что за ней ухаживал Добужинский: «…здесь нужна только жалость. Напишите ей доброе слово. Конечно, она совсем другое, чем мы — из другой глины, — любит лошадей, танцы, именины, молится по часам, ненавидит жидов — ничего не слыхала о Блоке и не услышит, — но не отпихивайте ее. Ей ведь ничего не нужно, *ничего*. Только ласковое слово»[60]. Тем летом среди писателей, которые вкушали обильную пищу в Холомках, были поэт В. Ф. Ходасевич, Мандельштам, Зощенко, Слонимский и Лунц[61]. Как вспоминал Ходасевич, условия в этом месте нельзя было назвать роскошными:

> Жили там совершенными Робинзонами. В доме было комнат двенадцать — только в трех сохранились оконные стекла. Кроватей было всего три. Спали на полу, на сене. <…> Советских денег деревенское население не принимало. Будучи в этом заранее осведомлены, колонисты привезли с собой предметы для товарообмена. <…> За скатерть можно было получить двухмесячный абонемент на молоко, за кусок мыла — курицу и десяток яиц, за бутылку одеколона — мешок муки [Стрижев 1994: 107].

По письмам Ходасевича, расхваливавшего фруктовый сад с 1500 яблонями, можно понять, что 27 августа Замятин уже приехал в Бельское Устье, а 8 сентября планировал вернуться в город вместе с Добужинскими[62]. На рисунках Софии Гагариной и других художников запечатлено немало счастливых моментов.

---

[60] Письмо от Чуковского, август 1921 года [Любимова 2002: 212] (Галушкин А. Ю. «Е. И. Замятин и К. И. Чуковский: Переписка (1918–1928)»).

[61] [Стрижев 1994: 106]; письмо от Чуковского, середина августа — начало сентября 1921 года [Любимова 2002: 211–213] (Галушкин А. Ю. «Е. И. Замятин и К. И. Чуковский: Переписка (1918–1928)»); [Кукушкина 2004].

[62] Письма от 27 августа и 5 сентября 1921 года В. Г. Лидину и А. И. Ходасевичу, цит. по: URL: http://khodasevich.ouc.ru/izbrannuye-pisma.html (дата обращения: 01.11.2010).

На одном из них Замятин везет всю компанию в повозке, в которую впрягли старую лошадь[63]. Судя по всему, он был там без Людмилы[64].

После Холомков Замятин пару недель провел дома, а в конце сентября снова отправился в путь, в очередной раз пытаясь доехать до Лебедяни. После трудной трехдневной поездки, во время которой он коротал время, читая роман Александра Дюма «Анж Питу», он наконец добрался до дома. Его ужаснула бедность, царившая там: при виде сахара, который он привез, семья пришла в сильное волнение. Он узнал, что после того, как им пришлось обменять корову на хлеб, они питались в основном картошкой[65].

Значение этих деталей велико, поскольку в часто цитируемых мемуарах Анненкова говорится, что летом 1921 года Замятин закончил работу над романом «Мы». Правда, сам автор говорил о финальной «доработке» романа еще в конце июля. Во всяком случае, потрясения от тяжелых событий августа, а также недолгий двухнедельный отпуск в переполненной писательской колонии (вероятно, без Людмилы) не очень соответствуют описанию Анненкова:

> Счастливый месяц летнего отдыха я провел с ним в 1921 году в глухой деревушке на берегу Шексны. Заброшенная изба, сданная нам местным Советом. С утра и до полудня мы лежали на теплом песочном берегу красавицы реки. После завтрака — длинные прогулки среди диких подсолнухов, лесной земляники, тонконогих опенок и — потом — снова песчаный берег Шексны, родины самой вкусной стерляди. <...> Впрочем, мы много работали, сидя в кустах или лежа в траве: Замятин — со школьными

---

[63] [Каталог выставки 1997: 18]; иллюстрации в [Любимова 2002: 231–232]. Этот год оказался продуктивным в плане создания портретов Замятина, включая несколько портретов сидя, выполненных карандашом М. Д. [Мстиславом Добужинским] [BDIC, dossiers 181а и 175]; а также портреты, сделанные В. Милашевским (вероятно, в 1921 году, см. [Иванова 1997: 128]) и Николаем Радловым в Холомках; и еще один авторства Анненкова.

[64] См. письмо Пильняка Людмиле (очевидно, он думал, что в тот момент она была одна) 4 сентября 1921 года [Андроникашвили-Пильняк 1994: 126–127].

[65] Письма Людмиле от 23, 24 и 25 сентября 1921 года [РНЗ 1997: 238–240].

тетрадями, я — с рисовальным альбомом. Замятин «подчищал», как он говорил, свой роман «Мы» и готовил переводы то ли Уэллса, то ли Теккерея. <...> Часам к шести вечера Людмила Николаевна, жена Замятина, ждала нас к обеду, чрезвычайно скромному, хотя появлялась в меню иногда и выуженная нами исподтишка стерлядка. Позже — ближе к белой ночи — липовый чай с сахарином [Анненков 1991, 1: 237–38].

Предполагают, что упоминание Анненковым реки Шексны (которая протекает более чем в 300 км от Пскова, в Вологодской области) вместо Шелони, что около Холомков, является простой опиской. Однако кажется более вероятным, что намного позже, при написании этих мемуаров, он спутал год, а не реку, и что он скорее всего думал о 1920-м: мы почти ничего не знаем о летних путешествиях Замятина в том году, как и в предыдущем 1919-м. Сам Замятин упоминал, что он бывал в Вологодской губернии, но мы не знаем, когда точно это было [Галушкин и Любимова 1999: 12] (Автобиография 1928 года). Поэтому мы можем с достаточной уверенностью отнести основную работу над романом «Мы» к 1919–1920, а не к 1919–1921 годам, как позволяют предположить воспоминания Анненкова.

Как бы то ни было, Анненков и Замятин впоследствии долго обсуждали научно-фантастическую антиутопию последнего, и Анненков признавался, что, не будучи ученым, он восхищается мощью и красотой технологий. Замятин с иронией ответил, опираясь на те же аргументы, которые он приводит в описании утопического Единого Государства в романе «Мы»: «Я сдаюсь: ты прав. Техника — всемогуща, всеблаженна. Будет время, когда во всем — только организованность и целесообразность, когда человек и природа обратятся в формулу, в клавиатуру». Он заметил, что в упрощенном мире будущего не будет необходимости ни в цветах, ни в деревьях, не говоря уже о музыке, и из прошлого сохранится только железнодорожное расписание:

> Уклонение от норм называют безумием. А потому уклоняющихся от норм Шекспиров, Достоевских и Скрябиных завязывают в сумасшедшие рубахи и сажают в пробковые изоляторы. Детей изготовляют на фабриках — сотнями... <...> Дорогой мой друг!

> В этой целесообразной, организованной и точнейшей вселенной тебя укачало бы в полчаса... В человеке есть два драгоценных начала: мозг и секс. От первого — вся наука, от второго — все искусство. <...> ...ты заразился машинобожием. <...> А дальше, Анненков, дальше, за твоим бесконечным техническим прогрессом? <...> ...твои картины и рисунки спорят с тобой гораздо лучше меня [Анненков 1991, 1: 247–249].

Новость о завершении романа («Закончил большую фантастическую повесть») появилась в западной прессе еще весной 1921 года, и наконец настало время подумать о его возможной публикации [Любимова 2002: 390; Malmstad and Fleyshman 1987: 108–113]. 23 августа в «Жизни искусства» появилось объявление о планируемом издании в России романа «Мы» в четвертом выпуске «Записок мечтателей»[66]. Осенью того же года Замятин отправил роман Гржебину в Берлин, чтобы тот включил его в запланированное русскоязычное издание собрания сочинений писателя. Сам факт того, что планировалось выпустить такое собрание, еще раз подтверждает его довольно высокий статус как известного автора. Гржебину было разрешено покинуть Россию 3 октября, чтобы основать в Германии издательство, в состав редакционной коллегии которого входил и Замятин и которое должно было работать в сотрудничестве с советскими властями[67]. Примерно в это же время по просьбе крупной нью-йоркской издательской компании Замятин также отправил некоторые из своих рассказов в США для перевода[68]. В ту зиму он провел первое открытое чтение романа, сделав это за два вечера при полных аншлагах в Институте истории искусств [Malmstad and Fleyshman 1987: 113, сноска 36; Галушкин 1994: 368].

В ноябре 1921 года Замятин закончил черновик статьи «О синтетизме», которая должна была стать вступлением к замечатель-

---

[66] [Галушкин 1994: 366; Malmstad and Fleyshman 1987: 108–113].
[67] [Галушкин 1994: 366–367]; письмо Миролюбову от 24 февраля 1921 года [RS 1996 II, 2: 434–435, примеч. 3].
[68] Письмо А. Даманской, конец 1921 года [Malmstad and Fleyshman 1987: 112, note 33].

ному альбому портретов Анненкова, вышедшему в «Петрополисе» в августе 1922 года. В этом издании эссе Замятина напечатано рядом с его знаменитым портретом 1921 года на фоне фрагмента критической статьи, вырванной из нью-йоркской газеты, с выглядывающей из-за его плеча куклой Ростиславом. Его эссе диалектически описывает развитие искусства в последние годы — оно движется от утверждения (в лице Рубенса, Репина, Золя, Толстого, Горького, реализма и натурализма) к отрицанию (Шопенгауэр, Боттичелли, Врубель, Верлен, Блок, идеализм и символизм), а через отрицание отрицания приходит к синтезу (Ницше, Уитмен, Гоген, Сера, Пикассо, неореализм, синтетизм и экспрессионизм). В книгу вошли портреты знакомых Замятина, многих из которых в конце тяжелейшей эпохи революции и Гражданской войны уже не было рядом из-за их смерти или эмиграции: Блока, Бенуа, Ахматовой, Горького, Волынского, Кузьмина, Щеголева, Чуковского, Пастернака, Гржебина, Ремизова, Сологуба, Ходасевича, Шкловского и даже Герберта Уэллса. Как говорит сам Анненков в предисловии, на всех людях, портреты которых вошли в книгу, оставила свою метку революция, «...и все они служат мне живым напоминанием о тех трагедиях и надеждах, падениях и подъемах, путем которых нам суждено было пройти вместе, бок-о-бок, — друзьям и врагам одинаково» [Анненков 1922: 11].

Глава пятая

Петроград / Ленинград (1922–1925)

Представителям интеллигенции, сумевшим пережить Гражданскую войну, предстояло вот-вот увидеть, какой станет жизнь, когда в новом государстве, в декабре 1922 года получившем официальное название СССР, наконец будет восстановлена внутренняя стабильность. Для Замятина, на тот момент бывшего ключевой фигурой на литературной сцене России и имевшего завершенный роман, готовый к публикации, эпоха НЭПа, казалось бы, сулила много возможностей, хотя они в конечном итоге ни к чему не привели. Они с Людмилой встретили 1922 год, первый год мира после семи лет конфликтов, в компании Чуковского, семей Фединых и Ходасевичей, а позже к ним присоединились Анненков, Эйхенбаум и Тынянов. Однако праздник был омрачен воспоминаниями о Блоке и Гумилеве. Новогодние торжества продолжились балом-маскарадом в издательстве «Всемирная литература», организованным Замятиным и Тихоновым [Graffy and Ustinov 1994: 363–364]. В начале мая они с Людмилой переедут с набережной реки Карповки, где жили с 1919 года, в квартиру по адресу Моховая улица, 36, в том же здании, где размещалась «Всемирная литература» [РНЗ 1997, 2: 523].

Теперь он писал меньше: «...вероятно, оттого, что становлюсь к себе все требовательней» [Галушкин и Любимова 1999: 3] (Автобиография 1922 года). В феврале 1919 года два его небольших рассказа, осуждавших революционное насилие, — «Арапы» и «Церковь Божия» — наконец появились в печати. Один из самых влиятельных большевистских критиков того времени,

А. К. Воронский, который год назад, заручившись поддержкой Ленина и Горького, стал выпускать новый журнал «Красная новь», так высказался о них:

> Замятин большой художник и умный человек. Это доказано «Уездным», «Островитянами», замечательной статьей его об Уэллсе. Октябрь больно ударил Замятина. Такие вещи, как сказочки «Церковь божия», «Арапы», с присвистом и веселым ржанием перепечатаны зарубежной эмигрантской прессой — и в самом деле, им там более уместно, чем в осажденном советском лагере. Это агитки худшего качества [Галушкин 1992: 21, примеч. 29].

В апреле Воронский написал письмо Ленину, в котором «...противопоставлял Замятина новой советской литературе» [Галушкин 1994: 367]. Вызвавшая споры публикация этих рассказов, действительно получивших признание за рубежом, — так, М. Л. Слоним в пражском журнале «Воля России» отмечал «...чудесные, умные и злободневные сказки Замятина» — безусловно, способствовала сгущению туч в официальных кругах, которые в тот год начали собираться над головой Замятина. Вызвавшие дальнейшие споры публикации в весеннем и летнем выпусках берлинского журнала «Голос России» рассказов «Рай», «Дракон» и «Пещера» только ухудшили ситуацию[1]. Подлил масла в огонь и выпущенный издательством «Петрополис» в Берлине полный вульгарных острот рассказ «О том, как исцелен был инок Эразм», для которого Б. М. Кустодиев в начале июня создал сорок столь же рискованных иллюстраций [Graffy and Ustinov 1994: 350].

В то время основной задачей Замятина был поиск возможностей публикации романа «Мы» в России или за рубежом. В письме от 22 февраля 1922 года к Пильняку (находившемуся в поездке в Берлине) после рассказа о ночных масленичных гуляньях с выпивкой он упоминает, что продал роман издательству «Ал-

---

[1] [Галушкин 1992: 12–14]; М. Л. Слоним, 4 марта 1922 года, цит. Р. М. Янгировым в «"Заветный друг"...» [RS 1996 II, 2: 497–498, примеч. 15].

коност» и что первая часть выйдет в следующем месяце в Петербурге в их журнале «Записки мечтателей»[2]. «Алконост» был основным издательством для символистов и других поэтов еще со времен революции, в число выпущенных им книг входило первое отдельное издание блоковской поэмы «Двенадцать» с иллюстрациями Анненкова. Между тем в Берлине Гржебин приступил к публикации первых трех томов собрания сочинений Замятина, озаглавленных, соответственно, «На куличках», «Островитяне» и «Сказки». Последний надеялся, что у трехтомника будет продолжение: «Четвертым будет этот роман "Мы" — самая моя шуточная и самая серьезная вещь» [Галушкин и Любимова 1999: 3] (Автобиография 1922 года). Кроме Гржебина были и другие издатели-эмигранты, которых тоже заинтересовал роман. Редакторы парижских «Современных записок» писали весной того же года С. П. Постникову, уехавшему из России в Финляндию осенью 1921 года и тоже находившемуся в то время в Берлине, с просьбой получить разрешение на издание романа в их журнале: «Конечно, мы с радостью возьмем Замятина. Мы о нем давно мечтаем»[3].

Интерес к роману был и за пределами Европы, например у крупного американского издательства, которое годом ранее уже обращалось к Замятину с просьбой опубликовать его рассказы[4]. Пол Кеннадэй, директор американской Иностранной пресс-службы, написал Замятину 21 июля из Нью-Йорка: «Мы получили ваших "Островитян" и передали их господину Зильбургу, который, я полагаю, в ближайшем времени переведет их.

---

[2] Письмо Замятина и Людмилы Пильняку от 22 февраля 1922 года [AMHERST]. Хочу выразить благодарность А. Ю. Галушкину за то, что в 2009 году он показал мне документ (датированный 15 октября 1921 года), найденный его сотрудницей М. Котовой в архиве ЦГАЛИ СПб Петроградского отделения Госиздата. В нем редколлегия П. О. Г. И. дает разрешение издательскому кооперативу «Эпоха» на издание романа Замятина «Мы». Роман в «Эпохе» так и не вышел, и Замятин нигде не упоминает, что роман на самом деле в 1921 году был одобрен цензурой.

[3] [RS 1996 II, 2: 482–483] (Янгиров Р. М. «"Заветный друг"…»).

[4] Письмо к Даманской без даты (1922) [BAR, Ms Coll Damanskaia].

Но господин Зильбург очень хочет получить ваш роман "Мы", и я надеюсь, что он скоро будет в наших руках». Вскоре после этого Замятину пишет сам Зильбург: «В продолжение целого года я был занят изысканием путей, чтобы установить контакт с Вами и заполучить ваш роман "Мы"». Это письмо интересно тем, что показывает: известие о завершении романа дошло к середине 1921 года даже до США. Дальше в своем письме Григорий Зильбург пытается убедить Замятина в том, что он хорошо переведет текст: он русский и до переезда в США тремя годами ранее работал редактором киевского журнала «Театральная жизнь»[5]. Таким образом, все шло к тому, чтобы роман «Мы» был опубликован за рубежом, как в переводе, так и на русском языке: 22 июля в «Голосе России» появилось сообщение о том, что издательство «Алконост», которое на тот момент тоже переехало в Берлин, будет издавать там роман[6].

В марте Чуковский снова делает ехидные замечания в своем дневнике: «Был у меня в гостях Замятин, принес множество новостей, покурил — и ушел, такой же гладкий, уверенный, вымытый, крепенький — тамбовский англичанин...» Он также с издевкой упоминает о том, что Замятин любил рассказывать истории о нелепых действиях цензоров:

> Замятин очень любит такие анекдоты, рассказывает их медленно, покуривая, и выражение у него при этом как у кота, которого гладят. Вообще это приятнейший, лоснящийся парень, чистенький, комфортный, знающий, где раки зимуют: умеющий быть со всеми в отличных отношениях, всем нравящийся, осторожный, — и все же милый. Я, по крайней мере, бываю искренне рад, когда увижу его сытое лицо. <...> Он умело и осторожно будирует против властей — в меру, лишь бы понравиться эмигрантам. Стиль его тоже — мелкий, без широких линий, с маленькими выдумками маленького человека. Он изображает из себя англичанина, но по-английски не говорит, и вообще знает поразительно мало из английской литературы

---

[5] [ОР ИМЛИ. Ф. 47. Оп. 3. Ед. хр. 97]; письмо Г. Зильбурга от 9 августа 1922 года [ОР ИМЛИ. Ф. 47. Оп. 3. Ед. хр. 84].

[6] [RS 1996 II, 2: 484] (Янгиров Р. М. "Заветный друг"...»).

и жизни. Но — и это в нем мило, потому что в сущности он милый малый, никому не мешающий, приятный собеседник, выпивала.

Несмотря на свои насмешки, Чуковский знал, что Замятин очень надежный и эффективный в работе коллега, и поэтому присоединился к нему и Тихонову в издании еще одного нового журнала «Современный запад», целью которого было познакомить читателей с современной западной литературой. Одновременно Чуковский и Замятин вместе работали над подготовкой к печати переводов романов Диккенса, в том числе «Тяжелых времен», для издательства «Всемирная литература»[7]. Однако в то лето в результате одного неловкого случая частное мнение Чуковского о Замятине стало достоянием общественности, вызвав неприятнейший скандал. Чуковский написал письмо А. Н. Толстому в Париж, предлагая ему подумать о возвращении из эмиграции в Россию. После того как он упомянул о людях, которые, по мнению Чуковского, были недостойными «мразями», он также написал несколько слов о Замятине, который вновь предстал в его описании как «…очень милый человек, очень, очень, — но ведь это чистоплюй, осторожный, ничего не почувствовавший». Толстой принял неожиданное решение опубликовать это частное письмо 4 июня в недавно созданной берлинской газете «Накануне», единственной эмигрантской газете, разрешенной в Советском Союзе, так как правительство пыталось наладить связь между писателями, бежавшими за границу, и их родиной. Эта публикация вызвала большое возмущение.

Через две недели Чуковский написал Замятину с просьбой забыть эту историю и все так же доверять ему как «товарищу верному и надежному». Неловкость ситуации усугублялась тем, что они должны были выпустить первый номер «Современного запада» до конца месяца [Чудакова 1988: 505]. 30 июня Замятин довольно сухо написал Чуковскому, на этот раз обращаясь

---

[7] [Чуковский 2003: 221, 227, 232]; [Любимова 2002: 214, примеч. 2; 214–215] (Галушкин А. Ю. «Е. И. Замятин и К. И. Чуковский: Переписка (1918–1928)»).

к нему по имени и отчеству, о том, что раньше он пытался игнорировать слухи о злоязычии Чуковского, но теперь уже не может полностью доверять ему:

> Я знаю, что вот если меня завтра или через месяц засадят (потому что сейчас нет в Советской России писателя более неосторожного, чем я) — если так случится, Чуковский один из первых пойдет хлопотать обо мне. Но в случаях менее серьезных — ради красного словца или черт его знает ради чего — Чуковский за милую душу кинет меня Толстому или еще кому...

В черновике этого письма Замятин также подчеркивал, что сказанное сильно оскорбило его, поскольку раньше он считал Чуковского одним из тех пяти или десяти людей, которые могли по-настоящему оценить то, что он пишет. Они продолжат сотрудничать в течение последующих нескольких лет, но по их переписке видно, что они так и не восстановили прежних легких дружеских отношений[8]. Н. Н. Никитин, один из молодых участников «Серапионовых братьев», попытался поддержать Замятина, написав ему: «Вот Вы — "осторожны". А я искренен только с Вами, т. к. надеюсь на Вашу осторожность»[9].

Ранее в том же году убежденный большевик С. М. Городецкий выразил мнение в «Известиях», что Замятин, будучи лидером «Серапионовых братьев», наряду с литературным мастерством передавал своим ученикам реакционные взгляды[10]. Несомненно, Замятин был глубоко привязан ко всем членам этого общества, опубликовав в мае того же года рецензию, где хвалил недавний сборник, включавший рассказы Зощенко, Лунца (которого он считал самым многообещающим из «Серапионовых братьев», несмотря на то что молодой писатель через два месяца уедет в Германию), В. В. Иванова, Слонимского, Никитина и К. А. Фе-

---

[8] [Любимова 2002: 195, 197–198, и письма от 19–20 и 30 июня 1922 года, 215–216 и 216–217, 238–239] (Галушкин А. Ю. «Е. И. Замятин и К. И. Чуковский: Переписка (1918–1928)»); Чуковский 2003: 580, 582].

[9] Письмо от 30 июня 1922 года [ОР ИМЛИ. Ф. 47. Оп. 3. Ед. хр. 148].

[10] Статья от 22 февраля 1922 года [Фрезинский 2003: 247].

дина. Он писал о Федине как о самом уверенном в своих силах писателе, прочно освоившем стилистически консервативную форму горьковского реализма, в то время как в творчестве остальных прослеживались связи с его собственным стилем — неореализмом[11]. В декабре Никитин и Зощенко написали Воронскому, оспаривая утверждение Замятина о том, что он был их наставником: «Это неверно по существу и неверно формально». Они утверждали, что их мог бы научить кто угодно, владеющий техникой писательского мастерства: «...классические образцы, которыми мы питались, не от Замятина, учились — не на замятинской прозе, а на классиках и своей — ученической, когда читали свои рассказы. Вот!» Однако позже, в статье, опубликованной в 1926 году, Никитин был более доброжелателен и признал роль Замятина в своем становлении: «Мастерству-ремеслу учил меня Замятин. Все начало прошло с Серапионами»[12].

Это был в чем-то уникальный этап в развитии отношений между деятелями культуры Советского Союза и русской эмиграции. У Замятина было много друзей, которые смогли уехать из России: Ходасевич в июне того года, Лунц вскоре за ним, Познер, Григорьев, Ремизов, Гржебин, Левинсон, Постников, Даманская. Другие, как Горький и Пильняк, видимо без особых сложностей, получили официальное разрешение на заграничные путешествия. Разумеется, между двумя сторонами проскальзывали напряженность и подозрения. Проект газеты «Накануне» стал элементом проводимой в то время большевистской политики, ставящей целью сделать СССР в глазах внешнего мира более гостеприимным и готовым на уступки государством, чтобы убедить своих граждан вернуться домой. Это казавшееся примирительным настроение советского правительства в первые годы НЭПа означало, что писатели в России могли рассматривать

---

[11] [Чуковский 2003: 244]; [Галушкин и Любимова 1999: 71–74] («Серапионовы братья»); молодые авторы написали дружеские надписи Людмиле и Замятину на двух экземплярах этой статьи, см. [Каталог выставки 1997: 19–20].

[12] Письмо от 29 декабря 1922 года [Примочкина 1987: 155; Фрезинский 2003: 215].

возможность публикации за границей и поддерживать довольно регулярную переписку со своими друзьями в эмиграции. В конце мая 1922 года Замятины получили письмо из Парижа от художника Б. Д. Григорьева — не первое с тех пор, как он уехал в Финляндию в 1919 году. Он убеждал Замятина опубликовать «Мы» в Париже, а не в Берлине, но одновременно и предостерег его: «Возможно ли только такое дело затеять с Европой, это уж Вы обдумайте сами сначала» [Терехина 1988: 166]. Замятин, конечно, на тот момент был очень осторожен, когда писал о своих планах: его следующее письмо Постникову в Берлин было подписано «Карповым», псевдонимом, явно намекающим на его недавний адрес. Не называя открыто ни людей, ни произведений, он сослался на том своего собрания сочинений «Островитяне», который Гржебин вот-вот должен был издать на русском языке, предложил Постникову попытаться организовать его перевод на французский или чешский и добавил:

> Большую мою вещь [«Мы»], начало которой читал Вам прошлым летом, кончил только теперь. Когда выйдет здесь — пришлю. А что, если печатать ее одновременно в Парижском Вашем журнале? Поговорите с ними. Здесь с книгами, с издательствами становится плохо. Типографские тарифы неимоверные, книга гибнет, издательства лопаются. Как бы не пришлось из-за этого ехать к Вам. Вы там теперь обжились — напишите, как, по Вашему, могу ли я сносно жить у Вас.

Однако Пильняк, гостивший у Ремизова в Берлине, без особого восхищения писал о том, что ждало русских в Германии: «Скажи всем, чтобы никто не ездил, если не хочет дураком себя чувствовать, — а почему, скажу при свидании по секрету»[13].

Несмотря на примирительные сигналы Советского правительства, политическая ситуация в России на самом деле отнюдь не улучшалась. Насколько сильны были подозрения властей по

---

[13] [RS 1996 II, 2: 494–498] (Янгиров Р. М. в "Заветный друг"...»); Издательский дом Гржебина в Берлине закрылся в мае 1923 года [Андроникашвили-Пильняк 1994: 127, 128].

отношению к Замятину, стало ясным, когда представители органов наконец повели себя решительно и арестовали его и многих других в ночь на 16 августа 1922 года. На этот раз он проведет в тюрьме почти месяц. Предысторию этого эпизода, кульминацией которого стало массовое изгнание интеллигенции из Советской России на «философских пароходах» той осенью, хорошо описывает А. Ю. Галушкин:

> Едва ли не первое упоминание о высылке принадлежит, как известно, В. И. Ленину; судя по его письму Ф. Э. Дзержинскому от 19 мая 1922 г., план высылки к тому времени уже сложился. [В мае у Ленина был первый инсульт, за ним последовали еще несколько: они подорвали его здоровье и привели к смерти Ленина в 1924 году.] Эта акция (беспрецедентная в истории дореволюционной России) явилась частью широко развернувшегося в конце 1921–1922 гг. наступления «на идеологическом фронте» и ее следует рассматривать в одном ряду с такими «мероприятиями», как суд над правыми эсерами летом 1922 г., аресты среди меньшевиков и духовенства, ужесточение государственного диктата в книгоиздании, приведшее, в частности, к прекращению выхода целого ряда журналов и альманахов, закрытие ряда культурно-просветительских и литературных организаций, например, петроградских Дома литераторов и Дома искусств, антипролеткультовская кампания в «Правде» и др.[14]

Подобная враждебность государства по отношению к движению Пролеткульта свидетельствовала о том, что власти осознали необходимость более жесткого партийного контроля над левыми группами, а также стремились не допустить сплочения правых сил в условиях явной либерализации, ставшей возможной при НЭПе. 16 июля Ленин в разговоре с И. В. Сталиным подчеркнул необходимость как можно скорее изгнать писателей из Петрограда [Сарнов 2010: 518]. В случае с Замятиным Янгиров предполагает, что телеграммы, пришедшие тем летом из Парижа и Берлина, где его убеждали разрешить публикацию за границей

---

[14] [Галушкин 1992: 12]; я часто ссылаюсь на эту статью на последующих страницах.

романа «Мы», могли усилить в глазах властей впечатление о нем как об опасной фигуре. Во всяком случае, очевидно, что его арест поставил крест на этих планах[15]. Он был допрошен 17 августа. Он снова настаивал на том, что больше не принадлежит ни к одной партии и просто работает шесть дней в неделю писателем и редактором издательства «Всемирная литература», раз в неделю читая лекции в Политехническом институте. Он также ясно дал понять, что знает о трудностях жизни писателей-эмигрантов, которым, по его мнению, в конце концов неизбежно придется вернуться на родину. Он был убежден, что интеллигент должен иметь право высказывать свои мысли и что советским интересам лучше всего послужат не политические репрессии, а завоевание умов людей [Лахузен и др. 1994: 105]. Допрашивавших это не слишком впечатлило, и ему было предъявлено официальное обвинение в антисоветской деятельности, которой он якобы занимался с самого начала революции. Замятин опротестовал обвинение, подчеркивая, что он не уехал, как сделали противники режима, а остался в Советской России и продолжал работать. Дальше события развивались странно: ГПУ предложила ему немедленно покинуть страну и съездить в Германию на пару недель за свой счет, и он согласился. Такой вариант предлагался многим задержанным, чтобы их высылка из страны не обошлась правительству слишком дорого.

Н. М. Волковыский вспоминает, как Замятин, оставаясь спокойным, грыз в камере мундштук и вернулся с допроса, крайне обрадованный решением депортировать его в Берлин[16]. Тем временем многие начали интересоваться его делом, так как для первых лет советской власти было характерно пристальное наблюдение за отдельными деятелями культуры со стороны органов безопасности и Политбюро Компартии [Clark and Dobrenko 2007: *passim*]. Г. Г. Ягода, делавший стремительную карьеру в московском ГПУ, попытался за него вступиться, послав в день допроса следующую телеграмму: «...если вами арестован Замя-

---

[15] [RS 1996 II, 2: 483–485] (Янгиров Р. М. "«Заветный друг»...").
[16] Статья в «Сегодня» от 19 марта 1937 года [BDIC, dossier 211].

тин Е. И., то освободите, сославшись на недоразумение». Однако его ходатайство было отклонено в тот же день телеграммой, посланной от имени заместителя председателя московского ГПУ И. С. Уншлихта. Поэтому Замятин остался в тюрьме. В его досье есть три письма от поручившихся за него людей: одно из «Всемирной литературы», другое из Политеха, в котором подчеркивалась важность Замятина для института (в то время он замещал декана Боклевского), а третье из ВСП (Всероссийского союза писателей), подписанное А. Л. Волынским и А. А. Ахматовой[17]. К тому времени Ахматова уже была близким другом Замятина — в апреле она подарила ему второй подписанный только что вышедший сборник своей поэзии «Белая стая», и, видимо, именно в эти тревожные недели августа и сентября 1922 года началась ее крепкая дружба с Людмилой. Оказалось, что Анненков, Щеголев, Пильняк и даже ранее враждебный критик Воронский — все выступали за его освобождение. В итоге 31 августа приговор Замятина к высылке за границу был отложен до дальнейших указаний по личному распоряжению председателя ГПУ Ф. Э. Дзержинского[18]. Но петроградские следователи остались убеждены в вине Замятина и обратились непосредственно к Сталину, назвав писателя тайным и убежденным членом Белой гвардии — довольно странное обвинение, учитывая его антимонархическую деятельность и обвинение в связях с большевиками в 1905–1906 годах.

Дальнейшие события внесли еще бо́льшую путаницу. 7 сентября Ягода подписал справку, которую нужно было предъявить на границе, подтверждавшую, что ГПУ не возражает против

---

[17] [Сарнов 2010: 569–71]; [Любимова 2002: 123–24, примеч. 42] (Кукушкина Т. А. «Е. И. Замятин в правлении Всероссийского Союза Писателей (Ленинградское отделение)»).

[18] Письмо Людмиле от 31 июля 1923 года [РНЗ 1997: примеч. 1]; см. недатированное письмо, отправленное Мариэттой Шагинян М. Л. Слонимскому во время тюремного заключения Замятина с просьбой сообщить Людмиле о том, что Воронский взялся за это дело [Фрезинский 1996а: 186–187]; в 1924 году Шагинян опубликовала свой роман «Месс-Менд», в котором Замятин фигурирует в образе инженера Реброва.

того, чтобы Замятин 11 октября уехал в Германию «бессрочно» [Сарнов 2010: 579]. Вскоре после этого он был освобожден из-под стражи и написал письмо Воронскому, в котором поблагодарил его за предпринятые усилия в Москве, облегчившие страдания его матери и Людмилы:

> Мне-то сиделось не плохо — куда веселее, чем на той же Шпалерной в царские времена, когда я порядком испортил себе здоровье в настоящей, строгой одиночке (не забавно ли? Тогда я был посажен — как большевик, а теперь — был посажен большевиками?). А главное — перед тем, как попасть за границу и по настоящему начать переваривать и все теперешнее выплескивать на бумагу (очевидно это будет), не поглядев кто, и, как, и за что сидит теперь в тюрьме — было бы жалко новой русской тюрьмы — мне, писателю, было бы обидно. *Это я совершенно всерьез говорю.*

Дальше Замятин достаточно дерзко заявил, что Воронскому и другим его критикам коммунистам необходимо научиться понимать, что «Белые — вовсе не те, кто видит недостатки в происходящей жизни, ошибки во всем, что творится кругом, и имеет смелость говорить о них. И красные — вовсе не те, кто орет ура всему, что ни делается». Он рассказал об обстоятельствах, при которых написал «Арапов» в 1919 году. В то время советские казни совершались параллельно с официальными обвинениями в адрес Запада в применении там смертной казни. Он всегда был убежденным противником смертной казни, и это противоречие вызывало у него сильную тревогу. Тогда он был уверен, что его действительно вот-вот отправят за границу, и это письмо было написано Воронскому, чтобы попрощаться с ним:

> Это и лучше: <...> при той травле по моему адресу, которая сейчас идет (и будет идти) — мне тяжело оставаться здесь, Вы это поймете. Нелегко мне будет и за границей — именно потому, что я не белый, но это уже по-другому и, думаю, легче. Если меня будут высылать куда-нибудь внутрь России или оставят в Петербурге <...> — буду просить Вас помочь мне выбраться за границу — на время [Галушкин 1992: 14–16].

Замятин в итоге получил от Ягоды справку, позволяющую ему уехать, но ситуация оставалась совершенно неясной[19]. Он не знал, что благодаря обращениям Пильняка и Воронского к председателю Политбюро Л. Б. Каменеву в Москве его «приговор» к выезду за границу уже был отменен. Как вспоминал Анненков:

> Постановлением о высылке за границу Замятин был чрезвычайно обрадован: наконец-то — свободная жизнь! Но друзья Замятина, не зная его мнения, стали усердно хлопотать за него перед властями и в конце концов добились: приговор был отменен. Замятина выпустили из тюрьмы, и <…> к своему глубокому огорчению, он узнал, со слов Бориса Пильняка, что высылка за границу не состоится [Анненков 1991, 1: 256].

Его самодисциплина и «английская» склонность быть сдержанным в высказывании собственных взглядов знакомым, кажется, привела в этом случае к обратному эффекту, так как это стоило ему возможности уехать.

19 сентября Л. Д. Троцкий опубликовал в «Правде» статью, в которой осудил влияние Замятина на «бесплодных» «Серапионовых братьев» и прокомментировал том «Островитян»: «В конце концов автор сам островной человек, и притом с маленького острова, куда он эмигрировал из нынешней России. И пишет ли Замятин о русских в Лондоне или об англичанах в Петрограде, он сам остается несомненным внутренним эмигрантом» [Галушкин 1992: 22, примеч. 61]. Подобные сомнения в его политической благонадежности еще раз подтверждали ту цену, которую Замятин заплатит за принятое им обличье «англичанина» в России. Писатель и мемуарист М. А. Осоргин, которого в числе прочих 24 сентября выслали из страны на первом «философском пароходе» (как эти два корабля назвали позже), считал, что именно по решению Троцкого Замятин и другие писатели были арестованы или высланы из страны[20].

---

[19] [Геллер 1997: 85] (Файман Г. С. «"И всадили его в темницу"...»).

[20] Статья в «Последних новостях», 11 марта 1937 года [BDIC, dossier 211].

Замятин и Анненков были в числе немногих, кому хватило смелости присутствовать при отъезде десятков московских интеллигентов и их семей, отправлявшихся из Петрограда морским путем в Штеттин. «Вскоре после выхода из тюрьмы Замятин вместе со мной присутствовал на Николаевской набережной, в Петрограде, на проводах высылаемых из Советского Союза нескольких литераторов <...>. Сразу же после этого Замятин подал прошение о его высылке за границу, но получил категорический отказ»[21]. В целом, видимо, пережитый опыт не слишком расстроил его, и он быстро вернулся к преподавательской и литературной деятельности. Чуковский, всегда придиравшийся к чему-то, прокомментировал его поведение на встрече «Серапионовых братьев» с датским писателем в Доме искусств 30 сентября, состоявшейся через неделю после отплытия первого корабля: «Замятин был тут же. Он либеральничал. Когда говорили о писателях, он сказал: да, мы так любим писателей, что даже экспортируем их за границу. <...> Вся *борьба* Замятина бутафорская и маргариновая» [Чуковский 2003: 252]. Сам Дом искусств закроют уже в конце года.

Воронский ответил на «прощальное» письмо Замятина в тот же октябрьский день, когда заканчивал длинную статью о его творчестве для «Красной нови», где, как сам писал ему, хвалил писателя за многие его рассказы, но критиковал за «Дракона», «сказки» — и роман «Мы»:

> Лежит у меня, от Пильняка полученный, роман ваш «Мы». Очень тяжелое впечатление. По совести. Неужели только на это вдохновил вас Октябрь и что после было до наших последних дней? Какая же это «самая шуточная и самая серьезная вещь»? Самая мрачная и мизантропическая. Рано еще по нас такими сатирами стрелять. Как-то не туда, куда нужно вы смотрите.

---

[21] [Анненков 1991, 1: 256]. В день отплытия парохода Ахматова написала короткое стихотворение «Здравствуй, Питер» и посвятила его Людмиле. См. [Любимова 2002: 241, 248] (Литвин Е. Ю. «А. А. Ахматова и Е. И. Замятин: Переписка (1922–1924)»).

Тем не менее Воронский написал, что роман все же можно издать с некоторыми сокращениями, и даже воспользовался возможностью попросить разрешения у Замятина напечатать его «Уездное» в своем издательстве «Круг». Но когда в декабре статья Воронского появилась в печати, она была преимущественно враждебной и указывала на его влияние на «Серапионовых братьев» как на одну из причин их увлеченности техникой слова, а не общественным весом написанных текстов: «На очень опасном и бесславном пути Замятин. Нужно это сказать прямо и твердо»[22].

К 17 октября издатель «Алконоста» и «Записок мечтателей» С. М. Алянский, отправивший Замятину письмо из Германии перед возвращением в Россию, посчитал нужным сделать в нем полушуточные замены — предположительно из-за боязни усугубить проблемы писателя. Обращаясь к нему как к женщине («Дорогая Евгения Ивановна!»), он отчитывает «ее» за легкомысленное поведение, результатом которого стали несколько недель, проведенные в «публичном доме», которые могут привести «ее» в место куда похуже. Относительно романа «Мы» он замечает (не называя текста): «Ваш последний роман настолько неприличен, что несмотря на то, что почти весь свет о нем знает, я не решился <...> его рассказывать всем». Это означало, что на данный момент он не рискнет издавать роман на русском языке за рубежом [ОР ИМЛИ. Ф. 47. Оп. 3. Ед. хр. 26].

Второй пароход ссыльных интеллигентов — на этот раз в основном петроградцев — отбыл 15 ноября, и его провожало много ученых, писателей и художников, среди которых была и Ахматова[23]. Волковыский, вспоминая, что за Замятиным почему-то временно перестали следить, описывает, как тот «...с печальным лицом провожал <...> нас на пристань, возле которой стоял германский пароход, увозивший нас всех в заграничное изгнание. Он нам завидовал, тихо говорил, что надеется вскоре

---

[22] [Галушкин 1992: 16–17]; статья Воронского называлась «Литературные силуэты III. Евг. Замятин».

[23] [Любимова 2002: 273] (Дацюк И. В. «Е. И. Замятин в дневниках издателя А. А. Кроленко (1923–1931)»).

встретиться с нами в Берлине» [Любимова 2002: 385]. Он обратился за помощью к Пильняку, у которого были хорошие связи в Москве, но Пильняк ответил, что ему будет очень неудобно просить разрешения на выезд Замятина сразу после того, как он же убеждал оставить его в стране. В декабре Замятин сам отправился в Москву, чтобы попытаться добиться цели[24]. 14 декабря — что подтверждает большую важность, которую, видимо, придали его делу, — секретарь ЦК распорядился отправить каждому члену Политбюро его недавно опубликованную пьесу «Огни св. Доминика». Предполагалось, что если после рассмотрения текста возражений не поступит, то Замятину будет разрешено уехать. В реальности же из-за стремительного ухудшения здоровья Ленина именно в эти дни и недели Сталин вел активную борьбу с Троцким за политическую преемственность. Ни у кого из членов Политбюро не было времени просмотреть пьесу Замятина, и еще примерно год он оставался в неведении по поводу того, позволят ли ему уехать из страны [Сарнов 2010: 524, 604–606].

В конце осени 1922 года предложение издательства «Аквилон» вызвало новый всплеск творческой активности у Замятина. Точно неизвестно, встречался ли он ранее с художником Б. М. Кустодиевым, с таким озорным юмором проиллюстрировавшим его фривольную историю о преподобном Эразме прошлым летом. Вероятно, они уже встречались до этого. Несколько лет назад Замятин был очень впечатлен картиной Кустодиева, которую увидел на выставке «Мир искусства», когда писал «Уездное»: «Правда, Кустодиев видел Русь другими глазами, чем я — его глаза были куда ласковей и мягче моих, но Русь была одна, она соединяла нас — и встретиться раньше или позже нам было неизбежно». «Аквилон» надеялся, что Замятин напишет статью, которая стала бы предисловием к альбому акварелей, созданных Кустодиевым в 1919–1920 годах: «Статьи я не стал писать, я сделал иначе: просто разложил перед собой всех этих кустодиевских красавиц, извозчиков, купцов, трактирщиков, монахинь <...> —

---

[24] Письмо Пильняка от 20 ноября 1922 года [ОР ИМЛИ. Ф. 47. Оп. 3. Ед. хр. 101; Фрезинский 1996а: 186].

и сама собой написалась та повесть («Русь»), какая вошла в книгу "Русь"»²⁵. В рассказе, действие которого происходит в придуманном городе Кустодиеве, Замятин описывает великолепную красавицу Марфу, пышную обнаженную «русскую Венеру» с одной из самых известных картин Кустодиева, и рассказывает о ее жизни с мужем-купцом, а после того, как муж отравился ядовитыми грибами, — с любовником-цыганом. Тот вневременной мир, который он описал, был миром старой царской России, миром уездных городов, подобных Ельцу и Лебедяни: «...сказочники <...> расскажут <...> о Руси, расскажут для нас, кто десять лет — сто лет — назад еще видел все это своими глазами...» Рассказ стал неожиданным возвращением Замятина к атмосфере «Уездного», написанного десятью годами ранее; с тех пор очень многое изменилось, особенно за последние пять лет, прошедших с 1917 года. Но этому рассказу не хватает сатирической остроты, которая была в «Уездном» — вместо этого в ней автор смакует физические и чувственные радости сонных русских провинций. В контексте его ареста и мучительного обдумывания возможности эмиграции этот рассказ выглядит эскапистской грезой.

В конце 1922 года, к Рождеству, Замятин написал продолжение юмористической «Краткой истории "Всемирной литературы" от основания и до сего дня». В этом тексте много шуток для своих, в нем автор изображает себя добродетельным «Эвгенесом», который лишь пишет «...благочестивые и поучительные истории, служа примером для многих». В какой-то момент, однако, «чужеземные воины» всадят его «в темницу», упрекнув его: «Где же твое благочестие? Ты не пишешь слова единого хвалы нашим истинным кумирицким богам и их статуям».

К концу года произошло несколько радостных событий, связанных с публикацией романа «Мы». В декабре он получил открытку от Зильбурга из Нью-Йорка, в которой тот писал, что английский перевод «Мы» практически завершен и что теперь он надеется получить пьесу Замятина (предположительно «Огни

---

²⁵ [Graffy и Ustinov 1994: 349, 364]. Замятин начал работу над этим проектом не позднее 22 ноября 1922 года.

св. Доминика»)²⁶. Кроме того, в конце декабря 1922 года он еще раз вернулся к роману, написав текст, который должен был стать к нему предисловием. Его надежды на публикацию произведения в России снова выросли, так как в том же году Иванов-Разумник и С. Д. Мстиславский стали издавать новый журнал «Основы» в духе прежних «Заветов». Предвосхищая свою статью «О литературе, революции, энтропии и о прочем», Замятин в предисловии к роману отвечал критикам вроде Воронского, аргументируя необходимость дальнейших бурь и революций:

> К счастью, мы живем в грозовые дни. <…> Дальше — есть добрые люди, мечтающие до безгосударственного строя доехать в спальном вагоне эволюции. Эти добрые люди забывают о диалектике, о неизменном законе социальной инерции: государство переживет себя и свои задачи, но, конечно, добровольно умереть не захочет — и снова молнии, бури, пожары. Таков есть закон, вечно украшающий грозовым «р» мягкое «эволюция». Еще очень далекое, сейчас еще, может быть, никому не слышное дыхание этой грозы — на следующих страницах²⁷.

В декабре того же года Замятин также участвовал в попытках ВСП придать официальный статус своему уставу. В качестве жеста доброй воли писательская организация предоставила властям список своих членов, в который вошли Замятин и несколько человек, недавно высланных из страны. 28 декабря ГПУ настояло на том, что они должны быть исключены из членов союза, и это был беспрецедентный — и зловещий — акт государственного вмешательства в деятельность литературной организации. Всего через несколько недель после того, как ВСП был легализован, а его устав утвержден ГПУ, Замятина переизбрали в члены правления подавляющим большинством голосов (48 из 54). В конце мая 1923 года ГПУ в Москве вновь выразило недовольство тем, что он является членом правления. В июне

---

²⁶ 4 декабря 1922 года [ОР ИМЛИ. Ф. 47. Оп. 3. Ед. хр. 84].
²⁷ [Любимова 2002: 174–175] (Янгиров Р. М. «К истории издания романа "Мы"»).

Портрет Замятина работы
Б. М. Кустодиева
(1923 год)
(© Collection René Guerra)

состоялось специальное заседание петроградского отделения ВСП — с участием Замятина — для согласования ответа. Они твердо отстаивали свое право на независимость, утверждая, что выборы прошли по правилам и что ВСП представляет собой «энциклопедическую мозаику» взглядов, которая сама по себе является гарантией невозможности идеологической диверсии: «Даже Достоевский и Л. Н. Толстой не могли бы претендовать больше, чем на один голос в совещательном органе, призванном коллективно блюсти интересы писательского существования». Вопрос, по-видимому, так и остался открытым[28].

Вопрос о том, нужно ли выслать Замятина за границу, снова встал 2 января 1923 года, когда из Москвы пришли новые инструкции, требующие его высылки. В то же время петроградское ГПУ снова, как и в августе прошлого года, высказало свое мнение о том, что Замятин «...ни на один момент не прекращал своей антисоветской деятельности». 17 января он был вызван туда в отдел контрразведки, где расписался за два загранпаспор-

---

[28] [Любимова 2002: 112–115] (Кукушкина Т. А. «Е. И. Замятин в правлении Всероссийского Союза Писателей (Ленинградское отделение)»).

та на выезд из страны — для себя и Людмилы. Проблема заключалась в том, что они должны были уехать почти сразу, в течение одной недели. Через пару дней он отправился в Москву, чтобы попробовать договориться о задержке даты отъезда. Пильняк пытался организовать его встречу с Троцким. Неизвестно, состоялась эта встреча или нет, но в любом случае просьба Замятина, видимо, была выполнена, и Москва в конце концов подтвердила разрешение отложить его отъезд на два месяца. Новости об этом вскоре достигли Запада, так как в эстонской и немецкой прессе появились публикации о внезапно возникшей возможности эмиграции писателя. 14 марта он обратился в ГПУ с просьбой об еще одной отсрочке своего отъезда, приложив письмо некоему товарищу Агранову:

> Когда в конце января тек. г. я, при Вашем содействии, обратился в Г. П. У. с просьбой отсрочить мой выезд заграницу, я просил отсрочки до начала навигации, чтобы ехать пароходом и избежать трудностей международного пути. В качестве вероятного срока открытия навигации — я указывал первую половину апреля; прошлые годы так это и было, но в этом году совершенно необычно затянувшиеся морозы делают возможным открытие навигации только в первой половине мая, может быть даже 10–15 мая.
> В виду этого, я очень просил бы Вас помочь мне продлить полученную отсрочку — до времени отхода первых пароходов линии Петроград — Штеттин, т. е. примерно до 10 мая.
> От того, что я пробыл зиму не заграницей, а в России — никакого худа для России не было, а может быть, даже и кое-какая польза — от моей работы во «Всемирной Литературе» и в Политехническом Институте. Никакого худа, разумеется, не выйдет и от того, что я пробуду здесь и еще короткое время. А для меня это продление отсрочки очень важно, так как, помимо всего прочего, мне приходится вести с собой заграницу больную (туберкулезом) жену, которую мне нужно было бы обставить в пути возможно более сносно.

Это удивительное письмо свидетельствует о том, что Замятин не спешил уезжать, а также показывает, насколько он был легкомысленно самоуверен в переговорах с властями по поводу даты своего отъезда. Излагая свою просьбу отложить отъезд, он приводит не особо веские причины, а также упоминает, что поездка на поезде обойдется ему гораздо дороже. Его поведение было рискованным. Дело было рассмотрено на двух разных уровнях московского ГПУ 23 марта, но его доводы сочли неубедительными, и поэтому его просьбу поначалу отклонили. Однако в очередной раз вмешалась вышестоящая инстанция в иерархии ГПУ, и 4 апреля было принято решение дать указание петроградскому ГПУ разрешить ему остаться до отправления пароходов[29].

Друзья Замятина по-прежнему считали, что его отъезд неизбежен. 21 марта Воронский написал ему письмо, которое он, очевидно, считал прощальным:

> О Вашем отъезде искренно сожалею. Пожалуйста, не работайте в зарубежных русских повременных изданиях. Честное слово, не стоит. Крепко надеюсь, что месяца через три вы сможете возвратиться в Россию и сесть здесь более крепко. Держите связь с нами. Если будут затруднения денежного характера, обращайтесь ко мне. Присылайте нам, что напишете. Сообщите ваш адрес [Галушкин 1992: 22, примеч. 65].

Пильняк также призывал его не расставаться с Россией навсегда и заверял, что скоро они снова будут работать и пить водку вместе. Тем временем они с Воронским пытались придумать, как поддержать его за границей, и собирались ежемесячно высылать ему деньги от имени издательства «Круг» и журнала «Красная новь» в обмен на исключительные права на его произведения. Одна деталь хорошо иллюстрирует сложные парадоксы того времени относительно свободы писателей выезжать за границу: Пильняк также пишет о своей летней поездке в Лондон вместе с Н. Н. Никитиным, организованной через полпреда в Лондоне Л. Б. Красина[30]. 24 апреля Чуковский едко пишет об отъезде Замятина:

---

[29] [Геллер 1997: 85–88] (Файман Г. С. "И всадили его в темницу"...»); [Галушкин 1992: 18 и 22, примеч. 62; Сарнов 2010: 607–609].

[30] Письмо от 3 апреля 1923 года [Андроникашвили-Пильняк 1994: 130]; [Галушкин 1992: 18].

> Гулял с Анной Ахматовой по Невскому, она <...> рассказывала, что в эту субботу снова состоялись проводы Замятина. Меня это изумило: человек уезжает уже около года, и каждую субботу ему устраивают проводы. Да и никто его не высылает — оббил все пороги, накланялся всем коммунистам — и вот теперь разыгрывает из себя политического мученика [Чуковский 2003: 280].

Однако прошло несколько недель, и постепенно стало ясно, что план эмиграции так или иначе провалился. Об этом 7 июня Замятин пишет основателю берлинского издательства «Петрополис» Я. Н. Блоху:

> Всю зиму я прожил вокзально, на сложенных чемоданах — и скоро, по-видимому, начну их распаковывать на время. В феврале [sic] мне вручили паспорта — с просьбой выехать в недельный срок. Этого я сделать не мог — взял отсрочку до парохода. А теперь, по-видимому, расхотели расставаться со мной (хотя никакого официального уведомления о том я не имею — но похоже на то). Может быть, не захотят расстаться и позже — Бог весть; но если любовь ко мне окажется не так велика, то летом, позже, возьму паспорт и на некоторое время приеду [РГАЛИ. Ф. 2853. Оп. 1. Ед. хр. 13].

8 июня Никитин написал ему из Лондона: «...меня очень печалят Ваши недоразумения с нашими московскими друзьями. М. б. это слово совсем не подходящее, но я боюсь думать иначе». Можно предположить, что имеются в виду его проблемы с ГПУ. Никитин замечает, что Замятину, вероятно, было бы легче в Англии, чем ему самому, так как у него «прочное лондонское сердце». Он также сообщает: «Mr Джон Голсуорти просил меня передать Вам привет. Мы недавно обедали вместе на ежемесячном обеде нашего Pen-Club» [ОР ИМЛИ. Ф. 47. Оп. 3. Ед. хр. 148]. Голсуорси, который недавно закончил «Сагу о Форсайтах», стал первым президентом Международного ПЕН-клуба, основанного в 1921 году. Никитин и Пильняк поехали в Англию с официальной миссией — они должны были написать отчет об экономической ситуации в Британии. Через несколько дней после отъезда они отправили Замятину совместное шуточное письмо, в котором упоминали,

как скучно в Англии — отчасти чтобы он не переживал, что сам не может быть там. Они встретились с Гербертом Уэллсом и Ребеккой Уэст, которые тоже передавали ему привет [Андроникашвили-Пильняк 1994: 132–133].

В этой неопределенной ситуации Замятин продолжал продвигать роман «Мы». В январе 1923 года он устроил читку на небольшом собрании во «Всемирной литературе»[31], что привело к еще одному неприятному замечанию Чуковского:

> Ой, как скучно, и претенциозно, и ничтожно то, что читал Замятин. Ни одного живого места, даже нечаянно. <...> Старательно и непременно чтобы был анархизм, хвалит дикое состояние свободы, отрицает всякую ферулу, норму, всякий порядок — а сам с ног до головы мещанин. <...> Дурного тона импрессионизм. Тире, тире, тире... <...> Его называют мэтром, какой же это мэтр, это сантиметр. Слушали без аппетита [Чуковский 2003: 266–67].

Однако В. П. Ключарев, актер МХАТа, поблагодарил его за чтение романа, доставившее ему «...громадное наслаждение». Ключарев также подвигнул Замятина на новый этап творчества, попросив его подготовить сценическую версию «Островитян»: «...обязательно делайте пьесу <...> до Вашего отъезда»[32]. Той весной Замятин все еще ждал известий от Мстиславского из «Основ» относительно того, как обстоят дела у романа «Мы» с цензурой[33]. Тем временем он продолжал переговоры о публи-

---

[31] Скорее всего, читали роман, а не «Общество почетных звонарей» — это предположение высказано Райнером Гольдтом в «Последнее убежище личности. Записки Д-503 и психология личности в подлинных дневниках межвоенного периода» [Любимова 2002: 47], и еще раз в [Любимова 2002: 196].

[32] Письмо В. П. Ключарева от 27 февраля 1923 года [ОР ИМЛИ. Ф. 47. Оп. 3. Ед. хр. 100].

[33] Письмо С. Д. Мстиславскому от 1 марта 1923 года [Любимова 2002: 173–74] (Янгиров Р. М. «К истории издания романа "Мы"»); Замятин также упомянул, что прислал отрывок романа для публикации в новом московском журнале «Утопия» — она не состоялась, хотя связанная с романом публикация все еще анонсировалась в печати в середине июня 1923 года. См. [Галушкин 1994: 371 и 375, примеч. 50].

кации других своих сочинений — например, о перепечатке «Кругом» сборника «Уездное» тиражом в 3000 экземпляров[34]. В том же месяце книга Кустодиева и Замятина «Русь» была издана тиражом в 1000 экземпляров, который разошелся почти сразу. Издательство «Аквилон» сразу стало планировать второе издание [Graffy и Ustinov 1994: 349–350].

Все это время у него, как обычно, было много встреч, в том числе с Ахматовой. Видимо, поэтесса полностью переняла игру с куклами, принятую в семье Замятиных (пупса, которому довольно трогательно присвоили отчество его «отца» Замятина, звали Ростислав Евгеньевич Растопырин, а плюшевого мишку — «Миша в шкуре»): «Завтра я приду к Вам с Ростиславом. Умоляю Людмилу Николаевну и "Мишу в шкуре" простить мне, что я похищаю Р. Е. Растопырина на сегодняшнюю ночь». Через месяц Ахматова подпишет фотокарточку «Моему милому другу Людмиле Николаевне Замятиной с любовью и благодарностью» — за ее заботу в то время (возможно, и медицинские советы по здоровью). 1 апреля 1925 года их общий друг П. Н. Лукницкий отмечал, что Ахматова сильно привязалась к Людмиле: «Отзывается о ней с большой теплотой, рада ее присутствию и благодарна ей за уход и заботы». Он же пишет о том, что Ахматовой нравились прямота и смелость Замятина, несмотря на то что ее поэзия его мало или совсем не интересовала[35]. По его собственному выражению, «…по части стихов я дилетант»[36].

В апреле 1923 года Замятин написал критическое эссе «Новая русская проза», которое было напечатано в августе того же года. Он сделал обзор творчества современных писателей — задача, за которую, по его словам, он вынужден был взяться из-за от-

---

[34] Письма В. П. Полонскому от 15 февраля и 22 марта 1923 года [РГАЛИ. Ф. 1328. Оп. 1. Ед. хр. 147]; письмо В. П. Полонскому от 2 марта 1923 года [ОР ИМЛИ. Ф. 47. Оп. 3. Ед. хр. 166].

[35] [Любимова 2002: 242, 243–244, 247–248] (Литвин Е. Ю. «А. А. Ахматова и Е. И. Замятин: Переписка (1922–1924)»); [BDIC, dossier 166].

[36] Письмо М. Я. Козыреву от 20 февраля 1922 года [РГАЛИ. Ф. 1776. Оп. 1. Ед. хр. 4].

сутствия профессиональных критиков. Он утверждал, что к тому времени «Серапионовы братья» уже вовсе не были братьями: «…отцы у них разные; и это никакая не школа и даже не направление; <…> это просто встреча в вагоне случайных попутчиков». Пильняка он назвал самым ярким из московских писателей, наряду с Пастернаком: «…это писатель без роду и племени. Он — не новый такой-то, а сразу же: Пастернак». Для многих русских литераторов, уехавших за границу, отмечал он, эмиграция, видимо, не стала плодотворной. Исключением был А. Н. Толстой, хотя Замятин достаточно пренебрежительно писал о его «Аэлите». Он представляет «европейского» И. Г. Эренбурга как «…пожалуй, самого современного из всех русских писателей внутренних и внешних» и с восхищением пишет о его авторской иронии и новаторских произведениях. Он видит перспективы в будущем для ряда авторов, которые, подобно Эренбургу, Толстому и ему самому, используют в своей прозе элементы фантастического, и предсказывает их развитие «…от быта — к бытию, от физики — к философии, от анализа — к синтезу» [Галушкин и Любимова 1999: 82–95] («Новая русская проза»). Молодой Эренбург, который сам восхищался Замятиным как «единственным европейцем», пришел в восторг, узнав о такой высокой оценке своего «Хулио Хуренито», и написал Замятину из Берлина, чтобы сказать, как высоко он ценит замечания «большого мастера», выражая надежду, что когда-нибудь они смогут встретиться[37].

На время забыв об идее уехать из России, в июне Замятин вернулся к творчеству и начал писать «Рассказ о самом главном». В этом тексте, в соответствии с неореалистической концепцией синтеза реальности и фантастики, Замятин описывает бессмысленную вражду Гражданской войны через ситуацию, когда человека берет в плен его бывший сокамерник, к тому же герой открывает для себя истинную любовь накануне собственной казни. Основная сюжетная линия пересекается с двумя побоч-

---

[37] Письмо от Эренбурга, 31 мая 1922 года [Попов и Фрезинский 1993, 1: 257]; письмо от Эренбурга, 16 мая 1923 года [Фрезинский 1996б: 171].

ными, одна из которых — обрывочная история о двух последних выживших обитателях звезды, которая скоро врежется в Землю. Они ищут планету с большим количеством воздуха, где никто не будет убивать друг друга. Автор оставляет читателю надежду, что на обломках этих разрушений, возможно, вырастет новая жизнь, так же как мучительные дергания гусеницы, превращающейся в куколку (третья сюжетная линия этого рассказа), в конечном итоге приводят к возрождению жизни в новой форме. Рассказ написан очень туманно, насыщен различными образами, очевидно, отражающими вновь усилившееся внимание автора к литературному творчеству, что в тот момент помогало отвлечься от отношений с ГПУ.

В июне Замятин читал отрывки из «Мы» на вечере, устроенном Петроградским отделением ВСП [Галушкин 1994: 368–369]. В июле появилось одно из первых объявлений о предстоящей публикации английского перевода романа нью-йоркским издательством «Dutton & Co»[38]. Тем летом, опровергая обвинение в том, что он плохо осведомлен об английской литературе, Замятин писал Чуковскому о нескольких книгах, которые рассматривались для перевода «Всемирной литературой»: «Вдали от обезумевшей толпы» Харди, «Сыновья и любовники» Лоуренса, «Карта» Арнольда Беннета, а также произведения Синклера Льюиса и Конрада. Он отмечает, что у них все еще нет романа для нового выпуска журнала «Русский современник», и в шутку предлагает: «Не пустить ли "Мы" — в виде перевода с португальского? Успех обеспечен. На старости лет занялся опять рассказами: пишу "Рассказ о самом главном". Если не сойду с рельс — скоро кончу — и начну для отдыха пустяк: "Непорочное зачатие"»[39]. В первой половине июля он закончил черновик этого нового рассказа, который получит название «О чуде, происшед-

---

[38] Письмо Людмиле, 15 сентября 1924 года [РНЗ 1997: 270, примеч. 9].

[39] В феврале 1928 года Замятин также пытался издать перевод романа Уилки Коллинза «Женщина в белом». Рассказ Замятина был опубликован в 1926 году [Давыдова и Тюрин 1996: 142–143]; [Любимова 2002: 219–220] (Галушкин А. Ю. «Е. И. Замятин и К. И. Чуковский — переписка (1918–1928)»).

шем в Пепельную среду». В этой шаловливой истории демонический чешский врач издевается над наивным молодым священником, убеждая последнего, что у него родился сын от архиепископа. Как свойственно замятинской прозе, представители духовенства изображены здесь сексуально озабоченными, бисексуальными или чересчур женственными — везде сквозит неуважение к церкви, которое в очередной раз шокировало бы его благочестивого отца.

Замятин и Людмила провели то лето, как обычно, в разных местах с конца июля до середины октября. Вопрос о его эмиграции, видимо, еще обсуждался в Москве Воронским, Каменевым, Луначарским и Уншлихтом в ГПУ, поскольку он писал ей: «Все это как будто говорит (пока), что придется ехать. Мне все равно. Здесь надоело все, тесно, нужно что-то новое. <...> ...бездельничаю, читаю Конан-Дойля и "Мир приключений", очень лениво, спокойно и скушно. <...> Если пришлось бы ехать — ей-Богу, сейчас поехал бы охотно» (26 и 31 июля)[40]. Он остался в Петрограде, в то время как Людмила поехала в Нижний Новгород, чтобы возобновить медицинскую работу в Красном Кресте. В их отношениях, очевидно, был очередной тяжелый период, и на ее жалобу, что он отдалил ее от себя, он ответил:

> ...мне нужно на время остаться одному. Просто сил больше не хватало выносить Ваш измученный вид и каждую минуту вспоминать, что я — виной, и все эти разговоры. А сейчас я уже отошел немного, уравновесился. Кажется, возвращается прежнее мое состояние «окамененного нечувствия» (об избавлении от которого есть молитва в православной церкви) — состояние последних моих лет, когда жизнь только на поверхности, на один вершок глубины.
>
> И все-таки «злая воля» моя — если она тут и была — может быть, не совсем злая и эгоистическая. Мне как-то обидно было, что Ваша жизнь уперлась в кухню, в мелочи, в Аграфену, в чистую скатерть. И мне хотелось сделать попытку чем-нибудь

---

[40] События лета 1923 года отражены в его письмах Людмиле от 26 и 31 июля и 12–16 августа 1923 года [РНЗ 1997: 240–245, 249–253]. Соответствующие даты приводятся после цитат в тексте.

заполнить Вас (потому что я, кроме огорчений, ничем не способен Вас заполнить). Я еще не уверен, что эта попытка неудачна.
Обо мне — не беспокойтесь, никак. У меня — никаких новых огорчений. К заграничной этой истории — я уже давно привык...
(31 июля).

В этих письмах он мимоходом упоминает женщину по имени Мэри. Анненков описывает ее как местную красавицу, за которой они с Замятиным ухаживали одновременно, — или это была все та же Мария, с которой он уже флиртовал ранее? Возможно, это и стало одной из причин ухудшения его отношений с Людмилой тем летом. Затем он спросил, как она справляется с амбулаторией: «Конечно, вовсе не так страшно, как Вам казалось — уверен, что Вы — на высоте, и Вас уже начинают обожать» (5 августа). Когда Людмила уехала из Нижнего на отдых в Златоуст, он надеялся, что она будет довольна, что сама заработала деньги на поездку, и ее уверенность в себе вырастет: «...и отдохнули от кухни, Агры, меня и всех петербургских пакостей» (12 августа). Между тем у него были хорошие отношения с Агрой, которая обычно укладывала спать кукол Ростислава и Мишу; сшив для Ростислава новую курточку, она заканчивала такую же и для самого Замятина. «Рад, что Вы, по-видимому, начали спать и вообще приходить в себя. Пора. Кашлять-то по вечерам — кончили? Вы можете меня, конечно, обрезать, как часто бывало: "Вам это должно быть безразлично", — но что сделаешь — не безразлично» (14 августа).

Тем временем он узнал от П. Кеннадэя из Нью-Йорка, что перевод «Мы» на время отложен, так как Зилбург готовился к медицинским экзаменам (впоследствии он стал выдающимся психоаналитиком и историком психиатрии). Кеннадэй также дал понять, что «Островитяне» не могут быть приняты к публикации в США (возможно, из-за насмешек над англосаксонскими нормами поведения?). Иванов-Разумник, чей коллега Мстиславский пытался добиться публикации «Мы» в «Основах», раздобыл роман и сам прочитал его. Роман так понравился Иванову-Разумнику, что он пригласил Замятина прочитать его в литературной организации, которую возглавлял — «Вольфил» (Вольная философская ассоциация) [ОР ИМЛИ. Ф. 47. Оп. 3. Ед. хр. 91]. 10 августа Замятин прочитал там первые 12 глав, но потом попросил продолжить чтение кого-нибудь другого, потому что собирался уехать на отдых.

15 августа он послал записку Ахматовой (где насмешливо обращался к ней как к своей «дорогой великой современнице»), обещая зайти к ней в гости вечером перед своим отъездом из Петрограда в Коктебель, в Крым. Летом 1923 года поэт М. А. Волошин разрешил писателям, ученым и художникам бесплатно жить на своей огромной вилле, и около 200 человек в разное время воспользовались его великодушным приглашением[41]. Вместе с Замятиным туда приехало еще двадцать человек, и его поместили в очень скромную побеленную комнату. Он выработал для себя простой режим купания, отдыха, прогулок и солнечных ванн. Там было много доступной дешевой еды (то есть по ценам от 30 до 40 миллионов рублей — результат инфляции), но обилие различных фруктов сказалось на пищеварении, и он жаловался на бессонницу — хотя в его понимании бессонными были и ночи, когда он спал по семь часов. В основном он держался особняком, иногда по вечерам навещая Волошина, чтобы послушать его рассказы о Крыме во время Гражданской войны и воспользоваться его прекрасной библиотекой. Во время поездки он сам работал над своим «Рассказом о самом главном», повествующем о Гражданской войне. По просьбе Волошина в течение следующих недель он устроил читки романа «Мы» и рассказов «Пещера» и «Алатырь»[42].

Чуковский приехал как раз к началу читки «Мы»; им с Замятиным не хватало терпения выслушивать нескончаемые беседы приветливого хозяина, и Чуковский пишет о том, как Замятин научился незаметно проскальзывать мимо крыльца дома Волошина. Они вместе проводили долгие часы на пляже, загорая нагишом

---

[41] См. [Любимова 2002: 248; Купченко 1988: 121] (Литвин Е. Ю. «А. А. Ахматова и Е. И. Замятин: Переписка (1922–1924)»).

[42] Письма Людмиле от 21 и 26–28 августа 1923 года [РНЗ 1997: 253–254, 255–256].

или собирая камни, и Чуковский отмечал, что у Замятина «...тело лоснится как у негра, хорошее, крепкое, хоть грудь впалая. <...> Замятин привез кучу костюмчиков — каждый час в другом, английский пробор (когда сломался гребешок, он стал причесываться вилкой), и влюбляться в него стали пачками» [Чуковский 2003: 287–289]. На пляже Замятин читал книгу «Мнимости в геометрии» П. А. Флоренского (1922), в которой исследовались связи между теорией относительности Эйнштейна, геометрией и литературной эстетикой, — там он нашел сходство с концепциями, разработанными им самим в романе «Мы». Эта же книга, утверждавшая, что несколько версий одной реальности могут плодотворно сосуществовать, впоследствии окажет влияние на разработку вопроса об истинности разных версий Евангелия М. А. Булгаковым в его шедевре «Мастер и Маргарита» [Curtis 1987: 149–150, 180–181, 226 (сноска 34)]. Когда Чуковский вернется в Петроград, он запишет в дневнике: «Роман Замятина "Мы" мне ненавистен. Надо быть скопцом, чтобы не видеть, какие корни в нынешнем социализме. <...> ...в одной строке Достоевского больше ума и гнева, чем во всем романе Замятина» [Чуковский 2003: 289].

10 сентября Замятин написал довольно жалобное письмо Людмиле, в очередной раз используя образ пустоты, так часто передававший его болезненное ощущение вины перед ней. И наоборот, в его прозе образ наполненности всегда ассоциируется с женственностью и плодородием:

> Мне как-то горько было от последнего Вашего письма и оттого, что Вам уже не хочется писать мне, и от мысли, что может быть так лучше. Какое у меня право сказать Вам: «Не ездите туда-то» или «Приезжайте туда-то»? <...> Что же вместо этого могу предложить Вам я — изломанный, больной, неудовлетворенный ничем и никем? Боюсь, что я выжжен, выболел, пуст — и бог его знает, что буду делать, чтобы чем-нибудь напихать эту пустоту (10 сентября)[43].

---

[43] Поездка в Коктебель описывается в его письмах к Людмиле от 10 сентября, 28 сентября — 3 октября и 8–10 октября 1923 года [РНЗ 1997: 257–261]. Соответствующие даты приводятся после цитат в тексте.

Через четыре недели другие гости Коктебеля стали собираться домой, и он подумывал, не уехать ли и ему: «Надо ехать отсюда в Лебедянь — не хочется» (10 сентября). Он не успел написать ничего своего, но отредактировал перевод еще одного романа Уэллса. «Иногда думаю: какие люди около Вас и что у Вас с ними? Не пейте много вина, не надо» (10 сентября). Однако через две недели, когда погода переменилась к осени, он все еще был на юге: «На институт и на все дела в Питере как-то махнул рукой. Очень не хочется из Москвы трястись в Лебедянь, уж не знаю, поеду ли» (28 сентября). За лето ему удалось набрать в весе всего два килограмма.

> На днях от Воронского получил письмо. Пишет, что был у прокурора Г. П. У., говорил с ним обо мне. Мне — по словам Воронского — надо подать в Г. П. У. заявление о пересмотре моего дела и о том, чтобы меня оставили. Стало быть, эта канитель все еще тянется.
> От Вас после последнего письма из Нижнего — ничего. После этого письма встосковнулось о Вас на несколько дней, потом опять осело на дно. Живу — и как-то ничего не хочется: ни гулять, ни есть, ни любить, ни писать, только бы лежать на солнце и ни о чем не думать.
> Завтра Ваши именины, и мне нечего подарить Вам — ничего у меня нет (28 сентября).

3 октября он наконец отправился на север, поехав вместе с Чуковским в купе первого класса, и оба они привезли с собой горы винограда и груш. Поразительно, что в этих письмах, спустя почти 20 лет совместной жизни, Замятин по-прежнему использует вежливую форму обращения к своей жене — даже когда рассказывает, как однажды ночью его разбудила мышь, севшая ему на руку, при виде которой Людмила умерла бы со страху.

В Москве он встретился с Пильняком, позвонил Воронскому и подал заявление в ГПУ, а также поговорил с актерами Первой студии МХАТа, которые продолжали убеждать его написать пьесу по мотивам «Островитян». «Вообще, кажется, в Петербурге нужно будет сесть за стол и кончить хоть на время беспутную свою и бродячую жизнь» (9 октября). Немного кривя душой, он признался, что не собирается в Лебедянь отчасти из-за трудной ночной поездки в поезде туда и обратно, а также из-за того, что сможет пробыть там всего три-четыре дня: «Попасть в Институт в конце октября — вместо середины сентября — неловко» (9 октября).

Одним из первых текстов, написанных им после возвращения домой в середине октября (возможно, его вдохновило недавнее чтение Флоренского, который смело применяет последние математические открытия к исследованию дантовского ада), стала статья, которая получит название «О литературе, революции, энтропии и о прочем». Статью он открывал эпиграфом, взятым из его собственного еще не опубликованного романа «Мы», и там говорилось о логической невозможности определения «последнего» числа или «последней» революции. Размышляя о том, как энтропия или догматизм всегда подрывают ход любой революции, будь она социальной, художественной или научной, он заявлял, что «еретики — единственное (горькое) лекарство от энтропии человеческой мысли» и что писатель должен быть как ребенок, который всегда задает самые простые и самые глубокие вопросы: «зачем?» и «что дальше?». Как и новая математическая наука, новейшее искусство не является ни реалистическим, ни объективным, но состоит из сдвигов и искажений; после Эйнштейна мир Евклида остается далеко позади [Галушкин и Любимова 1999: 95–101] («О литературе, революции, энтропии и о прочем»). Он отослал статью Воронскому, но прекрасно понимал, что пропустить ее через цензуру будет очень трудно [Купченко 1988: 121–122].

Сделанная 11 ноября подпись для Людмилы на экземпляре сборника рассказов «На куличках» (из которого цензоры убрали и «Сподручницу грешных», и «Дракона») позволяет думать, что их летняя разлука и ее возвращение к медицинской работе действительно помогли им наладить отношения: «Миле Николаевне — замечательной, новой. Евг. Замятин Спб. 11-XI-1923 11 ч. веч.» [РНЗ 1997: 523]. Через пару дней они написали нежное письмо Лунцу в Гамбург, который после перенесенного инсульта был очень слаб. Замятин поделился с ним всеми литературными сплетнями, касающимися «Серапионовых братьев», и рассказал о том, что писал в последнее время, — о «Пепельной среде», которая, по его словам, так же непристойна, как «инок Эразм». Он также жаловался на то, что власти помогают ему сохранить «невинность», так как систематически препятствуют получению им писем из-за границы. В феврале 1924 года в ответ на шутливый рассказ, отправленный Лунцем к третьей годовщине основания «Серапионов», он вместе с другими писателями написал дружеское коллективное послание молодому человеку, который на тот момент уже был безнадежно болен. Через три недели Людмила добавила ласковую приписку к очередному письму Замятина Лунцу, пожелав последнему здоровья и передавая приветы от себя, «Миши» и «Растопырки». 7 мая Замятин писал о возможностях постановки пьес Лунца (последняя из них была посвящена ему самому). Поскольку Лунц, которому было 23 года, умер всего через пару дней, вполне вероятно, что письмо так и не дошло до адресата[44].

Чуть раньше, летом 1923 года, молодой московский критик Я. В. Браун посетил Замятина, так как хотел написать о нем эссе. Это была одна из немногих критических статей, вышедших в России после 1917 года, автор которой сочувственно относится к Замятину. Она вышла под названием «Взыскующий человек (Творчество Евгения Замятина)» в выпуске «Сибирских огней» за сентябрь — декабрь 1923 года. Браун отмечает скепсис и беспощадную критику буржуазного мещанства в дореволюционных рассказах Замятина. Он прослеживает «биографию идей» романа «Мы», идущую от Великого Инквизитора Достоевского, через «Островитян» и рассказы о Фите, и вызревающую в пьесе «Огни св. Доминика». Хотя Браун считал, что научные представления Замятина ограничивают его художественные достижения, тем не менее он называл его «самым лукавым писателем в русской

---

[44] [Kern 1988: 266–267, 267–268, 268–271; Фрезинский 2003: 41, 247; Malmstad and Fleyshman 1987: 120; Лунц 2007: *passim*].

литературе», способным постоянно расти дальше: «...явление Замятина — большое, многорадостное явление литературной современности»[45].

В начале зимы 1923 года по просьбе художника Б. М. Кустодиева, прикованного к инвалидному креслу, почти каждое утро в течение двух недель Замятин навещал его, так как тот работал над его портретом. Позже он с нежностью вспоминал эти разговоры «...о людях, о книгах, о странах, о театре, о России, о большевиках», притом что Кустодиеву приходилось, когда он смеялся, наклоняться вперед, чтобы облегчить свою боль. Кустодиев в то время чувствовал себя особенно плохо, а после неприятного случая, когда от невольной судороги ног краски разлетелись по всей комнате, ему пришлось привязать ноги к креслу. Вскоре после этого он перенес долгую операцию на позвоночнике под местной анестезией — нужно было удалить опухоль, которая угрожала важной для художника подвижности правой руки. Постоянно находившийся в четырех стенах Кустодиев очень любил, когда его гости рассказывали о своих поездках, и Замятин отмечает, как жадно художник наблюдал за тем, что происходило за его окном, собирая зрительные впечатления для своих красочных произведений, наполненных деталями русской жизни[46]. Но хотя Замятину удалось завести дружбу с одним художником, он потерял возможность общения с другим. Летом 1924 года Ю. П. Анненкову разрешили поехать на Венецианскую биеннале, где в советском павильоне наряду с его главной работой, привезенной на выставку, — огромным, в полный рост,

---

[45] Письмо Людмиле от 5 августа 1923 года [РНЗ 1997: 245–248; Браун 1990: 204–220]. Следующим летом Браун сказал Замятину, что его статья была сильно исправлена цензурой, но он надеется опубликовать изначальную версию в книге, включив несколько дополнительных комментариев (письмо Брауна от 1 июня 1924 года [ОР ИМЛИ. Ф. 47. Оп. 3. Ед. хр. 41]).

[46] Из «Встреч с Кустодиевым» (1927). Замятин, возможно, неправильно запомнил время, когда произошли эти события, как «в начале зимы 1923 года». Было высказано предположение, что они имели место в первой половине 1923 года [Любимова 2002: 218, примеч. 3].

изображением Троцкого в образе военачальника — были выставлены некоторые из его портретов. Когда выставка закончилась, он просто остался за границей. Сначала Анненков отправился навестить Горького в Сорренто, потом поехал в Германию и наконец поселился в Париже, где он уже ранее жил с 1911 по 1913 год. Он так и не вернулся в СССР. Его жена Елена, балерина, тоже сумела уехать за границу и пыталась устроиться в парижской труппе С. П. Дягилева, где уже работала первая жена Анненкова Валентина[47].

17 февраля 1924 года Замятина пригласили прочитать выдержки из романа «Мы» критикам и писателям в Институте истории искусств в Ленинграде (через пять дней после смерти Ленина, последовавшей 21 января, город был снова переименован). В тот день у Замятиных остановился Пильняк и, скорее всего, был на этом мероприятии [Любимова 2002: 250, примеч. 1]. Через несколько недель хорошо информированное эмигрантское издание в Праге сообщило, что цензоры в Москве вынесли окончательный вердикт о невозможности публикации «Мы» в СССР на русском языке[48]. Возможно, это было последнее публичное чтение романа до его официального запрета [ОР ИМЛИ. Ф. 47. Оп. 2. Ед. хр. 17; Барабанов 1988: 527; Галушкин 1994: 369]. Запрет был подтвержден в ходе обсуждения романа Гублитом (ленинградским литературным отделом) в конце апреля — начале мая. Литературовед А. М. Эфрос так описывает это заседание:

> Начинаю похоронным звоном: вчера замятинский «Интеграл» приказал долго жить. <...> Я был торжественно приглашен для выслушивания резолюции: <...> «...мы не привыкли, чтобы подобные вещи представлялись даже на просмотр, — будь это кто-либо иной, мы бы просто закрыли издательство, но вам мы делаем только предостережение, что впредь такие вещи здесь

---

[47] Endicott Barnett V. «The Russian Presence in the 1924 Venice Biennale» // The Great Utopia — The Russian and Soviet Avant-Garde, 1915–1932. New York: Harry N. Abrams, Inc., 1992. P. 467–473; [Анненков 1991, 1: 34–35].

[48] 7 апреля 1924 года [RS 1996 II, 2: 492, примеч. 25] (Янгиров Р. М. «"Заветный друг"...»).

нетерпимы». <...> Разговор пошел крупный. <...> И в результате, конечно, каждый остался при своем. <...> ...утопический роман — видите ли, государственная опасность![49]

Даже после того, как роман был официально запрещен, Замятин позволял отдельным людям читать его. В следующем году В. А. Рождественский писал ему: «То, что Вы дали мне — прекрасно. Вам я обязан одной бессонной ночью и выбитым из колеи днем. Об этом не жалею, конечно, а очень и очень прошу Вас оставить мне рукопись еще на 3–4 дня. Дома читаем ее вслух (шире это не уйдет никуда). Мне кажется, меня давно так не волновала книга наших лет»[50].

Из Берлина в Россию ненадолго приехал И. Г. Эренбург, который впоследствии сыграет важную роль в жизни Замятина. В те годы он пользовался недоступной почти никому свободой передвижения, так как сочувствовал советским властям и приобрел много контактов среди левой европейской интеллигенции во время своего политического изгнания до революционных событий 1917 года. Их первая встреча состоялась в марте. К декабрю Эренбург переехал из Берлина обратно в Париж, где жил с 1908 года до революции, и в красочных деталях описывал оживленные вечера в своем излюбленном месте — кафе «Ротонда» на Монпарнасе. Он пытался опубликовать работы Замятина в Чехословакии и Франции. Однако из-за того, что СССР не подписал международную конвенцию об авторском праве, французские писатели ничего не получали при переводе их произведений на русский язык, и, соответственно, французские издатели не спешили принимать русские произведения для перевода на французский [Попов и Фрезинский 1993–2001, 2: 9; Фрезинский 1996б: 162–164, 171, 172–173].

---

[49] Письмо (вероятно, от А. М. Эфроса А. Н. Тихонову), цит. в [Галушкин 1994: 372].

[50] См. замечания о тексте романа, сделанные В. Я. Иретским [Любимова 2002: 169], Д. В. Петровским и другими [Галушкин 1994: 370]; письмо В. А. Рождественского от 19 января 1925 года [ОР ИМЛИ. Ф. 47. Оп. 3. Ед. хр. 173].

Несмотря на запрет советской властью выхода «Мы» в СССР, в течение 1924 года Замятин продолжал переговоры о новых переводах романа для публикации за границей. В январе Вольфганг Грегер, первый немецкий переводчик, изучивший роман, пришел к выводу, что текст талантлив, но в нем «слишком мало русского» на немецкий вкус [ОР ИМЛИ. Ф. 47. Оп. 3. Ед. хр. 65]. В августе и декабре того же года Замятин получил письма от Романа Вальтера с просьбой разрешить ему забрать роман у Д. А. Уманского, которого писатель назначил своим представителем после встречи с ним в Ленинграде в апреле[51]. Но Уманский оказался не очень хорошим агентом, и в конце концов Замятину пришлось извиняться перед Вальтером за то, что тот не отвечал ему[52]. Перевод «Пещеры», сделанный Уманским, вышел в Германии в январе 1925 года[53], и тогда же Замятин писал Федину, свободно говорившему по-немецки, чтобы узнать его мнение об этом переводе. Замятин к тому времени уже успел получить письма из Берлина от людей, критиковавших этот перевод и советовавших предложить роман «Мы» Вальтеру[54]. По ту сторону Атлантики дела шли гораздо лучше. В июле 1924 года Зилбург написал из Нью-Йорка, что наконец получил корректорские гранки английского перевода романа. К 1 ноября пробные экземпляры уже были разосланы рецензентам, но официальный выпуск книги был чуть-чуть задержан, так как в США 3 ноября должны были состояться президентские выборы. Одна кинокомпания заинтересовалась романом, кроме того, Зилбург послал по экземпляру Герберту Уэллсу и русскому ученому Д. С. Мирскому в Лондон [ОР ИМЛИ. Ф. 47. Оп. 3. Ед. хр. 84].

Самым важным проектом для Замятина в 1924 году оказался новый журнал «Русский современник», который, по мнению одного критика, стал последним свободным журналом, издавав-

---

[51] Письмо от 5 октября 1924 года [ОР ИМЛИ. Ф. 47. Оп. 3. Ед. хр. 16]; письма от 10 августа и 4 декабря 1924 года [ОР ИМЛИ. Ф. 47. Оп. 3. Ед. хр. 51].

[52] Письмо от 1 января 1925 года [ОР ИМЛИ. Ф. 47. Оп. 3. Ед. хр. 19].

[53] В *Die Neue Rundschau*; см. [BDIC, dossier 218].

[54] Письмо от 21 марта 1924 года [Федина и Старков 1990: 82].

шимся в Советской России. Замятин был одним из главных членов его редколлегии наряду с Горьким (находящимся за границей), Тихоновым, Чуковским и А. М. Эфросом[55]. В связи с возобновлением коммерческой деятельности в рамках НЭПа они получили разрешение на публикацию журнала, который должен был выходить раз в два месяца, в форме частного бизнеса [Купченко 1988: 122–123]. В середине апреля редакция купила дорогие билеты в Москву за счет своего спонсора Н. И. Магарама. Тихонов попросил членов редколлегии в присутствии Магарама подтвердить, что они не намерены использовать журнал даже для косвенных нападок на советскую власть: «Все мы ответили: *нет*, Замятин тоже ответил *нет*, хотя и не так энергично, как, напр., Эфрос» [Чуковский 2003: 313]. За официальным открытием журнала последовал пир у Магарама, который продолжался до семи утра, при этом стол ломился от яств, ликеров и портвейна тридцатилетней выдержки[56]. 23 апреля Замятин прислал Людмиле нежную записку, обращаясь к ней, как всегда, в вежливой форме, но нехарактерно для себя подписав ее только своим инициалом и обещая вернуться домой через пару дней: «Пусть мальчики [т. е. куклы] до пятницы получше присмотрят за Вами. Е. Спасибо за письмо. Оно такое хорошее, что мне прямо стыдно»[57].

Когда в середине мая вышел первый номер «Русского современника», работа над вторым уже шла полным ходом. Первый, очень яркий выпуск журнала включал произведения Ахматовой и Сологуба, Эйхенбаума и Тынянова, Горького, Леонова, Андреева, Пильняка и Бабеля, а также «Рассказ о самом главном» Замятина. По поводу последнего Пильняк также написал заметку для юмористического раздела журнала, в которой упоминает, что

---

[55] [Malmstad и Fleyshman 1987: 119]; [Полякова 2009: 465–475] (Ерыкалова Е. И. «Е. И. Замятин — редактор "Русского современника": Дискурс 1924-го года).

[56] [Любимова 1994: 100]; письмо Людмиле от 20 апреля 1924 года [РНЗ 1997: 263–266].

[57] Письмо Людмиле от 23 апреля 1924 года [РНЗ 1997: 266].

Замятин перепутал гусениц[58]. В целом рассказ был не очень хорошо принят: Ходасевич написал Горькому из Парижа, отмечая, что «очень плох Замятин, <...> вымученный писатель»; Горький согласился с ним, ответив, что «избыток ума» мешал развитию писательского таланта Замятина и что, несмотря на попытки писать «как европеец», он до сих пор не написал ничего лучше «Уездного». Федин также написал Горькому в июле, ворчливо отмечая, что журнал получился сухим и академичным[59].

Тем временем Замятин описывал Чуковскому, как страшно он устал, пока, выкуривая не менее 50 сигарет в день, заканчивал обзор других современных журналов для второго номера «Русского современника». Речь идет об эссе «О сегодняшнем и о современном», завершенном 8 июля. В этой критической статье Замятин жаловался, что немногие авторы имеют смелость правдиво описывать события предыдущего десятилетия. Однако он отмечает потенциал одного из новых авторов, М. А. Булгакова, чей рассказ «Дьяволиада», по его мнению, свидетельствует о настоящем кинематографическом композиционном чутье автора и соответствует замятинским критериям неореализма, так как в нем используется «фантастика, корнями врастающая в быт». Он также отмечал писателя И. Э. Бабеля за удачное использование им гоголевской техники сказа, где личность автора маскируется наивным повествовательным голосом от первого лица [Галушкин и Любимова 1999: 101–112] («О сегодняшнем и о современном»). В ноябре того же года, находясь в Москве, Замятин вместе с Пильняком пошел на общественное собрание, на котором Бабель был вынужден защищать свой цикл «Конармия» перед помощником главнокомандующего Красной армией С. М. Буденным, возмущенным этим текстом и обвинявшим его автора в том, что тот порочит образ армии[60].

---

[58] Письмо от 28 мая 1924 года [Андроникашвили-Пильняк 1994: 140].

[59] Письмо Ходасевича от 27 июня 1924 года; ответ Горького от 1 июля 1924 года [Примочкина 1996: 184–185]; письмо Федина Горькому от 16 июля 1924 года [Чудакова 1988: 512].

[60] Письмо Людмиле от 27–28 ноября 1924 года [РНЗ 1997: 278–279].

В течение того года Б. Д. Григорьев несколько раз писал Замятиным и достаточно противоречиво отзывался о жизни в эмиграции. Он побывал в Америке, где наконец добился настоящего успеха, и был очарован американским народом, обильной едой и небоскребами с их неоновой рекламой. На недавнем празднике в Бретани они танцевали фокстрот в американском стиле. Однако через пару месяцев он уже писал, что его очень манит предложение вернуться на родину и подготовить декорации для пьес Замятина, так как Америка ему уже надоела и он снова мечтает побывать в России. В декабре в открытке, посланной из Нью-Йорка, он вновь восторженно пишет о собственных успехах и планах поехать во Флориду, чтобы написать несколько портретов на фешенебельном курорте Палм-Бич. Вскоре он опять написал им из Нью-Йорка, сообщая, что уже не хочет возвращаться в Россию и любит только Францию и Париж. Григорьев уговаривал сообщить ему, когда они собираются уехать из России, и предлагал первое время пожить у него. Но дела обстояли таким образом, что «угроза» принудительной высылки из страны — а значит, и возможности для Замятина выехать за границу — в том году окончательно сошла на нет. 8 августа 1924 года уголовное дело, открытое во время его ареста в 1922 году, было окончательно закрыто Ленинградским ОГПУ [бывшим ГПУ]. Осенью 1925 года Григорьев с сожалением отмечал, что «...много разной сволочи приезжает в Париж, но таких драгоценнейших людей как Замятины, все не видать, да не видать»[61].

Когда пришло официальное известие о закрытии дела, Замятин был далеко от ленинградской суеты, уже почти две недели восстанавливая свое здоровье в Лебедяни. Дружеское приглашение Волошина вернуться летом в Коктебель выглядело весьма привлекательным, но он с удовольствием нежился на солнышке в Лебедяни и читал книги среди аромата яблок (в своих письмах

---

[61] [Терехина 1988: 166–171]; письмо Людмиле от 31 июля 1923 года [РНЗ 1997: 244, примеч. 1].

он упоминает десять разных сортов)[62]. Людмила, по-видимому, приехала в Лебедянь с ним, так как шуточный документ о дарении ей одной из яблонь датирован 25 августа, но вскоре уехала оттуда в Златоуст [Каталог выставки 1997: 12]. Через пару недель Замятин написал ей туда, ласково называя ее своей «дружечкой» (лебедянское слово), очень жалея, что не поехал на юг. 15 сентября он уже был в Москве.

Второй номер «Русского современника» вышел в середине августа, а Замятин уже работал над третьим выпуском. Тихонов в это время был на Кавказе, Чуковский заболел («по обыкновению»), и он чувствовал, что будущее журнала под угрозой, тем более что даже «Красная новь» Воронского стала объектом внимания и политического давления властей. В конце сентября Чуковский признался в собственной оплошности — он вставил в «Русский современник» строку, где упоминалась икона, после того как цензоры окончательно утвердили текст. Это привело к дальнейшим задержкам, и поэтому третий номер поступил в продажу только в октябре[63]. В этом выпуске Замятин опубликовал неприятные слова в адрес Горького. В своих воспоминаниях о Блоке, написанных в 1921 году, он намекнул, что литературные пристрастия Горького довольно поверхностны и что он не сделал всего возможного для того, чтобы помочь Блоку выехать на лечение за границу. Горькому также не понравились тексты Пильняка и Шкловского, вошедшие в журнал, и он сообщил Тихонову, что намерен выйти из членов редакционной коллегии[64]. В письмах к Федину и Слонимскому, отправленных в течение следующих месяцев, Горький все более открыто дистанцировался от Замятина, которого он снова упрекал в сухом и теоретическом подходе к литературе, «по Эйнштейну» [Чуда-

---

[62] Письмо от 10 августа 1924 года [Купченко 1988: 123].

[63] Письма Людмиле от 8, 15 и 28 сентября 1924 года [РНЗ 1997: 266–268, 268–271, 271–275; Чуковский 2003: 332–335].

[64] [Любимова 2002: 231, примеч. 2] (Галушкин А. Ю. «Е. И. Замятин и К. И. Чуковский: Переписка (1918–1928)»); [Примочкина 1987: 151–152]; [Галушкин и Любимова 1999: 114–123] («Воспоминания о Блоке»).

кова 1988: 518]. В мае 1925 года Горький высказался о «Рассказе о самом главном»: «...это уже не искусство, а попытки иллюстрировать некую философскую теорию — или гипотезу...»[65]. Он даже убедил знакомых чешских писателей не переводить Замятина и порекомендовал вместо него Бабеля, Леонова, Федина и Тихонова[66].

К 1 ноября четвертый номер «Русского современника» уже был набран и ожидал публикации в течение двух недель[67]. Однако 5 ноября «Правда» раскритиковала журнал, и издатель Магарам решил больше его не финансировать. Это поставило под угрозу будущее журнала, и Замятин обратился к Пильняку, чтобы тот помог найти нового спонсора[68]. Он же стал и главным автором ответа редакции на статью «Правды»[69]. Озаглавленная «Перегудам от редакции "Русского современника"», она напоминает читателю о персонаже Лескова («Заячий ремиз») со странным именем Оноприй Опанасович Перегуд, который занимается тем, что доносит властям о любых потенциально опасных действиях против них. Замятин пишет: «...в "Русском современнике" нет людей, враждебных революции, но есть люди, враждебные этой отрыжке вчерашнего: правдобоязни, угодничеству, самодовольству — в какие бы цвета это ни перекрашивалось». Он также утверждает, что интерес журнала к великой литературе вполне легитимен [Галушкин и Любимова 1999: 123–131] («Перегудам от редакции "Русского современника"»). Это письмо было принято плохо. 12 декабря Чуковский зашел к цензорам, чтобы узнать последние новости о четвертом номере, который должен был появиться перед новогодними праздниками, но ему сказали, что журнал будет закрыт. В конце концов они получили

---

[65] Письмо Горького Слонимскому [Примочкина 1996: 185].

[66] [ОР ИМЛИ. Ф. 47. Оп. 3. Ед. хр. 95]; также см. [Дэвис и Келдыш 2002: 707, 710].

[67] Письмо К. А. Треневу [РГАЛИ. Ф. 1398. Оп. 2. Ед. хр. 325].

[68] Письмо Людмиле от 24 ноября 1924 года [РНЗ 1997: 276–278].

[69] [Любимова 2002: 232, примеч. 2] (Галушкин А. Ю. «Е. И. Замятин и К. И. Чуковский: Переписка (1918–1928)»); [Чуковский 2003: 336, 338–339].

разрешение на публикацию этого номера, несмотря на противодействие одного цензора, Быстровой, которая утверждала, что журнал может нанести огромный вред рабочим и красноармейцам. Однако вскоре они обнаружили, что векселя, которые они использовали для оплаты работы типографии, не были погашены, и поэтому ее работники конфисковали тираж. В то же самое время эмигрантское издание в Берлине писало, что «Русский современник» «...является самым культурным и интересным из русских журналов»[70].

В декабре появились новые признаки гонений и запретов в культурной сфере. И. И. Ионов, руководитель Петроградского отделения «Госиздата», закрыл «Всемирную литературу» как независимое издательство[71]. Поэтому 16 декабря Замятин добавил еще один эпизод в свою «Краткую историю "Всемирной литературы" от основания до сего дня», завершающий ряд написанных в 1921 и 1922 годах. Это была лаконичная «Часть третья и последняя»: «Слопали! По неграмотности». Он подписал и датировал ее, и поставил на ней крест. События этих дней отражены в юмористическом коллективном альбоме Чуковского «Чукоккала» — туда, кроме «эпитафии», написанной Замятиным, вошли стихи и рисунки других участников издательства «Всемирная литература» [Чуковский 1979: 231–238].

Четвертый и последний том «Русского современника» вышел в январе 1925 года, но к тому времени его редакция уже была официально распущена. Последняя встреча ее членов состоялась 14 января, а на следующий день фотограф М. С. Наппельбаум сделал их групповой снимок. На некоторых позднейших перепечатках этой фотографии в советской прессе лицо Замятина, стоявшего чуть сбоку от всех, было замазано. И он, и Чуковский, недовольные сентиментальностью своих коллег, рано ушли

---

[70] [Чуковский 2003: 340–341, 345–349]; «Дни» (Берлин), 7 декабря 1924, цит. в [Чудакова 1988: 509–510].

[71] Письмо Людмиле от 8–9 октября 1923 года [РНЗ 1997: 261, примеч. 4; Malmstad and Fleyshman 1987: 120, note 5].

с вечеринки, устроенной после официальной части. «Блок и Гумилев умерли вовремя», — сказал Замятин, и Чуковский с ним согласился[72]. Через девять месяцев новости об отдельных попытках возобновить «Русский современник» дошли до Горького, который жаловался в письме Федину из Сорренто: «Значит — снова сухая, головная выдумка Замятина и болтовня Чуковского...»[73]. Надежды на возрождение журнала вскоре сошли на нет, и 24 декабря И. А. Груздев (единственный критик из «Серапионовых братьев») написал Горькому: «В возобновление "Русского современника" я всерьез не верил, теперь, кажется, этот вопрос отпал окончательно». Хотя ему не во всем нравился журнал, он признавал, что это было единственное место, где писатели могли писать о литературе то, что думали, и жалел, что он закрылся [Чудакова 1988: 512].

Еще одной важной сферой деятельности Замятина в 1924 году была работа в театре. 18 января актер МХАТа В. П. Ключарев, также отвечавший за репертуар, снова озвучил в письме писателю прошлогоднее предложение написать пьесу для Студии МХАТа по «Островитянам». Кроме того, он передал официальное приглашение театра, последовавшее после разговора Замятина с режиссером А. Д. Диким, написать пьесу для МХАТа по мотивам повести Н. С. Лескова «Левша» (1881) (она получит название «Блоха»). Замятин решил начать с инсценировки «Островитян»[74]. Черновик его трагикомедии в четырех актах, названной «Общество почетных звонарей» (имеется в виду приходское общество, служившее в повести оплотом моральных устоев викария Дьюли), был готов в июне [ОР ИМЛИ. Ф. 47. Оп. 1. Ед. хр. 129]. Пьеса была одобрена цензурой 29 сентября, но студия МХАТ в итоге отказалась от нее. Тогда 9 января 1925 года Замятин

---

[72] [Чуковский 2003: 345–352 и 588, примеч. 1 и 4; Чудакова 1988: 509–510].
[73] Письмо от 17 сентября 1925 года [Примочкина 1987: 152].
[74] Письмо Людмиле от 20 апреля 1924 года [РНЗ 1997: 264, примеч. 3 и 5]; [ОР ИМЛИ. Ф. 47. Оп. 3. Ед. хр. 100].

подписал контракт на ее постановку в Ленинграде[75]. 3 июля директор Русского драматического театра Корша в Москве написал, что они хотели бы поставить «Звонарей» в сезоне 1925–1926 годов[76]. Они заказали Б. Р. Эрдману, брату драматурга Н. Р. Эрдмана, великолепную сценографию для спектакля, но в итоге оказались не готовы выделить деньги на оплату этой работы[77]. Первая постановка «Звонарей» на русском языке состоялась не в России, а в Риге — премьера прошла 24 сентября[78]. Всего несколько недель спустя пьеса была поставлена в ленинградском Малом оперном (бывшем Михайловском) театре, но не имела успеха[79]. Замятина несколько утешало то, что ему удалось заключить контракт на публикацию «Звонарей» и «Блохи» (ее экземпляр он подписал в феврале 1926 года так: «To Mila Nicolaiwna for the memory of 19 Sanderson Road» [sic])[80] [РНЗ 1997: 274, примеч. 12, 524].

Проект, посвященный Лескову и включавший, как и «Островитяне», близкую Замятину «английскую» тематику, серьезно увлек его. В центре повествования причудливого рассказа Лескова «Левша» — тульский левша, которому удается поддержать международный авторитет России, сумев подковать лапки искусно выполненной английскими мастерами серебряной блохе в натуральную величину. Имевший собственный свежий опыт

---

[75] Контракт от 9 января 1925 года [ОР ИМЛИ. Ф. 47. Оп. 2. Ед. хр. 86]; письма Людмиле от 15, 28 и 29 сентября 1924 года [РНЗ 1997: 268–271, 271–275, 275]; [Любимова 2002: 88] (Золотницкий Д. И. "«Измена литературе»: Е. И. Замятин — драматург").

[76] Письмо от А. Р. Аксарина [ОР ИМЛИ. Ф. 47. Оп. 3. Ед. хр. 24].

[77] Письма Людмиле, написанные между 26 июля и 28 сентября 1925 года [РНЗ 1997: 283–94].

[78] См. [RS 1996 II 2: 361–75] (Исмагулова Т. Д. «Евгений Замятин на сцене театра русской эмиграции ("Общество Почетных Звонарей" и "Блоха" в Театре русской драмы г. Риги)»).

[79] [Любимова 2002: 88–90] (Золотницкий Д. И. "«Измена литературе»: Е. И. Замятин — драматург").

[80] «Миле Николаевне на память о Сандерсон Роуд, 19». В английском оригинале не совсем правильно использованы слова.

сотрудничества с английскими инженерами в области передовых современных технологий Замятин был идеальным человеком для создания инсценировки. 3 февраля он писал Ключареву: «…лесковская блоха меня укусила — так здорово, что на прошлой неделе я уже сделал первый эскизный набросок пьесы»[81]. Возможно, именно в связи с работой над этим проектом он позаимствовал у Гребенщикова том «Северные народные драмы» Н. Е. Онучкова (1911)[82]. В его версии сюжет Лескова обрамлен элементами русской народной комедии и буффонады в стиле комедии дель арте. Если Дикого больше всего интересовала судьба русского гения, то Замятина в первую очередь привлекли сказочные и фольклорные элементы лесковского рассказа с его невероятными событиями, противоречиями и анахронизмами. Когда в апреле он закончил черновик первого акта, Дикому очень понравилась его трактовка[83]. Даже рьяный коммунистический критик Садко (В. И. Блюм) поздравил МХАТ с выбором замятинской свободной адаптации лесковского оригинала, видя в ней способ выхода из ситуации, которую обычно характеризовали как «репертуарный кризис» театров в новую советскую эпоху[84].

Однако когда в конце ноября Замятин приехал во МХАТ, он понял, что красивая, но чересчур натуралистичная сценография, выполненная для спектакля пейзажистом Н. П. Крымовым, совершенно не подходит постановке. В тот же день он написал Кустодиеву, умоляя его взять на себя эту задачу. Несмотря на сильные боли, которые он в то время испытывал, Кустодиев сразу согласился[85]. Замятин вернулся в Ленинград, и их совмест-

---

[81] Цит. в [РНЗ 1997: 264, примеч. 3].
[82] [Любимова 2002: 255, примеч. 6] (Любимова М. Ю. «Я. П. Гребенщиков и Е. И. Замятин: Переписка (1916–1928)»).
[83] Письмо Людмиле от 20 апреля 1924 года [РНЗ 1997: 263–266].
[84] [Любимова 2002: 76–77] (Золотницкий Д. И. «"Измена литературе": Е. И. Замятин — драматург»).
[85] Письмо Людмиле от 22 ноября 1924 года [РНЗ 1997: 275–276; Турков 1998: 230].

ная работа пошла с невероятной скоростью. Сотрудничество, очевидно, было радостным и успешным. Замятин был в восторге от новых эскизов декораций, костюмов и реквизита, он считал, что все получилось «очень хорошо: весело, ярко, забавно, озорно», точно передавая ту сказочную и ярмарочную атмосферу, которую он хотел создать на сцене. Замятин пишет в своих воспоминаниях от 1927 года о Кустодиеве:

> Работал он над «Блохой» с большим увлечением. Да это и понятно: здесь во всю силу могли загореться краски его любимой Руси. И думаю, не ошибусь, если скажу, что это была одна из самых удачных — может быть, даже самая удачная — его театральная работа. <...> Это была едва ли не первая его крупная работа, где он совершенно отошел от обычной своей реалистической манеры и показал себя большим мастером в совершенно как будто для него неожиданной области — в гротеске[86].

Премьера была назначена на 11 февраля 1925 года. 31 декабря Замятин делает «конфиденциальную» приписку в одном из своих писем Дикому. Он признается, что хочет приехать в Москву за 10 дней до премьеры не только для того, чтобы помочь с работой над постановкой, «...но еще и по некоторым любовным делам. Сами знаете — это тоже вещь не шуточная». Затем он предложил Дикому неожиданную оригинальную идею для оформления программки спектакля: как насчет того, чтобы просто напечатать на ней герб МХАТа, заменив знаменитую чеховскую чайку на блоху?[87]

Интерес к «Блохе» проявил и ленинградский Александринский театр — в нем не хватало хороших актрис, и эта пьеса, где были преимущественно мужские роли, очень подходила труппе. Ре-

---

[86] [Галушкин и Любимова 1999: 153–155] («Встречи с Б. М. Кустодиевым»); [Турков 1998: 230–231]; письмо Дикому от 7 декабря 1924 года [РГАЛИ. Ф. 2376. Оп. 1. Ед. хр. 157].

[87] [РГАЛИ. Ф. 2376. Оп. 1. Ед. хр. 157]; текст плаката и рассказ о постановке есть в [Любимова 2002: 76–81] (Золотницкий Д. И. "Измена литературе": Е. И. Замятин — драматург»).

петиции начались там в феврале 1925 года [ОР ИМЛИ. Ф. 47. Оп. 3. Ед. хр. 40]. К этому времени Замятин уже был в Москве [ОР ИМЛИ. Ф. 47. Оп. 1. Ед. хр. 198; BDIC, dossier 24]. 6 февраля он написал письмо, в котором извинялся перед Людмилой за молчание и описывал (может быть, не в полном объеме) свои насыщенные событиями дни — там было и чтение «Звонарей» накануне вечером в писательском клубе, и, конечно же, интенсивные финальные репетиции «Блохи»[88]. Затем он послал ей телеграмму, приглашая ее приехать в Москву на генеральную репетицию 9-го числа. Также было сделано все необходимое для того, чтобы смог приехать и жить прямо в театре Кустодиев. Во время последних репетиций каждую новую смену декораций встречали аплодисментами, и Замятин был уверен, что львиной долей успеха спектакль обязан сценографии Кустодиева [Галушкин и Любимова 1999: 154] («Встречи с Б. М. Кустодиевым»). Дикий подписал Людмиле афишу «...в память <...> наших общих волнений, тревог и радостей на рождении Блохи»[89]. После премьеры 11 февраля 1925 года спектакль успешно шел до осени 1930 года, а затем, после короткого перерыва, еще несколько лет.

Чуковский описывает, как однажды зашел в то время к Замятиным: «И он, и она упоены триумфами во "Втором Художественном". Триумфы были большие, вполне заслуженные. Он рассказывает, что 6 ночей подряд пьянствовал с актерами после этого. На представление приезжала его мать». 26 февраля он вновь пишет о том, как счастлив Замятин — одновременно в Америке вышел его роман «Мы», а в Москве с успехом шла «Блоха». Однако месяц спустя Чуковский запишет в своем дневнике, что его сын Николай, который в это время пробовал себя на писательском поприще, посмотрел спектакль «Блоха» в Москве и отозвался о нем «...с полным презрением, и постановку считает ужасно вульгарной» [Чуковский 2003: 379, 387].

---

[88] Письмо Людмиле от 6 февраля 1925 года [РНЗ 1997: 28].
[89] [Иллюстрированный каталог выставки 1997: 30; РНЗ 1997: 281].

11 марта 1925 года Замятин отправил длинное письмо Аврааму Ярмолинскому (заведующему отделом славистики Нью-Йоркской публичной библиотеки), с которым познакомился в прошлом году, когда тот приезжал в Советский Союз со своей женой, поэтессой Бабеттой Дойч[90]. Из-за поздней весенней метели он сидел дома, поэтому у него было время для переписки. Он писал Ярмолинскому о том, что ленинградская постановка «Блохи» была запланирована на конец апреля. Две эти пьесы, а также проблемы с «Русским современником» поглотили его в течение последних пяти месяцев. Однако теперь он намеревался вернуться к новому проекту — роману о гунне Атилле[91] («Бич Божий»), начатому прошлой осенью, в котором он хотел провести «параллели» с днем сегодняшним и подумывал, не сделать ли из него пьесу. Он наконец-то получил экземпляр английского перевода романа «Мы», хотя отправленные Зилбургом критические отзывы не дошли до него. Бабетта Дойч напечатала свой обзор «Мы» в журнале «The New Republic» в марте того же года и стала одним из тех рецензентов, которые критиковали чересчур ходульный перевод произведения (и это неудивительно, ведь английский не был родным языком Зилбурга)[92]. Однако 23 марта она послала Замятину письмо, в котором писала: «Ваш роман очень хорошо здесь приняли. Мы оба тепло вспоминаем о Вас и Вашей жене». Ярмолинский добавил к этому письму постскриптум, предусмотрительно попросив прислать полный комплект «Русского современника» для Нью-Йоркской публичной библиотеки [ОР ИМЛИ. Ф. 47. Оп. 3. Ед. хр. 71]. Журнал с его немногочисленными тиражами в будущем станет библиографической редкостью.

---

[90] [Любимова 2002: 222–223, 223–226, 226] (Галушкин А. Ю. «Е. И. Замятин и К. И. Чуковский: Переписка (1918–1928)»).

[91] Общепринятое написание этого имени — Аттила, однако Замятин называет своего героя именно Атиллой.

[92] Критическая статья от 18 марта 1925 года [Malmstad and Fleyshman 1987: 117–121, 123].

В 1925 году несколько раз писал из Парижа Эренбург. Он хотел почитать английский перевод «Мы» и уговаривал Замятина попросить Уманского отправить ему и русский текст, который он хотел предложить издательствам «Kra» и «La Nouvelle Revue Française». К тому времени он уже поспособствовал публикации двух рассказов из сборника «Островитяне» во французских журналах[93]. В том же году Замятин написал и Семену Либерману из берлинского издательства «Ладыжников», предложив ему целый ряд своих произведений для перевода на немецкий язык и публикации в новом журнале Либермана «Russische Rundschau» («Русское обозрение»). В список входил и роман «Мы», и Замятин писал Либерману, что тот тоже сможет получить оригинал у Уманского в Вене. Либерман прислал несколько ответных писем, в которых опять критиковал переводы Уманского. В результате 18 октября Замятин написал ему письмо, в котором разрешил заказать переводы своих сочинений другим немецким, а также некоторым польским переводчикам. В декабре Либерман сообщил, что новый переводчик, Кароль, только что прислал свой вариант перевода «Островитян» и что рассказ «Мамай» будет напечатан в журнале «Russische Rundschau» в январе 1926 года[94].

В марте и апреле 1925 года Замятин работает над новым рассказом «Икс» — юмористическим повествованием о неудачных похождениях священника, который в мае 1919 года отрекся от своей веры: формально из-за «мар-КС-изма», но на самом деле из-за «мар-Ф-изма», то есть прелестей Марфы, русской красавицы, достойной кисти Кустодиева, которую он увидел купающейся нагишом. Он попадает в ужасную заварушку, крестится на публике и оказывается в руках ЧК. Закончив черновик этого рассказа, Замятин вернулся к упомянутой им ранее идее — переработать в пьесу наброски текста об Атилле. К середине мая

---

[93] Письма от 4 апреля, 28 июня и 16 ноября 1925 года [Фрезинский 1996б: 173–176].

[94] [ОР ИМЛИ. Ф. 47. Оп. 3. Ед. хр. 8]; письма от 2 и 10 сентября и 17 декабря 1925 года [ОР ИМЛИ. Ф. 47. Оп. 3. Ед. хр. 122].

он уже читал членам ВСП несколько сцен из своей «...только что законченной "Трагедии об Атилле"». Он создаст несколько черновиков этого произведения, не раз возвращаясь к нему в период с 1925 по весну 1927 года[95].

У Замятина все так же была масса различных профессиональных обязательств. Так как он уже заслужил высокую репутацию, писатели часто обращались к нему за советом и помощью. Примечательно, что в течение всех этих лет он постоянно им помогал, и в его архивах хранятся десятки трогательных благодарственных писем, свидетельствующих о его пристальном внимании к новым писателям. Типичным примером служат письма, полученные им в первой половине 1925 года от некоего Виктора Добровольского, бывшего профессора Военно-морского института, потерявшего ногу в результате несчастного случая, который просил помочь найти издателя для своих рассказов. Через некоторое время он тепло благодарил Замятина за полезные советы[96]. Другой пример заботы о людях он показал той весной, когда некоторые его друзья и коллеги столкнулись с проблемами в отношениях с властями. В феврале он встретился с первой женой Горького Е. П. Пешковой, чтобы узнать, сможет ли она заступиться за непопулярного Тихонова, которого только что арестовали. Когда в июне Тихонова освободили из тюрьмы, именно Замятин организовал его поездку к Волошину в Коктебель для поправки здоровья [Купченко 1988: 124]. В апреле Замятин поделился с Чуковским тяжелыми впечатлениями от процесса над Щеголевым — судя по всему, его обвиняли в том, что он забрал некоторые материалы из архива, находящегося в его ведении [Чуковский 2003: 392]. В мае он был

---

[95] [RS 1996 II, 2: 322–350] (Голдт Р. «Мнимая и истинная критика западной цивилизации в творчестве Е. И. Замятина. Наблюдения над цензурными искажениями пьесы "Атилла"»); [Примочкина 1996: 189].

[96] Письма от В. Добровольского от 23 марта и 11 июля 1925 года [ОР ИМЛИ. Ф. 47. Оп. 3. Ед. хр. 73]. Другим примером может служить активная помощь Замятина в 1927–1929 годах Г. О. Куклину с его романом «Краткосрочники». См. [ОР ИМЛИ. Ф. 47. Оп. 3. Ед. хр. 111; РНЗ 1997: 508–509].

в Москве, где планировал встретиться с Диким на суде по делу актера Ключарева, которому дали месяц тюрьмы за ссору с журналистом[97].

В это же время Замятин снова написал Ярмолинскому, чтобы поблагодарить за присланные им отзывы на вышедшую книгу, по которым было видно, что «Мы» действительно хорошо приняли в Америке, хотя обещанных Зилбургом денег он пока так и не получил. В сентябре 1925 года Зилбург сообщил, что продажи романа не оправдали ожиданий, несмотря на положительные отзывы критиков. Он также сожалел, что до сих пор не увидел рассказов и пьес Замятина, так как полагал, что пьесы могли бы иметь большой коммерческий успех[98]. В письме Ярмолинскому Замятин добавляет: «…уже с месяц сижу и пишу. Но вместо повести — опять пьесу. На этот раз — романтическая трагедия. Эпоха — очень далекая и очень близкая: Атилла». Первые три акта — которые он неожиданно решил сочинить в стихах — уже были написаны, и он надеялся закончить пьесу к середине июля, а затем поехать на Кавказ, так как неважно себя чувствовал[99]. Он уехал из Ленинграда 25 июля и отправился на юг поправлять здоровье.

Через неделю он прибыл в Кисловодск, где его осмотрел врач и пришел к выводу, что селезенка увеличена, а колит возник на нервной почве. Поэтому Замятин стал принимать ванны по назначенной программе и соблюдать строгую диету. 5 августа он ответил на письмо Людмилы, которая почему-то просила у него прощения: «Милуша, милая — как больно мне от Вашего письма — как больно! О каком же "прощении" может идти речь, когда я чувствую себя виноватым?»[100] Он пишет, что, если

---

[97] Письмо Людмиле от 20 мая 1925 года [РНЗ 1997: 282].

[98] Письмо от 1 сентября 1925 года [ОР ИМЛИ. Ф. 47. Оп. 3. Ед. хр. 84].

[99] Письмо от 5 июля 1925 года [Malmstad and Fleyshman 1987: 122–123].

[100] Поездка Замятина на юг описывается в его письмах к Людмиле от 26, 27 и 31 июля; 5, 18, 25 и 30 августа; и 2 и 10 сентября 1925 года [РНЗ 1997: 283–292]. Соответствующие даты указаны после цитат в тексте.

она тоже иногда причиняет ему боль, это вполне нормально, ведь он сам столько мучил ее. Он даже задается вопросом, не повлияло ли литературное творчество — мышление от лица вымышленных персонажей — на снижение его чувствительности к эмоциям реальных людей. В отрывке, где он непривычно для самого себя обращается к ней на «ты», Замятин добавляет: «Ну, Бог с ней — с психологией. Во всяком случае, вот чему должна верить: вероятно, единственный человек, чью боль я чувствую как свою — это ты» (5 августа). За девять дней он пять раз сменил номер в гостинице в поисках тишины и покоя и задумался о том, что, возможно, только Лебедянь подходила ему как место для полноценного отдыха. Но вскоре он уже хорошо питался, наслаждался ваннами и оборачиваниями во влажные полотенца, хотя и чувствовал, что его мозг при этом превращается в желе. В какой-то день он рассказал знакомому журналисту о своей пьесе про Атиллу: «...и показалось, что это — ни к чему, что на театре ничего хорошего из этого не выйдет, что получается какая-то советская пьеса. Это у меня-то! Даже карандаш сломал» (2 сентября). Через неделю он решил уехать из Кисловодска, к 20 августа вернувшись в Москву. Здесь он узнал, что спектакль «Блоха» все так же собирал аншлаги, а МХАТ с нетерпением ждал, когда он прочтет им своего «Атиллу». Читка прошла не слишком удачно, и он начал понимать, что пьеса нуждается в серьезной переделке. Когда он был в театре, его пригласили на первую читку новой пьесы Булгакова, которая будет поставлена в следующем году и станет сенсационным спектаклем «Дни Турбиных» (по мотивам романа «Белая гвардия»).

19 декабря, в самом конце того же года, он неожиданно сорвался в Лебедянь, получив известие о том, что его мать тяжело больна. К своему величайшему сожалению, он опоздал. Как он писал Людмиле, Мария Александровна надеялась, что та тоже приедет, так как она могла бы чем-то помочь в лечении. Сам он впал в привычное состояние «окамененного нечувствия». Оно было глубже, когда в 1916 году умер его отец, хотя мать он любил больше.

> И вот в столовой, около лампы, мы сидим втроем: тетя Варя, Женя [племянник] и я. А мать — лежит одна, в нетопленом зале. И никогда уж больше я ее не увижу — а еще хуже, что она меня никогда не увидит. Хуже — потому что она меня любила, конечно, в десять раз больше, чем я ее. А мне теперь горько, что мало сравнительно о ней заботился. Так много мелочей, пустяков, которые ей могли доставить радость. И — уж поздно. Странно, что все вышло так же, как с моим отцом: так же, — в тот же день, в субботу — заболела, в тот же день — в пятницу — конец, и так же — в воскресенье — приехал я, на несколько часов позже, чем нужно.

Он рассчитывал уехать через два дня, после похорон, но не мог решить, остаться ли в Москве, или вернуться домой: «Что посоветуете Вы — единственная мать, которая у меня осталась? <...> Ради — уж не знаю чего — берегите себя». Он подписал письмо просто «Е.»[101]. Это было тяжелым окончанием года, начавшегося так хорошо.

---

[101] Письма Людмиле от 19, 20–21, 24 декабря 1925 года [РНЗ 1997: 294–297].

Глава шестая

Ленинград (1926–1929)

После успехов в Нью-Йорке и Москве, последовавших в 1924 и 1925 годах, вторая половина 1920-х годов ознаменовалась для Замятина все более безрезультатной борьбой против советской власти в попытках добиться какой-либо публикации или постановки на родине. Все это время из-за рубежа приходили будоражившие воображение письма, намекавшие на более широкие перспективы и манящую свободу, — судя по всему, за пределами России его ценили гораздо больше, чем дома.

В январе 1926 года Эренбург сообщил ему из Парижа, что наконец-то получил от Уманского в Вене русский машинописный текст «Мы»:

> Я прочел «Мы». Замысел на мой взгляд великолепен. Обидно, что книга не была издана после того, как она была написана. <...> История с «душой» — сильна и убедительна. Вообще тональность книги этой мне сейчас очень близка (романтизм, протест против механичности и пр.). Удивил меня только ритм. Его хаотичность и подвижность скорей от России 20-го года, нежели от стеклянного города.

Американский перевод «Мы» также оказался у Эренбурга к концу марта, и он собирался показать роман некоторым французским издателям до своей поездки в Ленинград, ожидавшейся через три недели[1]. Тем временем Замятин ворчливо

---

[1] Письма от 12 января и 30 марта 1926 года [Фрезинский 1996б: 176–177].

сообщил Ярмолинскому, что Зилбург перестал отвечать на его письма и не присылал ему никаких гонораров (они дошли в конце июня). Он посоветовал Ярмолинскому современных авторов для задуманной поэтической антологии, порекомендовав Ахматову, Пастернака, Ходасевича и М. И. Цветаеву [Malmstad and Fleyshman 1987: 126–127, 128–129]. Судя по всему, новая возможность перевода его собственных произведений появилась в феврале, когда к нему обратился писатель и журналист Отокичи Курода, знакомый Пильняка, предложивший перевести «Пещеру» на японский язык и сообщивший, что пытается предложить к публикации в Японии «Мы» и «Блоху»[2]. Вскоре после этого Либерман прислал Замятину немецкий перевод его рассказа «Глаза», приложив 20 немецких марок от переводчика Кароля[3].

Б. Д. Григорьев по-прежнему шиковал за рубежом, став там востребованным художником. В Милане он в вечернем костюме отправился в палаццо, где его работы были развешаны так, что он писал: «...алмазами горю, если позволите так о себе выразиться», и только «одна стенка» отделяла его картины от творений Боттичелли и Беллини. Он планировал провести большую часть года в Италии и посетить Венецию, Неаполь и Тоскану, хотя его тревожила «страшная сила» Муссолини. «Ведь Вы, Евгений Иванович, собирались в Paris, New York?! Но где же Вы, милый? Почему не едете в Европу? Как бы Вас мы обняли!» Горький, остававшийся центром притяжения для широкого круга русской интеллигенции в эмиграции, три недели позировал для Григорьева, и его новый портрет был готов к открытию выставки в Венеции в марте: «Мы стали большими друзьями. Он настоящий гений и святой человек. <...> Он необыкновенно мягок, душевен и чуток. Про портрет сказал: "Впервые чувствую себя на холсте"». Новые выставки планировались в Праге, Дрездене, Филадельфии, Питтсбурге и Мюнхене, а осенью Григорьевы собирались отправиться из Франции в Америку. Но он не забыл

---

[2] Письмо от 3 февраля 1926 года [ОР ИМЛИ. Ф. 47. Оп. 3. Ед. хр. 113].

[3] Письмо от 23 февраля 1926 года [ОР ИМЛИ. Ф. 47. Оп. 3. Ед. хр. 122].

Людмилу и Замятина, осведомился о его творчестве и повторил, что скучает по ним[4].

Еще одно трогательное письмо пришло в январе 1926 года из Тамбовской губернии от двоюродного брата писателя протоиерея Митрофана Андреевича Замятина, который просил прислать все его произведения и обещал заплатить за книги. Отец Митрофан (он был на четыре года младше Замятина) был одним из тринадцати детей дяди писателя по отцу, Андрея Дмитриевича, и в детстве некоторое время жил в замятинском доме и посещал местную школу в Лебедяни. Самого Андрея, который тоже был священником, после 1926 года несколько раз арестовывали и отправляли в ссылку; он умер в 1933 году. Отец Митрофан был арестован и сослан в 1929 году, а в 1937 году расстрелян[5].

Замятин продолжал добросовестно участвовать в деятельности ВСП; в 1928 году он писал о нем как о «...старейшей литературной организации, объединяющей большое число наиболее квалифицированных художников слова СССР» [РНЗ 1997: 427–428]. В феврале 1926 года он взял на себя новые функции в Союзе и в течение дальнейших трех лет организовывал литературные праздники и юбилеи и выступал судьей на диспутах[6]. Он также участвовал в дискуссиях ВСП о роли литературной критики. В литературной среде того времени критическое мышление подавлялось усилившейся пролетарской идеологией. Это проявлялось в растущем влиянии ВАПП (Всесоюзного объединения пролетарских писателей, переименованного в РАПП в 1928 году). В черновике одной статьи (которая не была опубликована) Замятин презрительно сравнивал критиков со вшами, разносчиками болезней, к которым можно привык-

---

[4] Письма от 14 января, [без даты] марта и 3 мая 1926 года [Терехина 1988: 171–173]; описание того, как создавался портрет, есть в [Дэвис и Келдыш 2002: 588–591].

[5] Письмо от 17 января 1926 года [ОР ИМЛИ. Ф. 47. Оп. 3. Ед. хр. 81; Полякова и Комлик 2007, 2004: 168–169].

[6] [Любимова 2002: 116] (Кукушина Т. А. «Е. И. Замятин в правлении Всероссийского Союза Писателей (Ленинградское отделение)»).

нуть, но долго терпеть нельзя. Он писал, что, как и в 1919–1921 годах, пролетарские культурные арбитры вновь нелепо пытаются подогнать литературу под один размер, а их невежественные и губительные нападки иногда напоминают политические доносы. Одним из примеров послужили недавние выпады против М. А. Булгакова [Галушкин и Любимова 1999: 243–245] («О современной критике»). В апреле того же года в новом журнале ВАППа «На литературном посту» была напечатана карикатура Леопольда Авербаха, в которой Булгаков и Замятин вместе с Эренбургом и А. Н. Толстым были отнесены к презренной категории буржуазных писателей, однако Пильняка более щадяще назвали «правым попутчиком». Этот термин с подачи Троцкого и Воронского приобрел популярность в те годы и означал приемлемых для власти людей с оппозиционными взглядами [Любимова 1994: 101]. В конце июня литературный критик Г. Е. Горбачев также упомянул правую угрозу, исходившую от буржуазных сочинений Булгакова, Замятина и Эренбурга[7].

20 июня (он пометил письмо «Троица») Замятин написал поэту И. Е. Ерошину, так как только что заново перечитал его письмо, полученное два года назад. Он завидовал тому счастливому ощущению, которое испытывал поэт:

> Завидую — потому что я себя счастливым человеком никак не могу назвать: мне всегда мало того, что есть, и всегда — нужно больше. И мне часто трудно — потому что я человек негнущийся и своевольный. Таким и останусь.
> Рад был найти сейчас и перечитать Ваше письмо еще и потому, что вспомнился 18-й год, Дом Искусств, Студия. Мне приятно, что Вы хорошо вспоминаете это время. Внешне — тогда жилось куда тяжелей, чем теперь, — и все же насколько было лучше! [Давыдова и Тюрин 1996: 148–149].

Пока на Замятина нападали в официальной прессе, друзья постоянно слали ему письма, в которых пытались поддержать его. Молодой поэт Ю. А. Казарновский (который вскоре попадет

---

[7] Статья от 22 июня 1926 года в «Жизни искусства». См. [Попов и Фрезинский 1993–2001, 2: 153].

в лагерь на Соловки) писал из Ростова-на-Дону своему «обожаемому еретичному мэтру», чтобы выразить, как много «Русский современник» тогда значил для молодого поколения: «Вы первый смело сказали то, что все боялись говорить — этого никогда не забудут»[8]. Тем же летом 39-летний Я. П. Гребенщиков также выразил Замятину свою глубокую привязанность: «...тебя я очень люблю. За последние годы особенно полюбил. И горжусь и счастлив хорошим твоим ко мне отношением. <...> А привел бы Господь на деле доказать любовь — я был бы счастлив по-настоящему»[9].

После театрального триумфа в московском МХАТе Замятин подписал контракты с ленинградским БДТ на постановки «Блохи» и «Атиллы». Он прочел отрывки из «Атиллы» на литературном вечере в Филармонии 12 мая 1926 года, а на следующий день прочитал всю пьесу художественному совету БДТ. Окончательный вариант текста должен был быть готов к 15 августа, и БДТ гарантировал, что «Атилла» будет поставлен в сезоне 1926–1927 годов, при этом театру отходили исключительные права на пьесу на срок в три года[10]. Вот отрывки из написанного Замятиным вступления к пьесе:

> Автор полагает, что на протяжении истории человечества есть параллельные, одинаково звучащие эпохи. Такой параллелью нашей эпохи «перемещения народов», эпоха величайших мировых войн, эпоха столкновения западной, уже стареющей культуры с волной свежих, варварских народностей — готов и славян. Есть историческое основание полагать, что Атилла вовсе не был тем диким, бессмысленным разрушителем, каким изображают его римские историки. Это был человек, несомненно, огромной воли и темперамента, для своего времени хорошо образованный (в молодости он был заложником в Риме и там учился). Это был тонкий политик [BDIC, dossier 11].

---

[8] Письмо от 3 июня 1926 года [ОР ИМЛИ. Ф. 47. Оп. 3. Ед. хр. 93].

[9] Письмо от 1 июля 1926 года [Любимова 2002: 259–262] (Любимова М. Ю. «Я. П. Гребенщиков и Е. И. Замятин: Переписка (1916–1928)»).

[10] Контракты от 6 мая и 7 июня 1926 года [ОР ИМЛИ. Ф. 47. Оп. 2. Ед. хр. 89]; [Любимова 2002: 99] (Золотницкий Д. И. «"Измена литературе": Е. И. Замятин — драматург»); [РНЗ 1997: 299, примеч. 7].

В течение восемнадцати месяцев Замятин изучал исторические источники, начиная с текстов римского историка Приска Панийского, который лично встречался с Атиллой. Первоначально автором задумывался роман, который рассказывал бы о семье Атиллы и его жизни в Риме в подростковом возрасте. Однако теперь это была драма, посвященная его общественной деятельности и событиям в личной жизни в последние годы. Однажды Замятин заполнил анкету о своей домашней библиотеке, где подсчитал, что за пятнадцать лет накопил 1000–1200 книг, три четверти из которых составляла художественная литература, в том числе поэзия, а остальные были книгами по философии, техническим наукам, математике, социологии, истории и теории литературы. Хотя он утверждал, что не ищет в книгах вдохновения для собственного творчества, Замятин тем не менее признавал, что для своих исторических пьес («Огни св. Доминика» и «Атилла») он, естественно, обращался к широкому кругу источников, обычно заказывая их в ленинградской Публичной библиотеке [РГАЛИ. Ф. 1776. Оп. 2. Ед. хр. 1].

Тем временем в БДТ шла подготовка к постановке «Блохи», и 15 июня Замятин устроил в своей квартире вечеринку, на которой присутствовали Ахматова и Щеголев, чтобы отметить завершение новых эскизов Кустодиева для постановки в Северной столице[11]. Тем же летом режиссер БДТ Николай Монахов сообщил, что в начале октября он приступит к серьезной работе над «Блохой», и попросил прислать новые частушки для текста, который автор основательно перерабатывал, чтобы спектакль отличался от постановки МХАТа[12].

В том году он не мог решиться, куда поехать на отдых — его снова приглашали в Коктебель, Казарновский предложил приехать в Сочи[13], а Чуковский рекомендовал дачу в Луге среди

---

[11] [Любимова 2002: 261 и 262, примеч. 7] (Любимова М. Ю. «Я. П. Гребенщиков и Е. И. Замятин: Переписка (1916–1928)»).

[12] Телеграмма от 26 августа 1926 года [РНЗ 1997: 309, примеч. 1].

[13] Письмо Василию Каменскому от 14 июня 1926 года [РГАЛИ. Ф. 1497. Оп. 2. Ед. хр. 41].

холмов и сосен[14]. Но в итоге он выбрал привычную обстановку Лебедяни. Выехав 24 июня, он оставил Людмиле подписанную фотокарточку, на которой он сидит в резном кресле: «В дождик, перед отъездом, супруге нашей Миле Николаевне» [BDIC, dossier 153]. В июле он признался в письме Чуковскому, что с самого приезда поддался лени[15]. Но самым важным событием того лета в Лебедяни для него и Людмилы, которая, очевидно, вскоре присоединилась к нему, стал приезд Кустодиева, организованный Замятиным:

> Добраться туда было нелегко: в поезде — две ночи, одна — в жестком вагоне. Но когда я стал рассказывать о ржаных полях, о горе, уставленной церквами, об увешанных наливными яблоками садах, — Борис Михайлович вдруг загорелся и решил непременно все это увидеть. Я уехал в Лебедянь раньше. Борис Михайлович с семьей попал туда только месяца через полтора — в начале августа. <...> Это было «настоящее», это была — Русь. Я жил на соседней улице — в пяти минутах от квартиры Кустодиевых. Каждый день или я с женой приходили к Борису Михайловичу, или его в кресле привозили к нам в сад, или Кустодиевы и мы отправлялись на берег Дона, на выгон, в поле. И тут я видел, с какой жадностью Борис Михайлович пожирал все изголодавшимися глазами, как он радовался далям, радуге, лицам, летнему дождю, румяному яблоку.
> В том саду, где я жил, этим летом фрукты были особенно хороши. Часто мы приберегали для Бориса Михайловича ветку яблок, потом подвозили его в кресле — и он сам рвал яблоки с дерева [Галушкин и Любимова 1999: 155–156] («Встречи с Б. М. Кустодиевым»).

К сожалению, в конце августа вдруг стало холодно и сыро, и Кустодиев вернулся в Ленинград. Его сын позже вспоминал: «Лебедянь ему нравилась. Нравилась тишина глухой провинции. Шутя, он говорил, что этот городок даже революция не смогла

---

[14] [Любимова 2002: 234–235] (Галушкин А. Ю. «Е. И. Замятин и К. И. Чуковский: Переписка (1918–1928)»).

[15] Письмо от 13 июля 1926 года [Любимова 2002: 236–237] (Галушкин А. Ю. «Е. И. Замятин и К. И. Чуковский: Переписка (1918–1928)»).

разбудить. <...> Он показывал мне ряд замечательных этюдов Лебедяни, исполненных акварелью» [Graffy and Ustinov 1994: 350–351].

Еще до приезда Кустодиева Замятин пытался спланировать оставшуюся часть лета. Он писал Щеголеву: «Надо мне хоть на месяц поехать пополоскать кишки Боржомом или Ессентуками — иначе зимою, подобно Вам, буду пить одно молоко. Да и Людмилу Николаевну надо отправить отсюда куда-нибудь: лето здесь очень прохладное»[16]. К началу сентября он приехал в Москву, где у него начался сильный насморк. В нескольких театрах, включая МХАТ, он обсудил возможность постановки «Атиллы», но особого энтузиазма не встретил. Он пообедал в Союзе писателей с Диким, Пастернаком, Никитиным и Пильняком (который только что вернулся из долгой поездки в Корею, Японию и Китай). 17 сентября он написал Людмиле, что наконец-то уезжает на юг, в Гагры, и рассчитывает вернуться в середине октября: «Не столько еду — сколько везу себя, волоку, посылаю. Еду без аппетита, не радуюсь. Если бы ехали Вы со мной — я бы радовался хотя бы тому, что радуетесь Вы — как радовался в Лебедяни. Ну, может быть, солнце чуть-чуть поможет»[17].

Он все еще был в мрачном настроении, когда на следующий день написал жене из поезда:

> Куда я себя волоку и зачем? Все равно, ведь, от пустоты, от тоски, от одиночества, от прожитой жизни — не убежать. Уж просто так бегу, из упрямства. От московской бестолковости устал, а в Петербург возвращаться — тоже не хочется. Домой? У меня нет моего дома — так мне сейчас кажется... И — точка. Лучше закурить папиросу — и о чем-нибудь другом (18 сентября).

Ему пришлось помёрзнуть, проехав шесть часов из Сочи в Гагры в открытом автобусе. Однако он встретился с друзьями — Никитин тоже был там, — и они совершили несколько

---

[16] Письмо от 28 июля 1926 года [ОР ИМЛИ. Ф. 47. Оп. 3. Ед. хр. 17].

[17] Поездка Замятина на юг отражена в его письмах Людмиле от 17, 18 и 23 сентября, а также от 7 октября 1926 года [РНЗ 1997: 305–310]. Соответствующие даты указаны после цитат в тексте.

прогулок по красивым местам: «Я огорчаюсь, что Вы — на Моховой и не видите всего этого. Для меня, в конце концов, все это пропадает даром, я какой-то неживой, а Вы бы могли радоваться всему этому» (23 сентября). Теперь он весил около 70 килограммов. Он был сильно встревожен, когда увидел в газете, что БДТ не разместил «Атиллу» в программе своего нового сезона (7 октября). А 15 октября московский Вахтанговский театр написал ему о своем решении не ставить «Атиллу»: «Ваша пьеса прежде всего нам не по силам. Но и кроме того она несколько туманна, как сценическое действие»[18].

И опять за границей его работы вызывали гораздо больший энтузиазм. Тем летом Либерман написал из Берлина и просил прислать три пьесы — «Огни св. Доминика», «Общество почетных звонарей» и «Атиллу» — для перевода на немецкий язык. Перевод «Островитян» уже был готов, и он уверял, что смог найти переводчика для «Мы» [ОР ИМЛИ. Ф. 47. Оп. 3. Ед. хр. 122]. Также пришло письмо из Лондона, автор которого сообщал, что англичане с интересом следят за его литературной карьерой, и предлагал перевести его последние произведения, приняв во внимание советы сэра Бернарда Пареса, директора Центра славянских и восточноевропейских исследований в Лондоне[19]. В 1926 году коллега Бернарда Пареса по Лондонскому университету Д. С. Мирский, который уже перевел «Пещеру» на английский язык, посвятил Замятину главу в книге и часть статьи о современной русской литературе, охарактеризовав его как одного из немногих «живых классиков» в СССР [Казнина 1997: 218–219; Smith 2000: 127, 134]. В августе Р. О. Якобсон написал письмо из Праги, чтобы сообщить подробности о планируемой осенью публикации «Мы» на чешском языке. Сначала она выйдет в нескольких выпусках (октябрь — декабрь) газеты «Lidové noviny» в переводе В. Кёнига, а следующей весной выйдет отдельной книгой в издательстве «Aventinum» (там уже были изданы

---

[18] Письмо от П. Г. Антокольского [ОР ИМЛИ. Ф. 47. Оп. 3. Ед. хр. 29].
[19] Письмо О. Поддьячной от 30 июля 1926 года [ОР ИМЛИ. Ф. 47. Оп. 3. Ед. хр. 163].

произведения Эренбурга). Якобсон добавил, что русский машинописный текст, с которым он работал, был довольно плохо пропечатан: в нем были пропущены буквы и символы на латинице. Поэтому он тоже хотел получить экземпляр книги на английском[20]. Интересно, кстати, что сам Замятин редко потом упоминал эти широко известные публикации романа на чешском языке.

15 ноября он выступил от имени ВСП на пятом юбилейном вечере в БДТ, посвященном памяти Блока. Поскольку Замятин не хотел оценивать поэтическую деятельность Блока, он предпочел говорить о нем как о человеке, любимом многими:

> Блок был человеком необычайного горения, благородства, необычайной искренности, честности, прямоты. И дело в том, что стихи он писал не чернилами, а своею кровью. <...> В Блоке мы любим лучшее, что есть в нас. <...> Поэт же Блок будет жив, пока живы будут мечтатели, пока живы будут вечно идущие, а это племя у нас в России — бессмертно [Галушкин и Любимова 1999: 145–146] («Речь на вечере памяти А. А. Блока»).

Замятин временно одолжил у Гребенщикова книгу частушек для подготовки текста «Блохи» в БДТ[21]. Режиссер Монахов, которым он восхищался еще с того времени, когда тот сыграл Шейлока в «Венецианском купце» в 1920 году[22], постоянно советовался с Кустодиевым. Он хотел создать постановку, которая еще сильнее отступала бы от лесковского литературного оригинала в сторону стилизации, с использованием фольклорных шуток и традиционного лубка. Текст пьесы Замятина был опубликован в 1926 году и вызвал множество споров[23]. 29 ноября,

---

[20] Письмо от 16 августа 1926 года [ОР ИМЛИ. Ф. 47. Оп. 3. Ед. хр. 218].

[21] М. Ю. Любимова «Я. П. Гребенщиков и Е. И. Замятин: Переписка (1916–1928)» [Любимова 2002: 256; ОР ИМЛИ. Ф. 47. Оп. 2. Ед. хр. 90].

[22] [Любимова 2002: 82–83] (Золотницкий Д. И. "Измена литературе": Е. И. Замятин — драматург»); [Graffy and Ustinov 1994: 353–354, 357–358].

[23] [Любимова 2002: 416] (Кукушкина Т. А. «Материалы Е. И. и Л. Н. Замятиных в собраниях Пушкинского Дома. Аннотированный каталог»).

через четыре дня после премьеры в БДТ, даже состоялось официальное научное обсуждение этого сочинения с участием ведущих критиков, в том числе Эйхенбаума, В. М. Жирмунского, С. С. Мокульского, В. В. Виноградова и К. К. Вагинова. Записанный текст обсуждения был опубликован в январе 1927 года вместе со статьями Замятина, Кустодиева и Монахова[24]. В статье Замятина «Народный театр» отмечалось, что темы русского народного театра иногда проникали на сцену, а вот присущие ему жанровые формы — нет. При работе над «Блохой» ему нравилось создавать далекую от реализма, стилизованную, почти фарсовую пьесу, в которой преобладали элементы веселой игры[25].

В декабре 1926 года он также написал сатирическое «Житие Блохи», предназначавшееся для собрания шуточного общества «Фига», которое в 1926–1927 годах время от времени устраивало вечера литературных пародий. Кустодиев создал фронтиспис для этого текста — портрет одетого в монашескую одежду Замятина, язвительно улыбающегося и показывающего фигу волосатой рукой. Художник также подготовил несколько смешных и неприличных иллюстраций для «Жития Блохи». Этот текст — аллюзия на непристойный рассказ Замятина, где монах якобы родил ребенка. Здесь же преподобный Замутий рожает блоху, а она в мгновение ока превращается в демоническую соблазнительницу, перед чарами которой не устоял МХАТ. Затем целый год она томится в Александринском театре, и только Монахов из БДТ спасает ее, не дав умереть. Но требование пролетарского критика, чтобы она приносила пользу советской индустриализации, приводит к ее преждевременной смерти. «Житие Блохи» было опубликовано тиражом в 500 экземпляров в 1929 году[26]. В январе

---

[24] [Любимова 2002: 281, 289] (Дацюк И. В. «Е. И. Замятин и дневник издателя А. А. Кроленко (1923–1931)»); [РНЗ 1997: 524].

[25] [ОР ИМЛИ. Ф. 47. Оп. 1. Ед. хр. 201, 202]. Замятин позже написал черновики еще двух статей о «Блохе» — одна была сравнением его пьесы с оригиналом Лескова, другая называлась «Моя работа над "Блохой"».

[26] [Любимова 2002: 77–85] (Золотницкий Д. И. «"Измена литературе": Е. И. Замятин — драматург»).

Б. М. Кустодиев, карикатура на Замятина (1927 год) (Иллюстрация к «Житию блохи», Ленинград, 1929)

1927 года Замятин вместе с Зощенко и Маршаком писал новый шуточный текст для «Фиги» в честь предстоящего визита в Ленинград режиссера Всеволода Мейерхольда. Авторы подтрунивали над его сенсационной постановкой «Ревизора», премьера которой прошла в Москве в декабре прошлого года. В своем «Приветствии от месткома покойных писателей» они настаивали, чтобы Мейерхольд пошел еще дальше и переделал другие произведения классиков русской драмы, названия которых они предлагали модернизировать: «Власть тьмы» Льва Толстого станет «Электризацией деревни», а «Месяц в деревне» Тургенева будет переименован в «Четыре субботника в деревне», и т. д.

4 января 1927 года Рижский театр русской драмы (режиссер которого работал с Замятиным в БДТ и поставил в сентябре прошлого года «Общество почетных звонарей») устроил премьеру собственной постановки «Блохи»[27]. В это же время Замятин получил письмо из Лондона от Зинаиды Венгеровой, напоминавшей об их знакомстве десятью годами ранее, когда он был

---

[27] [Любимова 2002: 88] (Золотницкий Д. И. ""Измена литературе"": Е. И. Замятин — драматург»).

в Англии. Она узнала о «Блохе» и думала, что сможет найти режиссеров для постановки пьесы в Великобритании или США, где публику наверняка заинтересует ее англо-русская тематика. К следующему лету она выполнила черновой перевод пьесы на английский и отдала текст американскому драматургу Дж. Балдерстону, чтобы тот показал его директорам местных театров. Однако к январю 1928 года она признала, что надежды вызвать интерес к «Блохе» в Америке, где ее посчитали слишком заумной, не оправдались[28].

В январе 1927 года Людмила была в Москве. Замятин сообщил ей, что получил письмо от своей тети Вари из Лебедяни: она жаловалась на сильный холод и просила о помощи, поэтому он собирался послать ей денег. Варя была на несколько лет младше Марии Александровны, всю жизнь жила в родительском доме или где-то рядом, так и не выйдя замуж. Он всегда был очень близок с ней, поддерживая отношения и после смерти матери[29].

2 февраля Гребенщиков снова написал Замятину о том, как привязан к нему: «Я действительно тебя очень люблю, очень ценю и глубоко уважаю. <...> Тебя считаю очень порядочным человеком, чту твою порядочность». Но затем он предостерег: «Милый мой, вдумайся в просьбу, вслушайся в нее: будь осторожней. Отбрось к черту бравады (даже перед собою). Пусть прозвучит литературно, но: пожалей и других и себя. Время сейчас и глухое, и смутное. <...> ...будь позамкнутей, держись высокомерней»[30]. Одним из примеров отсутствия «осторожности» у Замятина стала его новая статья «Цель», вышедшая тогда же, в феврале. Он хотел присоединиться к литературной дискуссии о целях современной литературы между М. С. Шагинян, близкой к «Серапионовым братьям», и Л. Л. Авербахом из ВАППа. Замятин утверждал, что пришло время выйти за рамки классовой

---

[28] Письма от 28 декабря 1926 года, 22 июля 1927 года и [без даты] января 1928 года [ОР ИМЛИ. Ф. 47. Оп. 3. Ед. хр. 54].

[29] Письмо Людмиле от 22 января 1927 года [РНЗ 1997: 310–312].

[30] [Любимова 2002: 265–266] (Любимова М. Ю. «Я. П. Гребенщиков и Е. И. Замятин: Переписка (1916–1928)»).

ненависти. Искусство не должно служить классу, находящемуся у власти, — ведь это может привести только к раболепству. Писатели должны смотреть дальше дня сегодняшнего, обращаясь к будущему. «Цель искусства, и литературы в том числе, — не отражать жизнь, а строить ее, организовывать ее (для отражения жизни есть малое искусство: фотография и газета). Что значит для художественной литературы "организовать жизнь"?» Художник, — отвечает он здесь же, — должен видеть самые важные цели, стоящие перед человечеством, и использовать эмоции и иронию, чтобы расшевелить и вдохновить читателя. Поэтому смелая сатира в десять раз полезнее повестей о молочных кооперативах. Эта статья не была опубликована при его жизни [Галушкин и Любимова 1999: 142–145] («Цель»).

В феврале он также закончил рассказ «Слово предоставляется товарищу Чурыгину», который начал в прошлом году [ОР ИМЛИ. Ф. 47. Оп. 1. Ед. хр. 90–92]. В нем плохо образованный оратор рассказывает о событиях Февральской революции 1917 года так, как люди представляли их в деревнях. Подобно сказителям из некоторых рассказов Зощенко, оратор перенял искаженные версии большевистских лозунгов. Хотя герой подчеркивает свою политическую грамотность, инстинктивно он до сих пор использует религиозные обороты. Он описывает, как невежественные крестьяне были впечатлены действиями Распутина и как позже напали на усадьбу местного помещика, которому удалось на некоторое время успокоить повстанцев, убедив их, что парковая статуя Мар-са является фигурой Мар-кса. 1 августа Горький написал Тихонову, что «Товарищ Чурыгин» — всего лишь «неуклюжее подражание Зощенко» [Примочкина 1987: 156; Примочкина 1996: 188]. На самом деле рассказы Зощенко никогда бы не закончились бессмысленной бойней, которую описывает Чурыгин. Другая рецензия, вышедшая в «Правде» в том же месяце, обвинила Замятина (и совершенно несправедливо) в сатире на Октябрьскую революцию 1917 года[31].

---

[31] В. Фриче. Статья от 8 августа 1927 года. Цит. в [Барабанов 1988: 525].

В начале марта 1927 года писатель поехал в Москву, где, как обычно, сначала занялся поиском жилья, где мог бы спокойно спать: «Комнату дали пока большую (три окна — ужас! — правда, окна узкие, но все-таки...), завтра только перейду в маленькую»[32]. Он просмотрел гранки нового сборника «Нечестивые рассказы», который вскоре был опубликован в издательстве «Круг»[33]. На Пасху (24 апреля) он подписал экземпляр сборника: «Честивой жене от нечестивого мужа на доброе забвение» [РНЗ 1997: 524]. В Москве он прочел свой рассказ о Чурыгине в Союзе писателей: читка прошла хорошо. Он сходил на булгаковские «Дни Турбиных» во МХАТе: «Хороший спектакль». Он также посмотрел «Ревизора» Мейерхольда, навестил режиссера и у него дома встретился с Н. Р. Эрдманом, автором пьесы «Мандат» (1925). Мейерхольд пригласил его устроить читку «Атиллы», но, прослушав пьесу, сказал Замятину, что, несмотря на то что она хорошо написана, ее невозможно будет поставить в старинных костюмах и с оружием, так как спектакль превратится в пародию. Малый театр тоже тянул с решением по поводу «Атиллы», и Замятина ждал неприятный сюрприз в ГИЗе, где ему сказали, что сомневаются в возможности публикации пьесы: «Так что ясно: как и ждал, "Атиллу" привезу домой»[34].

Видимо, пока Замятин был в Москве, МХАТ предложил ему новый проект, так как театр искал одноактные пьесы для празднования десятой годовщины Октябрьской революции. Среди авторов, к которым они обратились, были также Булгаков, Пильняк и Бабель. В последние дни марта Замятин вернулся к своему рассказу «Пещера» (1920) и написал два фрагмента для его возможной инсценировки, которая так и не была осуществлена. По всей видимости, мрачное описание жизни в эпоху военного коммунизма не соответствовало праздничной дате. Со стороны Замятина было несколько наивно предполагать, что театр поставит пьесу. В 1928 году Ф. М. Эрмлер экранизировал

---

[32] Письмо Людмиле от 6 марта 1927 года [РНЗ 1997: 313–314].
[33] Контракт от 22 февраля 1927 года [ОР ИМЛИ. Ф. 47. Оп. 2. Ед. хр. 68].
[34] Письма Людмиле от 10 и 14 марта 1927 года [РНЗ 1997: 314–317].

этот рассказ под названием «Дом в сугробах», но сценарист Б. Л. Леонидов сделал настолько вольную адаптацию оригинала, что фильм получил счастливый конец. Тогда Замятин настоял на том, чтобы его имя убрали из титров[35]. Еще одним проектом, начатым весной 1927 года, стала инсценировка романа Салтыкова-Щедрина «История одного города» (1870) — «Город Глупов»[36]. К ней позже проявят интерес как Вахтанговский, так и Рижский театр, ставивший предыдущие пьесы Замятина [ОР ИМЛИ. Ф. 47. Оп. 3. Ед. хр. 110; ОР ИМЛИ. Ф. 210. Ед. хр. 44].

В начале 1927 года Ярмолинский переслал ему письмо от Зилбурга: хотя роман «Мы» понравился критикам, общий объем продаж не оправдал ожиданий. После первых собранных ста долларов к июлю пришло не больше десяти долларов авторских отчислений. Найти издателя для других произведений Зилбург не смог[37]. Тем временем в Праге произошло несколько важных событий, которые в будущем повлияют на судьбу Замятина. 23 декабря 1926 года М. Л. Слоним, редактор газеты «Воля России» в Праге, написал Постникову с просьбой прислать русский текст «Мы». Письмо пришло в период между публикациями отрывков из романа на чешском языке в издательстве «Lidové noviny» и изданием полного текста в виде книги, тоже на чешском, в «Aventinum». В 1927 году Слоним опубликовал большие куски романа в «Воле России», но авторский русский текст был сильно изменен. Слоним утверждал, что это был не оригинал — хотя мы знаем, что он вполне мог владеть экземпляром романа, — а перевод с чешского. На тот момент просто опубликовать роман на русском языке за границей было слишком опасно. Достаточно убедительным доказательством того, что Замятин

---

[35] Черновик в [ОР ИМЛИ. Ф. 47. Оп. 1. Ед. хр. 147]; [Любимова 2002: 90–94] (Золотницкий Д. И. «Измена литературе»: Е. И. Замятин — драматург»); текст напечатан в [РНЗ 1997: 495–506].

[36] См. письмо Иванова-Разумника от 4 марта 1927 года [ОР ИМЛИ. Ф. 47. Оп. 3. Ед. хр. 91; ОР ИМЛИ. Ф. 47. Оп. 1. Ед. хр. 148–149].

[37] Письмо Ярмолинского от 19 января 1927 года [ОР ИМЛИ. Ф. 47. Оп. 3. Ед. хр. 85].

на самом деле знал о рискованном плане опубликовать «Мы» на русском в Праге, даже в той искаженной и неполной версии, что появилась в «Воле России», является посвящение на собственной фотокарточке, сделанное им в Ленинграде. Адресатом была жившая в Праге Н. Ф. Мельникова-Папоушкова, постоянный автор «Воли России», которая также близко общалась с Постниковым, Эренбургом и переводчиком романа на чешский язык В. Кёнигом: «Надежде Филаретовне — на память о нашей русско-чешской акции — Евг. Замятин. 10-XI-1927»[38]. Какую другую «акцию» мог он иметь в виду, загадочно ссылаясь на нее, если не этот хитрый план публикации романа? Тут можно вспомнить и о его шутливом предложении Чуковскому опубликовать «Мы» в «Русском современнике», замаскировав его под перевод с португальского. Эта легкомысленная идея на самом деле отражала его жгучее желание увидеть свой текст опубликованным. После возвращения из Ленинграда в Прагу Мельникова-Папоушкова сообщила Замятину, что пытается предложить театрам его пьесы («Блоху» и «Общество почетных звонарей», насчет «Атиллы» она не питала больших надежд). Она также вела переговоры о переводе «Островитян» и попросила Замятина прислать ей разрешение представлять его интересы. В конце письма она добавила: «Ну а что Ваша поездка в Европу? Мы ждем. Только мигните, и виза у Вас будет. Все Ваши друзья Вам кланяются. Если у Вас будут рассказы или романы, присылайте, я приложу все усилия, чтобы устроить»[39].

В апреле или начале мая 1927 года Эренбург, по его словам, якобы сообщил Замятину об «ужасной» публикации в «Воле России» и от его имени послал в журнал письмо с требованием не печатать роман в таком виде, но ему ответили отказом. В берлинском журнале «Руль» появился негативный отзыв на «Мы» влиятельного критика Ю. И. Айхенвальда (дяди М. Л. Слонима), основанный на публикации в «Воле России». Фактически это

---

[38] [RS 1996, II, 2: 485–487, 503–504] (Янгиров Р. М. "Заветный друг"…»); [Guerra 1990: 162–167, 300; Перхин 2001: 15; Барабанов 1988: 527].

[39] Письмо от 31 января 1928 года [ОР ИМЛИ. Ф. 47. Оп. 3. Ед. хр. 140].

была чуть ли не единственная реакция западной прессы на эту публикацию, и ирония в том, что впоследствии в адрес Замятина посыпались гневные обвинения в подрывной деятельности. Айхенвальд утверждал, что в процессе работы над текстом автор впитал в себя атмосферу мрачного, однообразного общества, которое описывал: «...все это, говорящее о скуке, скоро читателю прискучивает, несмотря на меткость сатиры, несмотря на ум и талант автора, несмотря на яркость некоторых деталей. Писатель побежден своим сюжетом — горе победителю!» В личной переписке Горький дал понять, что прочитанное в «Воле России» не произвело впечатления и на него[40]. На другом конце континента, в китайском Харбине, еще один рецензент, напротив, высоко оценил июльскую публикацию в «Воле России», но не столько за ее художественные качества, сколько за своевременное предвидение опасностей социализма [Любимова 2002: 359–364].

В первой половине 1927 года у Замятина могло сложиться впечатление, что его творчество все еще воспринимается всерьез только за границей. 4 мая С. С. Прокофьев написал ему из Парижа, указав музыкальное издательство «Grandes Editions Musicales» в качестве обратного адреса. Он прочитал «Атиллу» и рассматривал возможность написать на основе пьесы оперу: «Я прочел "Атиллу" с большим интересом и даже увлечением. Но конец его мне не нравится». Одной из проблем было то, что опера Артюра Онеггера «Юдифь» (1925) заканчивалась сходным образом (в конце там тоже перед убийством подергивались края палатки и раздавались голоса за сценой), и поэтому для Прокофьева было бы немыслимо создать еще одну оперу на похожую тему. В любом случае, как писал композитор, он будет заниматься своими текущими проектами еще как минимум год. Однако он добавлял: «До того времени я надеюсь еще раз побывать в СССР, и тогда мы сможем повидаться с Вами» [ОР ИМЛИ. Ф. 47. Оп. 3. Ед. хр. 168]. В пришедшем весной из Парижа письме

---

[40] Критический обзор Айхенвальда от 6 апреля 1927 года в [Любимова 2002: 172, 358–359] (Янгиров Р. М. «К истории создания романа "Мы"»); [Примочкина 1987: 156]; [Примочкина 1996: 188].

от Эренбурга сообщалось о том, что репутация Замятина еще больше выросла, так как его история «Лампа» («Север») вошла в число рассказов, недавно опубликованных на испанском языке. Эренбург сделал все возможное, чтобы получить деньги от испанских издателей для Замятина [Перхин 2001: 18]. Явно ссылаясь на «раздор» по поводу публикации «Мы», Эренбург добавлял: «В Прагу, хоть мне это было и неприятно, написал. Надеюсь, подействует»[41]. Все это больше походило на изображение возмущения, чем на искреннее недовольство ситуацией. 10 июня гражданский муж Ахматовой, выдающийся искусствовед Н. Н. Пунин, тем летом сопровождавший выставку русского искусства в Японии, написал Замятину о возможном переводе его романа на японский язык [ОР ИМЛИ. Ф. 47. Оп. 3. Ед. хр. 224]. В ноябре того же года Исида Киодзи, встречавшийся с Замятиным в Ленинграде, написал ему из Москвы с просьбой прислать «Атиллу» и инсценировку «Пещеры» (которая еще не была готова) и предлагал попробовать достать американский экземпляр «Мы». Он сообщил, что Курода только что уехал в Японию и намеревался в ближайшем времени перевести его произведения[42].

Той весной Б. М. Кустодиеву стало намного хуже. Были планы отправить его на операцию в Берлин при содействии П. Л. Капицы, портрет которого Кустодиев написал в 1921 году, незадолго до того, как ученый уехал в Великобританию работать в Кембриджской Кавендишской лаборатории с Эрнестом Резерфордом. Однако у Кустодиева развилась пневмония. Он умер 26 мая 1927 года в возрасте 49 лет [Турков 1998: 252]. Замятина, а также Бенуа, Горького, Добужинского, Никитина, Федина и других попросили написать о нем для сборника мемуаров. До конца 1927 и в начале 1928 года Замятин будет работать над своими воспоминаниями, которые позже назовет «Встречи с Б. М. Кустодиевым» [ОР ИМЛИ. Ф. 47. Оп. 2. Ед. хр. 25; Галушкин и Любимова 1999: 145–157, 318–319].

---

[41] Письмо от 11 мая 1927 года [Фрезинский 1996б: 177].

[42] Письмо от 16 ноября 1927 года [ОР ИМЛИ. Ф. 47. Оп. 3. Ед. хр. 89].

В начале июля он отправился в необычное летнее путешествие — на этот раз на север, за Онежское озеро. Через три дня он достиг Александровска (ныне Полярного) — небольшого прибрежного поселка в Мурманской области, в 1000 км к северу от Ленинграда, далеко за Полярным кругом. В феврале 1926 года он предложил киностудии «Ленфильм» сценарий фильма «Северная любовь» (по рассказу «Север»), и именно здесь должны были состояться съемки[43]. Александровск располагался на Кольском заливе, по берегам которого было много крутых скал, покрытых снегом даже теплым летом. На таком далеком севере по ночам солнце садилось только на пять минут. Замятин жил в мансарде в рыбацком доме и ел только лосося и рыбные супы, что почему-то очень хорошо повлияло на его пищеварение — он чувствовал себя прекрасно на соленом океанском воздухе. Долгими северными днями они снимали фильм посреди бухты с красивым водопадом, в двух часах езды от берега. 17 июля он написал Людмиле, что большая часть съемочной группы в тот вечер возвращалась (до Мурманска было пять часов езды на катере), но ему захотелось задержаться на несколько дней, чтобы провести время с местными рыбаками. В то время уже по-осеннему похолодало, над поселком стояли красивые туманы, и стало настолько прохладно, что нужно было спать в свитере. Он был недоволен тем, что съемочная группа не согласилась с его предложением снять еще несколько сцен у водопада — фильм собирались закончить в Ленинграде: «Пусть уж без меня: надоело». Тем временем ему пришла идея нового — очень простого — рассказа[44].

Рассказ, задуманный Замятиным 17 июля в Александровске, был назван «Ела» — он продолжал работать над ним в течение следующих шести месяцев. Это трагическая история рыбака, который с трудом собрал деньги на собственную лодку, но

---

[43] [ОР ИМЛИ. Ф. 47. Оп. 3. Ед. хр. 88; РНЗ 1997: 304–305, примеч. 11]; два варианта сценария называются «Север» и «Северная любовь» — см. [ОР ИМЛИ. Ф. 47. Оп. 1. Ед. хр. 145–146].

[44] Письма Людмиле от 3, 6, 11 и 17 июля 1927 года [РНЗ 1997: 317–321].

вскоре, при буксировке из Мурманска, она потонула во время внезапного шторма, а рыбак спрыгнул в пучину моря навстречу своей смерти. Рассказ, очевидно, был написан под влиянием личных наблюдений Замятина за местной ловлей сельди, а также под впечатлением от пейзажей Александровска [ОР ИМЛИ. Ф. 47. Оп. 1. Ед. хр. 93–95]. Теперь, когда писателю исполнилось сорок лет, этот рассказ, видимо, отражал его определенную усталость от неореализма и наметившуюся склонность к традиционному реализму, к которому он уже обращался в своих произведениях, основанных на исторических фактах — например «Атилле».

Однако это время относительного затишья длилось недолго. К 21 августа он снова покинул Ленинград, на этот раз отправившись на юг. Он написал Людмиле из Тифлиса после интереснейшей поездки по Кавказу (они выехали из Владикавказа), во время которой у него очень сильно обгорел нос. Он направлялся в грузинский город-курорт Боржоми, собираясь пройти там курс лечения. Боржоми оказался довольно скучным городком, и в середине сентября, желая попробовать воды другого курорта, он переехал в Ессентуки. Они находились севернее, на российской стороне кавказских гор. В Ессентуках он нашел себе чистую комнату, еду лучшего качества и врача («...фамилия у него хорошая — Ахматов») и согласился на целый ряд процедур, в том числе на клизмы и грязевые ванны. «Грязи — очень утомительная вещь, после них — такая слабость. Но я в них верю больше, чем во что-нибудь». Сама Людмила отдыхала на побережье Черного моря в Геленджике. К 7 октября Замятин переехал на еще один курорт — в Кисловодск, где с тоской читал ее письма о том, как хорошо она проводит время. Он жил в одном доме и играл в теннис с А. Н. Толстым и Тихоновым (туда же приехал погостить и Зощенко), но не находил в себе достаточно сил для писательской работы[45]. Чуковский зашел к Зощенко после его возвращения с Кавказа и записал в своем дневнике,

---

[45] Письма Людмиле от 21, 25 и 31 августа, 12–13 и 23 сентября, а также 7 и 11 октября 1927 года [РНЗ 1997: 321–330].

что Замятин показался тому несчастным человеком: «Он смутно чувствует, что его карьера не вытанцевалась, — и не спит, мучается. Мы ехали с ним сюда вместе: все завешивал фонарь, чтобы заснуть...» На следующей неделе Чуковский, как всегда радуясь возможности услышать плохое о Замятине, зашел к Тынянову и застал там Шкловского. У них состоялся откровенный разговор, в котором они «с сокрушением» говорили о том, что Замятин как писатель очень слаб, и Тынянов вспоминал, что именно Чуковский первым упомянул об этом[46].

Были и другие, более серьезные нападки на него в печати. В сентябре 1927 года в статье «На литературном посту» разбирались его произведения, созданные после 1917 года, и автор пришел к выводу, что, будучи представителем умирающего класса, реакционер Замятин не умел описывать реальную жизнь, даже в своих лучших произведениях прячась или в истории («Огни св. Доминика»), или в фантазиях («Мы»). В том же журнале в разделе, где были напечатаны пожелания писателям к 10-й годовщине Октябрьской революции, была опубликована язвительная частушка о нем. В ней «сэру» рекомендовали сменить свои привычки и осесть где-нибудь поближе к СССР, а не «на куличках»[47]. 14 октября пьеса Замятина «Огни св. Доминика», наряду с булгаковскими «Днями Турбиных», «Зойкиной квартирой» и «Багровым островом», вошла в недавно вышедший список из 498 пьес, запрещенных литературными властями [Фрезинский 2003: 2007].

По крайней мере новости из театров были более радостными. Несколько интервью с Р. А. Шапиро, главным режиссером БДТ в Ленинграде, было напечатано в газетах в конце сентября. В них режиссер подтвердил, что постановка «Атиллы» в итоге намечена на осень, а ее премьера планируется на 15–20 декабря. БДТ и московский Вахтанговский театр собирались в том же сезоне

---

[46] [Чуковский 2003: 490–491, 493–494]; см. довольно презрительную статью Шкловского о Замятине «Потолок Евгения Замятина», напечатанную в 1927 году в его сборнике «Пять человек знакомых».

[47] Статья И. М. Машбица-Верова [Любимова 1994: 101].

поставить замятинскую инсценировку по Салтыкову-Щедрину. В конце года сам Замятин вышел на сцену, что было для него нехарактерно, сыграв Барона в отрывках из пьесы «На дне» на вечере, организованном ВСП и Академией наук в честь 35-летия литературной деятельности Горького. На сцену в тот вечер также вышли Федин, Толстой, Тихонов и Маршак[48].

Начинающая молодая писательница И. Е. Кунина-Александер, бывшая соседка Замятина по дому на Моховой, написала из Югославии, предлагая перевести «На куличках» и «Уездное». Она пыталась договориться с издателями и решить проблему отсутствия конвенции об авторском праве между двумя странами. Она была замужем за хорватом и не виделась с Замятиным почти два года. 15 января 1928 года в ответном письме он называл персонажей «На куличках» своими детьми и дразнил ее сомнительными отношениями, которые возникнут между ними после второго рождения этих героев в сербохорватском варианте. «Если выйдет с этой книгой, давайте устроим перевод романа: по-русски он не выходил, напечатан по-английски в Нью-Йорке, переведен и вышел по-чешски, переводится на немецкий. Вот там уж — конвенция в силе». Он сообщил, что теперь она сможет получить русский экземпляр «Мы» в издательстве «Петрополис» в Берлине. Кунина-Александер также читала лекции по современной русской литературе, в которых пыталась привлечь внимание к достоинствам советских, а также русских писателей в эмиграции, что было достаточно провокационно. Поэтому она попросила своего отца (все еще жившего на Моховой) посоветоваться с Замятиным по поводу материалов для ее новых лекций о советской поэзии, театре и пролетарских писателях. Замятин написал ей, что говорил с ее отцом, но добавил, что хорошей новой литературы в том году было очень мало — даже «Вор» Леонида

---

[48] На самом деле БДТ подтвердил свои планы на сезон 1927–1928 года на собрании, состоявшемся 18 июля. См. [ОР ИМЛИ. Ф. 47. Оп. 2. Ед. хр. 107]; [Любимова 2002: 95–103] (Золотницкий Д. И. «"Измена литературе": Е. И. Замятин — драматург»); [ОР ИМЛИ. Ф. 47. Оп. 2. Ед. хр. 92]; [ОР ИМЛИ. Ф. 47. Оп. 3. Ед. хр. 110].

Леонова, от которого ожидали многого, «...оказался скучным, слишком растянутым — не стоит посылать»[49].

В 1927 году он вел переговоры с несколькими издательствами о возможности выпустить новое собрание своих сочинений. В. И. Нарбут из «Земли и фабрики» («ЗиФ») предупредил его, что ему придется убрать некоторые произведения, которые могут не понравиться «широким кадрам нового читателя» их издательства. Он также уведомлял, что по той же причине надо будет сделать книги дешевыми, и поэтому предложенные Замятиным условия для них неприемлемы[50]. Тогда Замятин стал изучать варианты издания полного собрания в «Никитинских субботниках»[51]. В ноябре 1927 года он составил план, включавший шесть томов: «Уездное», «На куличках», «Островитяне», «Икс» (туда должны были войти «Нечестивые рассказы» и отдельные новые произведения), том драмы и сборник статей и воспоминаний (о Блоке, Андрееве и Кустодиеве) [РНЗ 1997: 337, примеч. 3]. К тому времени перспектива публикации «Мы» даже не обсуждалась.

В феврале 1928 года Чуковский навестил Замятина:

> Не были друг у друга около 2-х лет. Мне у него очень понравилось. Я ходил хлопотать о Горьком: нет ли у Замятина материалов об Ал. Максимовиче (в пору «Всемирной Литературы»). Оказалось, нет. «Я устал от воспоминаний. Только что закончил о Кустодиеве... <...> А с Горьким я не переписываюсь, он на меня

---

[49] Для переписки между Замятиным и Куниной-Александер см. [Любимова 2002: 294–300] (Литвин Е. Ю. «Два письма И. Е. Куниной-Александер к Е. И. Замятину»); [Любимова 2002: 301–351] (Куртис Дж. «Неизвестные письма Евгения Замятина из американского архива»). Копия машинописного текста романа «Мы», которую Кунина-Александер в конце концов получила от Замятина, сохранилась и сейчас находится в архиве Университета штата Нью-Йорк в Олбани. На момент написания книги это единственный сохранившийся оригинальный источник текста романа на русском языке, существующий где-либо в мире. Он был опубликован мною совместно с М. Ю. Любимовой в [Замятин 2011].

[50] Письмо от 20 мая 1927 года [ОР ИМЛИ. Ф. 47. Оп. 3. Ед. хр. 146].

[51] Контракт от 28 января 1928 года [ОР ИМЛИ. Ф. 47. Оп. 2. Ед. хр. 71].

> за что-то сердится». На стенах у него смешные плакаты к «Блохе», на полу великолепный ковер, показывал он мне переводы своих рассказов на испанский язык и своего романа «Мы» — на чешский. <...> ...показывал любопытные рисунки Кустодиева к «Истории о Блохе» Замятина, где, несмотря на стилизацию и условность, дан лучший (очень похожий) портрет Евгения Иваныча. Она, то есть жена Евгения Ивановича, Людмила Николаевна, стала милее, — уже не красит губ, стала проще...

Это более теплое отношение к Замятину побудило Чуковского написать ему откровенное письмо, когда он сам столкнулся с серьезными неприятностями. 1 февраля Н. К. Крупская, руководившая организацией детской литературы, опубликовала в «Правде» статью, где называла популярную детскую сказку Чуковского «Крокодил» «буржуазной мутью». Раздавленный этой публикацией Чуковский укрылся в бывшем монастыре в трех часах езды от Ленинграда, откуда прислал Замятину эту статью и свой ответ на нее, прося у него совета. Чуковский, несомненно, все еще уважал его как человека с полезным опытом противостояния властям. Он знал, что Крупская намеренно пытается уничтожить его, и действительно, это привело к временному запрету на публикацию всех его детских произведений[52].

Также в феврале 1928 года вышел фильм «Север». 13 марта Замятин написал в редакцию журнала «Жизнь искусства», выражая свое негодование: московское «Совкино» сократило и изменило его сценарий, и он уже ранее просил убрать его имя из титров фильма, так как считал его чуть ли не пародией на авторский замысел. Тем не менее фильм был только что выпущен, и его имя было там указано, вопреки его желанию публично отказаться от любой ассоциации с этим фильмом. Точно такая же ситуация возникла с предыдущим, тоже не понравившимся ему фильмом «Дом в сугробах» (снятым по мотивам «Пещеры»)[53].

---

[52] [Чуковский 2003: 509–510, 592]; [Любимова 2002: 237–238] (Галушкин А. Ю. «Е. И. Замятин и К. И. Чуковский: Переписка (1918–1928)»).

[53] [Любимова 2002: 94–95] (Золотницкий Д. И. «"Измена литературе": Е. И. Замятин — драматург»); [Геллер 1997: 150–152] (Голдт Р. «"Подземелье Гунтона": Неизвестный сценарий Е. Замятина»).

Восхищение Замятина ранним творчеством Михаила Булгакова, судя по всему, послужило отправной точкой для их дружбы. У них было много общего как в интеллектуальном плане, так и в отдельных чертах характера. 17 марта Людмила написала Булгакову, упрекая его в том, что он забыл их: «Или Вы перебрались на какой-нибудь необитаемый небагровый остров» (имеется в виду его пародировавший советскую историю 1917–1921 годов «Багровый остров», который тогда репетировали в Москве). «Но мы, я — хотим иметь с Вами дело, хотим по-прежнему видеть Вас у себя...» Через пару недель Булгаков вернулся в Ленинград; Людмила послала ему порошки от головной боли и пригласила вечером в гости. Когда он пришел, Замятин взял с него обещание написать статью на тему «Драматург и критика» для сборника, посвященного 25-летию театральной организации «Драмосоюз». По возвращении в Москву Булгаков написал, что уже скучает по очаровательному Ленинграду и что ему плохо и грустно; он также забыл свой черно-лиловый шарф и просил переслать его. 15 мая Людмила (ставшая посредником между ними) написала Булгакову насмешливо-возмущенное письмо, в котором жаловалась, что Замятин и художник Н. Э. Радлов нарушают правила их любимой игры (возможно, это было буриме): «Не пора ли Вам приехать в ПБ и навести порядок?» [Бузник 1989: 179; Curtis 1991: 88]. Скорее всего, примерно в это время Радлов нарисовал элегантный шарж на Замятина. В том же году он написал портрет Замятина маслом, где писатель одет в костюм-тройку и бабочку, левую руку он опустил в карман пиджака, а в правой держит сигару[54]. Для Замятина это был такой же провокационный способ представления себя советскому обществу, как и знаменитая фотография Булгакова с моноклем, сделанная пару лет назад, во время скандальной постановки «Дней Турбиных».

---

[54] [Любимова 2002: 444] (Кукушкина Т. А. «Материалы Е. И. и Л. Н. Замятиных....»). Портрет, выполненный Георгием Верейским в 1927 году, на котором Замятин, одетый в стильный пиджак, курит сигарету, также подчеркивает его западную элегантность. См. [РНЗ 1997: 4].

Карикатура на К. А. Федина работы Н. Э. Радлова (иллюстрация из книги Н. Радлова «Воображаемые портреты», Ленинград, 1933)

В начале мая он написал еще одну «автобиографию» — на этот раз вступление к первому тому собрания сочинений, в который она вошла, после некоторых цензурных сокращений, в 1929 году. Он вспоминал детство и прочитанные в то время книги, а дальше описывал свою интенсивную деятельность в последние десять лет, после возвращения в Россию из Ньюкасла:

> Тут уж было не до чертежей — практическая техника засохла и отломилась от меня, как желтый лист (от техники осталось только преподавание в Политехническом институте). И одновременно: чтение курса новейшей русской литературы в Педагогическом институте имени Герцена (1920–1921), курс техники художественной прозы в Студии Дома искусств, работа в Редакционной коллегии «Всемирной литературы», в Правлении Всероссийского союза писателей, в Комитете Дома литераторов, в Совете Дома искусств, в Секции Исторических картин ПТО, в издательстве Гржебина, «Алконост», «Петрополис», «Мысль», редактирование журналов «Дом Искусств», «Современный Запад», «Русский Современник». Писал в эти годы сравнительно мало; из крупных вещей — роман «Мы», в 1925 году [sic] вышедший по-английски, потом — в переводе на другие языки; по-русски этот роман еще не печатался.

Карикатура на А. Н. Толстого работы Н. Э. Радлова (иллюстрация из книги Н. Радлова «Воображаемые портреты», Ленинград, 1933)

Он также упомянул о своей «измене литературе» в пользу драмы в 1925 году. Однако, продолжил он, после того как он использовал стихотворную форму в пьесе «Атилла», ему было бы некуда больше развиваться, и поэтому он решил вернуться к жанрам романа и рассказа.

> Думаю, что если бы в 1917 году не вернулся из Англии, если бы все эти годы не прожил вместе с Россией — больше не мог бы писать. Видел много: в Петербурге, в Москве, в захолустье — Тамбовском, в деревне — Вологодской, Псковской, в теплушках. Так замкнулся круг. Еще не знаю, не вижу, какие кривые в моей жизни дальше [Галушкин и Любимова 1999: 12] (Автобиография 1928 года).

Размышления о собственном творчестве в тот период есть и в написанном им отрывке «О своей работе»: «Вообще от театра я надолго возвращаюсь опять к прозе, и возвращаюсь, кажется, по-новому: после очень большой сложности — к очень большой простоте. Таков, например, законченный недавно рассказ "Ела"...» [Галушкин и Любимова 1999: 253–254] («О своей работе»).

В конце мая 1928 года Горький впервые вернулся в Россию после своего отъезда осенью 1921 года — тогда официальной причиной было состояние его здоровья. Замятин как раз перед этим обсуждал со своим другом, издателем А. А. Кроленко, юбилейный сборник статей для «Драмосоюза». Неожиданно 26 мая в «Ленинградской правде» была опубликована статья с личными и очень жесткими нападками на Кроленко и его научное издательство «Академия». Несколько дней спустя возмущенные друзья Кроленко, в том числе Замятин и Горький, подписали коллективное письмо, в котором указывали на выдающиеся достижения «Академии» за последние семь лет и на личный вклад Кроленко в ее работу. Издательство в конце концов удалось спасти, но сам Кроленко был обвинен в злоупотреблениях своим положением и в июле 1929 года изначально приговорен к двум годам тюрьмы, хотя затем этот срок заменили четырьмя месяцами в исправительной колонии обычного режима[55].

Затем пришли хорошие новости из Франции. Надежды Эренбурга на то, что ему удастся найти издательство для романа «Мы», сильно выросли, и в марте он попросил срочно прислать экземпляр на английском языке, который требовался для того, чтобы сделать заказ на французский перевод. Он также попросил наделить его правами представителя Замятина во Франции. Через полтора месяца он подтвердил, что из Праги ему прислали английский перевод романа (возможно, пару лет назад он одолжил его Роману Якобсону, который возвратил книгу). Он передал его в издательство «Nouvelle Revue Française» («НРФ»), которое согласилось издать «Мы» зимой того же года: он нашел хорошего переводчика, и условия были такими же, как и у самого Эренбурга за публикации его произведений во Франции, то есть 5% от продаж. «Если книга будет пользоваться коммерческим успехом — кое-что получите, если нет — то на спички плюс слава». В конце июля Эренбург послал ему радостное письмо из

---

[55] [Любимова 2002: 274–276; РНЗ 1997: 515–516] (Дацюк И. В. «Е. И. Замятин в дневниках издателя А. А. Кроленко (1923–1931)»).

Словакии, где проводил отпуск, и передал привет от своих товарищей, Якобсона и Овадия Савича. Он добавил, что подписал контракт с «НРФ» перед отъездом из Франции[56]. 10 октября Эренбург снова написал письмо, жалуясь, что давно не получал от него известий, и спросил Замятина, доволен ли тот контрактом, который он отдал Никитину, попросив передать ему [Фрезинский 1996б: 180].

В феврале 1928 года в БДТ начались надолго отложенные репетиции «Атиллы». В это время вдова Блока Любовь Дмитриевна, «Прекрасная Дама» его ранней поэзии, послала Замятину эмоциональное письмо, в котором сообщала, что преодолела обиду на русскую литературу, которая, как ей раньше виделось, испортила жизнь Блоку и ей. «Атилла», по ее словам, был тем литературным и театральным событием, которого она ждала столько лет. Особенно поразила ее воображение романтическая героиня Ильдегонда, благородная заложница Атиллы. Она не могла допустить мысли, что безнадежно постарела в глазах представителей театра и его авторском видении (ей было далеко за сорок): «Я должна предложить Вам себя в Ильдегонды; другой актрисы нет; <...> со старостью внешней я справлюсь». Любовь Дмитриевна умоляла дать ей откровенный ответ, уверяла, что привыкла к отказам, и независимо от результата просила воспринять эту просьбу «за hommage [преклонение] от всего сердца Вашей прекрасной трагедии»[57]. Замятин, скорее всего, нашел достойный способ отказать ей. Но вскоре ему пришлось столкнуться с более серьезными проблемами. Когда «Атиллу» внезапно запретили в конце мая, он с негодованием рассказывал Горькому: «Над этой пьесой уже несколько месяцев работает Большой драматический театр в Ленинграде. А вчера я узнал, что ленинградская цензура (Губрепертком) пьесы к постановке не разрешает. <...> Простите, что затрудняю Вас этим. Но для меня этот вопрос серьезный: можно ли мне еще оставаться

---

[56] Письма от 26 февраля, 21 марта, 6 мая и 1 июня 1928 года [Фрезинский 1996б: 178–180; Попов и Фрезинский 1993–2001, 2: 265].

[57] Письмо от 16 февраля 1928 года [РГАЛИ. Ф. 1776. Оп. 1. Ед. хр. 7].

и работать в России — или нельзя». Он послал Горькому текст пьесы и попросил его написать краткий отзыв в поддержку[58].

В начале июня 1928 года он отправился в Москву, чтобы узнать, можно ли что-нибудь сделать, чтобы спасти «Атиллу». Он несколько раз обедал с Булгаковым, который досрочно вернулся с отдыха на Кавказе из-за аналогичного запрета московским Главреперткомом его собственной новой пьесы «Бег», уже принятой к постановке МХАТом. Отныне жизни двух друзей будут развиваться поразительно схожим образом — их будут преследовать одни и те же трудности в профессии[59]. Горький прочитал «Атиллу», очень положительно отозвался о тексте, — так же позднее он выскажется и о булгаковском «Беге», — и настаивал, что пьесу необходимо ставить. Возможно, новый, более «реалистический» Замятин нравился ему больше раннего, модернистского стиля автора? После настойчивых убеждений Горького Главрепертком в конце концов согласился дать разрешение на постановку «Атиллы», но только в ограниченном числе театров и только при условии внесения ряда изменений (например, поведение гуннов должно было стать вежливее). БДТ настоял на том, чтобы Замятин остался в Москве и немедленно внес изменения в текст: «...до чего противно и трудно было это делать...» — писал он Людмиле (22 июня)[60]. Горький обещал

---

[58] [ОР ИМЛИ. Ф. 47. Оп. 2. Ед. хр. 110]; [Примочкина 1996: 188–189]; [RS 1996 II, 2: 345] (Гольдт Р. «Мнимая и истинная критика западной цивилизации в творчестве Замятина. Наблюдения над цензурными искажениями пьесы "Атилла"»); [РНЗ 1997: 330–331, примеч. 4].

[59] Еще один пример сходных проблем обоих писателей: летом 1928 года некий Захар Каганский из Берлина пытался убедить Замятина дать ему разрешение на перевод и постановку ряда его произведений в Германии и Англии. Замятин поступил мудро и посоветовал ему вести переговоры с Либерманом, поскольку, вероятно, ему было известно, что этот самый Каганский в течение последнего года или двух доставил много хлопот Булгакову, выдавая себя за его представителя за границей и прикарманивая деньги за его произведения [ОР ИМЛИ. Ф. 47. Оп. 3. Ед. хр. 6 и 92; Curtis 1991: 87, 91].

[60] Пребывание Замятина в Москве находит отражение в его письмах Людмиле от 5, 6, 8, 11, 14, 17, 18, 22, 23, 26 и 27 июня 1928 [РНЗ 1997: 330–346]. Соответствующие даты приводятся после цитат в тексте.

передать БДТ копию его отзыва на «Атиллу», так как ленинградское отделение Реперткома по-прежнему категорически настаивало на запрете пьесы.

Во время пребывания в Москве Замятин также обдумывал, подписать ли контракт на предлагаемое шеститомное издание своих работ с «Федерацией», или принять условия уже составленного договора с «Никитинскими субботниками». В любом случае он рассчитывал скоро получить деньги, поэтому Людмиле, по его словам, не стоило переживать из-за расходов на предстоящий ремонт (они планировали купить новые шторы, телефонные розетки, душ и раковину). Скорее всего, все это предназначалось для их нового жилья (они переехали туда в том году) по адресу: Жуковского, 29, квартира 16. Эта квартира стала его последним ленинградским адресом. В конце концов он подписал контракт с «Федерацией», несмотря на то что они согласились на том статей лишь условно и попытались сбить предложенную им цену[61]. Как бы то ни было, это означало, что можно было продолжать ремонт: «Скажите Ростиславу (а он пусть скажет Вам), что он зря загрустил» (22 июня). Замятин также посетил нашумевшие слушания по делу против 53-х горняков, обвиненных в промышленном саботаже. Фактически это был первый крупный показательный процесс сталинской эпохи. В конце 1920-х Сталин издал указ о сворачивании НЭПа и, объявив первую пятилетку, укрепил централизованный контроль над экономикой. Одновременно — что было особенно страшно — он начал уничтожать всю политическую оппозицию и устанавливать исключительный личный контроль над культурными и идеологическими вопросами. Замятин писал Людмиле: «Был два раза на шахтинском процессе. Очень противно. Вообще все здесь надоело, не чаю, когда выберусь» (18 июня).

9 июля Тихонов сообщил, что первый том собрания сочинений Замятина прошел цензуру. Только одно предложение было убра-

---

[61] Контракт был подписан Замятиным и Тихоновым 19 июня 1928 года; запланированному пятому тому статей было дано название «Лица» — см. [Галушкин и Любимова 1999: 282].

но — та часть его автобиографии, где он упоминал свое тюремное заключение в 1922 году: «Я согласен с тов. А. Фадеевым, что, может быть, эту фразу действительно стоит выбросить». Отвечая на это письмо, Замятин заметил: «Фадеев меня разочаровал: я думал, что у него менее промарксистские мозги». А. А. Фадеев, автор ставшего советской классикой романа «Разгром» (1927), впоследствии стал председателем Союза советских писателей и известным апологетом Сталина. Замятин продолжал: «Мне о них [приключениях 1922 года] нисколько не неловко писать; если кому-нибудь будет неловко читать — вина не моя. Если умолчать об этом совсем — на всю автобиографию, где подробно рассказано о моем прежнем большевизме, ляжет неверный рефлекс — этого я не хочу». Он предложил взамен более краткую формулировку той же информации. Тем не менее автобиография так и не была напечатана в том виде, как этого хотел автор. В январе 1929 года Тихонов прислал ему письмо, где объяснял, что «Федерация» здесь ни при чем, так как цензоры снова убрали не понравившиеся им предложения[62].

К середине июля Замятин начал переживать по поводу того, что обещанное письменное разрешение на постановку «Атиллы» так и не приходило. Чтобы угодить Главреперткому, в текст были внесены поправки: «...минусы приклеены к фигурам некоторых римлян...». Тем не менее он боялся, что БДТ все равно не захочет вступать в конфликт с ленинградским Репертком ом[63]. Две недели спустя ему наконец сообщили: «Ваша пьеса "Атилла" разрешена Главреперткомом в Вашей последней редакции без поправок и без каких бы то ни было купюр». Однако вопрос о том, к какой категории лицензий должна быть отнесена пьеса (то есть насколько широким будет круг театров, которым будет разрешено ее ставить), на тот момент остался открытым[64].

---

[62] [Галушкин и Любимова 1999: 288]; письмо от 4 января 1929 года [ОР ИМЛИ. Ф. 47. Оп. 3. Ед. хр. 15].

[63] Письмо П. Е. Щеголеву от 12 июля 1928 года [ОР ИМЛИ. Ф. 47. Оп. 3. Ед. хр. 17].

[64] Письмо Ф. Ф. Раскольникова от 26 июля 1928 года [РНЗ 1997: 344, примеч. 1].

Тем временем Булгаков все еще боролся с властями за собственную пьесу. 1 августа Людмила снова прислала ему порошков от головной боли и попросила принести экземпляр «Бега». О том, что не стоило терять надежду на положительный исход с «Атиллой», свидетельствовал такой факт: в это же самое время Замятин, находясь в Ленинграде, узнал, что Булгаков выиграл другое дело и получил разрешение на исполнение своей сатирической пьесы о революции «Багровый остров». 13 сентября Замятин поздравил Булгакова и напомнил о статье, которую тот должен был написать в альманах «Драмосоюза» [Бузник 1989: 180–181]. Однако через две недели пришло письмо от Булгакова из Москвы: он написал двадцать страниц статьи о театральных критиках, но буквально накануне сжег их:

> ...в той печке, возле которой вы не раз сидели у меня. И хорошо, что вовремя опомнился. При живых людях, окружающих меня, о направлении в печать этого опуса речи быть не может. <...> ...я в этом уверен, если я скажу, что все равно не напечатали бы ни в коем случае. <...> К той любви, которую я испытываю к Вам, после Вашего поздравления присоединилось чувство ужаса (благоговейного). Вы поздравили меня за две недели до разрешения «Багрового острова». Значит, Вы пророк. Что касается этого разрешения, то не знаю, что сказать. Написан «Бег». Представлен. А разрешен «Багровый остров». Мистика. Кто? Что? Почему? Зачем? Густейший туман окутывает мозги. Я надеюсь, что Вы не лишите меня Ваших молитв![65]

Положение самого Замятина было менее радостным. 26 сентября ленинградский Репертком сообщил БДТ, что они все еще отказываются рекомендовать «Атиллу» для постановки, даже несмотря на рекомендацию Главреперткома. Другими словами, пьеса снова была запрещена. В октябрьском выпуске бюллетеня Реперткома П. И. Новицкий заявлял, что «Атилла» не может предложить ничего нового ни по содержанию, ни по форме, и что Замятин свел трагедию столкновения культур к личным вопросам: «Трагедия написана прекрасным литературным языком.

---

[65] Письмо от 27 сентября 1928 года [Булгаков 2011: 234].

Никакого другого достижения она не представляет»[66]. Замятин с негодованием написал в БДТ, требуя объяснения их трусливой реакции: почему они тут же уступили ленинградскому Реперткому и прекратили работу над пьесой [РНЗ 1997: 342, примеч. 5]?

Спор по поводу «Атиллы» перешел в судебный процесс, на котором Замятин обвинил БДТ в нарушении контракта, и поэтому он стал искать влиятельных людей для поддержки [ОР ИМЛИ. Ф. 47. Оп. 2. Ед. хр. 111]. В конце октября он снова обратился к Горькому (тот недавно вернулся в Италию) и попросил его написать еще один небольшой отзыв о пьесе, который он мог бы использовать в суде. Горький прислал его 4 ноября и сообщил Замятину, что одновременно написал письмо председателю Совета народных комиссаров СССР А. И. Рыкову: «Будьте добры известить меня — как разрешится эта чепуха?» В очередной раз политики высших эшелонов оказались втянуты в решение проблем в области литературы. В своем отзыве Горький охарактеризовал пьесу «...высоко ценной и литературно, и общественно. Ценность эту вижу в том, что гунны, во главе с Атиллой, идут разрушить Рим, как государство, фабрикующее рабов. Нахожу также, что героический тон пьесы и героический сюжет ее полезен — как нельзя более — для наших дней, когда мещанство шипит все более громко». Он добавил, что считает возмутительным запрет спектакля ленинградским комитетом вопреки положительному решению Главреперткома [Примочкина 1987: 157–158; Примочкина 1996: 190–191].

Терзания Замятина по поводу сложившейся ситуации отражены в тексте, черновик которого он написал 23 декабря, «Для сборника о книге»:

> Когда мои дети выходят на улицу дурно одетыми — мне за них обидно; когда мальчишки швыряют в них камнями из-за угла — мне больно; когда лекарь подходит к ним со щипцами или ножом — мне кажется, лучше бы резали меня самого.
> Мои дети — мои книги; других у меня нет [Галушкин и Любимова 1999: 254] («Для сборника о книге»).

---

[66] [Любимова 2002: 101] (Золотницкий Д. И. «"Измена литературе": Е. И. Замятин — драматург»); [Malmstad and Fleyshman 1987: 129].

8 января 1929 года Замятин в письме Горькому поблагодарил его за поддержку:

> Суд с самого начала был явно на стороне автора. Несомненно, большое впечатление произвело прочитанное на суде Ваше письмо. Приговором — театр был признан виновным в неисполнении постановочного договора и обязанным уплатить автору около полутора тысяч рублей. <...> Пьеса все-таки похоронена [Примочкина 1996: 190].

Смирившись с поражением, он уже в 1928 году начал переделывать пьесу, постановка которой не состоялась, обратно в прозаическое произведение об Атилле, ставшее незаконченным романом «Бич Божий» (1928–1935) [BDIC, dossier 16].

Весной 1928 года Замятин также закончил «Наводнение» — последнее значительное произведение, написанное им до отъезда из СССР [ОР ИМЛИ. Ф. 47. Оп. 1. Ед. хр. 96–99]. В январе следующего года он написал С. А. Обрадовичу, одному из редакторов альманаха «Земля и фабрика», с жалобой на замеченный им ряд поправок в гранках текста. В этой новелле Замятин, филигранно владея стилем, снова исследует темы бесплодия и сексуального желания, лишения невинности и насилия (в рассказе присутствует убийство топором). Ритм тексту задают наводнения, наступающие на город, в котором узнается Санкт-Петербург Достоевского. Однако сюжет построен вокруг другого «наводнения» — менструального цикла Софьи, растущего внутреннего напряжения по мере приближения месячных и гнетущего страха из-за очередного доказательства ее бесплодности. В запутанном и пророческом сне, который можно было бы интерпретировать с помощью фрейдистских терминов «сгущение» и «смещение», героине видится убийство ее молодой соперницы Ганьки. Во сне ее менструальное кровотечение ассоциируется с кровью, которой окрасятся после преступления ее руки. Эта цепочка развивается дальше: героине приходит мысль, что зачатие ее дочери произойдет только после смерти Ганьки. В письме Обрадовичу Замятин допускал, что цензорам может не понравиться, как Ганька неправильно произносит слово «совнарком», но он возражал против казавшихся ему ханжескими сокращений, внесенных редакторами. «Очень хорошо, если редакция альманахов "ЗиФ"-а исправляет молодых авторов и учит их, как надо писать. Но я, пожалуй, из такого возраста уж вышел, за художественную сторону моих работ — отвечаю сам и "художественной" правки моих вещей допустить ни в коем случае не могу». Он также сослался на новый закон об авторских правах, принятый в 1928 году, и настаивал на том, чтобы сокращенные фрагменты были восстановлены, грозясь забрать рассказ[67]. «Наводнение» в конце концов было опубликовано в начале марта 1929 года, и Гребенщиков договорился о его авторской читке на литературном вечере в апреле[68].

Одним из интересных проектов лета 1928 года, когда Замятину не удалось поехать в отпуск из-за проигранной впоследствии борьбы за «Атиллу», стала совместная работа над либретто к новой опере Д. Д. Шостаковича по гоголевской повести «Нос» (1836 год). Шостакович решил обратиться к этому тексту, потому что считал, что он больше, чем произведения советской эпохи, подходит для его концепции сатирической оперы. Замятин был упомянут как один из авторов опубликованного либретто (1930 год) наряду с Г. Иониным, А. Г. Прейс и самим Шостаковичем [ОР РНБ. Ф. 292. Ед. хр. 56]. Еще одним событием стало исполнение музыки к «Блохе» (композитор Ю. А. Шапорин) на симфоническом концерте в виде сюиты, партитуру которой планировалась выпустить в продажу в следующем году. После всех неприятностей 1928 года Замятин написал короткий комический очерк «Мученики науки». В нем богатая вдова жертвует собой и выходит замуж за бывшего кучера Якова, чтобы подобное родство помогло ее сыну Ростиславу (выбор имени, конечно — скрытая шутка) поступить в университет. Однако Яков начинает требовать, чтобы она ему прислуживала и приносила чай, как подобает настоящей жене рабочего[69].

---

[67] Письмо от 15 января 1929 года [Давыдова и Тюрин 1996: 150].
[68] [Любимова 2002: 267–268] (Любимова М. Ю. «Я. П. Гребенщиков и Е. И. Замятин: Переписка (1916–1928)»).
[69] Ноябрь и декабрь 1928 года [ОР ИМЛИ. Ф. 47. Оп. 1. Ед. хр. 100–101].

1 февраля 1929 года отмечалась восьмая годовщина создания «Серапионовых братьев». В стремительно меняющихся условиях жизни и при постепенной потере свободы мысли в СССР это был скорее повод для траура, чем для праздника. Груздев описал этот вечер в письме Горькому: «Было очень весело внешне и довольно невесело по существу. Есть что-то застывше-солидное в их литературных репутациях. <...> Замятин прочел на празднестве каждому Серапиону эпитафию, было в них много злого...» Эти четверостишия, адресованные Федину, Груздеву, Слонимскому, Зощенко, Тихонову, Никитину и Полонской, описывали реальные сложности, с которыми каждый из них столкнулся, и последовавший за этим крах их мечтаний [Фрезинский 2003: 61; РНЗ 1997: 510–511]. В феврале младший из «Серапионов», В. С. Познер, уехавший с родителями в Париж вскоре после образования литературной группы, прислал экземпляры двух своих книг о современной русской литературе, изданных в 1929 году. В обеих Замятину было уделено много места, и автор сопроводил их дружескими подписями[70]. Еще одна хорошая новость пришла в марте из Франции от Эренбурга. Он писал, что о выходе французского перевода «Мы» Б. Кове-Дюамеля под названием «Nous autres» уже объявлено в печати, а дата его публикации намечена примерно через месяц или два. Эренбург обрадовался, узнав, что Замятин работает над еще одним большим произведением («Бич Божий»), возлагая на автора большие надежды[71].

В середине сентября 1928 года Замятин узнал о стесненных обстоятельствах своего бывшего редактора В. С. Миролюбова, которому подчас не хватало денег даже на еду, и постарался

---

[70] *Anthologie de la prose russe contemporaine* и *Panorama de la littérature russe contemporaine*; см. [РНЗ 1997: 534–535].

[71] Письмо от 3 марта 1929 года [Фрезинский 1996б: 180]; для описания предыстории интереса издательства НРФ к роману см. URL: http://www.gallimard.fr/catalog/Html/actu/lettres-russes01.htm (дата обращения: 17.08.2008); описание довольно сдержанной реакции на публикацию во Франции есть в [Анненков 1991, 1: 267].

Фотография Замятина (предположительно 1920-е годы) (BDIC, Collection E. Zamiatine — F DELTA RES 614)

найти ему работу[72]. В солнечный день 20 февраля 1929 года он встретил на открытом катке Кроленко, и они некоторое время катались там вместе. Возможно, именно после этой встречи Замятин написал Миролюбову, приглашая его зайти в издательство «Академия» (где все так же работал Кроленко) и обсудить один проект: «Крепко жму Вам руку. Искренно Вас любящий Евг. Замятин». В этот период Замятин в качестве члена комитета ВСП по решению спорных вопросов участвовал в дискуссии о правах авторов, и Миролюбов неожиданно также был назначен членом этой комиссии[73].

В середине апреля Замятин написал Ярмолинскому в Нью-Йорк:

---

[72] [РНЗ 1997: 426]; письмо от 14 сентября 1928 года от Бориса Розова в [RS 1996 II, 2: 419] (Грякалова Н. Ю., Литвин Е. Ю. «Переписка Е. И. Замятина с В. С. Миролюбовым»).

[73] [Любимова 2002: 282–283] (Дацюк И. В. «Е. И. Замятин и дневник издателя А. А. Кроленко (1923–1931)»); письмо от 22 февраля 1929 года в [RS 1996 II, 2: 436–437] (Грякалова Н. Ю., Литвин Е. Ю. «Переписка Е. И. Замятина с В. С. Миролюбовым»); [РНЗ 1997: 429–430].

> ...давно не писал Вам потому, что не хотелось писать мизантропических писем, а другие теперь не выходят. Живется что-то невесело. Впрочем, материально, снаружи — все в порядке: идет пьеса; вышли этой зимой четыре тома моих complete works [полное собрание сочинений] (не очень, пожалуй, complete); осенью, вероятно, выйдет пятый том. Нового написал мало: несколько рассказов. Сейчас влезаю в роман — вот, может быть, к следующей весне буду говорить с Вами о переводе.

Однако через две недели Тихонов сообщил, что, возможно, пятый том собрания его сочинений (статьи и очерки) издать не получится. Замятин смог порекомендовать Ярмолинскому не так много новых произведений: он посоветовал ему только «Разгром» Фадеева и «Смерть Вазир-Мухтара» Тынянова[74].

Первым ярким примером нападок пролетарских писателей на «попутчиков» и «буржуазных» писателей стала публикация 2 мая 1929 года на страницах ленинградской «Литературной газеты» крайне враждебных частушек, направленных против Замятина и других литературных деятелей. Их автором был активный член РАППа поэт А. И. Безыменский. Озаглавив свой опус «Справка социальной евгеники», он написал следующее:

> Тип: — Замятин
> Род: — Евгений
> Класс: — буржуй
> В селе: — кулак
> Результат перерождений
> Сноска: враг
> [Любимова 1994: 102].

Замятин был в ярости. Он посчитал это предательством со стороны ВСП, где он работал столько лет. Ведь, входя в Федерацию писателей (ФОСП), Союз являлся издателем газеты, где вышла эта оскорбительная публикация. На следующий же день он написал заявление об уходе из правления Союза:

---

[74] Письмо от 12 апреля 1929 года [Malmstad and Fleyshman 1987: 129–130]; письмо от 27 апреля 1929 года [ОР ИМЛИ. Ф. 47. Оп. 3. Ед. хр. 190]; [Галушкин и Любимова 1999: 282].

> Политический донос — пусть даже и рифмованный — остается политическим доносом: именно к этому новейшему литературному жанру принадлежит «эпиграмма» Безыменского.
>
> То, что думает обо мне Безыменский — ни в коей мере меня не волнует; то, что бесчисленные безыменские печатают обо мне в казенных изданиях — никак меня не задевает; но то, что в данном случае донос помещен в газете писательской Федерации — совершенно меняет дело. В Федерацию входят мои товарищи по Союзу; в редактировании «Литературной газеты» участвовали мои товарищи по Правлению Союза; на информации Безыменского поставлена печать Всероссийского Союза Писателей[75].

На заседании, состоявшемся через три дня, правление ВСП выразило сожаление по поводу публикации этих эпиграмм и признало эпиграмму на Замятина «…клеветнической, безответственной, и порочащей его как советского гражданина». До конца мая продолжались встречи, подписывались резолюции и шли дебаты по этому вопросу между правлением ВСП и правлением Федерации писателей, но публичное опровержение так и не было опубликовано. Председатель ВСП послал Замятину письмо, где подчеркивал, что эпиграммы не были утверждены их представителем в газете. Он просил Замятина забрать свое заявление об отставке, подчеркивая, насколько важна для правления его работа. Но этого оказалось недостаточно, чтобы примирить его с ВСП. Он ответил, что они вовремя не опубликовали публичное опровержение и не исправили ситуацию, а теперь уже слишком поздно, поэтому его заявление об отставке остается в силе. Последовали дальнейшие переговоры между литературными организациями, и 25 июня «Литературная газета», издание национального масштаба, наконец опубликовала осторожный материал, в котором признавала эпиграммы «недопустимым материалом нелитературного характера». Нисколько не смутившись, 8 июля Безыменский перепечатал изна-

---

[75] Анализируя этот эпизод, я опиралась на статью Т. А. Кукушкиной «Е. И. Замятин в правлении Всероссийского союза писателей (Ленинградское отделение)» [Любимова 2002: 116–119].

чальную эпиграмму вместе с подборкой цитат из статей о Замятине, называя его врагом революции. Замятин никогда больше не вернулся в правление ВСП, а к концу 1929 года сам ВСП стал объектом нападок РАППа.

Несколько месяцев спустя, 5 июля, он написал Венгеровой о новых возможностях постановки «Блохи» за границей. В одном месте — и здесь заметно его возобновившееся желание выбраться из России — он пишет ей, что ему прежде всего важны не финансовые условия, «а возможность поехать и присутствовать при работе над пьесой. Так что тут Вы можете согласиться на любые условия — мне нужно, главное, чтобы театр вызвал меня для работы по постановке». Венгерова, видимо, предлагала ему и еще один вариант сотрудничества — пьесу «The Front Page» («Первая полоса») Бена Хехта и Чарльза Макартура (ставшую хитом на Бродвее в 1928–1929 годах), спрашивая, сможет ли он заинтересовать ею советские театры[76]. 22 июля в письме из Парижа она выражала радость по поводу того, что ему понравилась присланная ею пьеса. Она собиралась приступить к переводу пьесы на русский язык и надеялась отправить этот перевод Замятину до конца августа. Она приложила к письму еще одну американскую пьесу — «Street Scene» («Уличную сцену») Элмера Райса [ОР ИМЛИ. Ф. 47. Оп. 3. Ед. хр. 54].

Летом 1929 года вместе с группой авторов Замятин начал работать над антологией, куда должны были войти мнения писателей о природе творческого процесса — «Как мы пишем»; она была опубликована в Ленинграде в 1930 году. В 1926 году он написал два черновых варианта статьи «Закулисы. Как мы пишем (О психологии творчества и мастерстве писателя)»[77], которая позже вошла в этот сборник [Галушкин и Любимова 1999: 158–169] («Закулисы»). Во второй раз приехав в СССР в июле того

---

[76] [ОР ИМЛИ. Ф. 47. Оп. 3. Ед. хр. 3]; черновики их совместной работы над пьесой «The Front Page» («Сенсация») хранятся в [ОР ИМЛИ. Ф. 47. Оп. 1. Ед. хр. 150–155].

[77] [ОР ИМЛИ. Ф. 47. Оп. 1. Ед. хр. 204–205]; год указан как 1926, но возможно, что они относятся к 1929–1930 годам.

же года, Горький послал Замятину свою статью — которой сам был не очень доволен — для того же сборника «Как мы пишем». Он также попытался еще раз помочь Замятину в продолжавшемся споре об «Атилле», написав прокурору РСФСР Н. В. Крыленко и указав, что к тому времени Замятин получил три одобрительные резолюции, которые впоследствии были отменены. «Так передали мне ход дела и, если это действительно так... это, разумеется, жестоко компрометирует Советский суд». Но даже после вмешательства Крыленко дела не приняли положительного оборота, и 6 октября 1929 года Апелляционный суд отменил все прежние судебные решения и снял с театра обвинение в нарушении договора[78].

Тем летом Замятин написал Булгакову шутливое письмо:

> ...я хорошо понимаю, что всякое напоминание о городе, где Вам пришлось 10 (десять) раз пролезать под бильярдом, — Вам не очень приятно. Поверьте, что причинить Вам эту неприятность меня вынуждает только крайняя необходимость.
> Как Вам известно — пьес я больше не пишу. Но вот одну хорошую американскую пьесу московским театрам хочу предложить — в срочном порядке. Для этого мне нужно знать, кто из театральных людей сейчас в Москве.

Он передал привет жене Булгакова, Любови Евгеньевне (на самом деле у Булгакова с февраля был страстный роман с женщиной, которая позже станет его третьей женой, — Еленой Сергеевной Шиловской). В своем письме от 19 июля Булгаков парировал: «Насчет лазанья под бильярд: существует знаменитая формула: "Сегодня я, а завтра, наоборот, Ваша компания!"» Он объяснил, что почти все театральные режиссеры на лето уехали из Москвы, и рассказал, что пытался поговорить об «Атилле» и, кажется, еще оставалась небольшая надежда на положительный результат. «Говорил я кое с кем, и во мраке маленький луч. Но если этот луч врет?! O Tempora, o Mores!» [О времена, о нра-

---

[78] [Примочкина 1996: 190–191]; подробный рассказ об этих событиях см. [Goldt 1995: 244–257].

вы! (*лат.*)]. В том же месяце Булгаков написал полное отчаяния письмо Горькому, Сталину и некоторым членам правительства, умоляя выслать его из страны, так как после десяти лет творческой деятельности все его сочинения — проза и пьесы — запрещены [Бузник 1989: 181; Булгаков 2011: 249–250, 252–254]. Людмила написала ему, что 28-го числа они будут проезжать через Москву на юг. У них будет меньше часа, но они будут рады, если он придет на вокзал встретиться с ними[79].

Хотя Замятины поехали в Крым вместе, на самом деле отдыхали они отдельно: он снова отправился к Волошину в Коктебель, а Людмила поселилась в Судаке. В своем первом письме от 8 августа Замятин сообщал ей, что встретил там знакомых музыкантов, актеров и литераторов и надеется начать играть в теннис, только пока у него нет нужной обуви. Курил он немного — всего лишь 5–6 сигарет в день[80]. Он написал Горькому и поблагодарил того за «очень интересный» материал для «Как мы пишем», который пришел как раз в день его отъезда, и за полезные советы о других писателях, которых можно было бы включить в сборник. Один из них, В. В. Вересаев, тоже был в Коктебеле, и они уже поговорили[81]. В это же время Пастернак прислал Замятину очень вежливое письмо, поблагодарив его за приглашение принять участие в сборнике и предлагая использовать выдержки из первой части его «Охранной грамоты», которая как раз должна была выйти в печати: «Знаю и догадываюсь, как Вам трудно, и не могу побороть чувства беспричинного и противоестественного стыда от сознания, что относительно, и с оговорками, мне теперь гораздо легче, чем было в годы, когда мы встречались у Пильняка и в Современнике. Как я люблю и ценю Вас, Вам известно»[82].

Через несколько дней Замятин написал Людмиле письмо («Многоуважаемой Милочке»), в котором непринужденно и комично описывал, как кобели, ластившиеся к собаке хозяйки,

---

[79] [Бузник 1989: 180] (неправильно датировано 1928 годом).
[80] Письмо Людмиле от 8 августа 1929 года [РНЗ 1997: 346–347].
[81] Письмо от 1 августа 1929 года [Примочкина 1987: 158].
[82] Письмо от 9 августа 1929 года [ОР ИМЛИ. Ф. 47. Оп. 3. Ед. хр. 154].

не давали ему спать по ночам. Он планировал поиграть в теннис вечером, так как болгарские теннисные туфли, которые он заказал, доставили накануне, но все еще чувствовал себя слишком усталым, чтобы ехать даже до Судака. Он подписал письмо очень необычно для себя — «Целую <...> Вас». Людмила вместе с Н. В. Крандиевской-Толстой (женой А. Н. Толстого) жила на даче композитора А. А. Спендиарова, с которым Замятин познакомился во время своей поездки в Коктебель в 1923 году. 13 августа он послал ей телеграмму, сообщив, что решил сегодня навестить ее, и подписавшись «Епиходовым» (чеховская «ходячая катастрофа» из «Вишневого сада»). Судя по всему, некоторые из молодых людей, живших на даче Спендиарова, уехали с ним в Коктебель, и он с юмором докладывал об их поведении Людмиле. Они были по достоинству наказаны за то, что «...играли чувствами бедного старика (моими): я плакал, расставаясь...», потому что по приезде им пришлось выслушать утомительную декламацию Волошиным своих стихов — это происходило под палящим солнцем и до ужина. Во второй части «Приключений Епиходова» он описывал, как лежал голым на пляже, когда появились двое его знакомых и испортили ему отдых в одиночестве на целых два дня. Он потерял кошелек и ключ от своей комнаты и забыл плавки на пляже. Затем он потратил целый день на переезд в другую комнату в усадьбе Волошина. 27-го он сообщил, что в новой прохладной комнате ему отлично спится, даже несмотря на то, что накануне он допоздна танцевал фокстрот. Также он съездил на экскурсию на моторной лодке, чтобы полюбоваться видами гор и парящими орлами, и ему наконец удалось раздобыть немного сахара. С другой стороны, он сильно похудел (теперь он весил около 63 килограммов) и выкуривал по 10–12 сигарет в день, потому что был окружен курильщиками. Он нашел психиатра, с которым обсудил гипноз, и историка, который рассказал ему о двух недавно вышедших книгах об Атилле[83]. В целом, в отличие от прошлого года, когда ему не удалось поехать в отпуск, сейчас он по-настоящему наслаждался отдыхом.

---

[83] Письма Людмиле от 11, 13, 18, 23 и 27 августа 1929 года [РНЗ 1997: 347–353].

Журналист И. М. Басалаев записал свои впечатления о Замятине в Коктебеле в те последние спокойные дни лета:

> По двору в кухню идет высокий, с маленькой головой и как бы срезанным затылком Евгений Замятин. У него налаженные отношения с кухней. Он ходит туда за водой для бритья, заказать себе обед или поговорить с хозяйкой. <...> В его прохладной комнате — кирпичный пол, жесткая низенькая железная кровать, табуретка и окно, заваленное коробочками, газетами и обрывками бумаги. Евгений Иванович сидит без рубашки (худой, загорелый торс, крепкие мышцы) перед складным зеркальцем и неторопливо, терпеливо, — как всегда, что бы он ни делал, — бреется безопасной бритвой. <...> Кстати, о Замятине распространено мнение как о сухом, черством человеке. По-моему, неверно. Это страстный, умеющий жить и живущий всеми сторонами своего физического существования человек [Купченко 1988: 124, 125].

Ему понадобятся спокойствие, терпение и сила, чтобы справиться с испытаниями, которые вскоре выпадут на его долю.

Глава седьмая

От Коктебеля до Варшавского вокзала (1929–1931)

Спокойный отдых Замятина в Крыму был нарушен в конце августа 1929 года:

> Сегодня во время обеда (обедаю я все время здесь, на Волошинской даче) примчался Вересаев, залез (к ужасу Волошина) в клумбу и сунул мне в руки № «Комсомольской правды» от 27/VIII. Через несколько минут прибежал Адрианов с номером «Литературной Газеты» от 26-го и «Вечерней Красной» тоже от 26-го. Всеобщая паника: везде — статьи, адресованные Пильняку и мне: почему напечатан в «Петрополисе» роман Пильняка «Красное дерево», запрещенный у нас цензурой, и почему напечатан в «Воле России» роман «Мы»?[1]

В повести Пильняка «Красное дерево» 1929 года была видна авторская ностальгия по старой России и создавалась двойственная картина событий после 1917 года. Намеренно вышедшие в одно и то же время статьи свидетельствовали о резком ухудшении положения Замятина, а нападки на него и Пильняка скоро переросли в один из самых мрачных эпизодов советской литературной жизни 1920-х годов[2]. «По случаю сенсационных газет

---

[1] Письмо Людмиле от 29 августа 1929 года [РНЗ 1997: 353–355].

[2] Эта кампания широко освещалась в ряде публикаций, таких как: Галушкин А. Ю. «Из истории литературной коллективизации [RS 1996 II, 2: 437–478]; также статья этого же автора «Дело Пильняка и Замятина. Предварительные

сегодня купил арбуз и наелся после обеда — не знаю, что будет»[3]. Статьи критиковали Замятина за то, что он публично не осудил русскоязычную публикацию Слонимом романа «Мы» в Праге, и вменяли ему в вину действия, скомпрометировавшие советскую литературу и вызвавшие симпатии русской эмиграции к таким писателям, как он сам, Булгаков, Зощенко и Пильняк. «Каждое новое сообщение о Замятине обсуждалось горячо всеми. Сам Замятин, надо отдать ему должное, держал себя спокойно»[4]. Он сразу понял, что все это было частью согласованной кампании РАППа против ВСП, в ленинградское правление которого он до недавнего времени входил и чье московское отделение только что назначило Пильняка своим председателем. Он решил уехать из Коктебеля в Судак, чтобы присоединиться к Людмиле 6–7 сентября. В день отъезда он сделал в подаренном Волошину томике надпись, где сравнивал себя с монахом, на которого напали бесы[5].

В сентябре кампания развернулась шире. Обвинения ВСП в отсутствии политических принципов были направлены против Замятина и Пильняка, а группам писателей и рабочих предлагалось выразить в печати свое осуждение «преступных» действий этой пары. Ленинградское отделение ВСП отправило в «Красную газету» протест против дискредитации одного из своих членов. Тем временем московское отделение ВСП поспешно попыталось дистанцироваться от обоих писателей. 6 сентября Союз предложил Пильняку уйти с поста председателя и отправил дело Замятина обратно в ленинградское отделение. Через три дня ФОСП, в который входил ВСП, опубликовал резолюцию, которая осу-

---

итоги расследования» [Геллер 1997: 89–146]. Я использовала оба этих подробных исследования для описания всех событий на следующих страницах. См. также: Кукушкина Т. А. «Материалы Е. И. и Л. Н. Замятиных в собраниях Пушкинского Дома. Аннотированный каталог» [Любимова 2002: 428–434]; [Андроникашвили-Пильняк 1994: 143–152]; [Любимова 1994: 102–106]; [Барабанов 1988: 529–537].

[3] Письмо Людмиле от 29 августа 1929 года [РНЗ 1997: 353–355].

[4] И. М. Басалаев. Цит. в [Купченко 1988: 125].

[5] Телеграмма Людмиле от 5 сентября 1929 года [РНЗ 1997: 356; Купченко 1988: 125].

Фотография Замятина
(Ленинград, 1929 год)
(автор неизвестен)

ждала публикацию двумя писателями своих произведений за рубежом и расценивала этот факт «...как проявление вредительства интересам советской литературы и всей советской страны».

Пильняк уже успел выслать ему телеграмму из Москвы, когда 8 сентября Замятин отправил ему черновик письма, которое он предлагал послать в редакцию «Литературной газеты». В нем он подчеркивал: авторы статьи забыли упомянуть, что роман «Мы» был написан девять лет назад («...закончен в 1920 году») и что публикация романа в «Воле России» (которой он никогда не видел), во-первых, состоялась более двух лет назад, а во-вторых, включала объяснение редактора, что выдержки из романа переведены с чешского обратно на русский. Он утверждал (возможно, не совсем искренне): «...при наличии самой скромной логики ясно, что такая операция над художественным произведением не могла быть сделана с ведома и согласия автора. Скажу больше: автором была сделана попытка эту операцию приостановить, но к сожалению — безуспешно»[6]. Между тем Пильняк заметил, что,

---

[6] [RS 1996 II, 2: 450] (Галушкин А. Ю. «Из истории литературной "коллективизации"»).

Фотография Замятина в его кабинете в Ленинграде работы А. А. Кроленко (1931 год) (публикуется с разрешения С. А. Кроленко)

издаваясь в берлинском «Петрополисе», он ничем не отличался от других уважаемых советских авторов, таких как А. Н. Толстой, К. А. Федин и М. А. Шолохов. Он подчеркнул, что публично высказывал недовольство по поводу отзывов русских эмигрантов на свои произведения, и заявил, что отныне хочет полностью посвятить себя делу советской литературы.

Ленинградское отделение ВСП настаивало, чтобы Замятин срочно вернулся из Крыма. В ответ он послал им копию своего письма в «Литературную газету» вместе с более подробным описанием всего дела. Он объяснил, что просто отправил рукопись в Берлин в 1920 или 1921 году, вполне логично рассчитывая, что она будет опубликована на русском языке одновременно и в Германии, и в Петрограде. Впоследствии роман был опубликован на английском и чешском языках, и он никогда не скрывал этого и не получал на это никаких возражений. Он читал роман на публичных собраниях ВСП в 1923–1924 годах, и в то время тоже никто не был против этого. Он также упомянул, что просил Эренбурга сделать все возможное, чтобы «Воля России» в 1927 году отозвала намеченную публикацию, и подчеркивал, что просил и Слонимского связаться с ними. «Все эти хронологические данные я напоминаю для того, чтобы показать, насколько искусственно история с моим романом "Мы" притянута сейчас к кампании, поднятой против Союза Писателей»[7]. Замятин жаловался на то, что его осудили на московском собрании, даже не выслушав объяснений автора, и недоумевал, как его товарищи из ВСП, присутствовавшие при этом, могли допустить такое. 12 сентября Зощенко сказал Слонимскому: «Замятина жалко. Некрасивое зрелище, когда "европейца" и "англомана" волокут мордой по мостовой. Грубое зрелище. Если на меня будут слишком орать — сложу оружие. Напишу в газету письмо, что временно оставляю литературные занятия» [Фрезинский 2003: 251].

21 сентября, сразу после того, как Замятин приехал из Крыма в Москву, Пильняк и Пастернак вышли из московского отделения ВСП, ряды которого в последнее время заметно поредели. Федин присутствовал на заседаниях московского отделения ВСП, после чего вернулся в Ленинград. В тот же день Замятин написал ему:

> Сегодня днем узнал, что завтра у вас — общее собрание в Союзе, и что сегодня выезжают — разлагать ленинградцев — члены нового правления (нового?) Союза. <...> Очевидно, на общем собрании будет поставлен вопрос о романе «Мы». <...> Я решил на завтрашнее собрание не ехать. Мотивы: если ленинградцы окажутся народом столь же хлипким, как и москвичи — у меня нет охоты видеть это позорище; и если это будет собрание московского типа (Горький правильно назвал это «самосудом») — что бы я ни говорил, это все равно заготовленных <...> резолюций ни на йоту не изменит; если общее собрание в Ленинграде окажется иным — мое присутствие там излишне, потому что я ничего не могу добавить к моим объяснениям (переданным тебе Н. В. Толстой), вдобавок, если бы я стал говорить сам — я бы стал говорить так резко, что добра бы из этого не вышло [Фрезинский 2003: 442].

Замятин объяснял, что в итоге Пильняк не отправил его послание в «Литературную газету», поскольку они оба решили, что письмо недостаточно подробное. Поэтому он планирует напи-

---

[7] Письмо в ВСП от 12 сентября 1929 года [RS 1996 II, 2: 451] (Галушкин А. Ю. «Из истории литературной "коллективизации"»).

сать новое, и оно во многом будет зависеть от результатов собрания, которое должно было пройти на следующий день. Он предложил добавить еще один пункт к тем, которые он уже отправил Федину:

> Написанный в 1919–1920 гг. утопический роман «Мы» — в первую голову представляет собою протест против какой бы то ни было машинизации, механизации человека; американские критики в отзывах о романе «Мы» вспоминали о системе, применяемой в Америке на заводах Форда. В этом романе находили рефлексы эпохи военного коммунизма, но с современностью его связывать, конечно, нельзя[8].

Другими словами, он снова отрицал, что главной целью его романа была сатира на советскую систему.

Решающее собрание ВСП, состоявшееся 22 сентября, обернулось полным разгромом ленинградцев, о чем Федин сразу сообщил Замятину:

> Вчерашний день, вероятно, мало чем отличался от «большого московского дня» в Союзе. Разброд и растерянность правления достигли страшных размеров. Решения принимались наспех и под таким чудовищным давлением, что под конец все чувствовали себя совершенно раздавленными. <...> «Работа» велась непрерывно с трех часов дня, когда началось заседание правления, и до двенадцати ночи, когда окончилось общее собрание. Разница между московскими делами и ленинградскими только в том, что здесь осталось старое правление, которому поручена чистка и подготовка перевыборов — в октябре. <...> В твоем деле правление было единодушно и разошлось с москвичами.

Тем не менее они не смогли повлиять на результат:

> Сущность его — помимо словесности — сводится к следующему: 1. разрешение тобою английского перевода признано политической ошибкой; 2. констатировано, что ты не признал своей ошибки в объяснениях; 3. что ты не отказался от идей романа

---

[8] Письмо Федину от 21 сентября 1929 года [Федина и Старков 1990: 82–83].

«Мы», признанных нашей общественностью антисоветскими. Пункт четвертый касается запрещения опубликовывать за границей произведения «отвергнутые советской общественностью», — кажется, так. <...> Не знаю, что будет опубликовано в печати. И вообще, не знаю, что дальше будет. Я для себя вопрос решил[9].

Замятин позже писал о том, что многие из присутствовавших на ленинградском собрании ВСП 22 сентября ничего не знали о «Мы», кроме названия, в то время как те, кто был на его читках, тогда восторженно приняли роман. Как бы то ни было, из 200 человек, присутствовавших с самого начала собрания, проголосовали только 42. Он также подчеркивал, что не может задним числом изменять свои авторские идеи: «Для меня идеи — не галстук, цвет которого можно менять в зависимости от сегодняшней моды» [Барабанов 1988: 534–535]. Через три дня после этой катастрофы Федин записал в своем дневнике:

> Правление высекло себя, дало себя высечь. Поступить как-нибудь иначе, т. е. сохранить свое достоинство, было невозможно. <...> Смысл кампании против Союза — в подчинении его директивам руководителей пролетарских писателей, <...> в лишении его иллюзии внутрисоюзной демократии; в лишении его «права молчания». <...> Писательство же должно будет выдавать чужие слова за свои. Мы должны окончательно перестать думать. За нас подумают. <...> Я был раздавлен происходившей 22 сентября поркой писателей. Никогда личность моя не была так унижена. 23-го сентября я вышел из Правления Союза, чтобы ни за что и ни под каким давлением не возвратиться[10].

Принципиальная позиция Федина по этому вопросу в будущем привела к долгой дружбе между ним и Замятиным.

На заседании РАППа в Москве 22–25 сентября выступавшие жаловались на то, что ленинградские члены ВСП, и в частности

---

[9] Письмо Федина от 23 сентября 1929 года [Федина и Старков 1990: 83].

[10] [RS 1996 II, 2: 444] (Галушкин А. Ю. «Из истории литературной "коллективизации"»).

Замятин, до сих пор отделывались лишь легким испугом. Фадеев выступил со следующими словами:

> Замятин в этом отношении гораздо более определенная фигура, чем Пильняк. Он во всех своих выступлениях, во всем своем творчестве, не скрывая, не принимает наше дело. <...> Они его очень берегут. Это одна из тех фигур, на которых держится в значительной степени демократическая интеллигенция, которая сейчас смыкается через Замятина. Они не решаются отказаться от него до сих пор, потому что он для них является выполнением тех выспренних вещей, которые они о себе говорят[11].

24 сентября Замятин, все еще находившийся в Москве, написал новое письмо в «Литературную газету»: оно было опубликовано 7 октября. В нем он повторял многие из своих прежних замечаний, добавив лишь, что теперь окончательно уходит из ВСП. Он сообщил Людмиле, что на днях надеется увидеть Горького. Чувствуя сильную усталость и уже заболевая, он решил, что, видимо, не поедет в Лебедянь, и передавал приветы ей и «детям-сиротам»[12].

Когда 27 сентября Замятин встретился с Горьким, он обратился к тому с новой и гораздо более сложной просьбой:

> Он был очень мил и любезен — я был тоже мил — по случаю выспанности. Вручил Горькому два документа: свое письмо в редакцию «Литературной Газеты» и заявление — мотивированное — о выезде заграницу. Дня через три об этом заявлении он будет говорить с разными высокими особами[13].

За последние двенадцать лет Замятин делал многое, чтобы найти свое место в советской культуре. Поначалу он поддерживал Горького во всех его проектах. Разочарованный тем, что ему не разрешили эмигрировать в 1922–1923 годах, он активно взращивал и поддерживал новую советскую литературу, пытаясь бороть-

---

[11] [Геллер 1997: 124–125] (Галушкин А. Ю. "Дело Пильняка и Замятина". Предварительные итоги расследования»).

[12] Письмо Людмиле от 24 сентября 1929 года [РНЗ 1997: 356–358].

[13] Письмо Людмиле от 28 сентября 1929 года [РНЗ 1997: 358].

ся за свободу слова внутри существующей системы. Но разочарования, постигшие его с «Атиллой», показали, что ни репертуарный комитет, ни суды не могут защитить его интересы. А теперь, когда начались открытые нападки лично на него, он сдался.

Его друг Булгаков незадолго до этого пришел к такому же выводу и 24 августа написал брату в Париж:

> Положение мое неблагополучно. Все мои пьесы запрещены к представлению в СССР, и беллетристической ни одной строки моей не напечатают. В 1929 году совершилось мое писательское уничтожение. Я сделал последнее усилие и подал Правительству СССР заявление, в котором прошу меня с женой моей выпустить за границу на любой срок.

3 сентября Замятин тоже обратился к Горькому с просьбой поддержать его заявление [Булгаков 2011: 261–262; Чудакова 1988: 500]. В течение этих недель Замятин и Булгаков, встречаясь в Москве, могли в деталях обсудить свое положение. Так как их литературные стремления и планы были обращены в ничто, в течение последующих двух лет решимость бежать из России будет довлеть над их жизнями.

30 сентября, скорее всего по предложению Горького, Замятин послал письмо лично главе советского правительства Алексею Рыкову. Он упомянул, что все его произведения, написанные за последние восемь лет, были встречены враждебно, и рассказал о своих неудачных попытках поставить на сцене пьесу «Атилла»:

> …это иначе, как травлей назвать нельзя. Последствия этой травли таковы, что для меня в дальнейшем исключена всякая возможность литературной работы. Эта последняя история окончательно убедила меня в том, что по крайней мере, в данный момент мое присутствие в Советской России явно излишне — и для Советской России и для меня. Поэтому я прошу разрешить мне (вместе с женой) выехать за границу, хотя бы на год [РНЗ 1997: 434–435].

Он добавил, что целью его поездки станет работа над постановкой «Блохи» в переводе Венгеровой в Нью-Йорке. В октябре он направил еще одно письмо в Совет народных комиссаров:

> Я понял, что на время, пока не изменятся утвердившиеся у нас взгляды на литературу или не изменюсь я — Советской России и советской литературе я не нужен. Совершенно ясно, что при создавшемся положении продолжать оставаться здесь — для меня означает литературную смерть, молчание. Мне думается, что смертного приговора я все-таки не заслужил, и кое-что — хотя бы в моем прошлом — дает основания этот приговор смягчить. И потому я еще раз обращаюсь с настоятельной просьбой разрешить мне, вместе с женой, выезд за границу на один год. Политической деятельностью заниматься я не собираюсь — я хочу только продолжать свою жизнь как художник слова [Барабанов 1988: 537; Каталог выставки 1997: 26].

1 октября, перед тем как после долгого отсутствия наконец-то вернуться из Москвы домой, Замятин оставил Горькому записку, где просил не воспринимать всерьез его напускной веселый вид: «А правду говоря — тяжело, и что я буду делать — если не дастся хоть на время уехать — не знаю» [Примочкина 1987: 159].

2 октября Булгаков также вышел из ВСП, и вскоре за ним последовали Ахматова, Вересаев и многие другие. На заседание ленинградского отделения ВСП в тот день прибыла важная делегация из Москвы, в состав которой входили Фадеев и лидер РАППа Авербах. Этим завершилась реорганизация ленинградского отделения, весь управляющий комитет которого к тому времени уже ушел в отставку. В «Литературной газете» от 14 октября организация, которая теперь называлась ВССП (Всероссийский союз советских писателей), заявляла: «Е. Замятин должен понять ту простую мысль, что страна строящегося социализма может обойтись без такого писателя». На следующий день в «Красной газете» Авербах назвал «Мы» «памфлетом против социализма» [Любимова 1994: 105; Барабанов 1988: 528]. 30 декабря 1929 года был утвержден устав нового ВССП, к тому моменту лишившегося трети литераторов, изначально входивших в него. В уставе декларировалось, что прежняя организация, членов которой объединяли лишь профессиональные и практические интересы, устарела. Ее новые цели должны стать сугубо политическими, чтобы сделать из Союза инструмент социалистического строительства.

А. Ю. Галушкин убедительно объясняет истинную подоплеку этой развивавшейся без всяких правил несправедливой череды событий второй половины 1929 года, откровенно направленных против Пильняка и Замятина. Он раскрывает более глубокие причины точечных нападок отдельных пролетарских писателей на обоих авторов, рассматривая эти события как проявление стремительно внедрявшегося нового курса, в тот решающий год принятого сталинским правительством для консолидации своей власти. 1929 год был годом чисток внутри партии, целью которых было устранение оставшейся оппозиции. На смену НЭПу пришли первая пятилетка и коллективизация, а Шахтинский процесс 1928 года стал зловещей прелюдией к последовавшему вскоре террору. Многие из этих действий являлись попытками дискредитировать политическую линию, проводившуюся Бухариным и Троцким (последний был изгнан из страны в январе 1929 года) в предыдущие годы. Для их политики была характерна терпимость по отношению к «буржуазным специалистам» (в литературе сюда относили и «попутчиков»), которым в период НЭПа было позволено жить и работать наравне с членами партии. В ходе последних месяцев обсуждалась «новая резолюция» о политике партии по отношению к литературе, которая должна была заменить достаточно либеральную резолюцию ЦК о литературе от 1925 года. В июне 1929 года Центральный комитет принял решение о «ликвидации обществ, существование которых нецелесообразно по политическим соображениям» [Геллер 1997: 102], в качестве примера которых был назван ВСП, являвшийся крупнейшей организацией «попутчиков» и часто выступавший в защиту своих членов, если правительство начинало их преследовать. Этого предполагалось достигнуть, используя скоординированные выступления лояльных коммунистической партии писателей, а сама кампания должна была проводиться на страницах коммунистической прессы.

Протесты и массовые выходы из организации, последовавшие за этими действиями, а также их критика, высказанная в таких статьях, как «О трате энергии» Горького (опубликована 15 сентября), как и можно было ожидать, привели к активным обсуждениям в эмигрантских кругах. В последующие недели Марк Слоним опубликовал в Берлине статью «За что травят Пильняка и Замятина»[14]; Даманская опубликовала рецензию на французский перевод романа «Мы», «вокруг которого в России поднят теперь такой шум» (при этом она отметила, что это «далеко не лучшее произведение писателя»)[15]; Ремизов в письме к Постникову в Прагу выражал свою озабоченность положением Замятина[16]. Однако установить авторитарное руководство творчеством писателей оказалось не так легко. В это время отдельные личности, например А. В. Луначарский, которого недавно сняли с должности комиссара просвещения после 12 лет работы, продолжали выступать против упрощенной формулы, сводившей все к следующему правилу: «Кто не с нами, тот против нас». Партия продолжала разрабатывать новую резолюцию по литературе до марта 1930 года, которая в итоге не была утверждена — то ли по причине внутренних разногласий, то ли, как предполагает Галушкин, из-за потрясения от самоубийства Маяковского в апреле 1930 года. Все это постепенно привело к тому, что в 1932–1934 годах управление литературой оказалось сосредоточено в руках Союза советских писателей.

Утром 21 октября 1929 года Замятин вернулся в Москву, чтобы снова попытаться получить разрешение на выезд за границу. Он пробовал позвонить Горькому, но его домочадцы еще не проснулись. Однако писателю удалось дважды встретиться с ним в последующие два дня, и до отъезда Горького в Италию он смог добиться определенного успеха:

> Любезен — очень. Итоги вот какие: во вторник он говорил со Сталиным — дал ему копию моего (Алексею Ивановичу [Рыкову]) ответа. И говорил (второй раз) с Ягодой. В конце концов

---

[14] Статья от 18 сентября 1929 года в [RS 1996 II, 2: 492–493, примеч. 29] (Янгиров Р. М. "Заветный друг"...»).

[15] Статья от 19 сентября 1929 года в [Любимова 2002: 364–366] Янгиров Р. М. «Современники о Е. И. Замятине. По материалам русской зарубежной печати 1920-х — 1930-х гг.»).

[16] Письмо от 23 сентября 1929 года в [RS 1996 II, 2: 507–508, примеч. 1] (Янгиров Р. М. "Заветный друг"...»).

тот сказал: «Ну, если он будет настаивать — мы, пожалуй, выпустим, но уже назад — не пустим...» Начинать это дело (как говорит Горький) нужно все же нормальным порядком[17].

Находясь в Москве, он занимался и другими делами. Венгерова сообщила из Парижа, что по «Первой полосе» («Сенсации») в США был выпущен успешный фильм. Она спрашивала, не будет ли кинорежиссеру В. И. Пудовкину интересно снять по ней фильм в России на основе их перевода. Она прислала ему на рассмотрение еще несколько пьес, в том числе «Конец пути» Р. К. Шерифа. К сожалению, постановка «Блохи» в Нью-Йорке не состоялась[18]. В то время Замятин работал над окончательной версией перевода «Сенсации» для Вахтанговского театра. Он провел вечер с Булгаковым, которому не удалось добиться разрешения покинуть страну, из-за чего тот был очень подавлен: «У него какие-то сердечные припадки, пил валерьянку, лежал в постели». В конце октября Замятин «взял себя за шиворот» и купил билет до Лебедяни, где провел три дня. 29-го он сообщил в письме Людмиле, что остановился у Пильняка по возвращении из поездки, которая, несмотря на две бессонные ночи в поезде, была очень приятной — с прекрасной погодой, хорошим сном и едой, прогулками в поле — и жалел, что она не поехала с ним. Об их совместном будущем «путешествии» он писал уже с явной уверенностью: «Хорошо, если бы Вы пока взяли анкеты для поездки и начали собирать нужные бумажки — вероятно, их легион»[19]. В это время Пильняк устроил праздничный вечер с шампанским, отмечая одобрение своего романа цензурой: он переписал «Красное дерево», превратив его в политически приемлемый производственный роман «Волга впадает в Каспийское море». Он публично отрекся от своих предыдущих действий, был прощен и вскоре снова отпущен за границу [Любимова 1994: 106]. 1 ноября Замятин водил Пильняка и двух американцев (возможно, одним из них был корреспон-

---

[17] Письма Людмиле от 21 и 24 октября 1929 года [РНЗ 1997: 359–361].
[18] Письмо от 14 октября 1929 года [ОР ИМЛИ. Ф. 47. Оп. 3. Ед. хр. 54].
[19] Письма Людмиле от 24, 25 и 29 октября 1929 года [РНЗ 1997: 360–362].

дент новостного агентства «Юнайтед Пресс Интернэшнл» Юджин Лайонс) на спектакль «Блоха»[20].

В том же месяце Пильняк навестил Замятиных в Ленинграде. После этого он отправил им теплое дружеское письмо, спрашивая, подали ли они заявление на выезд. Он также сердечно благодарил Замятина за замечания и предложения по поводу только что отосланной рукописи — вероятно, исправленного им «Красного дерева». 24 ноября Федин (которого Фрезинский называет, и, судя по всему, не без оснований, другом Замятина, которому нельзя полностью доверять) сделал в дневнике несколько едких записей по поводу этого визита:

> Все это немного смешно и жалко — желание Бориса [Пильняка] рассматривать дело о «Красном дереве» как триумф. Он думал, что его встретят в Питере фанфарами, а его избегали — так глупо вел он себя во время знаменитых дискуссий в Союзе. С Замятиным было сложнее, да и сам он, конечно, сложнее, тоньше Пильняка. Он утрачивает свое писательское значение не потому, что официально предан «анафеме», а потому что переживает жестокий художественный кризис, который может кончиться смертью. На днях он читал у себя начало романа об Аттиле (были Ахматова, Слонимский, Пильняк). По каждой строке видно, как искусственно создается словесная ткань, с каким усилием изгоняется образность, на которой строились прежние произведения Замятина. Все сделано головой, без малейшего душевного движения. Глава о Риме сродни распространенному учебнику по древней истории [Фрезинский 2003: 252–253].

В ожидании большей определенности по поводу своего будущего Замятин, очевидно, вернулся к работе. Он запросил в Публичной библиотеке книги для работы над «Бичом Божьим» и получил разрешение брать сразу по десять книг [РНЗ 1997: 517]. 29 ноября он подписал контракт с «Издательством писателей в Ленинграде» на издание «Наводнения» в виде отдельной книги. В начале декабря Вахтанговский театр сообщил ему, что

---

[20] Письмо Людмиле от 31 октября — 1 ноября 1929 года [РНЗ 1997: 362–363].

«Сенсация» одобрена цензурой, ее премьера намечена на первую половину апреля 1930 года, а режиссером спектакля станет Рубен Симонов[21]. В январе 1930 года Венгерова в письме поблагодарила его за хорошие новости о «Сенсации» и предложила выслать несколько новых пьес, в том числе «Серебряный кубок» Шона О'Кейси, написанный в 1927–1928 годах[22].

4 декабря Замятин и Людмила наконец подали заявления на выезд за границу. Однако их отъезд, видимо, все еще оставался предметом дискуссий в правительственных кругах и отделениях ОГПУ, так как, к их удивлению и смятению, 12 декабря им сообщили, что их запрос отклонен. Через несколько недель Замятин направил Рыкову просьбу пересмотреть этот вердикт, а также послал письмо председателю ОГПУ Ягоде:

> При личном свидании в конце октября М. Горький сообщил мне, на основании разговора с Вами, что если я буду настаивать на необходимости заграничной поездки, то соответствующее разрешение будет мне дано. <...> Я позволяю себе напомнить Вам о разговоре с Вами М. Горького по поводу моей поездки за границу и просить Вас не отказать в содействии к положительному разрешению этого вопроса.

Тем не менее в январе 1930 года ОГПУ уведомило Замятина о том, что решение не выпускать его было подтверждено[23].

В конце этого трудного года он был рад получить записку от литературоведа Л. П. Гроссмана, где тот объяснял, что его подпись под статьей в «Литературной газете» с нападками на Замятина была поставлена без его разрешения[24]. В письме от 9 янва-

---

[21] Письмо от 4 декабря 1929 года [ОР ИМЛИ. Ф. 47. Оп. 3. Ед. хр. 110; ОР ИМЛИ. Ф. 47. Оп. 2. Ед. хр. 101]. Контракт был подписан 20 декабря 1929 года.

[22] Письма от 7 и 12 января 1930 года [ОР ИМЛИ. Ф. 47. Оп. 3. Ед. хр. 54].

[23] [Примочкина 1996: 192; Любимова 1994: 106]. Другие примеры обширных дискуссий и разногласий в Политбюро по поводу отдельных авторов и их произведений приводятся в [Clark and Dobrenko 2007: chapter 6, 88–136].

[24] См. письмо Л. П. Гроссману от 30–31 декабря 1929 года [РГАЛИ. Ф. 1386. Оп. 1. Ед. хр. 83].

ря 1930 года Андрей Белый поблагодарил его за приглашение написать текст для сборника «Как мы пишем», добавляя:

> Между тем, — никогда я так много не думал о Вас с сердечным трепетом, никогда мне не хотелось так повидаться с Вами и перекинуться словами, хотя все наши встречи и беседы живо живут в моей памяти; и часто хотелось бы пользоваться Вашим обществом, как человека (о писателе я не говорю, ибо с первой Вашей книги я состою в числе Ваших почитателей).

Он пообещал прислать материал для будущей книги, также приглашая Замятина приехать к нему в деревню [ОР ИМЛИ. Ф. 47. Оп. 3. Ед. хр. 36].

19 января Замятин уже снова был в Москве, в том числе для того, чтобы присутствовать на прогоне «Сенсации» в Вахтанговском театре. Главрепертком дал разрешение на постановку пьесы, «...хотя и без восторга ("пьеса буржуазная, нет классового освещения" etc.)». Выбор такой пьесы — сатиры на американскую журналистику — конечно, кажется очень странным для советского театра, хоть в ней и критикуются коррупция в Чикаго и паранойя городских властей по поводу «красных». Александринский театр в Ленинграде тоже предложил Замятину подписать контракт на постановку этой пьесы[25]. Три недели спустя он вместе с другими членами труппы слушал в Вахтанговском театре американские песни и мелодии фокстрота, которые должны были звучать в первом акте. В тот же вечер он пошел послушать чтение Булгаковым своей последней пьесы (вероятно, «Кабалы святош», написанной для МХАТа и 18 марта запрещенной Главреперткомом). Сам он тоже пытался предложить МХАТу идею для новой пьесы[26]. «Африканский гость» — одна из самых слабых его пьес. Это веселый бытовой фарс, в котором молодой человек

---

[25] Письмо Людмиле от 19 января 1930 года [РНЗ 1997: 363–364]; контракты датированы 9 и 25 января 1930 года [ОР ИМЛИ. Ф. 47. Оп. 2. Ед. хр. 86].

[26] Письма Людмиле от 25–26 и 29–30 января, 1–3, 6 и 11 февраля 1930 года [РНЗ 1997: 364–372]. После фрагментов соответствующих писем указаны их даты.

переодевается гостем из Африки, чтобы добиться руки любимой девушки. Пьеса, по-видимому, была написана сразу после кризиса 1929 года в откровенно примирительном духе[27].

Замятин надеялся на встречу с заместителем председателя Совета народных комиссаров В. В. Шмидтом, но безрезультатно. Тем временем ему пришлось отказаться от педагогической деятельности в качестве инженера: в 1928 году он наконец перестал читать лекции по морскому машиностроению и стал преподавателем иностранных языков в Ленинградском кораблестроительном институте, отколовшемся от Политехнического. В квартире Пильняка, где он остановился, царила оживленная светская атмосфера, были даже ночные танцы. Он был приглашен на обед к первой жене Горького Е. П. Пешковой, которая должна была встретиться с Ягодой (председатель ОГПУ, как известно, был сильно увлечен Тимошей — невесткой Горького и Пешковой) и обещала замолвить слово о его бедственном положении. Находясь в Москве, он также пытался защитить интересы Ахматовой, чей «академический» паек был под угрозой из-за недавно начавшегося давления на «неактивных» лиц (29–30 января). Щеголев сообщил ему, что 28 января, в рамках новой правительственной чистки в Академии наук, были арестованы выдающиеся историки Е. В. Тарле и Н. П. Лихачев — «Ну и дела!» (1–3 февраля). Через месяц Н. Я. Марру, выдающемуся филологу и директору ленинградской Публичной библиотеки, будет отказано в выездной визе для проведения серии лекций в Сорбонне.

24 апреля в статье в парижской газете «Возрождение», подписанной «Гулливером» (Ходасевич и Н. Н. Берберова), отмечалось, что кампания против Замятина не прекратилась. В публикации подробно цитировалась недавняя статья в «Красной нови» (Воронского уволили из нее два года назад), в которой «Огни св. Доминика» и «Товарищ Чурыгин», а также «Мы» были названы

---

[27] [Любимова 2002: 95] (Золотницкий Д. И. "«Измена литературе»: Е. И. Замятин — драматург"). Три черновика «Африканского гостя» были завершены в период с февраля по 17 мая 1930 года [ОР ИМЛИ. Ф. 47. Оп. 1. Ед. хр. 156–159].

пасквилями, оскверняющими революцию, а Замятина призывали четко озвучить свои политические убеждения: «Нынче настали решительные дни: каждый должен заглянуть внутрь себя и сказать безотменно последнее свое слово, а Замятину придется сказать это слово громче и отчетливее, чем многим другим»[28].

В конце февраля 1930 года Людмила на месяц уехала в Москву, а Замятин остался в Ленинграде. Заболел ее племянник Андрей, и она отправилась помогать его матери, своей сестре Марии. В тот трудный период Замятин часто посылал ей многословные и ободряющие письма, где описывал свое катание на коньках, поход в гости к Федину и Толстым, игру в бильярд с Зощенко, концерт М. В. Юдиной в Филармонии и вечер, проведенный с гостями дома (Аграфена приготовила им крабов). Когда стало ясно, что Андрей тяжело болен, он глубоко ей сочувствовал. Он вспомнил, что прошлой зимой слышал, как люди из Церкви христианской науки говорили о чудесных исцелениях, и предложил попробовать их найти. В этих тяжелых обстоятельствах трудно было сесть «писать веселую комедию», но он все же продолжал сочинять «Африканского гостя». Также он работал над статьей о верфях Путиловского завода. Замятин попросил Людмилу привезти из Москвы килограмм спрессованной икры, мясо индейки, овсянку, сигареты и полкило мятных леденцов. Он также рассказал ей, что мать его знакомого раскулачили — в деревне уже прошли первые волны коллективизации. «Нынче утром получил письмо из Лебедяни от Варвары Александровны [Платоновой, его тети]. У них — только черный хлеб, почти нет сахару, нет бумаги — не на чем писать письма... Хочу послать им сухарей и каких-нибудь конфет». Ему удалось отыскать доктора из Церкви христианской науки, который объяснил, что может предложить только дистанционное лечение, проводимое с согласия пациента, так что ничем помочь Андрею он не мог.

---

[28] [Любимова 2002: 368–370] (Янгиров Р. М. «Современники о Е. И. Замятине. По материалам русской зарубежной печати 1920-х — 1930-х гг.»); [Любимова 2002: 75–76] (Золотницкий Д. И. «"Измена литературе": Е. И. Замятин — драматург»); [Барабанов 1988: 528, 535–536].

20 марта Замятин писал: «Невозможно ни писать, ни думать о том, что у вас там происходит — все человеческие слова спотыкаются об это, как об стену»[29].

29 мая 1930 года они с Людмилой снова приехали в Москву, чтобы посетить премьеру «Сенсации» Вахтанговского театра. Р. Н. Симонов отказался вносить изменения в текст пьесы, несмотря на давление Реперткома, настаивавшего, чтобы ее идеологическое содержание было заострено. Однако Замятину пришлось создать несколько «интерлюдий» — коротких сценок перед занавесом, где поднимались темы давления на СССР и угрозы войны [ОР ИМЛИ. Ф. 47. Оп. 3. Ед. хр. 177]. К 10 июня Людмила вернулась в Ленинград, а он продолжал работать над «Африканским гостем», чтобы прочитать его во МХАТе и Вахтанговском театре: «Что из этого всего выйдет — еще неизвестно; разговоры о возможности постановки во всяком случае есть». Он обедал с Ю. К. Олешей и с Булгаковым, которому «Сенсация» понравилась, хотя актерская игра не произвела на него особого впечатления[30].

В тот раз Замятин решил отправиться на летний отдых пораньше, и в июле 1930 года он уговорил своего друга Кроленко из «Академии» поехать с ним в украинскую деревню. Пока они договаривались о предстоящей поездке, Кроленко познакомился с Людмилой и нашел, что она очень учтива. Замятин уехал из Ленинграда 6 июля[31]. В поезде он почти не спал, а только пил чай, ел землянику, купленную в дороге, и читал Голсуорси. Киев был родным городом Булгакова, который с любовью описал его в романе «Белая гвардия» и основанной на нем пьесе «Дни Турбиных». Замятин остановился в Киеве вместе с подругой, писательницей и хирургом В. И. Гедройц, и гулял по городу вместе с художником Л. С. Поволоцким, жена которого И. Д. Ав-

---

[29] Письма Людмиле от 26–27 февраля и 1, 9, 10, 14, 18 и 20 марта 1930 года [РНЗ 1997: 372–383].

[30] Письмо Людмиле от 10 июня 1930 года [РНЗ 1997: 384–385].

[31] [Любимова 2002: 283] (Дацюк И. В. «Е. И. Замятин в дневниках издателя А. А. Кроленко (1923–1931)»).

диева вспоминала, как «Замятин говорил мужу, что перед ним только два выхода — самоубийство или побег за границу...»[32] Сказанная всего три месяца спустя после потрясшего всех самоубийства Маяковского, эта фраза должна была сильно напугать друзей писателя.

9-го к Замятину присоединился Кроленко, и они вместе отправились в Олефировку — деревню к востоку от Киева, неподалеку от Полтавы и Сорочинцев[33]. Там они вместе с другими знакомыми из театральных и музыкальных кругов, среди которых был изучавший историю музыки сын Римского-Корсакова, остановились в частных домиках. Хотя Замятину предоставили маленькую, кишащую блохами комнату в крестьянской избе, сама деревня с ее сосновым лесом, лугом, теннисным кортом, площадкой для крокета и рекой в двадцати минутах ходьбы, была очень милым местом. Он уговаривал Людмилу и ее подругу З. А. Никитину присоединиться к нему: «Вам здесь, думаю, понравится. <...> По несколько раз в день вспоминаю о Вас и жалею, что Вас здесь нет: гриб в лесу — вот бы Вам сорвать! — цветы — вот бы Вам! — Жарюсь на солнце — что я! Вот Вы бы — это так! До чего вода в реке теплая — градусов 20»[34]. Достать нужные ему продукты, даже яйца (возможно, вследствие коллективизации), было очень трудно, ему не хватало сахара и керосина и даже пришлось одолжить половину свечи[35]. Но он хорошо спал и выкуривал всего шесть-семь сигарет в день. Все ходили купаться и часто в числе прочего обсуждали литературные дела, а Кроленко расспрашивал его об отношениях с Фединым. «Беседуем с Замятиным на поли-

---

[32] Письма Людмиле от 7 и 8 июля 1930 года [РНЗ 1997: 385–386, 386–387, примеч. 2].

[33] Сохранились фотографии Замятина на Крещатике в Киеве и в Олефировке, сделанные Кроленко; см. [РНЗ 1997: 539].

[34] Письма Людмиле от 12 июля и 6 августа 1930 года [РНЗ 1997: 387–389, 398–399]; З. А. Никитина (1902–1973) была первой женой Н. Н. Никитина — см. [РНЗ 1997: 529]; на самом деле она поехала в Гагры: см. ее теплое письмо Людмиле от 8 сентября 1930 года, в котором она интересуется, вернулся ли Замятин [ОР РНБ. Ф. 292. Ед. хр. 20].

[35] Письмо Людмиле от 14 июля 1930 года [РНЗ 1997: 389–391].

тические темы. Он считает, что пятилетка — это реклама для Европы, что из нее ничего не выйдет, что она идет за счет снижения качества, что социализм бессмысленен, так как увеличивает сумму человеческих страданий. В катастрофу не верит»[36].

Через пару недель Замятин написал Людмиле:

> Глас народа уверяет меня, что я поправился и вид у меня — гораздо лучше, чем после приезда.
> Теперь — о Вас. «Я решила никуда не ехать... я отдохнула». — Это мне все не нравится. Ну, Мила Николаевна, зачем лишать себя того немногого, что мы еще можем получить в жизни? Ведь я знаю, как Вы любите солнце и воду. Ведь деньги у нас пока есть — хватит. Так что не выдумывайте, пожалуйста, этаких скороспелых решений и лучше пораскиньте умом, куда ехать. И я бы хоть часть лета хотел быть вместе с Вами — ну, хоть как в прошлом году.

Он попросил ее прислать нужные ему книги, а также сахару, свечей, запонки, лекарства (пульсатиллу, мышьяк и рвотный орех), плитку шоколада и камень для чистки его белых ботинок. Он подумывал о том, чтобы переехать в писательский санаторий в Крыму, в Батилимане (в Коктебеле не было места), но его решение зависело от того, гарантируют ли ему там одноместную комнату, что было для него очень важно: «Я же сгину от бессонницы — если спать с кем-нибудь»[37].

В середине августа он уже ехал в Батилиман, причем это путешествие было очень утомительным, и в итоге поезд прибыл с опозданием на 22 часа. Через неделю он впал в депрессию, вспоминая о событиях предыдущего года, с момента начала кампании против него: «Ну, Мила Николаевна, сознаюсь Вам в том, в чем не хочется сознаться и самому себе: и я уж не тот, и мне — трудно и не хочется сдвинуться с места. Но я еще держу в руках вожжи и погоняю себя». В Батилимане его «одноместная

---

[36] [Любимова 2002: 283–284] (Дацюк И. В. «Е. И. Замятин в дневниках издателя А. А. Кроленко (1923–1931)»).

[37] Письма Людмиле от 21–22 и 29 июля, 6 августа 1930 года [РНЗ 1997: 392–399].

комната» оказалась отделена от соседней всего лишь тонкой перегородкой — а в ней жили три женщины и двое детей. Местность, особенно по сравнению с цветущей Украиной, оказалась каменистой, засушливой и очень ветреной, а спуск к морю очень крутым и долгим. Но еда была гораздо лучше, чем в Олефировке, и для него даже организовали специальную диету (чай вместо эрзац-кофе, белый хлеб, яйца, куриное мясо), а вино и хороший табак можно было купить. В конце концов ему начало здесь нравиться, так как в целом было спокойно и оставалось много времени для чтения. К началу сентября Замятину удалось перебраться в небольшой домик, к тому же он немного прибавил в весе. Он надеялся, что сможет привезти Людмиле «и детям» немного винограда, хотя достать его было трудно. Он вернулся в Ленинград 21 сентября[38].

Одно из писем, которые ждали его по приезде, было датировано 17 июля. Отправившая его Бабетта Дойч из Нью-Йорка, очевидно, была не в курсе многих из последних событий:

> Хотя вы давно не получали от нас вестей, мы часто думаем и говорим о вас, вспоминая, как любезно вы принимали нас во время нашей поездки в Россию. Интересно, что вы сейчас пишете? Пьесы, рассказы, роман? Или, может быть, вы редактируете журнал? Все представляю себе, как вы одной рукой проектируете крейсер, а другой пишете очень современную и трогательную историю [ОР ИМЛИ. Ф. 47. Оп. 3. Ед. хр. 71].

Она упомянула, что у них родился второй ребенок, маленький мальчик, «который хотел бы поиграть с Ростиславом» [Там же]. Дойч также писала о том, что нью-йоркский театр «Гильдия» проявил интерес к «Обществу почетных звонарей» (чуть позже они отказались от проекта)[39].

---

[38] Письма и телеграмма Людмиле от 21–22, 27–28 июля, 6, 17, 23 августа, 9 и 16 сентября 1930 года [РНЗ 1997: 392–407]; [Любимова 2002: 284] (Дацюк И. В. «Е. И. Замятин в дневниках издателя А. А. Кроленко (1923–1931)»).

[39] Письма Мечислава Волка от 21 августа и 23 декабря 1930 года [ОР ИМЛИ. Ф. 47. Оп. 3. Ед. хр. 56].

За год до этого В. А. Подгорный от имени МХАТа сообщил Замятину, что по просьбе «Главискусства» («Главного управления искусств», которое в 1928 году взяло на себя функции Главреперткома) в текст «Блохи» необходимо внести некоторые «политические интермедии», а пока она была временно снята с репертуара. Он попросил Замятина написать что-нибудь подходящее по тематике (например, с отсылками к Лейбористской партии в Англии). Осенью он вновь написал, что «Блоху» возобновят с декабря, и опять попросил прислать новый материал, чтобы «освежить» ее[40].

23 октября Замятин (называя себя «бывшим писателем, а ныне доцентом ленинградского Кораблестроительного института») написал Булгакову, обращаясь к нему как к «уважаемому режиссеру» и «магистру драматургии» [Бузник 1989: 182]. Причиной таких выражений было то, что Булгакову той весной позвонил Сталин и спросил, действительно ли он хочет покинуть СССР. Застигнутый врасплох Булгаков в спешке решил, что безопаснее будет сказать нет, и в результате по указанию Сталина ему предложили работу помощника режиссера во МХАТе, а также консультанта в московском Театре рабочей молодежи (ТРАМе). В дела Замятина никто подобным образом не вмешался сверху, и очередной шаг в его карьере был несколько прозаичнее. 4 ноября он был утвержден заведующим кафедрой иностранных языков Кораблестроительного института. В рекомендационном письме для него бывший сокурсник В. Л. Поздюнин отмечал, что кандидатура Е. И. Замятина «является исключительно удачной, т. к. он соединяет в себе знание судостроительных дисциплин и их терминологии со знанием языков не только в разрезе технического языка, но и литературного. Кроме того, Е. И. Замятин обладает большим педагогическим стажем и работал на кораблестроительном факультете... ЛПИ в качестве преподавателя с 1911 года». На протяжении следующего года Замятин составлял учебные программы для кафедры и назначал сотрудников, некоторые из которых

---

[40] Письма от 11 декабря 1929 года и 13 октября 1930 года [ОР ИМЛИ. Ф. 47. Оп. 3. Ед. хр. 162].

позже сменят его и останутся на своих должностях в течение последующих 30 лет или больше [Голикова 2009: 4].

Что же касается литературной деятельности, то в ноябре Замятин подписал с возглавляемой Кроленко «Академией» контракт на редактирование, а также написание введения и комментариев к пьесе Р. Б. Шеридана «Школа злословия» (1777 год) [ОР ИМЛИ. Ф. 47. Оп. 1. Ед. хр. 208; Оп. 2. Ед. хр. 79]. В том же месяце Пильняк написал Замятину последнее из сохранившихся писем, в котором просил посодействовать с изданием его новых произведений, в том числе книги, описывающей путешествия по Таджикистану, над которой он работал в течение лета, чтобы доказать свою «послушность». Пильняк надеялся когда-нибудь заехать к нему в Ленинград и передавал приветы Людмиле и Ахматовой. Замятин действительно помог с изданием этой книги, которая вышла в Ленинграде в 1931 году[41]. В 1930–1931 годах он получил несколько восторженных писем от итальянского переводчика Конрада Пэррье, которому посылал свои книги. Пэррье также выразил интерес к книге Пильняка «Волга впадает в Каспийское море». Видимо, не так много произведений Замятина было тогда переведено на итальянский язык, но Пэррье сделал все возможное, чтобы ознакомить с его работами двух людей, которые впоследствии станут ведущими итальянскими славистами: Ренато Поджоли и Этторе Ло Гатто. Профессор Ло Гатто в апреле 1931 года посетил Россию и встретился с Замятиным[42].

В середине декабря переводчик Чарльз Маламут, находившийся в то время в Москве, написал Замятину: «Мистер Рэй Лонг сегодня телеграфировал мне, что принял к публикации в журнале "Космополитен" ваш рассказ "Мученики науки", переведенный мной и озаглавленный им как "Мученик образования". Примите

---

[41] Письмо от 16 ноября 1930 года [Андроникашвили-Пильняк 1994: 148–153]; см. статью Пильняка «Слушайте поступь истории» в «Известиях» от 14 декабря 1930 года и его примирительное письмо Сталину в том же месяце. В 1931 и 1932 годах он совершил поездки в США (через Париж, где встретился с Анненковым, затем сопровождавшим его в Гавр) и Японию.

[42] Письма от 12 и 14 января, 9 марта, 1 июня, 23 октября 1930 года и 2 августа 1932 года [ОР ИМЛИ. Ф. 47. Оп. 3. Ед. хр. 169].

мои поздравления! Я надеюсь, что и другие ваши рассказы попадут в американские журналы». Маламут сообщил Замятину, что его гонорар составит 75 долларов, и пообещал, что скоро выберет еще один рассказ для перевода[43]. В январе следующего года друг Маламута, корреспондент «Юнайтед Пресс Интернэшнл» Юджин Лайонс, тоже отправил письмо Замятину, который, по-видимому, до этого попросил его кое-что купить на заработанные им доллары. Лайонс только что вернулся обратно в Россию из Германии, но писал о том, что Маламут «...скоро поедет и купит те вещи, о которых вы просили. Кстати, я привез вам с Алексеем Толстым табаку "Данхилл". Как мне его передать?»[44]

31 декабря 1930 года Замятин (без Людмилы) встречал Новый год вместе с Кроленко и историком театра С. С. Мокульским: у них был роскошный ужин на восемь человек, а спать легли ближе к четырем утра. Во второй половине зимы и весной он провел еще несколько вечеров в компании Кроленко и Мокульских, а также с семьями Тихонова и Радлова, причем обычно он ходил на них без Людмилы — возможно, из-за ее слабого здоровья. Они катались на коньках, по очереди устраивали ужины и играли в покер. 24 января 1931 года вместе с Кроленко он побывал на похоронах П. Е. Щеголева, с которым учился в одной школе в Воронеже[45].

Замятин время от времени пытался осведомиться в «Федерации», будет ли издан пятый том его собрания сочинений — сборник литературных и биографических очерков, озаглавленный им «Лица» [РГАЛИ. Ф. 341. Оп. 1. Ед. хр. 90]. Но автор внутреннего отзыва на сборник сделал заключение, что это «...в общем — глубоко идеалистическая книга, с конкретно-политическими выпадами против революции в ряде мест. <...> Книгу печатать не следует». Обо всем этом в конце апреля с сожалением написала

---

[43] Письмо от 17 декабря 1930 года [ОР ИМЛИ. Ф. 47. Оп. 3. Ед. хр. 130]; очевидно, Замятин ранее в том же году встретился с Рэем Лонгом.

[44] Письмо от 20 января 1931 года [ОР ИМЛИ. Ф. 47. Оп. 3. Ед. хр. 115].

[45] [Любимова 2002: 284–285] (Дацюк И. В. «Е. И. Замятин в дневниках издателя А. А. Кроленко (1923–1931)»).

Е. Ф. Никитина. Она объясняла, что, несмотря на все ее усилия, принять сборник к публикации не удалось[46]. Замятин ответил: «По правде говоря — при нынешнем положении вещей другого ответа от "Федерации" я не ждал. Я был бы немало удивлен, если б удалось там напечатать эти статьи — конечно, неполне православные». В итоге он попросил вернуть ему все материалы — особенно такие тексты, как «Роберт Майер», который был у него в единственном экземпляре[47].

В это время одну за другой он написал четыре черновых версии новой пьесы — «Рождение Ивана» [ОР ИМЛИ. Ф. 47. Оп. 1. Ед. хр. 160] («Жизнь Ивана»). Она сохранилась в виде набросков и описывает судьбу деревенского мальчика по имени Иван, который избавляется от суеверий и пробивается из низов, в конце концов возглавив революционное восстание рабочих. Так же как и «Африканский гость», эта пьеса выглядит намеренно соответствующей всем запросам времени, нацеленной на то, чтобы любой ценой пройти цензуру. 2 апреля Подгорный из МХАТа написал Замятину, что набросок пьесы им очень понравился, но, учитывая репутацию автора, цензоры отказались рассматривать ее, пока не получат полный текст. Он также сообщал, что восстановление «Блохи» во МХАТе пришлось отложить до начала следующего сезона [ОР ИМЛИ. Ф. 47. Оп. 3. Ед. хр. 162]. В это трудное и полное разочарований время Замятин пытался начать и другие проекты. Так, в начале мая был создан черновик либретто комической оперы в трех действиях, сохранившийся только в виде наброска на восьми страницах под названием «Сюрприз» [ОР ИМЛИ. Ф. 47. Оп. 1. Ед. хр. 161]. В том же месяце он подготовил 20-страничный черновик нового сценария об угнетенных шахтерах под названием «Подземелье Гунтона», в котором использовал свой опыт жизни на северо-востоке Англии[48]. По сути это

---

[46] Письмо от 27 апреля 1931 года [Галушкин и Любимова 1999: 282–283].

[47] Письмо от 11 мая 1931 года [РГАЛИ. Ф. 341. Оп. 1. Ед. хр. 90].

[48] [ОР ИМЛИ. Ф. 47. Оп. 1. Ед. хр. 162]; этот текст и комментарий к нему есть в [Геллер 1997: 147–175] (Голдт Р. "Подземелье Гунтона": Неизвестный сценарий Е. Замятина»).

была киноверсия английского романа «Под властью угля» («Goaf»), написанного шахтером и писателем Гарольдом Хезлопом, у которого Замятин заимствовал вымышленное место действия (Гунтонские копи), персонажей и основные сюжетные линии. В 1926 году этот роман был переведен на русский язык Венгеровой и в СССР разошелся тиражом в полмиллиона экземпляров. В 1930 году Хезлоп получил приглашение приехать в Советский Союз, и Венгерова попросила его во время поездки встретиться с Замятиным. По-видимому, Замятин был очарован его акцентом и с нежной ностальгией копировал его произношение: «Саут-Шилдс... Суут-Шиилс! Я так и не научился распевно говорить, как в Тайнсайде...»[49]

В первой половине мая он закончил черновик своей новой автобиографии для планировавшегося «Словаря драматургов» (который так и не вышел) [ОР ИМЛИ. Ф. 47. Оп. 3. Ед. хр. 33]. Он опять с ностальгией описывал Лебедянь своей юности:

> Конские ярмарки, цыгане, шулера, помещики — в поддевках, в «дворянских» с красным околышем фуражках. «Царские дни», на молебне в соборе впереди всех — исправник, за ним — чиновники, учителя гимназии в мундирах со шпагами, купцы с медалями на шеях. Масленичное катанье по Большой улице — в пестрых «ковровых», выехавших из 17-го века санях.

Однако, продолжив еще немного в таком духе, он восклицает: «Да полно: было ли все это? Так это далеко — на целые века — от нынешнего, что не веришь и сам. И все же знаю, что было, и было всего лет сорок назад» [ОР ИМЛИ. Ф. 47. Оп. 2. Ед. хр. 3, 4].

«Нынешнее» было настолько удручающим и тяжелым, что, когда Горький в мае 1931 года, после 18 месяцев отсутствия, решил снова приехать в СССР, Замятин попробовал воспользоваться его влиянием и предпринял последнюю попытку получить разрешение на выезд [Malmstad and Fleyshman 1987: 132; Примочкина 1996: 192]. Возможно, Горький на протяжении последних десяти лет иногда разочаровывался в Замятине как писателе,

---

[49] Цит. в [Myers 1995: 526].

но все еще был готов помочь ему как человеку, возможно, памятуя о его преданности в первое время после 1917 года. Он посоветовал Замятину написать письмо лично Сталину и обязался его передать. В этом длинном послании, написанном в начале июня 1931 года и адресованном «уважаемому Иосифу Виссарионовичу», Замятин просил Сталина принять прямое участие в своей судьбе:

> Мое имя Вам, вероятно, известно. Для меня как для писателя именно смертным приговором является лишение возможности писать, а обстоятельства сложились так, что продолжать свою работу я не могу, потому что никакое творчество немыслимо, если приходится работать в атмосфере систематической, год от году усиливающейся травли.
> Я ни в какой мере не хочу изображать из себя оскорбленную невинность. Я знаю, что в первые 3–4 года после революции среди прочего, написанного мною, были вещи, которые могли дать повод для нападок. <...> В частности, я никогда не скрывал своего отношения к литературному раболепству, прислуживанию и перекрашиванию: я считал — и продолжаю считать — что это одинаково унижает как писателя, так и революцию.

В письме Замятин описывал, как его все чаще выставляли в качестве враждебного писателя, а его работы, часто вырывая из контекста времени создания, ложно представляли как антисоветские. В качестве недавнего примера он привел свою работу над «Школой злословия». В марте цензоры вырезали его вступление о жизни и творчестве Шеридана и настаивали, чтобы он даже не упоминался как редактор перевода; эти решения были отменены только после обращения в Москву. Он вновь пересказал запутанную историю с «Атиллой», процитировав отзыв Горького о пьесе и несколько положительных комментариев о ней от представителей рабочих профсоюзов, с легким юмором добавляя: «Пусть насчет Шекспира товарищи рабочие хватили через край...» Он рассказал о том, что со времен кампании РАППа, направленной против него и Пильняка, библиотекам было запрещено выдавать его книги, что «Блоха» была снята после четырех успешных сезонов и что издатели, которые пытались печатать его произведения, подвергались нападкам. В виду всего этого он просил Сталина заменить его «смертный приговор» более мягким наказанием, а именно — в сложившейся ситуации — указанием выехать за границу для него и его жены:

> Если же я не преступник, я прошу разрешить мне вместе с женой, временно, хотя бы на один год, выехать за границу — с тем, чтобы я мог вернуться назад, как только у нас станет возможно служить в литературе большим идеям без прислуживания маленьким людям, как только у нас хоть отчасти изменится взгляд на роль художника слова. А это время, я уверен, уже близко, потому что вслед за успешным созданием материальной базы неминуемо встанет вопрос о создании надстройки — искусства и литературы, которые действительно были бы достойны революции.
>
> Я знаю: мне очень нелегко будет и за границей, потому что быть там, в реакционном лагере, я не могу — об этом достаточно убедительно говорит мое прошлое (принадлежность к РСДРП(б) в царское время, тогда же и тюрьма, двукратная высылка, привлечение к суду во время войны за антимилитаристскую повесть).

Он упомянул, что у него есть и другие причины для поездки: лечение хронического колита и необходимость присутствовать при постановках его пьес за рубежом.

> Но я не хочу скрывать, что основной причиной моей просьбы о разрешении мне вместе с женой выехать за границу — является безвыходное положение мое как писателя, здесь, смертный приговор, вынесенный мне, как писателю, здесь.
> Исключительное внимание, которое встречали с Вашей стороны другие, обращавшиеся к Вам писатели, позволяет мне надеяться, что и моя просьба будет уважена[50].

В середине июня Замятин снова отправился в Москву, чтобы узнать, как идет подготовка к передаче письма Сталину. Он постоянно был на связи с секретарем Горького П. П. Крючковым,

---

[50] «Письмо И. В. Сталину» [Галушкин и Любимова 1999: 169–173]; и см. [Malmstad and Fleyshman 1987: 132].

пытаясь договориться о встрече с Горьким (который был очень слаб), и ему приходилось много ждать. Он купил по новой паре обуви себе и Людмиле, а ее сестре Марии подарил чулки, папиросы, немного кофе, чаю и сыра[51]. 14 июня он вместе с Тихоновым смог попасть на долгий обед с Горьким, который был «очень любезен», но Замятину удалось лишь полчаса поговорить с ним наедине о своих делах:

> Результат: взялся хлопотать и сегодня или завтра [передаст] мое письмо «в собственные руки». От путешествия сначала отговаривал и предложил окончательный мой ответ отложить на день, т. е. до вчера. Вчера около 3-х было вторичное свидание, опять попал в самый обед. После обеда, часа в 4, попросил письмо передать, распрощались[52].

Замятин знал, что Булгаков 30 мая 1931 года, за несколько дней до него, послал аналогичное письмо Сталину, и прямо, по-видимому, сказал Булгакову, что тот неправильно подошел к делу: «Вы совершили ошибку — поэтому Вам и отказано. Вы неправильно построили свое письмо — пустились в рассуждения о революции и эволюции, о сатире. А между тем надо было написать четко и ясно — что Вы просите Вас выпустить — и точка! Нет, я напишу правильное письмо»[53]. 21 июня он узнал, что его заявление «пошло по начальству», но ответа по-прежнему не было. Горький должен был быть в Москве на следующий день, и Замятин надеялся встретиться с ним и узнать, есть ли какие-нибудь новости. В то утро его навестил Андрей Белый и несколько часов чаевничал у него. Белый приехал в Москву, чтобы добиться освобождения своей жены К. Н. Васильевой, арестованной 30 мая и доставленной на Лубянку[54]. Замятин уже устал от

---

[51] [ОР ИМЛИ. Ф. 47. Оп. 3. Ед. хр. 77]; письмо Людмиле от 3 июня 1931 года [РНЗ 1997: 408–409]; эта датировка может быть неточной: скорее всего, это было 13 июня.

[52] Письмо Людмиле от 16 июня 1931 года [РНЗ 1997: 409–411].

[53] Цит. в [Любимова 1994: 106–107].

[54] Письма Людмиле от 22 и 25 июня 1931 года [РНЗ 1997: 411–413, 413–414].

Москвы, но Крючков уговаривал его не уезжать, так как решение по его делу могло прийти в любой момент. По просьбе Крючкова Замятин передал ему экземпляр «Атиллы», но не смог встретиться с Горьким, потому что тот был тяжело болен и кашлял кровью.

С 1929 года обсуждалась возможность создания киноверсии «Елы», которую теперь нужно было предоставить в «Совкино»[55]. Замятин также вел переговоры с одной кинокомпанией по поводу «Подземелья Гунтона», но из этой идеи ничего не вышло: «...решили, что мало показан общественный элемент, а острая личная интрига — еще более отодвигает его на задний план». Более радостные новости пришли из МХАТа, откуда ему сообщили, что «Блоху» обязательно восстановят к осени. Он подумывал, не отправиться ли в небольшой круиз по Москве-реке и Оке[56]. Однако 9 июля он все еще находился в Москве и жаловался, что, несмотря на отличную погоду, вынужден сидеть дома, чтобы закончить работу над «Елой»[57]:

> Из-за этой работы и из-за Горького, который все время кормит меня завтраками и все откладывает наше свидание с ним — никуда не поехал, пропадаю здесь.
> Сегодня — телефон: вероятно, свидание — послезавтра утром (11-го); и вероятно — к этому времени будет ответ. Сегодня за обедом Александр Николаевич [Тихонов] передавал мне, что есть слухи, будто дело мое не вышло — но это пока так, «кулуарные сплетни».

10 июля он добавил, что ему позвонили и сообщили об «аудиенции», которая состоится следующим вечером на даче, и, скорее всего, к тому времени уже будет готов ответ по его делу. «Утром 12-го, часов до 2-х, 3-х — постараюсь позвонить Вам по телефо-

---

[55] Он получил 1000 рублей аванса, а текст сценария фильма «Ела» надлежало сдать до 8 августа 1931 года; см. [ОР ИМЛИ. Ф. 47. Оп. 2. Ед. хр. 104].

[56] Письмо Людмиле от 29 июня 1931 года [РНЗ 1997: 414–416].

[57] Он сдал его, но сценарий не был принят — см. письмо из студии от 23 июля 1931 года [ОР ИМЛИ. Ф. 47. Оп. 1. Ед. хр. 163 и 164; и Оп. 2. Ед. хр. 105 и 106].

ну. Тогда, думаю, уже выяснится срок моего (наконец!) выезда из Москвы»[58].

Замятин позже напишет воспоминания о Горьком, в которых расскажет, как прошла эта судьбоносная встреча, и упомянет о важной роли Горького как «очень искусного дипломата», ведшего переговоры от лица многих советских писателей:

> Жил он в это время уже не в Петербурге, а в Москве. В городе в его распоряжение был предоставлен многим знакомый дом миллионера Рябушинского. Горький бывал здесь только наездами и большую часть времени проводил на даче, километрах в 100 от Москвы. Там же поблизости жил на даче и Сталин, который все чаще стал заезжать к «соседу» Горькому. «Соседи», один — с неизменной трубкой, другой — с папиросой, уединялись и, за бутылкой вина, говорили о чем-то часами...
> Я думаю, что не ошибусь, если скажу, что исправление многих «перегибов» в политике советского правительства и постепенное смягчение режима диктатуры — было результатом этих дружеских бесед. Эта роль Горького будет оценена только когда-нибудь впоследствии. <...>
> В те годы получить заграничный паспорт писателю с моей репутацией «еретика» было делом нелегким. Я обратился к посредничеству Горького. Он стал меня убеждать, чтобы я подождал до весны (1931 года). «Увидите — все изменится». Весной ничего не изменилось. Тогда Горький, не очень охотно, согласился добыть для меня разрешение выехать за границу.
> Однажды секретарь Горького позвонил мне, что Горький просит меня быть у него вечером, к обеду, на даче. Я очень отчетливо помню этот необычайно жаркий день, грозу, тропический ливень в Москве. Сквозь водяную стену автомобиль Горького мчал нас, нескольких человек, приглашенных в этот вечер к нему.
> Обед был — «литературный», за столом сидело человек 20. Горький сначала сидел усталый, молчал. Все пили вино, а перед ним стоял бокал с водой, вино ему нельзя было пить. Потом он взбунтовался, налил себе бокал вина, еще и еще, стал похожим на прежнего Горького.
> Гроза кончилась, я вышел на огромную каменную террасу дачи. Тотчас же вышел туда Горький и сказал мне: «Ваше дело с паспортом устроено. Но вы можете, если хотите, вернуть паспорт

---

[58] Письмо Людмиле от 9–10 июля 1931 года [РНЗ 1997: 416–417].

и не ехать». Я сказал, что поеду. Горький нахмурился и ушел в столовую, к гостям.

Было уже поздно. Часть гостей осталась ночевать на даче, часть уезжала в Москву, в числе их — я. Прощаясь, Горький сказал: «Когда же увидимся? Если не в Москве, так, может быть, в Италии? Если я там буду, вы ко мне туда приезжайте, непременно! Во всяком случае — до свидания, а?»

Это был последний раз, что я видел Горького[59].

Замятин получил долгожданную возможность выехать за границу, которой добивался десять лет. Все могло сложиться иначе: судя по всему, когда вопрос был вынесен на обсуждение, большинство членов Политбюро были против положительного ответа на его просьбу, но на этот раз Сталин решил поддержать рекомендацию Горького [Сарнов 2010: 702].

В начале августа Замятин пробыл некоторое время в санатории в Петродворце — возможно, для того, чтобы отойти от стресса предыдущих недель. Он мог купаться каждый день, но еда была ужасной, и ему приходилось самому готовить себе на спиртовке яйца, какао и овсяную кашу. «Сегодня первый раз после Вас обедал дома — обед был шикарный: суп рисовый, лососина и цветная капуста». Людмила с сестрой были в Москве и собирались ехать в Лебедянь, если это будет удобно сестре писателя Александре. Он также предложил Людмиле попробовать увидеться с Булгаковым, который в то время отдыхал на Волге. «Кстати: что значит, что он "в трансе"? Завидует — или что?[60]» Повторная просьба Булгакова о выезде за границу, адресованная Сталину, действительно ни к чему не привела: в отличие от Замятина, он просто не получил ответа и в письме Вересаеву описывал свое настроение в конце июля того года: «У меня перебито крыло. <...> Есть у меня мучительное несчастье. Это то, что не состоялся мой

---

[59] [Галушкин и Любимова 1999: 230–231] («М. Горький»). Статья была написана через несколько недель после смерти Горького в 1936 году. В октябре 1931 года Горький снова уехал в Сорренто.

[60] Из последнего сохранившегося письма Людмиле от 10 августа 1931 года [РНЗ 1997: 417–419].

разговор с генсеком. Это ужас и черный гроб. Я исступленно хочу видеть хоть на краткий срок иные страны. Я встаю с этой мыслью и с нею засыпаю»[61].

Замятин попросил находившуюся в Москве Людмилу быть готовой позвонить Крючкову, если до 14 августа ничего не станет известно об их паспортах. Теперь он и сам вернулся в Москву, чтобы начать приготовления к отъезду за границу. Среди тех, с кем он связался, был В. С. Познер, самый младший из «Серапионовых братьев», все еще живший в Париже. В письме от 26 августа Замятин уже мог гордо объявить ему:

> Это письмо пишет Вам человек с заграничным паспортом в кармане. Через месяц с небольшим надеюсь сидеть с Вами в каком-нибудь добром парижском кафе — если к этому времени в моем кармане рядом с паспортом будет жить и французская виза. К Вам — просьба: нажмите на кого-нибудь в Париже, чтобы с визой (для меня и моей жены — Людмилы Николаевны) не вышло задержки. Кто тут может быть полезен — это Вам там на месте виднее.

Он подал заявление о выдаче виз во французское консульство в Москве. Обосновывая свое заявление, он упомянул издательство «La Nouvelle Revue Française» (выпускавшее и книги Познера), которое в 1929 году издало его роман «Мы», а также издательство «Кра». Кроме того, он ссылался на французского драматурга левых взглядов Шарля Вильдрака, с которым встречался в Ленинграде. Во время подготовки этого заявления он жил в Москве у В. В. Иванова, который посоветовал ему указать адрес Познера в качестве своего контактного адреса во Франции[62]. Готовый помочь Познер ответил неделю спустя, сообщив, что в редакции «La Nouvelle Revue Française» он случайно встретил-

---

[61] Письмо Булгакова от 22–28 июля 1931 года [Булгаков 2011: 313–314].
[62] [POZNER], копия неопубликованного письма от 26 августа 1931 года; выражаю благодарность г-ну Андре Познеру и г-же Валери Познер за разрешение процитировать это и другие письма Замятина В. С. Познеру, хранящиеся в семейном архиве семьи Познеров в Париже.

ся с чиновником, который обещал замолвить словечко за Замятина[63].

Процесс получения французской визы затянулся, и в начале октября Замятин снова написал Познеру, так как надеялся уехать вскоре после 20-го: «И тогда в начале ноября — надеюсь, увидимся: в Берлине я намерен задержаться не больше недели, почти никаких дел у меня там нет, да и не люблю я Берлин. В конце ноября собираются в Париж Всеволод Иванов, Слонимский — забавно будет встретиться там!» В том же письме Замятин объяснил, что дал адрес Познера в том числе своему итальянскому переводчику и своему нью-йоркскому издателю и попросил сохранять их письма до своего приезда[64]. Познер сразу ответил, что, согласно его информации, Замятины недавно получили разрешение приехать в Париж, так что теперь задержка может быть вызвана только французским консульством в Москве. Он добавил, что в Париж собирались приехать еще два советских писателя — А. И. Тарасов-Родионов и В. П. Катаев: «Представляете себе, что за столпотворение!»[65] Замятину также помогали и с другой стороны. 13 октября Эренбург сообщил ему в письме, что секретарь ПЕН-клуба Бенжамен Кремье твердо пообещал получить для него визу, и от себя заверил: «Сейчас вообще с визами здесь несколько полегчало, и я думаю, Вы ее, если уже не получили, то получите в самом ближайшем будущем». Эренбург планировал уехать до 15 ноября, а по возвращении уже надеялся увидеть Замятина в Париже[66].

25 сентября Б. Д. Григорьев послал Замятину противоречивое (что было ему свойственно) письмо со своей виллы «Бориселла», располагавшейся в чудной деревне О-де-Кань на юге Франции:

---

[63] [ОР ИМЛИ. Ф. 47. Оп. 3. Ед. хр. 164] (письмо неверно датировано 3 сентября 1930 года вместо 1931 года).

[64] [POZNER], копия неопубликованного письма от 2 октября 1931 года.

[65] [ОР ИМЛИ. Ф. 47. Оп. 3. Ед. хр. 164] (неправильно датировано 9 октября 1930 года вместо 1931 года).

[66] Письмо от 13 октября 1931 года [Фрезинский 1996б: 181].

> Дорогие Замятины, приезжайте же к нам как к себе домой, знайте, что мы душевно с Вами связаны и ждем Вас с раскрытыми объятиями, а потом возьмите меня с собой на Родину. Я ничего не люблю из того, что видел, ни с чем не согласен и ничему не научился, разве что — мизантропии!
> Люблю я только все русское и мечтаю вернуться домой раз и навсегда — там и умирать буду.
> Написал о Вас кой-кому в Париж, но все это трудно. Шовинизм и зависть к русским, их мощи и талантам...[67]

Теперь они были главным образом заняты улаживанием всех своих дел. 13 октября Замятин получил свидетельство, которое требовалось предъявить на таможне: в нем подтверждалось, что как писателю, выезжающему за границу, ему необходимо взять с собой книги и рукописные материалы для своего исторического романа «Бич Божий» и других произведений, таких как «Рождение Ивана», «Африканский гость» и «Мученики науки» [BDIC, dossier 131]. Кроленко зашел к ним на следующий день: они поговорили «на дорожку», и Замятин зачитал ему свое письмо Сталину. Вечером к ним пришли многие из давних друзей, но в покер на этот раз не играли[68]. Экземпляр недавно опубликованной «Школы злословия» Замятин подписал: «Уважаемому иностранцу Ростиславу — когда он будет грамотный, а пока, за неграмотностью, его маме Людмиле Николаевне. Евг. Замятин. 16-X-1931. Именины Ростислава»[69]. 1 ноября он получил справку из Ленинградского кораблестроительного института о том, что он все еще является их сотрудником [BDIC, dossier 117]. Между тем Подгорный написал ему из Москвы, что первое представление восстановленной во МХАТе «Блохи» назначено на 15-е число [ОР ИМЛИ. Ф. 47. Оп. 3. Ед. хр. 162].

---

[67] [Терехина 1988: 173]; перед отъездом Замятин подарил Ахматовой альбом рисунков Григорьева.
[68] [Любимова 2002: 286] (Дацюк И. В. «Е. И. Замятин в дневниках издателя А. А. Кроленко (1923–1931)»).
[69] [РНЗ 1997: 524–525]; см. Д. И. Золотницкий «"Измена литературе": Е. И. Замятин — драматург» [Любимова 2002: 88].

Тетка Замятина Варвара, все еще жившая в их семейном доме в Лебедяни, была очень больна и находилась под присмотром его сестры Александры. В эти последние недели Замятин послал своей тетушке эмоциональное письмо, размышляя о том, как трудно примириться с мирозданием, которое без всяких видимых причин посылает ей столько физической боли:

> Обидно вот что: что ничего не придумаешь, чтобы избавить тебя от этого. Обидно, потому что ты для меня не так какая-то там Варвара Александровна, а близкий мне человек. И уже совсем не потому, что ты сестра моей матери (есть, скажем, брат моей матери, а мне он — никто), а потому что я всегда знал, что ты понимаешь, о чем я говорю, и я понимаю, о чем ты говоришь. Ну, ладно — разфилософствовался! Это потому, что сижу сегодня дома и никого чужих нет. Это теперь бывает редко: все ходит разный народ — по случаю моего путешествия, или я хожу — по тому же случаю. Сегодня на улице совсем тепло, дождь, осенне, не хочется выходить из дому, и думать в такую погоду о путешествии, о бездомности, брр! не очень приятно. Кругом все завидуют, будто я двести тысяч выиграл, а я это пока не чувствую. Или это от того, что отвыкли мы от таких необычных путешествий, засидели — или уже просто я старею?[70]

26 октября Булгаков написал ему, что наконец-то пришла хорошая новость: несмотря на изначальный запрет Реперткома, благодаря Горькому было получено разрешение на постановку его пьесы о Мольере во МХАТе. Он явно не переживал по поводу того, как удачно сложилось все для Замятина: «Это что же за мода — не писать добрым знакомым? Когда едете за границу? Мне сказали, что Вы в конце октября или начале ноября приедете в Москву. Черкните в ответ — когда? <...> Приятно мне — провинциалу полюбоваться трубкой и чемоданом туриста» [Булгаков 2011: 320–321]. Через два дня Замятин написал ему:

> Дорогой Афанасьич, итак — ура трем М: Михаилу, Максиму и Мольеру! Прекрасная комбинация из трех М для Вас обернется очень червонно: радуюсь за Вас. Стало быть, Вы поступаете в драматурги, а я — в агасферы.

---

[70] Письмо Варваре Александровне Платоновой без даты [ДМЗ, вне каталога].

> Дальний мой путь начнется, вероятно, 14 ноября. В Москве буду, должно быть, числа 4–5. Это зависит от известий о получении визы (которой все еще нет — черт бы побрал их). А 15 ноября МХАТ 2-й выпускает освеженную «Блоху» — посмотреть едва ли успею. Жаль. Увидимся во всяком случае [Curtis 1991: 134].

Булгаков ответил 31-го: «Дорогой Агасфер! Когда приедете в Москву, дайте мне знать о своем появлении и местопребывании, каким Вам нравится способом — хотя бы, скажем, запиской в МХТ, ибо телефон мой — сволочь — не подает никаких признаков жизни»[71].

15 ноября 1931 года Замятины выехали из Ленинграда в Ригу. Французские визы до отъезда им так и не удалось получить, поэтому пока они собирались доехать до Берлина. Короленко описывал проводы:

> Из дому еду на Варшавский вокзал, чтобы проводить Замятиных. Долго разыскиваю их на платформе. Среди провожающих Рабинович, Корчагина-Александровская, Алянский, Зоя Никитина, Ахматова, Над. К. Радлова, Гребенщиков, Сергеев. Поболтать мне совсем не удается. Я передаю карточки, которыми Замятины остаются очень довольны. Ни с кем чтобы не разговаривать, после отхода поезда еду на трамвае в Леногиз[72].

---

[71] [Бузник 1989: 182–183]; и см. [Примочкина 1996: 220–221; Булгаков 2011: 323–324].

[72] [Любимова 2002: 286] (Дацюк И. В. «Е. И. Замятин в дневниках издателя А. А. Кроленко (1923–1931)»).

Глава восьмая

Из Риги в Кань (1931–1932)

16 ноября 1931 года Замятин и Людмила приехали в Ригу, столицу Латвии, более десяти лет назад получившей независимость от советской власти. В тот же день Людмила написала Федину, который лечился от недавно развившегося туберкулеза в санатории в швейцарском городе Давосе. Она рассказала ему, что провела свой предпоследний вечер в Ленинграде в его квартире, играя в покер с его женой Дорой Сергеевной, а последний вечер — с «тремя Мишами» (Сергеевым, Слонимским и Алианским, сменившим имя с Самуила на Михаила ввиду усиливавшегося преследования евреев в СССР): они дружески побеседовали и выпили много вина. Замятины планировали выехать в Берлин 18-го. «ЕИ измотался вконец перед отъездом, устал очень. Сейчас спит. А я иду бродить по незнакомому городу — люблю это занятие и опущу письмо». В своем письме Федину из Риги Замятин писал:

> Я — неизвестно где: не то в России, не то заграницей, не то в какой-то Финляндии. Пробую выжать деньги («латы») из русского театра здешнего. Они играют, черти, мою «Блоху» пять сезонов (!) и «Общество Почетных Звонарей», а насчет денег — пока только завтраки. Может быть, дам им еще пьесу — если завтрак станет хорошим обедом. <...> В великую державу — Германию — выезжаю через день. Там, судя по всему, театраль-

ные и прочие дела так плохи, что через недельку оттуда — в Париж. Вообще — все очень чудно и... по совести говоря — трудно (мне!). <...> Напишу еще — когда приду в себя[1].

Рассказывая об интервью с Замятиным, напечатанном в «Сегодня» — одной из местных русских газет, — Б. С. Оречкин отмечал, что рижане уже хорошо знали его, так как успех «Блохи» в местном Русском театре мог соперничать только с «Белой гвардией» («Днями Турбиных») Булгакова. «Теперь Замятин выехал из СССР совершенно легально по заграничному паспорту сроком на 1 год вместе с женой». На встрече с актерами Замятин объяснил, что в Кораблестроительном институте ему дали годовой отпуск и что конечным пунктом его путешествия будет Америка. Там он надеялся проследить за постановками своих пьес и начать сотрудничество с Сесилом Б. Де Миллем, с которым он познакомился в августе прошлого года в Москве. Его первой целью был Берлин, где он надеялся увидеть несколько своих пьес в театре — возможно, в режиссуре Макса Рейнхардта, а потом, после отпуска на юге Франции, он планировал отправиться в Америку. Судя по всему, Оречкин воспринял его приезд как свидетельство некоторого послабления в советской культуре. Он также упоминает Булгакова и Эрдмана, чьи пьесы, еще недавно запрещенные, теперь с большой вероятностью могли быть поставлены[2].

После того как они переехали из Риги в Берлин, 22 ноября Замятин сообщил Познеру, что наконец-то получил французскую визу и пытается получить и американскую. Французский писатель Дрие ла Рошель, возможно, сыграл важную роль в получении ими французских виз. Замятин обсуждал возможные театральные

---

[1] [Федина и Коновалова 1998: 106, 101]. Инициалами ЕИ на тот момент писателя привычно называли Людмила и некоторые друзья. Письмо Замятина ошибочно датировано 11 ноября, хотя, вероятно, оно было написано 17 ноября 1931 года.

[2] [Shane 1968: 83]; статья Оречкина в [Галушкин и Любимова 1999: 254–255]; другая версия того же интервью была напечатана в «Последних новостях» (Париж) 21 ноября 1931 года.

проекты в Берлине и надеялся через неделю-другую оказаться в Париже[3]. Однако 27-го Людмила написала З. А. Никитиной, что теперь они собираются пробыть в Берлине еще неделю. «Город хороший, что и говорить. ЕИ закружился в делах, это вместо отдыха-то, который ему так необходим. Одна надежда на юг Франции, на Париж, конечно, никакой». А пока письма, отправленные семье Замятиных в Париж, пересылались на их адрес в Берлин. В их отсутствие Зоя взяла на себя заботу об их делах, поэтому Людмила попросила ее положить гонорары Замятина на сберегательный счет, чтобы с него могла брать деньги Аграфена Павловна, и объяснить ей, что это сделано по его просьбе. Берлин показался ей чистым и аккуратным, ярко освещенным, полным цветов и фруктов, а также интересных людей, но здесь все было очень дорого. Признаки экономического кризиса были налицо: товары оставались непроданными, а уровень безработицы был высок[4].

Вскоре Замятин расстроенно писал Федину:

> Да-да, Костенька дорогой, уже 1-е декабря, уже я мерзну в своем деми-сезоне, уже в витринах появился опиум для народа — елки, уже меня спрашивают из Парижа — не намерен ли я досидеть здесь до правительства гитлеровцев, а я все ни с места. Берлин оказался не то интернациональной литературной биржей, не то сборищем интернациональных жуликов. По крайней мере, каждая из империалистических здешних акул, собирающихся подкормиться моим тощим мясом, уверяет, что вот такой-то — это жулик, и я уже совсем запутался, wer ist wer [кто есть кто].

Он описал, как издатель Ульштейн договорился о быстром переводе «Блохи», который затем должен был переработать немецкий драматург Карл Цукмайер, «...говорят, самый модный тут драматург. <...> А пока — разоряюсь, марки сыплются из меня, как лозунги из доброй советской газеты...» Но в конце

---

[3] Письмо Познеру от 22 ноября 1931 года [POZNER]; [Shane 1968: 88].
[4] [РГАЛИ. Ф. 2533. Оп. 1. Ед. хр. 188]. Год в письме не указан.

концов из этой затеи ничего не вышло[5]. Один мемуарист вспоминал, что надежды Замятина на успех в немецком кинематографе тоже не оправдались, хотя принят он был очень вежливо: «Вы очень русский, вас нельзя приспособить к нашей жизни»[6]. 25 ноября он сделал набросок сценария по рассказу «На куличках», назвав его «Маруся. Сибирь». В течение этих недель он также начал статью «Будущее театра» [BAR, Box 2].

В декабре в Берлине он получил печальное известие из Лебедяни о смерти своей любимой тети Варвары, которая тяжело заболела еще перед его отъездом. Вскоре после этого несчастья его сестра Александра решила, что для нее, близкой родственницы писателя, живущего за границей и имеющего проблемы с властью, будет разумнее тихо покинуть два семейных дома в Лебедяни. Она переехала в Тамбов, где мало кто знал ее историю. Для Замятина это означало окончательный обрыв связи с Лебедянью. До своей смерти в 1957 году Александра жила в Тамбове, ее муж В. В. Волков умер в 1942 году. В паре сохранившихся писем, написанных подруге ближе к концу жизни, видны ее сохранившаяся глубокая вера и обширные знания народных средств от различных недугов [Стрижев 1994: 105; Комлик и Урюпин 2007: 97–102].

Между тем друзья Замятина в Чехословакии очень хотели, чтобы он посетил Прагу, но в свете недавнего скандала вокруг «Мы» было важно, чтобы это не выглядело политической провокацией. А. С. Каган, которому принадлежало берлинское издательство «Петрополис», 1 декабря писал Постникову:

> Он особыми средствами не располагает, а потому, несмотря на все свое желание побывать в Праге, он не может воспользоваться Вашим любезным приглашением. Но если Вы пришлете ему бесплатную визу и деньги на дорогу в оба конца, то он с удовольствием приедет. <…> Если Вы найдете возможным

---

[5] Письмо от 1 декабря 1931 года [Федина и Коновалова 1998: 102; Shane 1968: 84].

[6] А. Штайнберг. Цит. в [RS 1996 II, 2: 346, примеч. 4] (Голдт Р. «Мнимая и истинная критика западной цивилизации в творчестве Е. И. Замятина. Наблюдения над цензурными искажениями пьесы "Атилла"»).

прислать Замятину деньги на дорогу, то надо сделать это без особой огласки. Вы отлично понимаете почему. К нам приезжает много писателей и пролетарских и непролетарских из России, но Замятин представляет блестящее исключение: он не потерял присущей ему храбрости и гордости, как и десять лет тому назад[7].

6 декабря Замятин сообщил Ярмолинскому, что они с Людмилой планируют поехать в Прагу на следующей неделе. Он также спросил, стоит ли попытаться добраться до Нью-Йорка к февралю и хватит ли поддержки Рэя Лонга и Сесила Б. де Милля для получения визы в США[8].

Судя по всему, Замятины прибыли в Прагу в середине декабря, и уже 19-го он выступил с чтением нескольких отрывков из своих сочинений на местном литературном вечере. По всей видимости, он всегда хотел побывать в Чехословакии и даже когда-то изучал чешский язык. Через десять дней он выступил с лекцией на тему «Современный русский театр». Его публичные выступления были тепло приняты слушателями и о них много писалось в местной прессе, а уже в следующем месяце эта лекция была переведена и опубликована на чешском [Shane 1968: 84]. Среди присутствовавших на лекции был А. Л. Бем, который записал в своем дневнике: «Неожиданно резко по отношению к официальному курсу. Похоже на то, что не собирается возвращаться в Россию». А. А. Кизеветтер тоже был там:

> В первом ряду восседал Аросев и прочие господа с виллы Терезия [т. е. сотрудники советского посольства]. Но неожиданно Замятин читал доклад в таких тонах, что советская публика сидела, как на иголках, а прочая публика была чрезвычайно довольна. — «В СССР писателю думать не приходится, за него

---

[7] Письмо от 1 декабря 1931 года [RS 1996 II, 2: 487] (Янгиров Р. М. "«Заветный друг»…").

[8] [Malmstad and Fleyshman 1987: 134–135]; больше о Рэе Лонге можно узнать из писем Горького Сталину от 1 декабря 1931 года и [без даты] февраля 1932 года [Дубинская-Джалилова и Чернев 1997, 1998: (1997), 192; и (1998), 164–169]; о де Милле см. [Lyons 1937: 501–502].

все обдумано уже правительством» — вот образчик того, в каком духе был составлен доклад. <...> Он говорил далее, что все, что есть ценного в театре, создано до большевиков. Все это весьма отдавало «невозвращенчеством»[9].

В тот же день Замятин написал своей юной приятельнице и переводчице И. Е. Куниной-Александер, которая, видимо, пригласила их в гости в Тироль:

> Отдых в очаровательном месте — и в очаровательном обществе — это было бы, конечно, чудесно. И отдых мне очень нужен: предотъездный месяц в России и полтора — заграницей... устал до смерти. Но надо пройти до конца чешское гостеприимство (вещь — нелегкая). Интервьюируюсь, фотографируюсь, перевожусь, налаживаю дела с театрами, читаю в разных местах. Сегодня — публичная лекция о современном русском театре.

Он попросил ее подумать, какие перспективы для постановки его пьес могут быть в Югославии, и снова предложил взяться за перевод «Мы», так как ему не помешали бы деньги: «...из России меня, конечно, выпустили голеньким, без валюты». Он предполагал, что задержится в Праге до 6 января, а затем примерно 15-го числа надеялся уехать из Берлина в Париж[10].

31 декабря в письме из Праги Замятин поздравил Федина с Новым годом. «Чудесный город, и люди — настоящие "наши"... <...> Полпредом здесь оказался Аросев. Послезавтра еду с ним в Мариенбад. Все хорошо бы — только устал очень» [Федина и Коновалова 1998: 102]. В тот день дома у подруги М. И. Цветаевой Анны Тесковой он прочел два акта «Атиллы». Там были Постников, А. Л. Бем, П. Н. Савицкий и члены Пражского лингвистического кружка, в том числе Р. О. Якобсон и Ян Мукаржовский[11]. Новый год они встречали в литературном клубе

---

[9] [RS 1996 II, 2: 488] (Янгиров Р. М. "Заветный друг"...»).
[10] Письмо от 20 декабря 1931 года [Любимова 2002: 308–309] (Куртис Дж. «Неизвестные письма Евгения Замятина из американского архива»).
[11] [RS 1996 II, 2: 499, примеч. 1] (Янгиров Р. М. "Заветный друг"...»).

«Умелецка беседа». Предполагалось, что еще до ужина он присоединится к Людмиле и Н. Ф. Мельниковой-Папоушковой и перекусит с ними, но он опоздал. Они оставили ему меню, на котором нарисовали трех попугаев на жердочке, и написали шуточный выговор: «Ждали Вас до 22.10 и ушли ругаясь. Вот атилловские варварские повадки! <...> Разлагающаяся Европа ждет с нетерпением нашествие Атилловца (еще в этом году!) в Ум<елецкой> беседе» [BDIC, dossiers 188 et 189].

Пока Замятины отмечали праздник в Праге, в Берлине также проходил интересный новогодний вечер. Поэт О. Г. Савич был одним из тех писателей, которых все еще издавали как в СССР, так и за рубежом. Он и его жена Алия эмигрировали в Берлин в 1924 году, затем в Париж в 1927 году и регулярно отдыхали в Бретани или Словакии с Эренбургом и Романом Якобсоном[12]. Вся эта дружеская компания решила встретиться в Берлине. Одетые в вечерние наряды Эренбурги прибыли из Парижа в последнюю минуту, а Якобсон, приехавший прямо из Праги, где еще днем слушал, как Замятин читает «Атиллу», под конец разошелся, целуя всех подряд [Савич 2003: 87–88]. Одной из тем для обсуждения, конечно же, стали недавно эмигрировавшие Замятины, которые были их общими друзьями и также недавно курсировали между Берлином и Прагой, а вскоре должны были переехать в Париж. Некоторые люди этого круга, видимо, могли довольно свободно ездить из Советского Союза за границу и обратно и общаться с эмигрантами без того постоянного страха, который будет преследовать уезжающих в Европу всего несколько лет спустя. Трудности с получением визы для поездок за рубеж по-прежнему воспринимались ими как дурацкие и утомительные бюрократические процедуры. Они не рассматривали это как свидетельство государственной политики изоляционизма, близкого к тюремному ограничению свободы. Отъезд Замятина из России не был бесповоротным, и решение о том, возвращаться или нет, оставалось его личным выбором.

---

[12] [Баран и Гиндин 1999]: в книге есть фотография семей Эренбурга и Якобсона в Словакии, сделанная летом 1932 года (нет номера страницы).

Замятин в штанах для гольфа, играющий с обезьянкой Виски в доме Б. Д. Григорьева в О-де-Кань (1932 год) (BDIC, Collection E. Zamiatine — F DELTA RES 614)

В этих кругах разрешение выехать за границу могло рассматриваться как удача и привилегия, но необязательно как единственная возможность сбежать из страны. Например, другу Замятина Слонимскому в ноябре 1931 года не дали визу в Париж, но, как это часто бывает, для решения вопроса потребовалось лишь вмешательство Горького, написавшего лично Сталину из Сорренто: «Очень прошу Вас: распорядитесь, чтоб выпустили сюда литератора Михаила Слонимского, он едет для работы над новым романом». И действительно, Слонимскому разрешили поехать за границу, а следующим летом он отправился к Федину в Германию[13].

По-видимому, Замятины вернулись в Берлин в середине января 1932 года. 7 января писатель еще точно был в Праге — в этот день он написал возмущенное письмо в парижскую эмигрантскую газету «Последние новости», в котором жаловался, что они без его разрешения опубликовали интервью, которое он дал

---

[13] Письмо Горького Сталину от 25 января 1932 года [Дубинская-Джалилова и Чернев 1998: 157; Ermolaev and Shane 1968: 192].

в декабре журналисту В. М. Деспотули в Берлине. Эта белоэмигрантская газета была одним из тех изданий, к публикации в которых советские власти отнеслись бы очень негативно[14]. Галушкин цитирует И. М. Гронского, редактора «Известий», который был очень близок к Сталину: «Когда Е. Замятину разрешили выехать за границу (его никто не высылал), то большинство членов Политбюро были против этого решения. Сталин высказался за разрешение и заявил при этом, что Замятин ничего против нас там не напишет. И оказался прав» [Галушкин 1999: 13]. За границей, как рекомендовал ему Воронский в 1922–1923 годах, Замятин избегал контактов с русскими эмигрантскими изданиями и в целом не общался с деятелями культуры в эмиграции, сделав исключение только для своих друзей — А. М. Ремизова, В. С. Познера (который и так все больше становился человеком левого толка), а также художников Ю. П. Анненкова и Б. Д. Григорьева.

Они уехали из Праги примерно 8 января, на вокзал их провожали чешские друзья. На фотографии Замятин одет в аккуратный твидовый костюм с короткими брюками для гольфа[15]. Но дальнейшая поездка из Берлина в Париж была отложена еще на месяц, так как Замятин занимался различными театральными и кинопроектами, которые ни к чему не привели. Скорее всего, тот факт, что срок действия немецких виз истекал, наконец заставил их двинуться дальше. Замятин попросил Познера подыскать им жилье в не слишком шумном месте, где они могли бы остановиться в Париже — желательно рядом с его квартирой. Поначалу он планировал провести там совсем немного времени, а затем поехать на месяц отдохнуть на виллу Григорьева на юге Франции. Он очень обрадовался, когда Познер пригласил их остановиться в его собственном доме на улице Дезе, 36, в 15-м округе: «Это, конечно, очаровательно — жить в квартире у Вас вместо мотанья по отелям, где я никак не могу выспаться вот уже почти три ме-

---

[14] Статья от 3 января 1932 года [Галушкин и Любимова 1999: 255–256]; [Malmstad and Fleyshman 1987: 136–137].
[15] [Malmstad and Fleyshman 1987: 135–136]. Фотография в [AMHERST].

сяца»[16]. Наконец утром 9 февраля 1932 года Замятины прибыли в Париж[17].

Так получилось, что 26-летний В. С. Познер в тот день уезжал в Италию, чтобы провести десять дней в гостях у Горького в Сорренто, так что, скорее всего, они увиделись только мельком до его отъезда. Вероятно, Познер отправился в поездку с американским издателем Рэем Лонгом (недавно опубликовавшим один из рассказов Замятина), планируя обсудить с Горьким проект выпуска книг о Советском Союзе. И действительно, чуть позже в том же году Познер опубликовал оптимистичную книгу с фотографиями, на которых была показана благополучная жизнь советских людей. Некто Барков из парижского посольства предупредил Горького о визите издателя, и после встречи в письме Сталину тот описал ему Рэя Лонга:

> Рэй — человек вполне «приличный», насколько вообще может быть приличен американец-буржуа, который хорошо чувствует, что его страна в опасности и что опасность эту могло бы устранить решительное изменение политики группы Гувера, т. е. прежде всего признание Вашингтоном Союза Советов, затем, все остальное, логически вытекающее из признания[18].

Регулярная и откровенная переписка Горького со Сталиным в то время показывает, что задачи советской политики за границей достигались через установление дружеских контактов с потенциально влиятельными иностранными деятелями — такими как Лонг. Даже живя в Италии, Горький оставался важной фигурой для многих русских на Западе — особенно среди друзей Замятина — и продолжал достаточно сильно влиять на советскую культурную политику. Интересно предположить, что Замятин, позже в Париже встретившийся и с Познером, и с Лонгом,

---

[16] Письма Познеру от 30 января и 4 и 5 февраля 1932 года [POZNER].

[17] Шейн ошибочно упоминает «конец» февраля 1932 года как дату приезда Замятина в Париж [Shane 1968: 88].

[18] Письма Горького Сталину, написанные в начале и конце февраля 1932 года [Дубинская-Джалилова и Чернев 1998: 163–168].

мог получить из первых рук информацию о неминуемых сдвигах в дипломатических отношениях и о долгожданном дипломатическом признании СССР Америкой в следующем году. Сам Познер десятилетия спустя вспоминал этот визит к Горькому как чрезвычайно важное и памятное событие[19].

На парижском вокзале Замятина и Людмилу встретили Эренбурги и Савичи. Как вспоминала Аля [Альсгуста] Савич:

> Мы встречали его триумфально. О. Г. [Савич] считал Замятина самым серьезным современным прозаиком. И. Г. [Эренбург] также очень ценил его и гордился замятинским отзывом о «Хуренито». Замятин приехал вместе с женой — полной красивой женщиной, настоящей русской красавицей. В Париже все худеют, и она через какое-то время вся ссохлась, грустно было вспоминать, какой она приехала. Вскоре после приезда Е. И. мы устроили в его честь обед. Было много волнений и суеты вокруг этого обеда, но, кажется, он прошел вполне удачно.

Замятин описывает эту же трапезу в письме Федину в Ленинград: «Погода пока все еще неважная, кризисная... Хотя если пойдешь, например, обедать к Савичу — какой там кризис! Устрицы на льду, артишоки, сыры, черт в ступе. Пили, кстати, вермут и вспоминали тебя». Первые впечатления Людмилы от Парижа по прошествии пяти дней, конечно, были восторженными: «Париж радует, да как еще. Замечательный, чудесный город. Много фантастики. Вся история французской литературы стала реальной». Они сходили в гости к драматургу Шарлю Вильдраку, с которым Замятин познакомился в Ленинграде в 1929 году, и посетили «Комеди Франсез», где сидели в первом ряду на постановке по пьесе Вильдрака. Она показалась Замятину довольно поверхностной и провинциальной по сравнению с роскошной постановкой «Сказок Гофмана» Оффенбаха в режиссуре Рейнхардта, которую он видел в Берлине двумя неделя-

---

[19] Письмо Познера Лиле Брик и В. Катаняну от 12 августа 1956 года [Балашова и др. 2002: 575–576].

ми ранее[20]. Вскоре после их прибытия в Европу Б. Д. Григорьев поздравил Замятиных с приездом в характерно эмоциональном письме:

> Дорогие Замятины, наконец-то! Ну поздравляем Вас от всего сердца, если только Вы еще не разочаровались в Европе! Думаю, что Ваш въезд опаздывает — вот уже третий год кризис сломил жизнь Европы и Америки до того, что и не узнаешь. Как все было легко и как все стало трудно! <…> Долго ли еще останетесь в Париже? Я желаю Вам всяких удач, но знайте, что каждая даже малость сейчас в делах, кажется чудом. А удачи — дело прошлого. <…> Настоящее счастье в том, что живем у себя, солнце, запахи вербены, гелиотропа, сосны — все это растет у нас в саду: апельсины уже созревают, цветы цветут, растет морковка, летают голуби. Море, горы, прогулки и работа. Вам здесь будет хорошо. Напишите день и час приезда Вашего, выедем навстречу. <…> Итак ждем. Обнимаю Вас обоих как родных.

Его жена Елизавета написала им отдельное письмо: «Для Людмилы Николаевны приготовлен chaise-longue [шезлонг] под апельсиновым деревом, а для Евгения Ивановича — громадный письменный стол Louis XIV…» Она также рассказала им о соседней Ницце, «…а в 20 минутах в другую сторону знаменитый Juan-les-Pins, современный Вавилон, где проповедуют — нюдитизм и пижамизм, куда съезжаются ежелетно все "звезды" мира». Сами они жили тихо, в двух километрах от моря, на не слишком роскошной вилле в горной деревне О-де-Кань[21].

Замятины решили, что Людмиле нужно поехать к Григорьевым на юг Франции, а он останется в столице на несколько недель — которые в итоге затянутся до двух месяцев, — чтобы попытаться найти какую-нибудь работу. В письме к Федину от 22 февра-

---

[20] [Попов и Фрезинский 1993–2001, 3: 9; Савич 2003: 69–88]; письмо Федину от 22 февраля 1932 года цит. в [Савич 2003: 96, примеч. 36]; открытка от 14 февраля 1932 года З. А. Никитиной от Замятина и Людмилы [РГАЛИ. Ф. 2533. Оп. 1. Ед. хр. 187].

[21] Письма от 3 декабря 1931 года [RS 1996 II, 3: 358–360] (Доронченков И. А., Любимова М. Ю. «Письма Б. Д. и Е. Г. Григорьевых к Е. И. и Л. Н. Замятиным»).

ля Замятин сообщал, что пытается наладить контакты с тремя различными театрами. Он уже успел встретиться с Ремизовым и его женой и был поражен тем, как ссутулился и постарел Ремизов — «горбун, ведьмак» [Федина и Коновалова 1998: 104]. На следующий день, накануне отъезда Людмилы, Эренбурги устроили обед, чтобы познакомить Замятина с некоторыми влиятельными французами. Пока Людмила отдыхала на юге, он начал пробовать все возможные варианты для того, чтобы профессионально утвердиться в Париже. 4 марта он вместе с Анри Барбюсом, Эренбургом и Савичем был почетным гостем на обеде, данном «Группой пролетарских писателей Парижа»[22]. Эта новая организация была связана с газетой Барбюса «Монд», которая уже в течение нескольких лет вела ожесточенную полемику с более радикальными просоветскими группировками французского левого фронта и Коминтерна[23].

Но конкретные предложения работы во Франции, как и в Европе в целом, найти было сложно, так как экономический кризис лишь усугублялся. В марте того же года Замятин написал письмо из кафе «Ротонда» на бульваре Монпарнас, используя бумагу, рекламировавшую располагавшиеся там «пивную, ресторан, американский бар, танцы и постоянно действующую выставку современного искусства». Это письмо было адресовано Джорджу Риви, ирландскому поэту русского происхождения, переводчику и литературному агенту, который был знаком с Джеймсом Джойсом. Риви стал ключевой фигурой в попытках Замятина выйти на британский литературный рынок. Он поручил Риви перевести «Мамая» и попросил выяснить, заинтересует ли новый парижский Американский театр инсценировка «Пещеры»[24]. Его пьесы «Блоха» и «Общество почетных звонарей» уже были переведены на французский язык, и теперь он послал для пере-

---

[22] [Любимова 2002: 313] (Куртис Дж. «Неизвестные письма...»).

[23] Ambroise J.-C. Ecrivain prolétarien: une identité paradoxale // *Sociétés contemporaines*. 2001/4. № 44. P. 41–55. «Monde» Барбюса — это издание, отличное от газеты «Le Monde», основанной в 1944 году.

[24] [PRINCETON. Folder 9], письмо Риви от 30 марта 1932 года.

вода несколько рассказов, в том числе «На куличках»[25]. Он договорился с Познером, чтобы «Пещеру» и «Мамая» также перевели на французский[26]. Но одним из первых его рассказов, напечатанных во Франции — а именно в «Монд», — стал «Икс», вышедший под названием «Приключение дьякона Индикоплева» и иллюстрированный известным художником-авангардистом Михаилом Ларионовым[27]. Через несколько недель журнал «Lu» опубликовал французский перевод «Мучеников науки»[28].

Но важнее всего для Замятина было понять, возможно ли переехать из Франции в Соединенные Штаты, как он планировал. Одним из тех, к кому он обратился за помощью в получении визы в США, стал Сесил Б. Де Милль, приезжавший в СССР в 1931 году. Корреспондент «Юнайтед Пресс Интернэшнл» Юджин Лайонс отмечал, что Де Милль «олицетворял еще одну сторону чрезмерного энтузиазма иностранцев по поводу советского эксперимента» [Lyons 1937: 501]. Находясь в Голливуде, Де Милль ответил на посланное Замятиным сразу по приезде в Париж письмо: «Сегодня по вашей просьбе я написал в американское консульство в Берлине, и надеюсь, что мы скоро увидим вас на нашем континенте. Нам как никогда нужны хорошие драматурги». Возможно, упоминание Берлина, а не Парижа было всего лишь опиской Де Милля, но так или иначе его поручительство, похоже, ни к чему не привело[29].

В конце марта Замятин снова написал Федину в Давос, описывая, как он провел предыдущий ветреный день, обыграв всех в покер в уютной квартире тещи Владимира (Вовы) Познера:

> В другой комнате Вова (человек гораздо более серьезный и деловой, чем я) играл в бридж... Это был один из немногих бездельных моих дней в Париже, а так — все время какие-то сви-

---

[25] [Галушкин и Любимова 1999: 247–250] («Автоинтервью» (апрель 1932 года)).
[26] [POZNER], письмо Познеру от 21 апреля 1932 года.
[27] Публикация от 4 мая 1932 года [BDIC, dossier 212].
[28] Публикация от 1 июля 1932 года; см. [RS 1996 II, 2: 506].
[29] BAR, письмо де Миллю от 12 февраля 1932 года; Казнина 1997: 216.

дания, более или менее деловые, обеды, визиты, черт его знает что — надоело. В числе прочего — обед у посла, там же парадный завтрак с депутатами, Эренбург и я — свадебные генералы... Пища — буржуазная, первый сорт. Вино... Лакей: «Вам какого года прикажете?»[30]

Судя по всему, Замятина, все еще имевшего советский паспорт, в то время считали достаточно близким к советским властям и поэтому приглашали на светские мероприятия в посольство. Так, советский полпред в Чехословакии А. Я. Аросев взял его в поездку в Мариенбад во время его визита в Прагу. Советское посольство в Париже в те годы славилось более роскошным и утонченным образом жизни, чем большинство других советских посольств по всему миру. В течение последующих двух лет партия предпримет шаги для борьбы с идеологически неустойчивой атмосферой, преобладавшей там в то время [Dullin 2008: 70–79]. Видимо, Замятин в первые годы своей жизни во Франции чувствовал себя вполне комфортно, вращаясь среди этих либерально настроенных людей, сочувствующих СССР.

В письме к Федину он продолжал рассказ о своей жизни: «Заложил и веду темы по трем направлениям: театр, кино, перевод рассказов и книги. <...> Шансов тут куда больше, чем в Берлине, где все дохнет. Здорово устал. М. б. в конце этой недели выберусь, наконец, на юг (где Л. Н. греется уже с месяц). Вечером иду с Анненковым по кабакам». Ю. П. Анненков, который позже назовет Замятина своим «самым большим другом», сделал несколько замечательных набросков парижской ночной жизни. В записных книжках парижского периода самого Замятина описываются скандально знаменитая Кики из ресторана «Куполь», различные кафе в районе Ле-Аль и эротические танцы на улицах в день взятия Бастилии[31]. К дружбе Замятина с Анненковым Савичи

---

[30] Письмо Федину от 27 марта 1932 года [Федина и Коновалова 1998: 104–105].

[31] Письмо от 27 марта 1932 года [Федина и Коновалова 1998: 104–105]; [Замятин 2001: 232–233, 240–243]; письмо Людмилы Никитиной от 24 апреля 1932 года [РГАЛИ. Ф. 2533. Оп. 1. Ед. хр. 188]; [Анненков 1991, 1: 235]; [Герра 2004].

относились с некоторым недоверием. В том году О. Г. Савич стал парижским корреспондентом «Известий» и «Комсомольской правды», оказавшись в одном ряду с Эренбургом и наиболее лояльными промосковскими кругами. Тепло встретив Замятина, Савичи, очевидно, впоследствии нашли его несколько эксцентричным. Наблюдая за ним в быту, Аля отмечала:

> Педантизм и странности Замятина. Когда его жене пришлось куда-то уехать, мы пригласили Е. И. пожить у нас. Он накупил огромные черные листы бумаги и каждый вечер кнопками прикалывал их к рамам, занавешивая таким способом окно (все рамы были исколоты). Кофе и чай он варил только на минеральной воде «Vittel», совершенно безвкусной, закупая ее ящиками.

Позже их пути разошлись: «В Париже Замятин как-то быстро потерял себя. Он все писал и никак не мог дописать своего "Атиллу". Все больше сближался с русскими эмигрантами, подружился с Юрием Анненковым. Мы виделись реже и реже» [Савич 2003: 88]. Анненков поселился во Франции в 1924 году, когда были налажены дипломатические связи между Францией и Советским Союзом. Он сумел сохранить дружеские отношения с советским посольством, посещал устраиваемые им светские мероприятия и продолжал выставляться в Москве — например, на выставке французского искусства в 1928 году.

М. Л. Слоним оставил подробные воспоминания о том, каким Замятину в начале его жизни за границей виделось свое положение по отношению к парижской эмигрантской общине:

> В начале 1932 года я узнал от художника Юрия Анненкова, что Евгений Иванович Замятин с женой Людмилой Николаевной скоро приезжает в Париж, и что в письме он спрашивал обо мне, узнавал адрес, чтоб сразу повидаться. Признаться, я ждал встречи с ним с некоторой боязнью: ведь я был литературным редактором пражского ежемесячника «Воля России» и в 1927 году напечатал в нем почти весь роман Замятина «Мы».

Слоним слишком хорошо понимал, насколько тяжелыми были последствия этой публикации для ее автора:

> Мы уселись в моей рабочей комнате: вежливые гости называли ее кабинетом. Она выходила на внутренний двор двойным угловым окном — из него видны были окна соседей, и занавески были отдернуты. Евгений Иванович как-то косо посмотрел на них. Я затянул их и шутливо заметил: «здесь никто не подглядывает». Он пожал плечами — «условный рефлекс» — и улыбнулся. <...> ЕИ поспешил рассеять мои опасения. Он сказал, что я ни в чем перед ним не провинился и никакого зла ему не причинил, и напомнил, как появление романа в эмигрантском журнале в 1927 было встречено молчанием в Москве и Ленинграде и, как он выразился, «его выволокли на свет Божий через два года, когда понадобилось открыть огонь из всех орудий. Дело было не в "Мы", <...> а меня, как еретика отлучить от литературы и предать анафеме». С этого момента разговор пошел гладко, и мы просидели в живой беседе часа три, до сумерек. <...>
> ЕИ долго расспрашивал о русских в Париже, не из любопытства, его беспокоил вопрос о том, как себя вести с эмигрантами. И при дальнейших встречах он постоянно к этому возвращался. Не только из-за своего советского паспорта, но и по всему своему складу и политическим взглядам он был эмиграции чужд, не подходил к эмигрантским меркам, и отчетливо это сознавал. В ее газетах и журналах он сотрудничать не мог, да и не хотел: он был для них чересчур левым. Были у него в Париже несколько старых друзей, к политике непричастных: Юрий Анненков, Мстислав Добужинский, Борис Яковлев, Владимир Иванович Юркевич, его товарищ по Политехникуму, тоже кораблестроитель. Он собирался повидать Ремизова и Осоргина, и познакомиться с Буниным. Но отношение его к эмиграции вообще — за немногими исключениями — было сдержанное и осторожное. Да и эмигрантские так называемые культурные круги проявляли к нему холодок и порою недоверие. Во всяком случае, ЕИ совершенно правильно понимал, что в смысле жизненного устройства ему нечего рассчитывать на содействие влиятельных эмигрантов. А ведь надо было как-то оседать заграницей и зарабатывать на жизнь[32].

Это действительно были две основные проблемы, с которыми ему пришлось столкнуться во Франции. Во-первых, было важно, как к нему отнесутся в политических и общественных кругах

---

[32] Слоним М. «Е. И. Замятин: Из воспоминаний» (черновик) [BOSTON].

русской эмиграции, полных внутренних сложностей и взаимных подозрений. Напряженность возросла с 1927 года, когда советское посольство запретило своим гражданам, выезжающим за границу, встречаться с представителями белой эмиграции [Menegaldo 1998: 97; Livak 2003: 10]. До конца не ясно, встречался ли Замятин, например, с Буниным, хотя Бунин, как известно, высоко ценил его творчество и ставил его выше Ремизова[33]. Второй проблемой, как хорошо понимал Слоним, был поиск средств к существованию. По крайней мере в одном отношении Замятины имели преимущество, и это им в декабре прошлого года объяснила Е. Г. Григорьева: «У вас советские паспорта, а мы — эмигранты — это два разных лагеря, вам легче достать [визы], чем нам, эмигрантам, ибо эмигранты — безработные, и французы боятся, что от них работу отнимешь, и неохотно дают визы, вы же, у которых есть родина, куда вы можете всегда вернуться — не опасны для безработных»[34]. С другой стороны, теперь им нужно было начать зарабатывать самим.

Находясь в Париже, Замятин мог читать газеты, выходившие на родине, и в феврале он увидел в «Литературной газете» русские переводы статей, напечатанных в чешской коммунистической газете «Руде право» и осуждавших его за пражскую лекцию «Современный русский театр». Как он позже жаловался Федину:

> За мою лекцию в Праге о русском театре «Литературная газета» меня обматерила — дело привычное. <...> На днях пойду туда [в посольство], буду ругаться насчет статеек, о которых ты писал. Чего эти молодцы добиваются? Хотят вывести меня из терпения? Добьются однажды. Пошлю матерное «письмо в редакцию», которое, разумеется, не напечатают[35].

---

[33] [RS 1996 II, 2: 400–401, примеч. 4] (Туниманов В. А. «Последнее заграничное странствие и похороны Евгения Ивановича Замятина (европейская судьба «скифа» и «еретика»)).

[34] Письмо Е. Григорьевой Людмиле от 10 декабря 1931 года в [RS 1996 II, 3: 362–363] (Доронченков И. А., Любимова М. Ю. «Письма Б. Д. и Е. Г. Григорьевых к Е. И. и Л. Н. Замятиным»).

[35] Письмо от 4 февраля 1932 года; письма Федину от 22 февраля и 27 марта 1932 года [Федина и Коновалова 1998: 104–105].

30 марта он сочинил полное негодования открытое письмо, которое отправил в Москву через советское посольство. Как он уже писал, он не рассчитывал, что оно будет опубликовано. Но, должно быть, он не посчитал это чересчур безрассудным поступком для человека, только что приехавшего из СССР, и полным сжиганием мостов. Ведь он обсудил и передал письмо с помощью советских дипломатов в Париже, которые еще недавно угощали его изысканными обедами. Возможно представители посольства, да и сам Замятин, в то время предполагали, что в советской культурной среде скоро наступит определенная либерализация? Очевидно, в первые месяцы эмиграции он считал, что сохраняет свои позиции в советской культуре, и все еще внимательно следил за спорами и дискуссиями о том, чей голос будет решающим в литературе. Он верил, что отправить открытое письмо, выражающее его взгляды, в ведущее московское литературное издание — разумно и не слишком опасно. В своем письме он жаловался на переиздание статей из «Руде право» и на комментарии к ним, из которых следовало, что он классовый враг. Он прислал Федину копию этого письма «для развлечения»: «Конечно, не напечатают, черти лиловые, ибо я не посыпаю пеплом главы. Прочти и пошли встревоженным друзьям в социалистическом отечестве (если завел машинку — отстучи, будь добр)»[36]. Он твердо решил, что о его письме должно быть известно и его друзьям: он послал З. А. Никитиной еще один экземпляр «для ознакомления» и добавил: «Покажите Мишам» (включая Слонимского и Зощенко), еще раз упомянув, что оно было подано «официальным путем», через посольство[37]. 21 апреля Слонимскому конфиденциально дали знать, что «Литературная газета» получила от Замятина «очень формально искусное опровержение» направленных против него обви-

---

[36] Письмо Федину от 14 апреля 1932 года [Федина и Старков 1990: 83, 94, примеч. 15].

[37] Письмо Замятина и Людмилы от 18–19 апреля 1932 года [РГАЛИ. Ф. 2533. Оп. 1. Ед. хр. 187 и 188].

нений, но что оно и правда не будет напечатано [Фрезинский 1996а: 188–189].

Замятина, естественно, беспокоила и репутация, которую он приобретет во французских кругах. Он впервые дал два коротких интервью французской прессе в середине апреля, перед самым отъездом на юг[38]. Для публикации следующих, более длинных, он тщательно подбирал издания: первое интервью было отправлено в «Les Nouvelles Littéraires» — влиятельный, но независимый еженедельник, а второе — в «Монд» Барбюса [Галушкин 1999: 13]. Однако по разным причинам ни одно из них не произвело ожидаемого эффекта. Интервью, данное главному редактору «Les Nouvelles Littéraires» Фредерику Лефевру, вышло 23 апреля. Замятин серьезно подготовился к нему, вплоть до того, что заранее подготовил некоторые из своих ответов и попросил Познера перевести их, поскольку интервью было частью очень престижной серии. В 1932 году Лефевр опубликовал аналогичные интервью со Стефаном Цвейгом, Андре Моруа и другими писателями. Иными словами, для Замятина это было отличной возможностью представиться французским читателям [Галушкин и Любимова 1999: 337]. Он сфокусировался на своем самом известном во Франции произведении — романе «Мы», и прокомментировал его сходство с романом «О дивный новый мир» Хаксли, который только что вышел в печати:

> Близорукие рецензенты увидели в этой вещи не больше, чем политический памфлет. Это, конечно, неверно: этот роман — сигнал *о двойной опасности, угрожающей человечеству: от гипертрофированной власти машин и гипертрофированной власти государства.* Американцы, несколько лет тому назад много писавшие о нью-йоркском издании моего романа, не без основания увидели в нем критику фордизма. В своем последнем романе английский беллетрист Олдос Хаксли развивает почти те же самые идеи и сюжетные положения, которые даны в «Мы». Дрю Ля Рошель на днях рассказывал мне, что при встрече

---

[38] *Comoedia*, 12 апреля 1932 года; *Carnet de la Semaine*, 17 апреля 1932 года; см. [RS 1996 II, 2: 501, примеч. 2] (Янгиров Р. М. "«Заветный друг»...").

с Хаксли он даже спрашивал его, не читал ли Хаксли «Мы»; оказалось, что нет. Что и подтверждает, что эти идеи витают в грозовом воздухе, которым мы дышим[39].

Во всяком случае, Олдос Хаксли, тогда тоже живший во Франции, узнал об авторе романа «Мы» вскоре после публикации романа «О дивный новый мир». 23 июля он написал рецензию на статью Замятина о театре, напечатанную в «Le Mois», в которой говорилось: «В настоящее время русские, видимо, больше всего подходят на роль пророков»[40].

Возможно, для того, чтобы повысить свои шансы пробиться в парижские театральные круги, в разговоре с Лефевром Замятин особо подчеркнул свой недавний опыт работы в качестве драматурга: «В последние годы я в основном занимался театром. Если вы хоть раз в жизни видели театральный зал, взволнованный вашей пьесой, — вы этого никогда не забудете. Особенно, если дело происходит сейчас, в России, где в театре не публика, а *народ*, перед которым только теперь открылись двери в театр и который воспринимает все особенно живо и свежо»[41].

Однако когда это интервью вышло, Лефевр снабдил его весьма провокационным названием и подзаголовками, например такими: «Писатели в СССР: деньги есть, но нет свободы». В некотором смятении Замятин писал Познеру:

> Меня очень огорчил наш cher confrère Lefèvre [милый коллега Лефевр]: несмотря на все мои предупреждения, ухитрился-таки подложить мне свинью своими заголовками... <...> Данный мною материал — по-моему, достаточно объективный и сдержанный — использован так, как мне бы этого не хотелось. Свое обещание послать мне этот материал для корректуры он ис-

---

[39] Une heure avec Zamiatine, constructeur de navires, romancier et dramaturge. Цит. по русской версии в [Галушкин и Любимова 1999: 257–258].

[40] Huxley A. New World Drama // *Hearst* 1932. July 23. цит. в его «Complete Essays». Vol. 3: 1930–1935. Chicago: Ivan R. Dee, 2001. P. 336–337.

[41] Une heure avec Zamiatine, constructeur de navires, romancier et dramaturge. Цит. по русской версии в [Галушкин и Любимова 1999: 258–259].

полнил, а потом подсыпал такого перцу, что я до сих пор чихаю. При случае, если встретите Баркова [из посольства], попробуйте так, к слову, разведать, какое впечатление произвел этот лефевровский перец, и скажите, что для меня это было сюрпризом[42].

В итоге в официальных советских кругах почти не последовало реакции, несмотря на то что в этом весьма важном интервью Замятин обрисовал свое литературное положение во Франции. Возможно, одной из причин было то, что первый секретарь посольства Барков примерно в это время был переведен в Китай, так как его антисемитизм вызвал «волну сильной неприязни» во внутренних кругах посольства [Dullin 2008: 75].

Замятин заранее подготовил текст второго интервью — на этот раз он дал его Познеру и намеревался опубликовать в «Монд» Барбюса вскоре после выхода первого, данного Лефевру. В этом втором интервью он утверждал, что система пятилеток оказалась не совсем подходящей для советской литературы, так как большинство авторов не имели никакого представления о промышленности и технологиях — конечно, сам он был исключением. Литература должна оставить излюбленные пролетарскими писателями насущные темы и заниматься другими вопросами:

> Одна из таких тем, пока еще очень робко затрагиваемых в советской литературе, это вопрос об отношении личности и коллектива, личности и государства. На практике сейчас этот вопрос решен полностью в пользу государства, но это решение не может не быть только временным: в государстве, которое ставит своей конечной задачей сведение на нет государственной власти, эта проблема раньше или позже несомненно возникнет в очень острой форме. <...> Другая, очень актуальная сейчас тема в советской литературе, по существу очень близко связанная с первой, это тема о положении художника в обществе, организованном на новых принципах. Это — тема более безопасная, менее взрывчатая, чем первая, и вдобавок она более

---

[42] Письмо Познеру от 24 апреля 1932 года [POZNER].

непосредственно затрагивает писателей именно сейчас, когда делаются опыты государственного регулирования «литературной промышленности».

Он также отмечал, что в целом советская литература не очень-то интересуется «любовными треугольниками», которые так часто появляются в сюжетах европейской литературы, да и само советское государство не слишком вмешивается в вопросы семьи и интимных отношений. Однако он предвидел, что наступит время, когда государство обратится к этим вопросам и озаботится совершенствованием человеческой расы, а следовательно, и евгеникой — и, по его мнению, в этой теме найдется много интересного материала для художников будущего[43].

Он начал беспокоиться о возможных последствиях интервью Лефевру и в спешке написал Познеру: «Я думаю вот что: не лучше ли в связи с этим задержать материал, посланный Вам для "Monde" — чтобы не подливать еще масла в огонь?» Как вариант он предложил опубликовать его с довольно странным дополнением, в котором Познер «задаст» ему вопрос об успехах индустриализации, а он опишет — разумеется, с искренней гордостью — заметный рост в производительности судостроения на советских Путиловских верфях между 1926 и 1931 годами[44]. Эта вставка, конечно, выглядела бы совершенно неуместной рядом с остальными вопросами. Но Познер, видимо, согласился с тем, что в целом будет разумнее попридержать материал, и это «интервью» при жизни Замятина опубликовано не было.

Замятин возобновил попытки произвести впечатление на западных читателей и дал еще одно большое интервью, вернувшись летом на некоторое время в Париж. На этот раз оно предназначалось не для французской, а для британской аудитории, и провел его Александр Верт, парижский корреспондент «Манчестер Гардиан». Как отмечал Замятин, это была практически единственная английская газета, которую в то время можно

---

[43] [Галушкин и Любимова 1999: 247–250] («Автоинтервью»).
[44] Письмо Познеру от 24 апреля 1932 года [POZNER].

было найти в советских публичных библиотеках и читальных залах. Верт отметил, что Замятину, в его сорок восемь, на вид можно было дать не больше тридцати пяти лет, а в его серых глазах постоянно мелькали искорки иронии. Он производил впечатление очень активного и чрезвычайно компетентного человека, в котором не было ничего от «мечтательного славянина». Он описал Верту привилегированную жизнь, которую вели писатели в России, признавая, что по советским стандартам иметь трехкомнатную квартиру в Ленинграде, как они с Людмилой, было исключением из правил:

> Успешные писатели, особенно работающие в сфере театра, находятся в исключительном положении. Преуспевающий драматург, получающий 5–6 процентов от кассовых сборов, является сегодня единственным «законным буржуа» в России, и никто не посягает на его богатство. <...> Кроме того, писателям выдаются продовольственные карточки с повышенными квотами, которые дают им право получать масло и сыр и все другие «предметы роскоши», недоступные многим простым смертным. Советский Союз очень благосклонен к авторам в этом отношении. Все более-менее известные профессиональные писатели получают такие пайки. Таких авторов в Ленинграде семьдесят пять, в Москве около ста[45].

Складывается впечатление, что в первые месяцы своего пребывания на Западе Замятин без особых опасений отправлял материалы для публикации в СССР, о чем свидетельствует его яростное письмо в «Литературную газету». Однако он был гораздо более осмотрителен, когда дело касалось его высказываний во французской прессе, так как полагал, что советское посольство внимательно следит за его выступлениями в печати. Судя по всему, он не хотел рисковать своим паспортом. То, что он стал частью эмигрантской общины поздно, спустя десятилетие после отъезда основной части белой эмиграции, привело не только к отличиям в политических взглядах и опыте, но также и к его особому положению, так как в свое время он принимал

---

[45] [Tejerizo 1988: 80–83]; интервью было опубликовано 9 августа 1932 года.

участие в напряженных конфликтах, шедших в советской литературе в 1920-х годах. По эссе и интервью Замятина очень хорошо чувствуется, насколько сильно он переживал о развитии русской литературы в новом советском государстве. Поскольку у него не было собственных детей, его занимали успехи тех, кого он считал своими протеже — «Серапионовых братьев». Находясь во Франции, он внимательно следил за поворотами в советской литературной политике, постоянно пытаясь заново оценить, как идут дела в России, и выискивая в политической суматохе признаки того, что там возрождаются истинные литературные ценности. Русская советская литература была его литературой, и пройдет еще несколько месяцев и даже лет жизни за границей, прежде чем это чувство прямого отождествления с ее проблемами сменится разочарованием и бессильным сожалением.

Тем временем ему наконец удалось уехать из Парижа в долгожданный отпуск. В 1927 году Григорьевы приобрели виллу, которую назвали «Бориселлой». Этот очаровательный дом находится недалеко от Ниццы, на высоком склоне холма небольшой средневековой деревушки Кань-сюр-Мер. Сюда ведут крутые и извилистые мощеные улочки, по краям которых вьется глициния. В это место, которое теперь называется О-де-Кань, часто приезжали художники. Отсюда недалеко до поместья в Коллет, где десятью годами ранее вплоть до своей смерти жил Ренуар, а также до Ванса, где Матисс будет расписывать часовню десять лет спустя. 25 февраля Людмила приехала на виллу «Бориселла». Она всем понравилась, по крайней мере поначалу. Б. Д. Григорьев, уехав в Прагу, в начале апреля писал Замятину, остановившемуся в то время в его парижской квартирке: «Очень счастлив узнать от Елизаветы Георгиевны, что Людмила Николаевна такая необыкновенная и чуткая женщина, с которою быть вместе и легко и приятно. Это очень ценно, ибо Елизавета Георгиевна очень стала нервной и даже сложной...» Григорьев передавал, что все их общие друзья в Праге тепло отзывались о Замятине, а сам он мечтает вернуться во Францию:

Теперь я уж, наверное, натурализуюсь и очень скоро, французом. <...> Знаю, это на все сто-сотых. Кончено с Россией. Так надо. Когда-нибудь попадем с тобою в New York, сам поймешь, что не востоку жить, а западу. <...> Я здесь всем говорю, что тебя больше не отдам большевикам, даже на побывку не отдам. <...> Как рад, что Вы оба приехали и будете с нами еще долго. Обнимаю тебя Евгений и желаю много удач в милом и единственном Париже[46].

6 апреля Людмила написала очень радостное письмо З. А. Никитиной, в котором рассказывала о своей жизни в Кань-сюр-Мер:

Сейчас 6 часов вечера, я пишу в саду, без чулок, в летнем, голом платье, солнце греет; слева виднеется море (до него минут 20 ходьбы), прямо и справа Альпы. А совсем близко — очаровательная обезьянка — Whisky, мой приятель-забавник. За 1½ месяцев, проведенных здесь, я очень отдохнула. Мои друзья очень балуют меня, солнце печет — уже стала коричневая. Скоро начну купаться. Одно печально, что ЕИ застрял в Париже, но, кажется, на днях и он появится здесь. ЕИ вращается в «большом свете» — с французскими писателями, художниками, актерами.

Через пару недель она добавила в письме подруге еще кое-какие подробности: «Я себе сделала еще в Париже несколько летних платьев. Весной — мода на тонкую шерсть»[47].

В середине апреля, вскоре после своего приезда на юг, в одном из многочисленных писем, которые в то лето он писал своим друзьям по всему миру, Замятин сообщал Федину:

Выбрался, наконец, из парижского Вавилона, три дня отсыпался за все полгода и начинаю чувствовать себя человеком, а не пиджаком. Пробуду здесь с месяц, а после Пасхи (куличи и прочие суеверия — гарантированы!) опять поеду в Париж — кончать дела. Дела начаты серьезные — пьесные и фильмовые, и если бы не этот чертов кризис, был бы я уже Ротшильдом...[48]

---

[46] Письмо от 4 апреля 1932 года в [RS 1996 II, 3: 364–365] (Доронченков И. А., Любимова М. Ю. «Письма Б. Д. и Е. Г. Григорьевых к Е. И. и Л. Н. Замятиным»).

[47] Письма от 6 и 19 апреля 1932 года [РГАЛИ. Ф. 2533. Оп. 1. Ед. хр. 188].

[48] Письмо от 14 апреля 1932 года [Федина и Старков 1990: 83].

Примерно в том же духе он писал и З. А. Никитиной:

> Я уже с неделю как отдыхаю от Парижей и Берлинов, на Côte d'Azur [Лазурном берегу]. Так жарко, ярко, сине, что вот сижу сейчас на террасе и пишу Вам это письмо, напялив на себя темные очки.
> Отдыхать, впрочем, придется недолго: на шее висят камнем три статьи — для пражского университетского журнала, для одного берлинского и для парижского «Le Mois» (где недавно была статья Горького). А там — опять в Париж, из-за театральных и прочих дел. Дела наклевываются довольно серьезные, весь вопрос сейчас только в том, достанет ли театр денег на постановку. Это у французов уже не хватает денег — как Вам это нравится?[49]

К середине мая он закончил статью «Будущее театра», начатую вскоре после отъезда из России, и в том же месяце она была опубликована в «Le Mois». Одновременно он работал над другой статьей для берлинского журнала «Ost-Europa», а еще через некоторое время он закончит статью для пражского «Slavische Rundschau» (с которым был тесно связан Р. О. Якобсон)[50].

Пока он отдыхал в Кань-сюр-Мер, в Москве произошла сенсация. Совершенно неожиданно резолюцией ЦК партии от 23 апреля были ликвидированы РАПП (заклятый враг Замятина) и другие пролетарские культурные организации. Это был первый шаг к созданию единого Союза советских писателей. За месяц до этого Горький с досадой писал Сталину: «Бесконечные групповые споры и склоки в среде Раппа, на мой взгляд, крайне вредны, тем более, что мне кажется: в основе их лежат не идеологические, а главным образом личные мотивы»[51]. Замятин отреагировал на известие о том, что правительство покончило с РАППом, незаконченным эссе «En URSS» [«В СССР»]:

---

[49] Письмо от 18 апреля 1932 года [РГАЛИ. Ф. 2533. Оп. 1. Ед. хр. 187].
[50] Письмо Федину от 12 мая 1932 года [Федина и Коновалова 1998: 103].
[51] Письмо от 24 марта 1932 года [Дубинская-Джалилова и Чернев 1998: 168].

> Недолго думая, вожди этой группы решили «перевоспитывать» остальных писателей... <...> Нетерпеливые конквистадоры стали осуществлять свою задачу методами, так сказать, артиллерийскими, пользуясь тем, что фактически в их руках было монопольное право литературной критики. Их критические бомбы были почти неизменно наполнены одним и тем же удушливым газом: обвинением в политической неблагонадежности. Результаты этого артиллерийского воспитания были, разумеется, самые плачевные: одни из «воспитываемых» надолго замолкли, в произведениях других зазвучали нестерпимо фальшивые ноты, оскорблявшие даже невзыскательный слух[52].

Федину он писал: «РАПП обратился в пар... Как ты на этот счет думал»[53]. Это подтверждает, что главным источником оптимизма Замятина в отношении советской литературной политики, отраженного в его написанных ранее статьях, написанных в предыдущие недели, вероятно, был хорошо информированный Федин. В беседе с Вертом Замятин выразил надежду, что пролетарские писатели и попутчики теперь объединятся в новую организацию, и это пойдет всем на пользу [Tejerizo 1988: 80–83].

Постникову, с которым Григорьев пересекался в Праге, он сообщил, что постоянно ведет переписку «...на трех языках — русском, французском, английском. Удочки заброшены во все страны, рыба клюет, и крупная — в Париже, но вытащить — пока все еще не вытащил почти ничего: так, мелочь, пескаришки...» Во второй половине мая должен был состояться обед, на котором он собирался рассказать о театре в России и прочитать публичную лекцию — и то, и другое на французском языке. Кроме того, он планировал организовать вечер читки своих рассказов. Дальше он добавлял:

> Выглянуло солнце, меня утащили гулять. Кончаю это письмо уже вечером. Дом, где я живу — на горе. Внизу сейчас орут лягушки, кричит филин, поет соловей. А наверху — огни лестницей: маленький средневековый городишко, узенькие улички,

---

[52] [Галушкин и Любимова 1999: 246–247] («En URSS»).
[53] Открытка от 12 мая 1932 года [Федина и Коновалова 1998: 103].

Фотография Замятина (предположительно 1930-е годы) (автор неизвестен)

ворота, арки, небольшой замок посередине. Место — чудесное. Жаль только — далеко от моря, летом бы куда-нибудь к воде поближе. Впрочем, до лета еще много воды утечет — далеко не заглядываю[54].

29 апреля он писал Ремизовым, что за последние полгода очень устал от новых людей и впечатлений, поэтому сейчас наслаждается тишиной и покоем. На следующий день они собирались ехать в Ниццу, чтобы отстоять на пасхальной заутрене в русском православном соборе[55].

Почти сразу после приезда на юг Замятин попросил Познера попробовать опубликовать недавно написанный им очерк «О моих женах, о ледоколах и о России»[56]. Эта статья вышла только 4 января 1933 года в «Marianne», но, очевидно, была написана в первые недели его пребывания в Париже. Один из самых

---

[54] Письмо от 26 апреля 1932 года в [RS 1996 II, 2: 500–501] (Янгиров Р. М. "Заветный друг"...»).
[55] Письмо Ремизовым от 29 апреля 1932 года [AMHERST].
[56] Письма Познеру от 14 и 21 апреля 1932 года [POZNER].

замечательных его очерков начинается с признания, что у него есть две жены: техника и литература. Это вновь было сознательной отсылкой к известному высказыванию Чехова о том, что у него есть две жены — литература и медицина. «И сегодня я хочу изменить литературе со своей старой, технической женой: я хочу написать... о ледоколах». Ледоколы были особыми русскими судами, всего их было построено лишь двенадцать, и в основном за границей. Их задачей было создание новых путей между Европой и Россией. Поскольку сам Замятин часто принимал непосредственное участие в их строительстве, они тоже стали его «детьми». Он с нежностью описывает, как ледокол прокладывает себе дорогу сквозь льды своим тяжелым и тупым носом — в этом процессе он видел воплощение типичных черт самой России:

> Россия движется вперед странным, трудным путем, не похожим на движение других стран, ее путь — неровный, судорожный, она взбирается вверх — и сейчас же проваливается вниз, кругом стоит грохот и треск, она движется, разрушая. <...> Русскому человеку нужны были, должно быть, особенно крепкие ребра и особенно толстая кожа, чтобы не быть раздавленным тяжестью того небывалого груза, который история бросила на его плечи[57].

В начале мая Замятин уже решил, что сможет написать письмо Познеру на французском языке, и хотя не везде он использует правильные выражения и обороты, он уже явно достиг более чем солидного уровня владения французским[58]. Его самостоятельное изучение языка отражено в одной из маленьких записных книжек, куда он записывал французские слова. Конечно, записи сделаны без дат, но примечательно, что туда занесены только достаточно сложные слова и выражения (*un guet-apens; préconiser; escamoter*), а также разные пикантные словечки, которые,

---

[57] [Галушкин и Любимова 1999: 178, 181] («О моих женах, о ледоколах и о России»).

[58] Письмо Познеру от 6 мая 1932 года [POZNER].

видимо, были собраны во время походов по парижским барам вместе с Анненковым (*les fesses; nichons; la grue; un aspect niais; un peu gris; l'aigrefin; s'amouracher; couchable; elle est bonne pour coucher avec, mais...*)[59].

В мае они побывали в Монако, приехав туда по побережью, и он послал первую открытку Булгакову в Москву: «Дорогой Мольер, мы сидим в кафе в Монако и вспоминаем Вас. Какие лица! Какой материал для Вашего пера! Радуюсь, что оно не работает вхолостую (читал о возобновлении "Турбиных"). <...> Скоро опять еду в Париж — пока на месяц. Потом, вероятно, опять вернусь сюда. А отсюда, — может быть, в Америку» [Бузник 1989: 183]. Этими словами он поздравляет адресата не только с успешным получением в октябре 1931 года разрешения на постановку его пьесы о Мольере, что произошло как раз перед отъездом самого Замятина. Он упоминает и еще одно невероятное событие — возможно, еще одно свидетельство некоторых послаблений в литературной жизни СССР: в январе 1932 года булгаковские «Дни Турбиных», запрещенные в 1929 году после критики Сталиным других его пьес, были снова разрешены. Премьера возобновленной пьесы состоялась 18 февраля. Между тем Замятин делал записи в своих блокнотах, возможно, планируя использовать их в своих сочинениях: там воспроизведены разговоры с русскими эмигрантами, с которыми он встречался в Ницце, Монте-Карло и других местах. Это были в основном истории о том, как белогвардейцам удалось вырваться из лап ЧК и бежать из России [Тюрин 1987: 147–153, 156–159][60].

В том же месяце он написал письмо (уже не на таком хорошем английском) Ярмолинскому, описывая свою жизнь после отъезда из СССР, в том числе прекращение финансирования театров в Берлине как раз в то время, когда он надеялся поставить «Блоху» на немецком. Поскольку и в Париже дела обстояли не лучшим

---

[59] Засада, пропагандировать, свернуть; [...] ягодицы; груди; проститутка; глупый вид; в подпитии; жулик; увлечься; та, с которой можно переспать; с ней неплохо переспать, но... [BDIC, dossier 190].

[60] См. также публикации Тюрина в «Новом журнале» 1988 и 1989 годов.

образом, он спрашивал, возможно ли приехать в октябре в Нью-Йорк и читать лекции о современной русской культуре: «Это мне посоветовал сделать Рэй Лонг, с которым я познакомился полтора месяца назад в Париже — он обещал устроить мне что-то подобное. Что думаете о шансах этого начинания?..»[61]

В самом конце мая Людмила снова написала Булгакову из Ниццы. У писателя в это время была неустроенность в личной жизни (в 1931–1932 годах ему было запрещено общаться с Еленой, которая в будущем тем не менее станет его третьей женой), к тому же он переживал, что дела с постановкой его пьесы о Мольере двигаются медленно:

> Не верю, не хочу верить, что Вы постарели. Устали — да. Но летом отдохнете все же и станете прежним — блистательным, остроумнейшим, очаровательно-веселым — каким Вы бывали иногда в Ленинграде, и когда я так много смеялась всегда.
> Да, mon cher ami [дорогой друг], пути судьбы неисповедимы — и я уже скоро три месяца наслаждаюсь на Côte d'Azur'e. <...> Mon mari [мой муж] умчался снова в Париж. Там сейчас разгар весеннего сезона. Ваше письмо — переслано уже. Париж — сплошная фантастика. Это не Берлин — скучный, чистый, прямой, и не Прага. Изумительный, прекрасный город! С удовольствием думаю, что вернусь еще туда и буду жить там. <...>
> Я не говорю Вам «adieu» [прощайте], нет — au revoir, au revoir [до свидания], где хотите — в Москве ли, в Ленинграде ли. Бывали Вы в нем без нас? Ревную жестоко...[62]

1 июня Замятин послал письмо из Парижа Куниной-Александер, чтобы узнать, сможет ли она добиться постановки какой-либо из его пьес в Загребе или Белграде, и добавил: «Тут я с неделю и уже успел устать. На юге было чудесно, но мне, к сожалению, пришлось больше писать статьи, чем гулять»[63]. В эту весну он также переписывался с Этторе Ло Гатто, который был рад

---

[61] Письмо от 11 мая 1932 года [Malmstad and Fleyshman 1987: 137–141].
[62] Письмо от 31 мая 1932 года [Бузник 1989: 183].
[63] [Любимова 2002: 313–314] (Куртис Дж. «Неизвестные письма Евгения Замятина из американского архива»).

получить новости о нем от Ренато Поджоли, прошлой зимой встречавшимся с ним в Праге. Однако тогда идею итальянского перевода «Мы» Ло Гатто не поддержал (в конце концов он взялся за него в 1954 году и опубликовал перевод в 1955-м). В последующие недели Замятин работал над киноверсией романа. Сценарий фильма под названием «Д-503» был написан для «Фичерс Продакшнз» и завершен 15 июля [BAR, Ms Collection Zamiatin, Box 1, 38]. К сожалению, в декабре сценарная заявка была отклонена [Shane 1968: 91].

Также с помощью Джорджа Риви он активно добивался публикации в Англии, поторапливая последнего с переводами «Пещеры» и «Мамая». Когда перевод «Мамая» был закончен, Замятин отправил его в Лондон бывшей жене Горького Муре Будберг, которая все еще тесно общалась со своим бывшим мужем. К ней, как к возможному советскому агенту, очень подозрительно относились британские власти. Замятин настоял, чтобы Риви в Лондоне зашел к Будберг и попросил ее порекомендовать потенциальных издателей для «Мамая» и сборника «Большим детям сказки». Однако похоже, что она не смогла ничем ему помочь. «Возможно, было ошибкой рассчитывать на женщину, потому что я до сих пор не получил от нее ответа». Он также возлагал надежды на роман «Мы»: он предложил Риви забрать копию французского перевода в Париже, чтобы облегчить переговоры в Великобритании. Видимо, американское издание 1924 года в Лондоне найти было трудно. «И если вам удастся добиться публикации романа в Лондоне, это будет чудесно. Было бы желательно выполнить новый отредактированный перевод, так как американский был довольно плохим. По крайней мере, можно было бы исправить американский текст, и, конечно, я буду очень рад, если вы сделаете что-то одно из этого»[64]. Чарльз Маламут позже охарактеризует текст Зилбурга

---

[64] Письма от 4 июня 1932 года и одно письмо, датированное 2 июня, хотя, согласно почтовой марке, более вероятная его дата — июль 1932 года [PRINCETON].

как «отвратительно переведенный»⁶⁵. Замятин также предложил Риви для перевода «Будущее театра», свою «довольно забавную» статью о ледоколах, а также «Дракона» и инсценировку «Пещеры».

21 июня Федин писал из Германии о важных событиях в Москве: «Смятение в среде рапповцев <...> конечно, много сильнее, чем это видно по газетам». Он упомянул, что «попутчики» были очень рады случившемуся, и добавил: «Меня включили в организационный комитет по учреждению нового Союза. Но узнал я об этом из газет и никаких подробностей о ходе дел у меня нет». Его кандидатура, по-видимому, была предложена Горьким, который, как только была опубликована апрельская резолюция о роспуске РАППа, вернулся в Россию, чтобы участвовать в разработке планов по созданию нового Союза писателей.

> Женя! О твоем письме в редакцию «Литературной газеты» Дора Сергеевна [жена Федина] рассказывает следующее: Зоя [Никитина] спросила у Авербаха (ныне — падшего ангела), получено ли твое письмо. Авербах ответил: «Получено, но напечатано не будет. Замятин пишет о том, чего он не говорил. Но не пишет о том, *что* он говорил». Зоя переслала письмо Алексею Максимовичу [Горькому], так как он его от тебя не получал.

Федин считал, что письмо все равно не будет напечатано, несмотря на то, что нападавшие на Замятина сами оказались свергнуты, и предлагал Замятину, как и Авербах, определиться со своими политическими взглядами: «Ты же и на этот раз, как прежде, оставил вопрос открытым — *как же ты относишься к революции*... <...> Боюсь, что этот вопрос, в кругу твоего личного бытия, относится к *вечным*. И ты никогда ничего решительного не скажешь. А можно ли тут отмолчаться?»⁶⁶ Это типичный

---

⁶⁵ [BAR, Ms Collection Charles Malamuth], занесенная в каталог переписка («Записка о карьере Е. И. Замятина»).

⁶⁶ Письмо от 21 июня 1932 года [Ermolaev and Shane 1968: 188–193]; [Федина и Старков 1990: 83–84]; [Kemp-Welch 1991: 117].

пример «дружеского» давления, которое Федин будет и дальше оказывать на Замятина, призывая его публично высказаться о своих симпатиях к революции.

24 июня Замятин провел публичную читку «Наводнения» и последнего акта «Блохи» в Саль-дю-Гранд-Ориент в девятом округе Парижа. Если доверять не всегда надежному мемуаристу Анненкову, Людмила, вероятно, уже присоединилась к нему, так как Анненков описывает, как перед их возвращением на юг он дал им пожить в своей второй квартире на улице Дюрантон [Анненков 1991, 1: 267, 269]. Замятин разослал приглашения на читку нескольким друзьям, в том числе Ремизовым и Джорджу Риви. Поэт и литературный критик Г. В. Адамович, работавший во «Всемирной литературе» до эмиграции в 1923 году, писал, что на вечере присутствовало скорее эмигрантское сообщество, чем представители просоветской интеллигенции, и отмечал, что Замятин был замечательным чтецом [PRINCETON and AMHERST]. Несмотря на проявленный к нему интерес, некоторые эмигранты считали, что он никогда по-настоящему не прижился во Франции. З. Н. Гиппиус в 1934 году довольно злобно назвала его «полусоветским полуэмигрантом». В книге «Курсив мой» Н. Н. Берберова не совсем убедительно пишет, что «он ни с кем не знался, не считал себя эмигрантом и жил в надежде при первой возможности вернуться домой». По-видимому, она встречалась с Замятиным только один раз — на пару часов в кафе в июле 1932 года. Берберовой был неприятен его (по ее мнению) высокомерно-покровительственный тон, и ее настроило против него высказанное (согласно ее описанию) намерение «сидеть тихо». «Я вдруг поняла, что жить ему нечем, что писать ему не о чем и не для кого, что тех [большевиков] он ненавидит, а нас... немножко презирает. <...> Шесть лет ему были подарены Сталиным»[67]. Такого рода комментарии до последнего времени во многом определяли представление людей о достаточно тихих

---

[67] [RS 1996 II, 2: 389, 397] (Туниманов В. А. «Последнее заграничное странствие...»).

и загадочных последних годах жизни Замятина в Париже. Они, конечно, заставляют задуматься о его политической позиции и личных убеждениях в то время.

В конце июля он смог вернулся на юг Франции. Оттуда он писал Никитиной:

> Париж — это Вам не Берлин и не Москва, насчет телефонов там — слабо, редко у кого есть, полжизни прошло в метро, а летом это банное развлечение — ниже среднего. Устал как ударник. Тем более, что пол-июля загубил на возню с продлением французской визы для себя и Людмилы Николаевны (виза кончалась 5 августа). Почтенных французских знакомств у меня довольно, начал я, можно сказать, с министра, но пока от министра дойдешь до паспортиста в префектуре — обломаешь себе все зубы и вспомнишь все материнские русские благословения…

В письме этому ленинградскому корреспонденту он осторожно предположил, что может вернуться в Россию до конца 1932 года: «…во всяком случае, отпуск из Института у меня до 1 января, и хорошо бы использовать его до конца». Поэтому он поручил Никитиной два практических дела: на всякий случай продлить договор аренды его квартиры с начала октября еще на полгода, «с запасом — на год», и передать гонорары за «Блоху» Аграфене Павловне, которая была больна и все еще не успела найти новую работу. Также он описывает Никитиной культурную жизнь Парижа:

> Весенний сезон в Париже сервирован был под русским соусом: русская опера с Шаляпиным, русский балет, выставка русских художников. <…>
> Для пополнения образования был на Grand Prix. Вот это зрелище! Гарцуют ротшильдовские рысаки, дамы, президент в цилиндре и белых перчатках. Это — уже закрытие сезона, и под занавес — 14 июля — на улицах и в кадре патриотический фокстрот, небо <…> полно превосходных ракет…
> Тут кончается и сезон и мои визные дела, я сажусь в авто (увы, не мой) и мчусь на юг — через Гренобль, через Альпы. Путешествие превосходное.

Кроме того, он посетил одну из двух наиболее значительных выставок русского искусства, прошедших в Париже за время его проживания во Франции. Частично организованная Б. Д. Григорьевым, в основном она представляла художников группы «Мир искусства», многие из которых в то время жили за границей. Сын одного из них, А. Н. Бенуа, ехал на автомобиле из Парижа на юг Италии и подвез Замятина до Ривьеры. К этому длинному письму Людмила добавила короткую приписку: «Купаюсь, загорать больше уже некуда. Едим виноград — воруем на винограднике. То же делаем с фигами и персиками. Здесь так принято»[68].

Замятин жаловался Риви, что во второй половине июля работал «...как раб на галерах над сценарием для звукового фильма. Это была очень срочная и, должен заметить, не самая приятная работа»[69]. Это еще одно свидетельство начавшегося сдвига в его творчестве в сторону написания сценариев для кино, которое в последующие годы будет занимать больше времени, чем ему бы хотелось. В то лето и в начале осени он также переписывался с хореографом Л. Ф. Мясиным, жившим в Лондоне, надеясь, что тот рассмотрит два его сценария, основанных на русских былинах, для своего балета, возможно, использовав при этом Вторую симфонию Бородина. К сожалению, из этого замысла ничего не вышло[70]. В сентябре он писал Постникову, что на тот момент его усилия привели лишь к пустяковым результатам:

> Больше фейерверков, чем франков: разные интервью, 5–6 рассказов в журналах и газетах (французских), довольно колючая статья о театре в «Le Mois» и большая — «академическая» — в «Mercure de France» (вероятно, в следующей, октябрьской книге). «Блоха», переведенная на французский, уже была принята в прекрасном театре — «Pigalle», но злой судьбе угодно

---

[68] Письмо от 1 августа 1932 года [Давыдова и Тюрин 1996: 155–157]; «Художники русского зарубежья» — выставка 2–15 июня 1932 года.
[69] Письмо от 4 августа 1932 года [PRINCETON].
[70] Письма Леониду Мясину от 22 июля, 8 сентября и 1 октября 1932 года [BAR, Box 5].

было, чтобы театр прогорел и превратился в кино... «Звонари», тоже переведенные, — все еще мусолятся в разных театрах. Более определенно обстоит дело с одноактной пьесой, которую я сделал из моей «Пещеры», и которая, по-видимому, пойдет зимою в театре «Montparnasse», но и это — улита, которая неизвестно когда доедет...[71]

Во время своего повторного пребывания на юге Замятины решили перебраться с виллы «Бориселла» на близлежащий морской курорт Кро-де-Кань, где сняли собственное жилье — виллу «Семпль Абри» — на маленькой улочке, ведущей прямо к побережью. Похоже, что переезд в Кро-де-Кань был вызван некоторым охлаждением в отношениях между двумя парами. Месяц спустя Григорьев в раздражении написал их общему другу в Праге: «В такое трудное время, кроме всего, меня по-советски "уплотнили" Замятины, заняли мой дом... Мы в них разочаровались окончательно. Слава Богу, кажется, устроились <...> где-то. Ничего не говорят даже нам...»[72] Григорьев, письма которого имеют известную склонность к мелодраме, кажется, не слишком долго злился на Замятина, но тем не менее вскоре после этого, когда художник стал чаще ездить за границу, их пути понемногу разошлись. 5 августа Замятин писал Федину:

> Мы сняли здесь с Людмилой Николаевной верх небольшой виллы, только что построенной одним англичанином: две комнаты, кухня, ванна, площадка на крыше — для dolce far niente [ничегонеделания] и солнечных ванн... <...> Снято все это (очень недорого) пока что на месяц; может быть, через месяц переселимся в Saint-Tropez, недалеко от Тулона. <...> Далеко не загадываем: жить прочно, оседло, с завтрашним и послезавтрашним днем — от этого уже отвык. Скорей всего просижу на юге довольно долго, похоже — придется продолжать тут начатый роман [«Бич Божий»].

---

[71] Письмо от 19 сентября 1932 года [RS 1996 II, 2: 502] (Янгиров Р. М. "Заветный друг"...»).

[72] Письмо Григорьева Франтишеку Кубке от 2 сентября 1932 года [RS 1996 II, 3: 358] (Дорончеков И. А., Любимова М. Ю. «Письма Б. Д. и Е. Г. Григорьевых к Е. И. и Л. Н. Замятиным»).

> Чуть видна вдали — как эти горы <...> моя Америка. Так, может, и останется там: ни Магомет к горе, ни гора к Магомету. И так же далеко где-то мачеха моя — Россия. Думаю, что раньше Нового года туда не попаду. Посмотрим, куда свернет наш литературный обоз: вдруг с большака да опять на узенький проселок, где глаза и уши опять залепит тебе серой авербаховской пылью, так что и не продохнешь. У нас всяко бывает. A propos d'Averbach [Кстати, об Авербахе]: я был почти уверен, что письма моего не напечатают. И очень хорошо...

Он также попросил Федина передать своей жене, что «...все женщины тут ходят в штанах, не иначе, называют это пижамой, но — штаны» [Федина и Старков 1990: 84–85]. Идея переезда в Сен-Тропе возникла потому, что Соломон, отец В. С. Познера, с которым он тоже был очень дружен, снял там виллу, и Замятин надеялся, что тот позволит им дешево пожить на ней некоторое время[73]. Через неделю Людмила снова написала Никитиной: «Много гуляем и ездим на авто. Но — вечная зелень, вечное солнце, спокойствие в природе, тишина, легкость жизни — начинает как-то приедаться. И я с удовольствием думаю о возвращении в Париж. Для меня это почти неизвестный еще город. Но до чего он замечателен!» Она поблагодарила подругу за то, что та выполнила все их просьбы, и добавила: «Я у Вас в большом долгу — чем-нибудь отплачу, когда вернусь»[74].

Замятин и Людмила пробыли в Кро-де-Кань гораздо дольше запланированного месяца:

> Сначала пришлось сейчас же по приезде набросать по-английски довольно большое интервью о русской литературе для Лондона. А затем завязались какие-то кинематографические знакомства, которые кончились тем, что я подрядился сделать сценарий для одной большой французской кинофирмы [Gau-

---

[73] Письмо С. В. Познеру от 30 сентября 1932 года [РГАЛИ. Ф. 2535. Оп. 1. Ед. хр. 67]. Выражаю благодарность г-ну Андре Познеру и мадам Валери Познер за разрешение просмотреть эти письма.

[74] Письмо от 14 августа 1932 года [РГАЛИ. Ф. 2533. Оп. 1. Ед. хр. 187].

mont]. Работа очень торопливая, утомительная, и куда интереснее и нужнее мне было бы писать роман, но... срочно требовались франки, а это дело все же более или менее франковое...[75]

Теперь он рассчитывал остаться на юге примерно до 20 октября, но тем временем стал заболевать: «Умудрился здесь схватить не то грипп, не то малярию...»[76]

27 сентября Федин снова написал ему из Германии, спрашивая, читал ли он в русских газетах о последних событиях — например, о подготовке к празднествам, посвященным жизни и творчеству Горького. Это событие, приуроченное к сорокалетию литературной деятельности Горького, Лайонс едко называет «апофеозом Горького»: «Декорацией выступил Большой театр. Все важные политические деятели, начиная с самого Сталина, вышли на сцену. Здесь были все готовые плясать под дудку литераторы, раболепные заслуженные артисты, преуспевающие льстецы». По этому случаю Нижний Новгород, родной город Горького, главная улица Москвы Тверская, а также чеховский Московский Художественный театр были переименованы в честь Горького.

> Всесильная диктатура сделала все возможное, чтобы возвеличить, польстить и привести в замешательство косматого и довольно жалкого старика. <...> Когда он встал, чтобы произнести речь, его голос прозвучал по-странному печальным, даже самоуничижительным. «Ни один человек на земле, — сказал он, — не заслуживает такого». Но он уже не нашел в себе сил произнести такие слова, как «свобода», «идеализм», «красота» — слова, которые определяли тональность симфонии его гения [Lyons 1937: 499].

---

[75] Письмо Постникову [RS 1996 II, 2: 502–504] (Янгиров Р. М. "Заветный друг"...»).

[76] Открытка Федину [Федина и Коновалова 1998: 103]; письмо И. Е. Куниной-Александер от 27 сентября 1932 года [Любимова 2002: 315] (Куртис Дж. «Неизвестные письма...»).

Федин передал Замятину еще одну, действительно потрясающую новость — она касалась возмущенного письма, которое тот отправил в Москву в конце марта: «Посылаю тебе чудо из чудес: твое письмо, напечатанное в "Литературной газете"! Без комментария, без примечания, без сносок, без выносок, без обещания редакции "вернуться", без "в общем и целом", без "однако", без "но". А говорят: нет никакой мистики. Как бы не так! Отлично есть!»[77] Письмо было опубликовано в «Литературной газете» десятью днями ранее и на следующий день даже перепечатано в «Известиях». Редактор «Известий» И. М. Гронский позднее вспоминал, как Сталин снова проявил сильную личную заинтересованность делами Замятина и сделал редактору выговор за изначальное нежелание публиковать письмо: «Вы поступили неправильно. Врага сделать очень легко. Обидев человека, Вы превращаете его во врага. А вот сделать друга — это потяжелее, сделать человека своим — это труднее» [Галушкин 1999: 13]. Проект возвращения Замятина под крыло партии был для Сталина, очевидно, определенной идеологической задачей.

Теперь супруги рассчитывали вернуться в Париж к 1 ноября. Замятин стал расспрашивать Анненкова, где они смогут пожить — не будет ли свободна квартирка на улице Дюрантон?[78] К сожалению, Анненков к тому времени больше не снимал ту квартиру. В середине октября Замятин написал Риви, шутливо выражая недовольство тем, что давно ничего от него не слышал: «Я начал долгую и трудную борьбу с новым романом. Что за ужас! Завещаю тебе — никогда не пиши романов»[79]. В итоге их пребывание на юге затянулось, и 11 ноября он написал Федину:

> Еще четыре дня назад было лето, а сейчас черт знает что. И соответственно — какая-то дрянь моросит на душе. Остаюсь здесь до середины будущей недели из-за кое-каких кинодел, а затем — вместе с Людмилой Николаевной в Париж. Мне оттуда пишут Анненков и Савич, что там Бабель; вернулся и Эренбург. Любо-

---

[77] Письмо от 27 сентября 1932 года [Федина и Старков 1990: 85–86].
[78] Письма от 30 сентября и 14 и 24 октября [Анненков 1991, 1: 269–272].
[79] Письмо от 19 октября 1932 года [PRINCETON].

пытно будет повидаться с ними. Этакая досада, что здесь нельзя достать газет, а по русско-парижским получаешь только очень отдаленное представление о том, что творится в российской литературе.

Он интересовался, как развивается проект нового Союза писателей:

> Если у тебя еще уцелела «Литгазета» — какие-нибудь последние номера, <...> и если они тебе не нужны, пожалуйста пошли мне их. <...>
> Я недели две назад написал в посольство о продлении паспортов. Обещают — а пока тихо живу с просроченными...
> Вчера с Л. Н. играли у знакомых в покер (после долгого поста). Возвращаемся домой, она вздыхает: «Нет, с Фединым и Алянским было играть приятнее...» И верно [Федина и Старков 1990: 86].

Итак, наступил момент, когда отпущенный ему «год» за границей подошел к концу. Удивительно, что русские (и французские) власти спокойно отнеслись к тому, что у Замятина и его жены просто истек срок действия паспортов. Сам он тоже не выказывал никаких признаков беспокойства по этому поводу, явно полагая, что оба государства по-прежнему благосклонны к нему. Это и правда было время особо теплых дипломатических отношений между двумя странами, кульминацией чего стало подписание французским и советским правительствами 29 ноября 1932 года пакта о ненападении и невмешательстве [Menegaldo 1998: 182].

Вероятно, благодаря усилиям Куниной-Александер в 1932 году в югославском «Руски архив» появились переводы статьи «Закулисы» и рассказа «Ела». Она также пыталась вызвать интерес к роману «Мы» в Любляне, в связи с чем Замятин писал ей, что не стоит пытаться получить его копию в берлинском «Петрополисе»: «...русского текста у них нет, а французский у меня Вы достанете скорей»[80]. 15 октября состоялась его самая значительная на тот момент публикация во Франции — рассказ «Наводне-

---

[80] Письмо от 12 декабря 1932 года [Любимова 2002: 314–315, 320] (Куртис Дж. «Неизвестные письма...»).

ние» вышел в «Ревю де Франс». За ним в ноябре-декабре в том же журнале последовала статья «Современный русский театр», основанная на лекции, прочитанной в Праге год назад [BDIC, dossier 229]. Одной из последних его публикаций в том году стала статья о детстве в Советском Союзе под названием «Советские дети». Там говорилось о чересчур серьезном, профессионально ориентированном советском образовании, в котором религиозные заповеди сменились догматами коммунистической идеологии. Она вышла в «Marianne» 21 декабря[81]. После того как Замятины вернулись в Париж, были опубликованы еще несколько его статей и рассказов, что способствовало дальнейшему знакомству Запада с писателем. М. Л. Слоним включил раздел о Замятине в свою новую книгу «Портреты советских писателей». В свою очередь Верт опубликовал еще несколько статей о нем в «Manchester Guardian» (6 и 7 декабря), использовав в качестве основы интервью, которые взял у Замятина на маленькой вилле в Кро-де-Кань. На этот раз речь шла о советском театре: упоминались Станиславский и Мейерхольд, а также другие, более поздние театральные деятели [Tejerizo 1988: 83–89].

Замятин написал Федину, находившемуся в то время в Берлине, чтобы поблагодарить его за присланные газеты. Он пытался представить атмосферу на заседаниях оргкомитета будущего Союза писателей, которые прошли в октябре и ноябре: «…и, признаюсь, не вышло, фантазия моя этого не вмещает, как не вмещает Белого или Пастернака…». Затем он описал трудности возвращения в Париж:

> Неделя в Париже по приезде прошла в самом гнусном занятии: поисках квартиры. Наконец, поселились — и, кажется, влипли: холодновато. Сейчас сижу и в ударном порядке сочиняю статью для одной английской газеты о… русском судостроении. А потом пойдут одновременно сценарий для Gaumont-a и роман — движущийся невыносимо-черепашьим шагом, потому что все время приходится отвлекаться для разных мелких работ[82].

---

[81] [Галушкин и Любимова 1999: 173–177] («Советские дети»).
[82] Письмо от 7 декабря 1932 года [Федина и Коновалова 1998: 105–106].

12 декабря он сообщил Куниной-Александер, что их квартира находится на улице Ламбларди, 22, в 12-м округе: «Сейчас устаю — много беготни, и по делам, и по развлечениям — на юге очень обмонастырился, надоело. Скоро опять сяду за работу»[83]. В тот же день он написал Постникову, что после отдыха на юге две недели в Париже показались ему холодными и серыми: «На беду Людмила Николаевна расклеилась: обострился старый процесс в бронхиальных железах, нужно ее лечить, умащать сливочным маслом и etc. Мобилизую на сей предмет финансы»[84].

В последние дни уходящего 1932 года Замятины написали письма Булгакову в Москву и Постникову в Прагу. Сначала, в сочельник («...а по-ихнему Réveillon»), Булгакову написала Людмила:

> Хорош Réveillon, когда +15, когда сияет солнце, продают розы... <...> Нет, я предпочитаю в сочельник мороз, снег, яркие звезды, а Новый год встречать не в ресторане на Монмартре, а в Москве или в Ленинграде и — с Вами, дорогой Михаил Афанасьевич. Такое пожелание я делаю себе на 1933 год. <...> Мы безбожно застряли на Ривьере, только с месяц, как вернулись в Париж. ЕИ делал в Ницце один сценарий, потом писал роман, а я купалась, купалась и кажется, перекупалась — чувствую себя в Париже не очень хорошо. А Париж — такой красивый, стремительный, фантастический, каждый день открываю в нем всегда новое.

В Рождество Замятин добавил собственное послание, комично жалуясь на ужасную какофонию радиоприемников, которые передавали каждый свое. Он сообщал, что живут они довольно вольготно, потому что как раз перед Рождеством ему удалось получить разные полагавшиеся ему за работу суммы:

> В одной из редакций («Revue de France» — ихний «толстый» журнал) произошел случай, можно сказать, спиритический: предо мной предстал Марсель Прево, которого я считал покой-

---

[83] [Любимова 2002: 315] (Куртис Дж. «Неизвестные письма...»).
[84] [RS 1996 II, 2: 504] (Янгиров Р. М. "Заветный друг"...»).

ником, а он жив и даже, оказывается, в числе бессмертных [в 1909 году он был избран членом Французской академии, или «Бессмертным»]. Знакомство состоялось по поводу «Наводнения», которое было у них напечатано и проняло старика. Ну, это — demi-vierge. [В 1895 году Прево написал скандальную пьесу на основе своего романа «Les Demi-Vierges» («Полудевы»).] А вот как-то сидел у Моруа — и вспомнил Вас: с этим бы Вы поговорили с удовольствием, приятные мозги у человека.
Я по Вас и супруге Вашей, ей-богу, соскучился, но раньше весны едва ли увидимся: кой-какие дела тут начаты и еще не кончены, паспорта продлены пока еще на полгода. Видел на днях Вашего москвича — Бабеля. Н-да, жизнь у вас там — кипит... [Бузник 1989: 184–185].

Через четыре дня он написал письмо Постникову, из которого видно, что после переезда в новую квартиру настроение у них с Людмилой заметно ухудшилось:

> Милые друзья, спасибо за письмо. Это не слова, а по-настоящему. Легче жить, когда знаешь, что где-то, хоть и за тридевять земель, есть хорошие люди, которые думают о тебе по-хорошему. Я хоть и слыву «крепким» человеком, а ей-Богу иной раз и мне случается снять с себя все одеяния и остаться голым — и тогда одному, среди камней, кажется довольно прохладно на белом свете...
> Не стоит, впрочем, распространяться на эти не праздничные темы. Сидел и писал эти дни сценарий для одной французской фирмы [«Стенька Разин», написанный для Vandor Films, — в нем должен был сниматься Шаляпин, но фильм так и не был снят] — вместо того, чтобы продолжать свой роман, писал отплевываясь. В результате — какая-то слякоть на душе, вроде парижской зимы... <...>
> Да и пока дела не так уж плохи: пьем-едим, за квартиру платим, в метро ездим. А что там дальше будет — увидим — загадывать на месяц или на два вперед — от этого мы уж отучились. <...>
> В Париже живем как-то на отшибе, поблизости знакомых почти нет, тащиться в метро часто неохота, поэтому мало с кем встречаюсь. Видел Бабеля, видел и Эренбурга[85].

---

[85] Письмо от 29 декабря 1932 года [RS 1996 II, 2: 505–506] (Янгиров Р. М. "Заветный друг"...»).

По сути, год завершился событиями, связанными с его первоначальной профессией. Во-первых, в «Торговом обозрении» «Glasgow Herald» 31 декабря была опубликована статья «профессора Ленинградского Кораблестроительного института Евгения Замятина» под названием «Российское судостроение: послереволюционные проблемы. Восстановление после промышленного паралича. Вторая Пятилетка»[86]. В тот же день руководство Кораблестроительного института направило ему телеграмму, в которой сообщалось, что в соответствии с его просьбой, полученной 21 декабря, ему разрешено продлить перерыв в работе и не возвращаться в Ленинград до осени 1933 года [BDIC, dossier 123].

---

[86] Russian Shipbuilding: Problems following the Revolution. Recovery from Industrial Paralysis. Second Five-Year Plan [Tejerizo 1988: 69–74].

Глава девятая

Париж
(1933–1937)

Проведя целый год за границей, Замятины наконец обосновались в Париже. Теперь у них была собственная квартира, дающая им некоторую независимость. И все же было заметно, что дистанция между ними и окружающими увеличивается: их уже не так поддерживали друзья, встречавшие их по прибытии. Их советские паспорта продолжали продлевать, как и раньше, и каждый раз, судя по всему, без труда, но их будущее оставалось туманным. Дилемма, связанная с возможностью возвращения в СССР, по-прежнему стояла перед ними.

Первые письма (из тех, что сохранились), написанные ими в 1933 году, были адресованы балерине Елене, жене Анненкова, которая на тот момент по семейным обстоятельствам вернулась в Россию. Замятин снова описал для нее поиски квартиры:

> Вы же знаете, я по этой части — человек порченый, мне надо, чтоб было тихо, и то, и сё. А в конце концов — так измотались, что взяли первое, что было под рукой: appartements meublés [меблированная квартира], две комнаты — очень милых, ванна, горячая вода, газ, лифт и даже телефон в квартире. От метро — 1½ минуты, хотя, правда, от центра и не близко.

Переход к сочинению киносценариев хотя бы обеспечивал им достаточный для проживания доход:

> Кино сейчас здесь — единственное, где нашему брату прилично платят. Рассказов моих всяких тут напереводили и понапечатали довольно много, но это — не франки, а так, франкишки.

> Которые, как Вам известно, сыплются здесь из карманов очень быстро.
> И быстро идет время: вот уж года — как не бывало! И уж Новый год (который встречал довольно основательно — вернулся домой... в 7½ утра; последней станцией был Coupole на Монпарнасе, где подпившая — Вам известная Кики — разделывала такие вещи, что...).

В записных книжках он описывает, как Кики, натурщица и певица, в 1920-е годы жившая с Маном Рэем, разозлилась на зажиточных посетителей, которые заполнили ресторан в канун Нового года, и показала им свой зад и обнаженную грудь. При этом бармен с безразличием наблюдал за происходящим. Людмила в письме Анненковой добавила от себя: «Париж — красив, наряден, оживлен. Что об этом писать — Вы и сами прекрасно это знаете и помните. <...> Мне кажется, что Вы довольны переездом в Москву? Вам веселее в ней, правда? Рада за Вас и маму»[1].

В феврале Людмила пожаловалась Булгакову, что не получила ответа на свое письмо, отправленное в декабре. «Ну, а Вы не собираетесь на Запад? Когда? Весной? Летом? Au revoir, mon cher ami [До свидания, мой дорогой друг], не хочу думать, что Вы мне уже сказали "adieu" [прощайте]»...[2] Эти слова от женщины, сумевшей покинуть сталинскую Россию, человеку, безуспешно пытающемуся сделать это в течение нескольких лет, могут показаться бесчувственными. Но в то же время они показывают, что Замятины во многом продолжали считать поездку на Запад лишь делом времени и удачи. В конце концов, недавно (в сентябре 1932 года) сюда приехал И. Е. Бабель, намереваясь прожить в Париже целый год. Во время этой поездки Бабель провел шесть недель в Италии, весной 1933 года остановившись у Горького, пока тот в мае не вернулся в Россию (как окажется, уже окончательно). Писатели-сатирики И. А. Ильф и Е. П. Петров также посетят Париж в 1933 году. Людмила загадочно пишет, что

---

[1] Письмо от 5 января 1933 года [Давыдова и Тюрин 1996: 157–158]; [Замятин 2001: 232–233].

[2] Письмо от 12 февраля 1933 года [Бузник 1989: 185–186].

надеялась увидеть фотографию Булгакова в новогоднем номере «Литературной газеты», и добавляет: «Не нашла и моего первого мужа. А так хотелось бы найти там вас обоих». Это единственное сохранившееся упоминание о «муже», который, возможно, был у Людмилы до того, как она сошлась с Замятиным, и не совсем ясно, кого она имеет в виду (возможно, своего товарища-революционера Бориса Крылова?). Она также упоминает, что Замятин занят работой над сценарием звукового фильма по «Анне Карениной», заказанным ему Ф. А. Оцепом для компании «Пате-Натан».

В течение последующих месяцев Булгаков неоднократно принимался писать ответы на эти письма — они сохранились, хотя и не были отправлены. В черновике письма от 10 апреля 1933 года он объясняет, что развелся с Любовью Евгеньевной и женился на женщине, с которой Замятины не были знакомы, — Елене Сергеевне Шиловской, которой суждено было стать прототипом главной героини романа «Мастер и Маргарита». Он мечтал о Париже, потому что работал над биографией Мольера. И он тоже адаптировал Толстого, но для театра:

> А вы, стало быть, обвенчались с Анной Карениной? Бог мой! Слово — Толстой — приводит меня в ужас! Я написал инсценировку «Войны и мира». Без содрогания не могу проходить теперь мимо полки, где стоит Толстой. Будь прокляты инсценировки отныне и вовеки! Вы спрашиваете, когда я собираюсь на Запад? Представьте, в последние три месяца этот вопрос мне задают многие... [Булгаков 2011: 363–364].

Булгаков писал в это время близкому московскому другу: «Сердце замирает при мысли о реках, мостах, морях. Цыганский стон в душе. Но это пройдет»[3].

Работа над собственным сценарием по роману Толстого занимала все время Замятина в течение следующих недель, на что он в марте пожаловался Никитиной:

---

[3] Письмо П. С. Попову от 19 мая 1933 года [Булгаков 2011: 370–371].

> Сейчас ссорюсь и спорю с Львом Николаевичем Толстым: делаю для экрана «Анну Каренину». Для французской версии (будут еще немецкая и английская) диалоги будут отшлифовывать, вероятно Андрэ Жид. Недавно смотрели вместе голливудскую (немую) постановку «Анны Карениной»: вот клюква! Ну, авось у меня выйдет нечто менее развесистое. Работа очень интересная, но правду сказать, чертовски трудная — особенно когда тебя торопят. Провожусь с этим, вероятно, еще с месяц, а потом постараюсь уехать куда-нибудь отдохнуть — если только не свяжусь к тому времени с какой-нибудь новой работой, что очень вероятно. <...> С началом лета рассчитываю опять засесть за роман[4].

Той немой экранизацией «Анны Карениной», которую они посмотрели, был, вероятно, фильм компании «MGM» 1927 года с Гретой Гарбо. По сценарию, над которым Замятин работал для Оцепа до конца 1933 года, фильм так и не сняли: вероятно, этот проект затмил звуковой римейк фильма, сделанный самим «MGM» в 1935 году, вновь с Гарбо в главной роли, и вышедший в августе[5].

Весной или в начале лета 1933 года Замятиным, по-видимому, удалось съездить в прибрежную Бретань, одно из любимых мест отдыха Эренбургов. Кроме того, во второй половине марта они переехали с улицы Ламбларди в одном из восточных районов Парижа на улицу Раффе, 14, в элегантном 16-м округе на западе города. В этом месте, облюбованном наиболее состоятельными русскими, жили и некоторые из их ближайших друзей, в том числе Ремизов и Анненков, дома которых находились всего в пяти минутах ходьбы от них по улице Буало. Хотя поначалу они, похоже, рассматривали этот переезд как временный, эта квартира на третьем этаже на тихой улице, поднимавшейся вверх к Булонскому лесу, станет домом Замятиных на всю оставшуюся его жизнь.

---

[4] Письмо от 17 марта 1933 года [Давыдова и Тюрин 1996: 158–159]; машинописный сценарий «Анны Карениной» находится в архиве [BDIC, dossiers 6 и 7].

[5] [Harvey 2001] URL: http://www.kinozapiski.ru/article/739 (дата обращения: 09.01.2011).

Дом Замятиных в 16-м округе Парижа, рю Раффе, 14 (фото автора)

В конце июня Замятин отправил директору Ленинградского кораблестроительного института несколько писем личного и официального характера, в которых просил разрешить ему еще раз продлить отпуск и право на аренду квартиры, ссылаясь на здоровье и работу. В Ленинграде по отношению к нему до этого проявляли беспрецедентное терпение, но 20 октября его все же уволили с должности заведующего кафедрой иностранных языков. Причиной было его невозвращение из отпуска — к тому времени он уже около двух лет отсутствовал на рабочем месте [Савина и Нечипоренко 1989: 91].

Летом и в декабре Замятин работал над статьями с общим названием «Москва — Петербург». Это были эссе, заказанные ему Р. О. Якобсоном из Праги для журнала «Slavische Rundschau», выходившего в Берлине и Лейпциге, и начатые еще в прошлом году в Кань-сюр-Мер. Анализируя развитие литературы в советский период, он развил остроумное противопоставление, которое в свое время сделал Гоголь, считавший, что города Москва и Петербург имеют соответственно женские и мужские черты, что связано не только с родом их имен в русском языке:

> Москва отдалась революции стремительней, безоглядней, покорней, чем Петербург. <...> ...и это понятно: ему приходилось нести с собой тяжелый груз культурных традиций, особенно ощутительных в области искусства. Без этого громоздкого багажа, налегке — московские музы мчались, обгоняя не только Петербург, но и Европу, а иногда заодно и здравый смысл. <...> Петербург остается окном в Европу, на Запад; Москва стала дверью, через которую с Востока, сквозь Азию, хлынула в Россию Америка.

Рассматривая не только живопись, архитектуру и музыку, но также театральную режиссуру и драматургию, он считал, что «американское» стремление к необычному, сенсационному и шокирующему воплотилось в творчестве московского режиссера Мейерхольда, хотя традиционализм Станиславского возвращал свое прежнее влияние на театр. По мнению Замятина, события прошлого года, связанные с созданием единого Союза советских художников, были хорошим началом, предвещавшим окончание борьбы между разными направлениями за право называться авангардным и революционным искусством[6].

В середине августа, как он написал Куниной-Александер, он уехал на летние каникулы в Кламар:

> Пишу Вам это, к счастью, не в Париже, а на даче под Парижем, около Медонского леса. За окном — гроза, ливень, старые деревья в парке помолодели и дышат изо всех сил. <...> Я живу здесь с неделю — вернее, лежу в парке с книгой (а то и просто с небом) перед глазами — и уже отошел немного от Парижа, асфальта, бензина, жары, суеты, беготни. Последнее время там что-то очень замотался и чувствовал себя очень скверно — так, что вместо разных дальних путешествий решил, хоть на 2–3 недели, бросить якорь где поближе — и пока не жалею. А там дальше — видно будет. Есть и разные «заграничные» планы: соблазняют поехать в итальянскую Швейцарию на Комо, и в Испанию — и, между прочим, в Юго-Славию.

---

[6] [Галушкин и Любимова 1999: 183–205, 322] («Москва — Петербург»); также см. [RS 1996 II, 2: 501].

Но вскоре Замятину пришлось сообщить о полном провале своих замыслов: «Были у меня разные путешественные планы, еще недели две назад я был уверен, что скоро буду на Como, уже достал визу — но потом все изменилось». Одной из причин стала великолепная новость о планах поставить «Блоху» на французском языке:

> Мне придется приглядеть за постановкой, чтоб не вышло очень клюквенно (если вообще выйдет: сейчас всегда, до самого конца, надо оставлять несколько шансов на то, что дело почему-нибудь развалится).
> А второе: я пишу Вам это письмо лежа — болен, и очень противно: боли такие, что, вероятно, теперь мне и рожать было бы уже не страшно. Это — жестокий припадок ишиаса, а может быть — и что-нибудь похуже[7].

Через три недели он послал похожее письмо богачу В. П. Крымову, одному из вновь прибывших в том году во Францию русских, после назначения Гитлера канцлером и пожара в Рейхстаге переехавшему из Берлина в Париж:

> Мне так обидно, что я не могу поехать к Вам в воскресенье — прямо слов не нахожу. За эти два-три дня после нашего телефонного разговора — я успел превратиться в недвижимое существо и это письмо пишу Вам уже лежа. В лучшем случае — это жестокий припадок ишиаса, но врач склонен (по интенсивности болей) предполагать кое-что похуже: инфекционное воспаление бедренного сустава.

Продвигал проект постановки «Блохи» актер Поль Эттли. После их встречи в кафе «Дё Маго» 28 августа Замятин по просьбе Эттли спрашивал у Крымова, не готов ли тот вложить в спектакль около двадцати тысяч франков. «А для меня сейчас постановка "Блохи" — приобретает особенное значение, потому что боюсь, что доктор мой — прав и болезнь на несколько месяцев

---

[7] Письма от 14 августа и 2 сентября 1933 года [Любимова 2002: 316–318] (Куртис Дж. «Неизвестные письма Евгения Замятина из американского архива»).

выведет меня из строя»[8]. Премьерой «Блохи» Эттли собирался открыть той осенью свой новый Молодежный театр[9]. Вскоре начались репетиции, и здоровье позволило Замятину, вернувшемуся в Париж 19 сентября, присутствовать на них: «Пока не очень доволен. До Москвы, конечно, далеко»[10]. В начале ноября он описывал Булгакову свою пьесу как нечто совершенно чуждое французам: «"Блоха" выпрыгивает из здешнего нерушимого адюльтерного канона». Он все еще рассчитывал в конце месяца увидеть премьеру с декорациями, для которых Анненков уже сделал предварительные эскизы[11]. Однако через несколько дней выяснилось, что художник все-таки не сможет их выполнить: ему неожиданно предложили четырехмесячный контракт на съемки фильма, и он уехал из Парижа. Вероятно, это было важным событием в карьере Анненкова, которому, как и Замятину, из-за финансовых трудностей постепенно пришлось уйти из театра в кино. Начиная с того года он создаст декорации и костюмы для более чем 60 фильмов[12]. К концу ноября выяснилось, что 5 декабря премьера состоится вовсе не в Париже, а в брюссельском театре «Ла Гете». Парижская премьера была намечена примерно через две недели[13].

К этому времени его литературная жизнь в эмиграции начала превращаться в довольно однообразную деятельность. Помимо киносценариев и переводов рассказов, время от времени приходили заказы на статьи для британской прессы. 21 сентября представители газеты «Glasgow Herald» связались в Париже

---

[8] Письмо от 2 сентября 1933 года [Malmstad and Fleyshman 1987: 141–142].

[9] Интервью с Эттли в «Comoedia», 10 октября 1933 года в [Геллер 1997: 187–189] (Геллер Л. М. «О неудобстве быть русским…»).

[10] Письмо И. Куниной-Александер от 10 октября 1933 года [Любимова 2002: 319] (Куртис Дж. «Неизвестные письма…»).

[11] Письмо от 3 ноября 1933 года [Бузник 1989: 186–187].

[12] [Геллер 1997: 192] (Геллер Л. М. «О неудобстве быть русским…»); [Анненков 1991, 1: 272–733, 279–280; Лейкинд и др. 2000: 191].

[13] Письмо И. Куниной-Александер от 27 ноября 1933 года [Любимова 2002: 320–321] (Куртис Дж. «Неизвестные письма…»).

с Александром Вертом, попросив его обсудить с Замятиным еще одну статью о русском судостроении для их «Торгового обозрения»: «Получение информации из России всегда сопряжено с трудностями, и я весьма сомневаюсь в их точности, и нам было бы чрезвычайно важно получить статью от г-на Замятина с подробностями годовой работы различных российских верфей. <...> Оплата публикации о России составит 7 гиней»[14]. Возникает вопрос, как советские посольства в Лондоне и Париже отнеслись к предоставлению Замятиным «более точных» статистических данных об этой стратегически важной отрасли советской промышленности по сравнению с доступными в официальных публикациях 1930-х годов.

Вторую половину сентября 1933 года Замятиным раскрасил приезд в Париж И. Е. Куниной-Александер и ее мужа Божидара, с которыми они до этого не встречались. Во время их визита Замятин подписал немецкую версию статьи «Москва — Петербург» Божидару Александеру: «Залог начала дружбы»[15]. В том же месяце эта статья появилась на голландском языке, а перевод Куниной-Александер на сербохорватский вышел в октябре. В том же году она смогла опубликовать в Югославии статью «Современный русский театр». В письме, отправленном после их визита, Замятин поблагодарил ее «...прежде всего за Вас самоё: так редко здесь встречаешь людей, у которых внутри не бензин, а кровь, и не моторный насосик, а сердце». Людмила добавила дружескую приписку Ирине и ее «Божьему дару». Вскоре после этого Кунина-Александер прислала Замятину снотворное, за что он был ей очень благодарен:

> Опять две ночи спал как дитя. Ишиасное мое наказание за грехи еще не кончилось, но все же полегче стало. Применяю теперь для лечения sweating system [потогонная система]: через день меня сажают в деревянную клетку (одна голова снаружи) и полчаса поджаривают горячим воздухом. Это подготовительные курсы для поступления в ад, вгоняющие вас во все семь

---

[14] Письмо от D. S. Watt [BAR].
[15] Дата этой подписи — 29 сентября 1933 года [ALBANY].

потов. Но, кажется, помогает. — Мне нужна для перевода на английский статья «Москва — Петербург». Будьте милы, пошлите имеющийся у Вас текст — у меня больше нет[16].

В начале ноября они оба написали Булгакову — Замятин поздравлял его с появлением новой семьи. «Дорогой Мольер Афанасьевич, <...> Ах, молодежь, молодежь! Ах, ветрогоны! <...> Как видите, мои блошиные дела, а также кое-какие перспективы относительно другой пьесы и фильма, к сожалению, еще задерживают меня здесь, так что наше свидание все откладывается. Ну, что делать, что делать! Не забывайте, пишите». Людмила в свою очередь рассказала об их весенней поездке в Бретань: «А тут начались хлопоты об итальянской визе, частые поездки на авто по окрестностям Парижа (они очаровательные!). А в сентябре — mon cher mari [мой дорогой муж] заболел...» Она упрекнула Булгакова в том, что он так долго не писал им, и шутливо заявила:

> Можете порадоваться — благодаря Вам я стала более равнодушна к родине, меньше стала думать и мечтать о ней... Живем мы около Булонского леса... <...> Весной и летом много гуляли по нему, теперь ездим туда на авто — есть у нас приятели французы, имеющие автомобили, вот и заезжают за бедным больным, чтобы дать ему возможность дышать свежим воздухом. Я за болезнь ЕИ очень устала — и физически и морально. Поэтому Париж воспринимаю плохо пока, но его люблю очень и привыкла уже к нему. <...> Пусть Елена Сергеевна сдержит слово и провезет Вас по Европе[17].

К. А. Федин, как всегда, без труда получил разрешение на выезд за границу, необходимый (как он указал) для поправки здоровья. В октябре он писал из Италии о своих планах посетить

---

[16] Письма от 10, 19 и 27 октября 1933 года [Любимова 2002: 318–320] (Куртис Дж. «Неизвестные письма...»); [BDIC, dossier 226] ("Moskou en Petersburg" // *Haagsch Maandblad*); перевод Куниной-Александер вышел в журнале «Nova Evropa».

[17] Письмо от 3 ноября 1933 года [Бузник 1989: 186–187].

Париж, надеясь, что Замятин или Познер помогут ему получить французскую визу. Следующее, длинное и откровенное, письмо с новостями из России он послал в ноябре: «С чего же начинать? Пожалуй, с того, что о тебе слишком мало слышно там, *дома*, и что все, с кем ни встретишься, всегда расспрашивают — не знаю ли о твоих планах я, не пишешь ли ты и прочее». Он передавал, что Аграфена Павловна устроилась на работу и все еще держит их квартиру для них, хотя моменты возобновления аренды всегда были щекотливыми. Он также писал, что Никитина активно защищала интересы Замятина, хотя тоже интересовалась его планами на будущее, тем более что ее спрашивали об этом всякий раз, когда она забирала его гонорары.

Федин описывал, как изменился облик городов: Санкт-Петербург залит электрическим светом, а улицы Москвы покрылись асфальтом. Рассказывал он и о том, как тяжело стало жить в России — позволив себе эту вольность, вероятно, потому, что писал из Италии, а не из СССР. Усилившийся контроль над жизнью угнетал, не хватало продовольствия и бензина, свирепствовала эпидемия тифа. «Народ тощ, устал и пьет. <...> Все это пишу, само собой, для тебя лично. То есть для разумно-личного употребления. При встрече (на которую надеюсь) расскажу о многом другом, о бездонности противоречий, все углубляющихся... <...> О знакомых перечислять было бы трудно и о некоторых — уж слишком *грустно*. Опять-таки — до встречи». Он описал, как перед отъездом ходил в Москве на день рождения Пильняка: «...одиночествует человек в литсмысле сильно». Он также упомянул, что не раз бывал у Горького после его возвращения, в том числе и в тот день, когда почетными гостями писателя были Сталин, Л. М. Каганович (один из самых преданных приспешников Сталина) и Н. И. Бухарин. «Братья-писатели вели себя унизительно. Алеша [А. Н. Толстой] шутовал, скоморошничал всю ночь. <...> Обстановка предельно-грустная, но, так сказать, показательная. Вокруг Алеши много шантрапы, он это сам хорошо видит, но махнул рукою». Федин также прокомментировал недавнее присуждение Нобелевской премии по литературе 1933 года Ивану Бунину, теперь живущему в Париже. По его мнению, Бунин заслужил эту награду и как писатель, и как человек[18]. Премия была присуждена «за строгий артистизм», с которым он поддерживал «классические русские традиции в прозе». Принимая премию, в своей речи Бунин отметил, что впервые она была присуждена человеку, находящемуся в изгнании. Он воспользовался случаем и вновь выразил свою убежденность в том, что существование цивилизации зависит от свободы слова и совести. Это сенсационное событие восприняли как вызывающий шаг, направленный против Москвы, и как триумф белой эмиграции.

В ответ Людмила написала Федину, что они уже слышали о нынешних трудностях в России: «А мы живем так буржуазно, что даже противно иногда и неприятно, когда представляешь, как живут близкие *там*». В своем письме «дорогому Костеньке» Замятин рассказал ему о проблемах со здоровьем:

> Я стал такой важный, что когда перехожу улицу, то полицейские останавливают для меня движение: принимают меня за заслуженного ветерана великой войны. Ибо хожу я с палочкой и преимущественно на одной ноге...
> Впрочем, пошучивать над этим я стал только теперь, а с месяц назад и раньше — было не до шуток. Представь себе, что у тебя вместо левой ноги — больной зуб длиною в метр, и к сожалению — ты не можешь пойти и вырвать этот зуб. Мерзость эта называется ишиас... <...> и хуже этого я никогда ничего в жизни не пробовал. Весь сентябрь, на даче под Парижем, спал не больше 2–3 часов в сутки. Моя сестра милосердия Людмила Николаевна совсем извелась от возни со мною. Все летние планы из-за этого ухнули (а уже была в кармане виза в Италию!). С октября переселился в Париж — вернее, в постель на парижской своей квартире. Только в ноябре стало полегче, а теперь уж помаленьку начинаю «выезжать». <...> Прошлый сезон у меня был кинематографический, этот, кажется, выйдет театральным.

Он с нетерпением ждал приезда Федина и не без гордости упомянул, что сможет замолвить за него словечко, воспользовавшись знакомством с секретарем министра внутренних дел

---

[18] Письма от [без даты] октября и 13 ноября 1933 года [Федина и Старков 1990: 86–88].

(«вроде как мой поклонник»), и Бенжаменом Кремье, начальником отдела печати Министерства иностранных дел. Напомнив Федину, что ему также понадобятся два французских поручителя для получения визы, он порекомендовал Андре Моруа и Дрие Ла Рошель: «Оба — очень милые люди, с обоими я хорошо знаком — я позвоню им и, уверен, они с удовольствием согласятся быть "гарантами"»[19]. Очевидно, он подружился с Моруа, который в одном из писем называет его «mon cher ami» («мой дорогой друг») и приглашает пообедать вместе, чтобы обсудить пьесу Замятина (предположительно «Блоху»): «Сегодня утром я прочитал два первых акта, они мне очень понравились»[20]. Вскоре Федин написал Замятину, что благодаря его помощи теперь он может планировать поездку в Париж на Новый год, и попросил Людмилу узнать, где ему можно пройти лечение пневмоторакса, пока будет там.

Замятин также объяснил Федину, что с удовольствием попросил бы Познера помочь с визой, особенно учитывая собственную ограниченную свободу передвижения, но опасается, что сейчас это может привести к результатам, противоположным ожидаемым. В 1932 году Познер вступил во французскую коммунистическую партию и сблизился с просоветским редактором партийной газеты «Юманите» П. Вайяном-Кутюрье. Поэтому в правительственных кругах Франции к нему относились с подозрением[21]. Таким образом, Познер впрямую примкнул к тем, кто, подобно Эренбургу и Савичам, открыто и не стесняясь отстаивал советские интересы за рубежом. Интересно, что не сохранилось свидетельств переписки между Замятиным и Познером после 1932 го-

---

[19] Письмо от 18 ноября 1933 года [Федина и Коновалова 1998: 107]; письмо от 19 ноября 1933 года [Федина и Старков 1990: 88–89].

[20] Письмо от 29 декабря (вероятно, 1933 года) [BAR, Box 1, 18, 19].

[21] Письма от 19 и 21 ноября, 3 декабря 1933 года [Федина и Старков 1990: 88–89]. Владимир Познер присутствовал на съезде Союза писателей в Москве в 1934 году, но затем был по необъяснимым причинам исключен из Французской коммунистической партии, чем был потрясен. После этого он постепенно перестал общаться с русским окружением во Франции.

да, и хотя до конца 1933 года они продолжали обмениваться дружескими письмами с отцом Познера Соломоном и даже хотели встретиться, вскоре и эта переписка угасла[22]. Это очевидное расхождение их путей позволяет увидеть границы симпатий Замятина к прокоммунистическим группам во Франции 1930-х годов. Хотя из-за собственного социалистического революционного прошлого 1905–1917 годов он так и не смог найти общий язык с белоэмигрантами, он чувствовал себя более спокойно в компании умеренных левых, таких как Барбюс или Анненков, а не с теми, кто вел откровенную просоветскую пропаганду.

В конце ноября он снова написал Куниной-Александер, на этот раз послав свои замечания по поводу одного из ее рассказов и перевода «Двенадцати» Блока, который он считал превосходным (насколько он мог судить, читая на сербохорватском). Он делал это очень систематично, хваля ее прозу и параллельно выделяя слабые места в повествовательной структуре и те эпизоды, где главный герой выглядел слишком безэмоциональным или чересчур осведомленным[23]. В их отношениях присутствовал элемент искренней педагогической поддержки, к которой Замятин относился очень серьезно, — может быть, потому, что у него больше не было учеников-писателей, требующих его пристального внимания?

В итоге ему удалось получить визу для поездки в Брюссель на премьеру постановки «Блохи» на французском языке. Как объясняет З. А. Шаховская, в то время парижские спектакли часто сначала «проверялись» в Брюсселе. Она написала отзыв о спектакле для левой газеты «Le Rouge et le Noir», а также откровенно рассказала о нем в своих воспоминаниях: "«Блоха» провалилась — тут, в Брюсселе, по крайней мере. Актеры играли отчаянно. В переводе текст стал полной чепухой, совершенно непонятной для местных жителей, да и мне, не знай я лесковской

---

[22] 19 писем С. В. Познеру, 29 февраля 1932 года — 30 декабря 1933 года [РГАЛИ. Ф. 2535. Оп. 1. Ед. хр. 67].

[23] Письмо от 27 ноября 1933 года [Любимова 2002: 320–321] (Куртис Дж. «Неизвестные письма...»).

"Блохи"». Она попыталась сказать Замятину что-то утешительное, когда он мрачный вышел после спектакля, на котором было мало народу:

> Передо мною был сухой, прямо держащийся человек, кажущийся моложе своих 49 лет, на русского как будто и не похожий; но все же, если всмотреться, — несмотря на прямой пробор и некоторую неподвижность лица — определенно русский. Таких я уже видала: с довольно высокими скулами и узким, почти азиатским прорезом глаз.
> Вероятно, более эмоциональный человек и не захотел бы впоследствии встречаться со свидетелем неприятного для него события, но Замятин был умен и, несмотря на свою уклончивость от сношений с эмигрантами, как-то очень быстро к нам приручился. В следующие свои приезды он уже останавливался у нас, на мансарде нашего дома, где останавливались и Владимир Сирин [В. В. Набоков], <...> Марина Цветаева, Марк Слоним, Дон-Аминадо, Тэффи.

Именно у Шаховской Набоков познакомился с Замятиным, однажды попросив ее передать тому дружеский привет («он пресимпатичный»)[24]. Она явно считала Замятина интересным человеком и впоследствии очень убедительно проанализировала его характер, подчеркнув ту двойственность, которую он сам так хорошо чувствовал в себе:

> Такую энергию и трудоспособность я мало у кого встречала, так же как редко встречала среди русских такого всесторонне образованного человека. <...> Попыхивая трубочкой, Замятин читал нам свои повести, восхищая своим языком, а иногда и раздражая нарочитостью своего стиля. Человек он был добрый и всегда заботился об участи друзей, оставшихся в России, в частности об Анне Ахматовой. Но не было в нем легкости, присущей добрым людям. Как будто какая-то тяжесть его давила и не юмор у него был, а сарказм, выращенный на скептицизме, а может быть и на отчаянии. <...> Замятин внушал

---

[24] [RS 1996 II, 2: 391–392] (Туниманов В. А. «Последнее заграничное странствие и похороны Евгения Ивановича Замятина (европейская судьба "скифа" и "еретика")»).

уважение не только глубокой своей порядочностью, но и очень старательно скрываемой добротой. Может быть, скрывал доброту потому, что не мог рационализировать этого чувства и верил в технику, в прогресс, в науку, в творчество, строго контролируемое и подверженное известным законам, а жизнь и собственные эмоции никаким законам, ему понятным, не повиновались, ускользали от анализа и точных определений [Шаховская 1975: 176–178].

Несмотря на похвалы в адрес Эттли, исполнявшего роль Левши, «Блоха» получила разгромные отзывы в бельгийской прессе[25]. Замятин вернулся из Брюсселя в Париж 10 декабря и отправил Куниной-Александер на удивление радостный рассказ о прошедшем спектакле, даже сообщив, что начались переговоры о переводе пьесы на фламандский язык: «В Париже — премьера — очевидно, на следующей неделе». Так как ранее Федин упомянул о финансовых трудностях Ахматовой, Замятин попросил Кунину-Александер отправить для нее в Ленинград передачу в виде посылки или кредита в Торгсине[26]. На следующий день он попросил Шаховскую сделать то же самое, велев отправить посылку Аграфене Павловне, которая передаст ее лично Ахматовой [Шаховская 1975: 179]. В письме Федину он объясняет свой относительно жизнерадостный настрой: «Я из Брюсселя вернулся уже двуногим; неизвестно почему, но ишиас мой исчез почти без следа (тьфу, тьфу!), хотя никаких диет не блюл и раза два даже порядком выпил»[27].

В середине декабря Замятин завершил вторую часть очерка «Москва — Петербург», где снова подчеркивал особый статус Петербурга как столицы русской литературы в дореволюционное время, с некоторым высокомерием описывая то, что ему казалось московским провинциализмом и спесью. Он расценил апрель-

---

[25] В «Nation belge» и «L'Eventail», цит. в [Геллер 1997: 193–196] (Геллер Л. М. «О неудобстве быть русским...»).

[26] Письмо от 11 декабря 1933 года [Любимова 2002: 321–322] (Куртис Дж. «Неизвестные письма...»).

[27] Письмо от 12 декабря 1933 года [Федина и Старков 1990: 90].

скую резолюцию Коммунистической партии 1932 года о роспуске РАППа как подтверждение «петербургской линии» в искусстве. Она должна была открыть новую, многообещающую главу в истории советской литературы, в ходе которой вернется жанр исторического романа и возродится лирическое начало в поэзии. Конечно, он не исключал, что эти достижения окажутся недолговечными, но, как он заключил, «есть основания надеяться, что здоровье, молодость советской литературы сделают свое дело. За последний год появилось достаточно симптомов для благоприятного диагноза»[28].

На протяжении последней недели 1933 года Замятины обменивались письмами с Фединым о его предстоящем визите в Париж на Новый год, и Людмила с радостью сообщила, что его виза наконец-то ему выслана: «Увидите, как богата Франция, какие очаровательные французы и какой замечательный Париж. <...> Заезжайте к нам, а потом подумаем, куда Вас устроить»[29]. Замятин отправил друзьям открытки и письма с рождественскими и новогодними поздравлениями и поблагодарил Кунину-Александер за то, что она обеспечила для Ахматовой кредит в Торгсине:

> ...я вдруг исцелился от ишиаса. Хотя в Брюссельском курорте единственными лечебными водами были вина (строжайше мне запрещенные докторами). После брюссельской постановки (которая, в сущности, была генеральными репетициями) выяснилась необходимость кое-каких перемен в актерском составе; из-за этого выпуск пьесы в Париже откладывается[30].

До самого последнего момента он не терял надежды на то, что «Блоха» будет показана в Париже. Людмила добавила приписку: «Вы — душенька, что послали деньги Ахматовой. <...> Ждем к Новому году Федина (из Италии). Вспомянем Вас, конечно, не

---

[28] [Галушкин и Любимова 1999: 183–205] («Москва — Петербург»).

[29] Письмо от 22 декабря 1933 года [Федина и Старков 1990: 90].

[30] Письмо от 26 декабря 1933 года [Любимова 2002: 322–323] (Куртис Дж. «Неизвестные письма...»).

раз. Я чувствую себя ниже среднего, а ЕИ — уже стоит на ногах: бодр» [Там же].

В 1933 году число публикаций Замятина заметно сократилось, и почти ничего нового не было напечатано. В декабре вышли еще два перевода его рассказов — «Слово предоставляется товарищу Чурыгину» в «La Revue de France» и «Десятиминутная драма» в «Paris-Soir». Первому рассказу предшествовало вступление за авторством некоего «МП», в котором о Замятине говорилось как об одном из величайших молодых русских авторов. Читателям напоминали, что он был автором «Наводнения», опубликованного там же год назад: «Рассказ, который вам предстоит прочитать, не менее виртуозен; более того, не думаю, чтобы кто-либо до него смог так четко и кратко прочертить траекторию русской революции» [BDIC, dossier 228]. Принимая во внимание то, о чем Замятин писал Булгакову год назад, можно предположить, что под инициалами «МП» скрывался Марсель Прево, чья поддержка на страницах издания наверняка была очень приятна автору рассказа. В январе 1934 года вышло еще несколько его произведений. Одним из них был его шуточный рассказ «Сподручница грешных» в «Les Nouvelles Littéraires» [BDIC, dossier 227]. Статья совершенно иного характера — по российскому кораблестроению — была заказана «Glasgow Herald» и имела следующие подзаголовки: «Повышение производства любой ценой. — Водораздел между двумя пятилетками. — В поисках более высокой производительности. — Невыносимые задержки. — Себестоимость производства. — Без соответствия плану. — Программа на 1933 год. — Последнее из выпущенного на советских верфях»[31].

На Новый, 1934 год Ремизов прислал записку, написанную характерным для него замысловатым каллиграфическим почерком, в которой приглашал Замятиных в гости, напоминая, что

---

[31] «Higher Production at any Price — Watershed of the Two Five-year Plans — The Search for Higher Productivity — Intolerable Delay — The Cost of Production — Not According to Plan — the 1933 Programme — Recent Products of the Soviet Shipyards» [Tejerizo 1988: 74–77].

дом, в котором он живет (там жил и театральный режиссер Николай Евреинов), располагается близко от дома Анненкова по улице Буало и в двух шагах от улицы Раффе[32]. Вечером 20 января в Париже прошла панихида по Андрею Белому, который умер в Москве 8 января, поэтому запланированная встреча была отложена. 30 января Замятин послал ответное приглашение[33]. Федин, по-видимому, был на этих встречах, так как квартира, которую нашел для него Замятин, располагалась на улице Пьера Герен[34], ответвлявшейся от улицы Буало, — собственно, дом, в котором жили Ремизов и Евреинов, был виден при выходе из парадной двери Федина. Из длинного письма, посланного Замятиным в конце января Куниной-Александер, понятно, что Федин находился в Париже примерно полтора месяца:

> Вините не меня, а Федина за то, что он помешал мне скоро ответить Вам. Он ввалился ко мне вечером 31-го декабря, а к 11-и часам мы с ним и Людмилой Николаевной (еще слегка грипповатой) уже отправились встречать Новый Год к одному приятелю моему... <...> Оттуда — на Montparnasse; домой вернулись только часов в 7 утра. А потом так и пошло недели на две...
> Федин стал толст и солиден (я его никогда таким не видел), но — молодец! Бодр, весел; кончил роман («Похищение Европы»). <...> Дней через 10 уже собирается назад, в Петербург. Каждые две недели ему здесь делают пневмоторакс, но он к этой операции, видимо, уже привык. Во всяком случае, на днях как-то утром его надули воздухом, а в 6 часов он уже был со мной в большом коктэйлевом обществе. Только что был у меня (он живет почти рядом)... <...>
> Мне очень жаль, что он скоро уезжает: это один из немногих российских писателей, с которыми у меня есть настоящие дружеские отношения. И жаль, что Вы были в Париже не одновременно с ним: составилась бы теплая петербургская компания. <...>
> Париж уже приелся. Дела — кислые. Ставицкие — всюду, в том числе и в театре: маленьким Ставицким оказался и тот прият-

---

[32] [BAR]; [Анненков 1991, 1: 199, 213].
[33] Письмо А. Ремизова от 18 января 1934 года [AMHERST].
[34] Письмо К. Федина В. Познеру от 4 января 1934 года [POZNER].

нейший человек и хороший актер, который ставил «Блоху». Оказывается, в Брюсселе, получив деньги, он не расплатился с актерами, актеры разбежались — и «Блоха» здесь, во всяком случае временно, пребывает в состоянии анабиоза...
Мне хочется бросить все и засесть за продолжение давно начатого и — я знаю — интересного романа. Но — капитализм, капитализм! Никак не удается балансировать бюджет так, чтобы спокойно сидеть где-нибудь и писать роман.
А пока — все какие-то статьи. Уговорился с парижской «Marianne» (видели этот журнал? Его издает NRF), что буду давать туда регулярно «Lettres russes» — о русской литературе. «Lettres anglaises» там пишет Моруа. Что Вы думаете о возможности использования этого материала в югославской печати?
Посылаю Вам небольшую статью об Андрее Белом. Мне хотелось отметить в заграничной печати его смерть. В Париже его, например, совсем не знают; у Вас, в славянской стране, думаю, его знают больше[35].

Позже в том же году он упомянет Андрея Белого как «русского Джойса» и человека, оказавшего на него большое влияние[36]. 12 февраля, перед тем как они расстались, он подарил Федину свою фотографию.

Упоминание Поля Эттли как «Ставицкого» (в написании фамилии допущена ошибка) здесь означает мошенника. Имеется в виду большой политический скандал во Франции, который достигнет своего пика в течение следующих двух недель. Российский еврей Александр Ставиский был объявлен в розыск полицией в связи с финансовой аферой, которая могла скомпрометировать нескольких местных политиков в городе Байонн. Позже его нашли мертвым в коттедже в Шамони. Еще до его смерти, причины которой остались неизвестны (это могло быть самоубийство, но точных свидетельств не было), создавшейся ситуацией воспользовались ксенофобски настроенные правые группировки. 6 февраля 1933 года они организовали демонстра-

---

[35] Письмо от 31 января 1934 года [Любимова 2002: 323–324] (Куртис Дж. «Неизвестные письма...»).
[36] [Галушкин и Любимова 1999: 208–212, 269] («Андрей Белый»).

ции в Париже, события вышли из-под контроля и привели к многочисленным жертвам. Через три дня социалисты организовали ответную демонстрацию, в которой погибло девять человек и пострадало еще около тысячи. В. С. Познер описывает, как сопровождал туда Эльзу Триоле и Луи Арагона, который должен был написать статью для «Юманите», и вспоминает ужас, охвативший Триоле, когда полиция начала стрелять по участникам шествия [Pozner 2001: 33–36]. Это вызвало кризис в и без того шаткой Третьей Республике, привело к уходу правительства в отставку и послужило катализатором для объединения левых сил против фашизма. Наверняка Замятин и Федин внимательно следили за этими тревожными парижскими событиями, произошедшими как раз перед отъездом последнего.

В конце месяца Людмила написала Федину, к тому времени вернувшемуся домой в СССР, письмо, в котором сквозила печаль:

> Плотно захлопнулась дверь… Ах, если бы Вы знали, дорогой наш Федин, наша Россия, какую лютую тоску я испытываю после Вашего отъезда. Особенно мучительны были два первых дня. У меня нестерпимо «болела душа». Никуда не хотелось выходить (билеты в Comédie Française пропали), никого видеть. <…> Сегодня Вы, наверное, в Ленинграде — может быть, еще зимнем, но прекрасном, как всегда. <…> Сидели сегодня долго в кафе (на улице, на солнце) на Елисейских Полях и жалели, что нет Вас с нами. А завтра будем есть блины и будем опять жалеть, что Вы не с нами…

Людмила упомянула, что разговаривала с Эренбургом на следующий день после отъезда Федина, что фактически является одним из немногих свидетельств контакта между Замятиными и Эренбургом после того, как он встретил их в Париже в 1932 году. Так как Федин дружил с Познером, Эренбургом и Савичами, вероятно, во время его приезда во Францию Замятины снова встретились со всеми ними — носителями просоветских взглядов в эмигрантских кругах. Замятин добавил к письму жены приписку от себя:

Этуаль и Конкорд без тебя скучают, я — тоже! Что-то стал опять спать не блестяще... <...> Сидел два дня, писал статью о советских военных романах... <...> Обнаглел до того, что писал уже прямо по-французски. <...> Моего «Чурыгина» здесь скоро будут передавать по радио («Colonial») — можешь слушать в Питере. Когда же это по радио можно будет поговорить с тобой? За отсутствием радио, передай Аграфене, что удостоверение о продлении моего паспорта ей пришлю. При случае узнай, зачем ей это и напиши[37].

Через несколько недель Федин прислал ответное письмо, в котором вспоминал, как хорошо и весело они провели время в Париже:

О вас здесь все очень много расспрашивали, потому все очень хорошо и крепко вас помнят и ждут. Я за вас наобещал всем, что летом вы непременно приедете. Действительно — собирайтесь-ка. <...> Письмо ваше меня действительно тронуло, потому что я лишний раз убедился, насколько вы скучаете по Ленинграду и насколько вы ему принадлежите. Из всех разговоров с вами я понял, что, несмотря на связи и знакомства, интересы и вкусы, приобретенные вами в Париже, вы на девять десятых живете у нас[38].

Эта переписка, где обсуждается ситуация с эмиграцией Замятина, по-видимому, не просто состоит из дежурных фраз, рассчитанных на то, что письма будут прочитаны представителями советских органов власти. Возможно, в ней есть и проблеск его реальных колебаний в тот момент, а также искренней убежденности Федина, что Замятиным было бы лучше в СССР. Можно предположить, что изложенное в приведенных выше строках настойчивое предложение Федина вернуться долго обсуждалось на улице Раффе.

В середине февраля 1934 года Замятин написал театральному режиссеру Ф. Ф. Комиссаржевскому (в свое время сотрудничавшему с Евреиновым) в Лондон, чтобы узнать, не захочет ли тот

---

[37] Письмо от 22 февраля 1934 года [Федина и Старков 1990: 90–91].

[38] Письмо от 16 апреля 1934 года [Федина и Старков 1990: 91–92].

поставить «Атиллу», «Блоху» или «Общество почетных звонарей» — все три пьесы Замятин выслал ему тремя месяцами ранее [BAR]. В то же время он отправил Риви полное отчаяния письмо, в котором фигурировал целый список просьб, связанных с предстоящей поездкой в Лондон. Замятин просил Риви забрать тексты его пьес у Комиссаржевского, если тот ими не заинтересуется, заехать в издательство «Аллен Лейн», чтобы выяснить намерения издательства относительно романа «Мы», а также предложить им «Сибирь» и попросить совета о том, кому можно предложить «Блоху». Замятин также хотел, чтобы Риви показал синопсис написанного им сценария по «Мы» (он назывался «Д-503») кинокомпании, снявшей фильмы по романам Герберта Уэллса. Он просил Риви рассказать им о возможности сделать фильмы по «Атилле», «Сибири» и «Стеньки Разину» и упомянуть, что Замятин мог бы подготовить сценарии для экранизаций «Идиота» и «Игрока» Достоевского, а также «Вешних вод» Тургенева[39]. Его тревожное настроение отразилось и в письме Куниной-Александер, посланном через три недели. К тому времени она стала человеком, в письмах к которому он был наиболее откровенен. Причиной была ее природная отзывчивость, а также тот факт, что с ней Замятину не нужно было скрывать свои истинные мысли, как в переписке с друзьями, еще живыми в СССР:

> «L'écriture c'est moi» [«Почерк — это я»], и если Вы хороший графолог — Вы по почерку письма могли бы установить, что с автором опять что-то неладно (сам я разницу своих почерков очень хорошо знаю). С середины декабря до середины февраля чувствовал себя превосходно... <...> А сейчас опять одолевает бессонница, разболтались нервы. Это всегда некстати, а сейчас — особенно: на столе ждет работа... <...>
> После блохо-ставицких приключений <...> ...есть и еще кое-какие кинематографические перспективы и эспуары [надежды], но к сожалению даже самые розовые не меняет на франки ни один банк. <...>

---

[39] Письмо от 17 февраля 1934 года [PRINCETON].

> А в Париже — уже весна, мимозы и фиалки на улице, влюбленные нагло целуются во всех метро... Не повезло бедняге Федину: пока он здесь жил — все время была отвратительная погода. А теперь греется у своей петербургской печки. <...>
> Кстати, о Петербурге: прочтите роман Б. Темирязева «Повесть о пустяках», Вам приятно будет вспомнить свои петербургские годы, это — роман о Петербурге, о нашем городе. Об авторе я Вам, кажется, рассказывал: таинственная личность, в натуральности его никто не видал. Но он существует: на днях у консьержа мне была оставлена эта книга с авторской надписью (хотя я автора и не знаю). <...> Очень любопытная книга[40].

В этом был элемент шутливой мистификации, так как он прекрасно знал, что «Повесть о пустяках», недавно опубликованная в Берлине под псевдонимом, написана художником Ю. П. Анненковым. К этому тексту эмигрантская общественность отнеслась с некоторым подозрением: «Этот роман о революции воспринимался как советский благодаря типу повествования, полному выразительных "приемов", основанных на технике монтажа, и языку, напоминавшему советский "орнаментализм". Некоторые восприняли его как провокацию, предполагая, что роман был написан советским писателем» [Livak 2003: 30]. Эта ситуация, отразившая возросшие разногласия между консервативными литературными вкусами эмиграции и эстетикой первого поколения советских писателей, возможно, объясняет также, почему за пять лет до этого роман «Мы» Замятина был встречен во Франции без особого энтузиазма.

Он прислал Куниной-Александер свой текст «Lettres russes» («Русской литературы») — статьи, черновик которой был написан им на французском языке, — еще до ее публикации в «Marianne» 15 апреля[41]. Выбор русских военных романов в качестве темы статьи, рассчитанной на французских читателей, он насмешливо оправдывал их близостью политической атмосфере того времени:

---

[40] Письмо от 13 марта 1934 года [Любимова 2002: 325–327] (Куртис Дж. «Неизвестные письма...»).

[41] [Там же]; [BDIC, dossier 51].

> По всей очевидности мы находимся накануне блистательной демонстрации последних достижений человеческого гения: стратосферные снаряды, смертоносные лучи и т. д. Все готовятся к войне, о ней говорят, о ней пишут повсюду. Даже в СССР, который первый настаивал на немедленном разоружении и который по иронии истории может стать первой страной, втянутой в войну. За последнее время там появилась целая серия романов на военные сюжеты, и если Фрейд прав, когда говорит, что мечты и искусство равно служат для освобождения от навязчивых идей, то это весьма знаменательный факт.

Признавая, что русские произведения, которые он собирался рассматривать, уступали таким шедеврам, как «На Западном фронте без перемен» Ремарка, он отмечал, что тем не менее они «...достоверно свидетельствуют о современном состоянии духа в СССР, где наряду с пламенным интернационализмом родился новый вид патриотизма»[42].

Кунина-Александер продолжала посылать Замятину свои произведения, чтобы узнать его мнение о них. В подробном ответе, отправленном ей 7 мая, Замятин пишет: «Самый большой Ваш порок в том, что Вы — слишком умны, а поэзия, как Вам известно — "должна быть глуповатой". Хорошо Пильняку или Толстому, которым эта счастливая глуповатость дана от рождения, а каково нам с Вами? Беда!» По его мнению, герой ее сказки «Красная феска», действие которой происходило в Сараево, отличался излишней рациональностью в мотивации и поступках. «Долго не отвечал — потому что занят был до одурения: запечен в слоеном пироге из трех кинематографических работ, одновременно свалившихся на меня — и все, как водится — спешные и срочные». Кунину-Александер, очевидно, несколько расстроила его критика, и через две недели ему пришлось написать ей снова, уже со словами поддержки[43]. Между тем он все еще надеялся, что с постановкой «Блохи» что-нибудь получится.

---

[42] [Галушкин и Любимова 1999: 205–208] («Русская литература»).

[43] Письма от 7 и 23 мая 1934 года [Любимова 2002: 329–331] (Куртис Дж. «Неизвестные письма...»).

Ирина Кунина-Александер (1957 год) (автор неизвестен)

16 мая он написал Шаховской в Брюссель, упомянув, что ему предложили сделать новую инсценировку на французском языке для постановки в следующем сезоне, и попросил узнать, как идет перевод «Блохи» на фламандский язык. «В Париже месяца два гостил Федин — мой большой приятель. Эти месяцы, натурально, вышли увеселительными — тем более, что было много развлечений на парижских улицах, вплоть до пальбы» [Шаховская 1975: 180–181].

Тем временем в Москве достигла своей кульминации цепь событий, начавшаяся с запрещения РАППа в апреле 1932 года и закончившаяся решением (о нем сообщил Федин) о создании новой единой писательской организации. С 6 мая тем, кто стоит «на платформе советской власти и участвует в социалистическом строительстве», предлагалось подавать заявления на вступление в новый Союз писателей. В комиссию по рассмотрению этих заявлений вошли несколько друзей Замятина, такие как Федин и В. В. Иванов, а затем также Тихонов и Слонимский. Первым членом нового Союза стал Горький, и, конечно, Замятин был близко знаком со многими другими из вступивших в него — их имена были напечатаны в «Литературной газете». Булгаков подал заявление 29 мая. Замятин, как и Булгаков, понимал, что членство в Союзе предоставит много практических преимуществ, таких как контакт с издательствами, официальная защита авторских прав и контроль за отчислениями. Со временем членство в Союзе предоставит такие привилегии, как возможность ходить в особые рестораны и магазины, отдыхать по путевкам (что высмеял Булгаков в сценах в «Грибоедове» из романа «Мастер и Маргарита») и даже получать писчую бумагу.

Замятин, живший в Париже с советским паспортом и, вероятно, все еще мучительно раздумывавший над тем, возвращаться в СССР или нет, принял решение не упускать возможности подать заявление на членство в Союзе, отправив его телеграммой из Франции. Видимо, это вызвало некоторое замешательство у членов комиссии, рассматривавшей заявления. Они не знали, что делать с такой заявкой из-за рубежа, и решили попросить совета у самого Сталина. В любопытном документе от 14 июня 1934 года (его в Архиве президента Российской Федерации обнаружил А. Ю. Галушкин) П. Ф. Юдин, секретарь комиссии, докладывал непосредственно Сталину: «Заявление Замятина вызвало сильную поддержку и удовлетворенность этим поступком у беспартийных писателей Конст. Федина, Ал. Толстого, Н. Тихонова, М. Слонимского, Б. Пастернака и др. Поскольку прием Замятина в члены Союза связан с вопросами, выходящими за пределы Союза писателей, — прошу Ваших указаний». К этому документу был приложен написанный от руки ответ: «Предлагаю удовлетворить просьбу Замятина. И. Сталин». Это означало, что Замятин был принят в новый Союз писателей по указанию Сталина, избежав обычных формальных процедур (ни заявление, ни список публикаций комиссией не рассматривались). Объявления о его вступлении в члены Союза в печати не появилось [Галушкин 1999: 13]. Конечно, об этой новости стало известно его друзьям. Ровно через неделю, 21 июня, Федин написал Замятиным короткое письмо, в котором спрашивал: «Когда вы собираетесь? Знаете ли вы уже, что Женя — член союза Советских писателей? Я получил сейчас из Москвы телеграмму о его принятии. Напишите» [Федина и Старков 1990: 92]. Можно даже предположить, что именно Федина попросили убедить Замятина подать это заявление, но позже, когда за вступлением в члены Союза не последовало его возвращение в СССР, Федин разочаровался, так как это было «провалом» его миссии.

Почему Сталин так великодушно удовлетворил эту просьбу Замятина? В течение нескольких недель до первого съезда Союза писателей, прошедшего тем летом, произошло много противоречивых событий, связанных с личным вмешательством Сталина в судьбы писателей. В ночь с 13 на 14 мая О. Э. Мандельштама арестовали за стихотворение с критикой Сталина, обыскали его квартиру и увезли из того самого дома, в котором незадолго до этого поселился Булгаков. Тремя неделями раньше Булгаков подал заявку на двухмесячную поездку во Францию. 18 мая он даже видел иностранные паспорта, подготовленные для него и его жены, но тем не менее разрешение на их выезд получено не было и паспорта им не выдали. Булгаков впал в крайнее отчаяние, еще более усилившееся, когда 1 июня он узнал, что Пильняк и его жена снова получили паспорта для выезда за границу. Параллельно 25 мая, ко всеобщему изумлению, «оппозиционер» Н. И. Бухарин был утвержден для выступления на съезде писателей с речью о поэзии. После попытки самоубийства Мандельштама, сосланного на Урал, Сталин в начале июня позвонил домой Пастернаку, и у них состоялся разговор о судьбе Мандельштама. Считается, что это привело к получению Мандельштамом разрешения сменить место ссылки с Чердыни на более терпимый Воронеж. О звонке, вероятно, не было известно общественности, но Пастернак рассказал о нем Эренбургу, только что приехавшему вместе с Андре Мальро в СССР, чтобы принять участие в съезде писателей [Fleishman 1990: 178–183]. 10 и 11 июня Булгаков писал письма Сталину, где жаловался на несправедливое обращение, но ответа на них не получил. Запрос по поводу заявления Замятина был отправлен комиссией 14 июня, а 21 июня дело было решено лично Сталиным. Накануне съезда Сталин, по-видимому, решил продемонстрировать, что его власть, какой бы абсолютной и произвольной она ни была, может иногда быть направлена на благие цели. «Укротив» Замятина, он надеялся завоевать его и использовать это в пропагандистских целях.

Находясь во Франции, Замятин не мог знать о большинстве этих тревожных событий. 24 июня он писал Куниной-Александер:

> Мой адрес, к сожалению, прежний: Париж. Сижу у кинематографического моря и жду погоды. Когда и куда уеду — не знаю. Скорее всего, в середине июля — куда-нибудь недалеко под Париж — чтобы ждать в более приятной обстановке. Дела затеяны интересные, целых три сразу, но что из них выйдет — предсказать труднее, чем выигрыш в Национальную лотерею. Между делом начал писать несколько новых маленьких рассказов (из прежних все подходящее уже переведено).

На этот раз он попросил послать ему не лекарства, а по возможности что-нибудь небольшое из Загреба, например легкий табак, щербет или рахат-лукум[44]. По-видимому, тогда впервые после приезда во Францию у Замятина появилось настроение написать что-то новое, хотя результаты, надо сказать, были достаточно скромными. Например, в его «Часах» незадачливый бюрократ выставляет себя идиотом перед своей привлекательной секретаршей. Действие рассказа происходит во время Гражданской войны, но это никак не влияет на сюжет, рассказ так и остается лишь забавной историей. Возможно, именно его в июле не допустил к печати в «Revue de France» Марсель Прево, попросив у Замятина тексты, по качеству более соответствующие присылавшимся ранее [BAR, Box 5].

Сообщение Федина о том, что Замятина приняли в Союз писателей, по-видимому, дошло до последнего 25 июня, и они с Людмилой в тот же день отправили Федину открытку с улицы Риволи. Людмила пишет, что недавно они ездили на машине

---

[44] [Любимова 2002: 331] (Куртис Дж. «Неизвестные письма...»).

в Шампань и видели Реймсский собор, а также посетили винные погреба, где с удовольствием продегустировали разные сорта шампанского. Замятин пообещал Федину, что скоро напишет ему о своих новостях более подробно: «Начатое длинное тебе письмо будет кончено и послано на днях. А пока — salut! [прощай!]» [Федина и Коновалова 1998: 107]. Однако пройдет еще шесть недель, прежде чем он напишет это обещанное длинное письмо. Одна из проблем заключалась в том, что Замятин снова плохо себя чувствовал. Возможно, ухудшение самочувствия было вызвано стрессом, связанным с попыткой определиться по поводу возможного возвращения в СССР после того, как он был официально принят в ряды советского литературного истеблишмента. Через месяц он напишет Куниной-Александер:

> Чувствую себя погано — настолько, что одно время вел жизнь преимущественно горизонтальную. Настроение — соответствующее. До конца следующей недели, вероятно, просижу в Париже, а затем — вероятно, буду где-нибудь под Парижем — где, это выясню на днях. <...> Может быть, удастся устроить и какое-нибудь более далекое путешествие... например, в Югославию. Решается все это арифметически-просто: количеством франков[45].

Однако ни одно из его последних начинаний в кинематографе не увенчалось успехом. В 1934 году в Британии велись переговоры (к ним проявили большой интерес некоторые лейбористы) о создании консорциума, в который бы вошли «Совкино» и четыре английские кинокомпании. Среди первых запланированных к постановке фильмов были сценарий Замятина «Петр I» по роману А. Н. Толстого и его собственный «Атилла» [Казнина 1997: 216–217]. Также в январе 1934 года киноактер В. И. Инкижинов, сыгравший главную роль в «Потомке Чингисхана» Пудовкина в 1928 году и живший в Париже, отправил синопсис «Атиллы» в швейцарскую фирму, ранее выразившую к нему

---

[45] Письмо от 26 июля 1934 года [Любимова 2002: 332] (Куртис Дж. «Неизвестные письма...»).

интерес. Чуть позже, летом, Инкижинов с энтузиазмом предложил себя Замятину на главную роль[46]. В то же время последний переписывался с инженером Полем Сико, который сообщил ему, что, как и договаривались, предложил британскому представительству кинокомпании «Gaumont» четыре сценария: «Атилла, Бич Божий», «Тарас Бульба», «Гойя» и «Осужденные». Все эти переговоры мало к чему привели, разве что в 1935 году вышел «Тарас Бульба», снятый А. М. Грановским[47].

7 августа Замятин наконец отправил длинное письмо Федину из Бельвю: «Это на высотах под Парижем, и вид отсюда, действительно, чудесный. В нашем распоряжении тут — целая вилла и парк». Они жили в доме доктора и писателя А. Н. Рубакина, сына известного библиофила Н. А. Рубакина[48]. Замятин наслаждался ароматами цветов, окружавшими дом деревьями и ежевечерним уханьем филина:

> Отдохнуть тут можно очень хорошо — если только сдуру не сяду за работу. Недавно и то тряхнул стариной и написал парочку рассказов (по-русски... для французов). А отдохнуть надо бы: последнее время чувствовал себя препаршиво — мой старый друг колит. Но сейчас уже воскресаю и если пробуду здесь, как рассчитываю, до начала сентября, то растолстею... <...>
> A propos [кстати], Юрий [Анненков] грозится приехать... на своей новой машине: купил недавно — после того как сделал костюмы для одной фильмы, к которой и я имел некоторое отношение.
> Спасибо за извещение о том, что меня «осоюзили». Много с этим было возни? — напиши.
> Три дня назад провел здесь полдня в обществе Сержа Прокофьева... <...>
> Ты, пожалуй, получишь это как раз перед отъездом в Москву на съезд всемирно-исторического значения [Федина и Старков 1990: 92].

---

[46] Письмо от 3 июня 1934 года [BAR, Box 5].

[47] Письма, написанные в конце июля 1934 года [Malmstad and Fleyshman 1987: 146, note 11].

[48] [Любимова 2002: 334, примеч. 3] (Куртис Дж. «Неизвестные письма...»); Александр Рубакин вернулся в СССР во время Второй мировой войны.

Прокофьев недавно вернулся из интереснейшего путешествия по России, во время которого он проехал по местам, близким Замятину: по каналу имени Москвы и вверх по Оке, Волге, Каме и Беле в Уфу. Июль и август он проводил в Париже, работая над несколькими произведениями для фортепиано, а позже собирался присоединиться к своей семье на юге Франции. Прокофьев принял решение, которое, должно быть, обдумывал и Замятин, — возможно, они даже обсуждали это, когда композитор навестил его. Через полтора года композитор вывезет свою семью из Парижа и вернется в Советский Союз, где, по его мнению, созданную им музыку могли оценить по достоинству [Nice 2003: 317, 336]. Позже, в 1934 году, И. Э. Бабель тоже будет убеждать свою мать и всю семью переехать с ним из Парижа обратно в Россию.

В августе еще одним гостем Замятина стал А.-Ф. Поттешер, опубликовавший воспоминания об их беседе под названием «Три часа на Бельвю с русским писателем Евгением Замятиным»:

> Некоторые его рассказы из тех, что печатались в наших журналах, — настоящие шедевры. Слушать его — одно удовольствие. Он говорит по-французски очень осторожно, без уверенности в словаре, — но на лице у него такое стремление быть понятым, что слушаешь его, можно сказать, увлеченно. Его слова уводят далеко, заставляют задуматься. Каждой фразой Замятин ставит проблему. Но он не утомляет, потому что он четок, точен, весел.

Поттешера очень интересовали газетные заметки о прошедшем в Москве первом съезде только что созданного Союза писателей и статьи, написанные присутствовавшими там французскими делегатами Жаном-Ришаром Блоком и Луи Арагоном. Замятин рассказал, что в СССР есть огромный интерес к классической и современной русской литературе, а также к зарубежной классике — Шекспиру, Мольеру, Расину, Бальзаку. Недавний поворот в литературе в сторону реализма, с использованием более ясного и доступного стиля, по его мнению, соответствовал вкусам миллионов новых читателей в стране[49]. Стоит отме-

---

[49] [Галушкин и Любимова 1999: 268–269] (Поттешер А.-Ф. «Три часа на Бельвю с русским писателем Евгением Замятиным»).

тить, что это было последнее опубликованное интервью Замятина.

Первый всесоюзный съезд советских писателей открылся в Москве 17 августа 1934 года и шел две недели. Съезд учреждал новый Союз писателей и провозглашал социалистический реализм официальным методом советской литературы и литературной критики. Несмотря на противоречивые события предыдущих недель, после закрытия РАППа в 1932 году в обществе чувствовался оптимизм в отношении будущего советской литературы. Горький выступил с длинной и скучной речью; Бабель откровенно рассказал о причинах своего молчания в последнее время. Бухарин же использовал свое выступление о поэзии, чтобы призвать к разнообразию и более высокому качеству стихов, выделив Пастернака как выдающегося мастера своего поколения. Жан-Ришар Блок, речь которого переводил Эренбург, говорил о необходимости наряду с теми, кого читают массы, поддерживать и тех писателей, у которых найдется всего лишь 5000 читателей. Эренбург выступил с похожим заявлением и призвал к разнообразию жанров и стилей и к терпимости, говоря о необходимости искусства, интересного интеллигенции,

К. А. Федин и Максим Горький (1934 год) (автор неизвестен)

и защищая Пастернака и Бабеля. Это выступление не вызвало осуждения, впоследствии Эренбург даже был приглашен в президиум Союза и награжден дачей в Переделкино. Съезд 1934 года значительно усилил положение и статус Пастернака, и в течение нескольких последующих месяцев он чувствовал сближение с режимом. Сегодня мы склонны считать, что съезд поставил русских писателей в узкие рамки навязанного им социалистического реализма, но в то время это было не самым очевидным его результатом.

В начале сентября Замятин снова написал Федину, на этот раз делясь с ним впечатлениями от московского съезда писателей, о котором прочитал в газетах. Они с Людмилой провели в Бельвю больше месяца, наслаждаясь наполненным ароматами воздухом и возможностью предаться праздности:

> Как водится — понавез сюда с собою книг, чтобы работать, но... такая благодать, что не хватало духа портить ее чернилами и табаком. Почти ничего не делал, но зато неплохо отдохнул и поправился. Это, пожалуй, было нужнее всего, ибо к концу сезона, перед отъездом, чувствовал себя паршиво (все то же: кишка тонка). Зато сейчас каждодневно лопаю бананы, груши и прочее. И наслаждаюсь чтением стенограмм братьев-писателей! Н-да, загнули вы... не съезд, а прямо оратория! Но ораторы — так себе. Лучше других (не гневайся) показались мне... парижане: по-настоящему говорил Жан Ришар Блох, интересен был Эренбург. И может быть самое примечательное было — панорама литератур нацменьшинств — вроде грузинской, армянской, таджикской и т. д. Это — не пустые разговоры, а дело.

Затем он снова просил Федина помочь ему с домашними делами:

> К тебе у меня просьба: если наша Аграфена Павловна обратится к тебе с этим — помоги ей через Союз (членом коего — как тебе известно — состою) закрепить за мной квартиру. Сейчас броня до 1-X, а мои паспорта продлены уже на более поздние сроки. <...> Хорошо бы опять на год, а уж если никак нельзя — то хоть на беременный срок — на 9 месяцев, на 6.

Однако к этому времени обещания Замятина в конце концов вернуться в Россию начинали казаться все более и более пустыми. Он добавил: «На днях был на даче здесь Сергей Прокофьев — рассказывал о своем визите в Детское...» То есть во время своей поездки в Россию Прокофьев навестил Федина — и вполне вероятно, что тоже обсуждал с ним вопрос своего возможного возвращения в СССР[50].

После Бельвю они перебрались в Шартр, а оттуда вернулись в Париж. 8 ноября Людмила отправила Е. Б. Анненковой пространное письмо о своей жизни жены-домохозяйки:

> Жизнь моя здесь <...> размеренная, удобная — с нефтью, газом, горячей водой, непременно утренней — и часто вечерней — ванной (просто — откроешь кран и готова ванна), с добавкой молока, хлеба etc. Хозяйство наше несложное; а если иногда приходится что-нибудь делать дома (чаще обедаем вне) — сами знаете, как все здесь просто и удобно приобретать и приготовлять. Живем в прекрасном quartier [квартале], доме, близость Булонского леса для меня большое удовольствие, редкий день пропущу, чтобы не пробежаться по нему. Благо времени свободного много, спешить некуда и незачем. Париж люблю, привыкла к нему, наше quartier называю своей «второй родиной». Вы, конечно, знаете этот район — Auteuil — с садами, аллеями, хорошим воздухом, очень чистым в сравнении с другими районами Парижа. <...>
> Знаю, что открытку мою из Шартра Вы получили. Вернулась я оттуда в конце октября, — нашлялась по поляне и лесам (сколько белевых грибов находила в них!), надышалась на всю зиму воздуха, растолстела, эмансипировалась от ЕИ. И теперь — не без удовольствия существую в Париже. ЕИ работает сейчас с одним кино-режиссером (у него дома), так что я пользуюсь свободой, хожу по гостям, <...> по магазинам, была на нескольких выставках — осенний Салон нынче грандиозный. <...>
> ЕИ — пополнел, хорошо летом отдохнул. Весною — чувствовал себя неважно. Настроение — хорошее. Шлет вам приветы всем, а я — крепко целую. <...> «Блоха», увы, так и не заскакала здесь [РГАЛИ. Ф. 2618. Оп. 1. Ед. хр. 71].

---

[50] Письмо от 4 сентября 1934 года [Федина и Старков 1990: 92–93].

Создающееся от этого письма впечатление, что Людмила была счастлива и уверена в себе, хорошо согласуется с оставленными позднее воспоминаниями Куниной-Александер о том, что, по ее ощущениям, отношения между супругами заметно улучшились в период с начала 1920-х годов в Ленинграде, когда она впервые познакомилась с ними, до 1930-х годов:

> Замятин умел быть веселым, чаще всего вне своего дома, где была, как мне в молодости казалось, какая-то чуть унылая преданность его подруги, словно чувствующей себя виноватой из-за не данного ему ребенка, или будто несуществующая детская могилка разделяла их, и, может быть поэтому Людмила Николаевна жила, пока не попала за границу, со взором долу и чуть в сторону — в какую-то точку на полу между своими смешными старомодными ботинками с белым лайковым верхом и черными пуговицами и добротной английской обувью Евгения Ивановича. В Париже в последние годы его жизни этого уже не было, может быть, трудности жизни на чужбине и его обнаружившаяся болезнь сердца сплотили этих двух таких разных, но одинаково незаграничных людей? Правда и то, что не было у Евгения Ивановича за границей барских домов друзей, где царствовали красивые литературные девушки с изящными ногами и хорошим знаньем иностранных языков. А в России еще были, и он умел и в тяжелые годы подтрунивать, и острить, и смеяться, и не одними своими азиатскими умными глазами, а в голос, даже плечами, даже трубку вынув изо рта [Кунина 1991: 96].

Другими словами, когда Замятин перестал быть звездой литературного мира, затмевающей жену в светском обществе и поддающейся легким соблазнам, пара смогла заново почувствовать то родство душ, которое свело их вместе тридцать лет назад. Видимо, эмигрировав из России, они преодолели и некоторые трения, возникавшие в семье. О куклах Ростиславе и Мише не упоминается ни в одном из писем, отправленных после 1931 года. Возможно, они тоже остались в Ленинграде, поскольку вопрос бездетности был уже не так актуален для Замятиных.

В конце ноября Д. С. Уотт из «Glasgow Herald» ответил на предложение Замятина написать еще один ежегодный отчет о состоянии российского судостроения. Уотт пообещал ему еще семь гиней за статью в 1000–1500 слов, которую нужно было выслать до 10 декабря: «Как Вы понимаете, в нашем "Торговом обозрении" мы хотим отчитаться о работе, проделанной в 1934 году, и обозначить перспективы на 1935 год. Ваша статья будет представлять особый интерес в связи с тем, что в нашей стране мало достоверной информации о судостроительной деятельности в СССР». Эта статья под авторством «профессора Евгения Замятина» вышла 29 декабря и имела следующее название: «Судостроение в Советской России. Действия по улучшению производства. Поворотный момент в промышленности. Проектируемая ледокольная флотилия»[51].

Последние несколько недель 1934 года отражены лишь в нескольких письмах, посланных Замятиным из Парижа. Два из них, довольно мрачные, были отправлены Куниной-Александер; в одном из них он благодарил ее за то, что она познакомила его с югославским художником Иваном Табаковичем, оформившим обложку для ее перевода рассказа «На куличках» (выполненного в 1931 году). Замятину очень понравилось общение с ним:

> Мне было тем более приятно увидеть Табаковича, что здешние парижские люди мне надоели: мало кого вижу, больше коснею в индивидуализме и мизантропии.
> Летом 1½ месяца так же мизантропически провел под Парижем в Belle-Vue, с последующим двухнедельным эпилогом около Шартра. Все это время почти ничего не делал, очень хорошо отдохнул, приобрел обманчивый вид доброго rentier (обманчивый — потому что сомневаюсь в своей доброте во-первых, и, во-вторых, потому что я не rentier, а пролетарий, у которого нет даже цепей: все-таки собственность!). Хожу не по-прошлогоднему, а бегаю сколько влезет: ем даже присланную Вами колбасу; и очень много работаю последние два месяца.
> К сожалению — это опять фильм; к сожалению — опять с Оцепом (с ним очень трудно работать — упрям как Гитлер); и к сожалению — пока никаких франков это не дало, так что сижу, положивши зубы на полку. <...> Какая несправедливость, что

---

[51] "Shipbuilding in Soviet Russia. Efforts Towards Better Production. Turning Point in Industry. Projected Ice-breaking Flotilla"; письмо Д. С. Уотта от 13 ноября 1934 года [Tejerizo 1988: 77–79].

с дефицитом разрешается сводить бюджет только государствам, суммам единиц, а для отдельных единиц — это, увы, невозможно!

Поглядываю сейчас поэтому в направлении «Островитян»: может случиться, что в 1935 году окажусь где-нибудь в Лондоне — если выйдут кой-какие кинематографические мои затеи с ними[52].

Несмотря на шутливую фразу о Ф. А. Оцепе, с которым он и Анненков долгими вечерами работали над «Анной Карениной», Замятин прекрасно понимал, какую угрозу представляет Гитлер. Уже в 1931 году в своих записных книжках он записал: «У Гитлера в программе: 1. Кастрировать всех евреев; 2. если девушка-немка соединяется с евреем — они подлежат жестокому наказанию...»[53] С этим письмом он отправил два своих новых рассказа — «Часы» и «Встречу», которую закончил лишь накануне. Он также спросил, не заинтересует ли Кунину-Александер его недавняя статья «Lettres russes» об исторических романах. В целом в 1934 году вновь было очень мало публикаций, среди которых лишь несколько коротких и довольно неинтересных рассказов. Однако он наконец вернулся к работе над романом «Атилла, Бич Божий». Он был рад, когда получил от Куниной-Александер и ее мужа теплые ответные письма:

> После таких писем — легче жить, не так одиноко. Ибо Париж для меня — населенная некими призраками пустыня, и живу я пустынником. <...> С каким удовольствием я очутился бы в Ваших краях! Да вот мои финансовые грехи меня в Ваш рай не пускают. Но как только какое-нибудь из моих более крупных дел выйдет — первое мое путешествие будет к Вам. <...> Сейчас — праздничное затишье, все деловые колеса стали, все в разъезде. После приятной работы — нескольких маленьких рассказов — опять вернулся к своим баранам: сценариям[54].

---

[52] Письмо от 23 ноября 1934 года [Любимова 2002: 332–335] (Куртис Дж. «Неизвестные письма...»).

[53] Письмо от 23 ноября 1934 года. [Любимова 2002: 332–335] (Куртис Дж. «Неизвестные письма...»); [Замятин 2001: 209].

[54] Письмо от 28 декабря 1934 года [Любимова 2002: 335–336] (Куртис Дж. «Неизвестные письма...»).

В конце 1934 года произошло шокирующее событие, поставившее крест на появившихся после съезда писателей надеждах на послабление режима, — убийство 1 декабря главы ленинградского отделения Компартии С. М. Кирова. Другие представители «старой гвардии», такие как Бухарин, были в ужасе. Две недели спустя были арестованы и в середине января 1935 года приговорены к смертной казни Г. Е. Зиновьев и Л. Б. Каменев. Вскоре последовали другие массовые аресты и казни. Эти события положили начало сталинскому террору — чисткам, показательным процессам и расстрелам. Каменев и Горький были особенно близки, и смещение Каменева, по-видимому, стало началом существенного снижения влияния Горького на культурную жизнь [Fleishman 1990: 189; Barnes 2004: 102].

В последний день 1934 года Замятины послали Федину новогодние поздравления, переживая, что уже давно не получали от него вестей, и с нежностью вспоминая, как они встретились в Париже ровно год назад. В этом году, в неожиданно теплую и солнечную для декабря погоду, за него поднимут бокал шампанского дома у Анненкова [Федина и Коновалова 1998: 108]. Замятин сильно простудился, когда в самом конце января наступившего года снова написал Куниной-Александер: «…температура у меня — 39, грипп с штормовым, 12-тибальным насморком». Лежа в постели, он прочитал черновик ее романа, и теперь снова критиковал ее прозу (и ее героя) за то, что они слишком рациональны и холодны: «А я знаю (и по собственному опыту), что "настоящее" получается, когда работой руководит подсознание, сознание же и всякая идеология играют подчиненную роль. (Ох, как бы меня там за эту "ересь" подняли на штыки! Впрочем, и поднимали. Экие тупицы!)»[55].

В конце января в «Les Nouvelles Littéraires» были напечатаны «Часы»[56]. Замятин решил закрепить свое возвращение к беллетристике и попытаться повысить собственный писательский

---

[55] Письмо от 26(28)–29 декабря 1934 года [Любимова 2002: 336–337] (Куртис Дж. «Неизвестные письма…»).

[56] В мае рассказ будет напечатан в США, в журнале «Fiction Parade» [Malmstad and Fleyshman 1987: 148].

статус. 18 февраля 1935 года были разосланы приглашения на литературный вечер, где он собирался прочитать свой новый рассказ «Балет и революция», послуживший, по всей видимости, позже основой для задуманного им киносценария под названием «Le Dieu de la Danse» («Бог танца»). В нем были анахронично объединены элементы биографии В. Ф. Нижинского и мелодраматическая любовная интрига, развивающаяся во время Гражданской войны. Вечер проходил в Зале международных архивов танца [BDIC, dossiers 20, 188 and 189]. В программу вошли и другие новые рассказы Замятина, в основном смешные и непритязательные — в том числе, вероятно, «Видение», «Лев» и «Встреча». Примерно через месяц он писал Куниной-Александер:

> Живем мы, как известно, в стране, где капитал — или отсутствие оного определяет все в жизни. У меня, как водится, было — отсутствие. Пришлось принять спешные меры: устроил вечер чтения своих новых вещей. Вечер сделан был закрытый; читал отрывки из нового романа («Бич божий») — до сих пор не законченного, и несколько новых рассказов. В результате — поставил заплатку на свой бюджетный Тришкин кафтан. Вероятно, позже устрою еще одно soirée [вечер] — уже открытое. <...> Настроеньице и у меня, и у Людмилы Николаевны — по правде говоря, неважное. У нее был злой грипп, из которого она не могла долго вылези. По окончании ее гриппа и моей возни с вечером — пустились недели на полторы в «светскую жизнь» — чтобы заткнуть дыру в душе. Однажды я, влезши в смокинг, отправился даже на бал — ни разу еще не видел парижских балов, надо было посмотреть. Как Вам, может быть, известно по собственному опыту, все эти развлечения действуют только как морфий — на короткое время, а потом опять начинается боль. Как раз в «боль» попало и это письмо к Вам... <...>
> Будущего своего не знаю: темна вода... Возможно, что в течение ближайшего месяца съезжу в Бельгию, чтобы устроить там вечер по-русски и, быть может, conférence [доклад] по-французски. Начал разговоры с Амстердамом — об устройстве там conférence. Но все это — тоже больше из области «развлечений»[57].

---

[57] Письмо от 14 марта 1935 года [Любимова 2002: 338–339] (Куртис Дж. «Неизвестные письма...»); Ремизов вспоминал, что в 1937 году Замятин продал свой смокинг за 150 франков [AMHERST].

Примерно через неделю в письме Шаховской он спрашивал, не сможет ли она помочь ему организовать чтецкий вечер в русском Еврейском клубе в Брюсселе. Он упомянул, что слышал от М. Л. Слонима, что и в Антверпене найдутся желающие посетить подобное мероприятие [Шаховская 1975: 181–182].

27 марта в «Marianne» опубликовали его вторую статью из серии «Lettres russes». Ее главной темой стало начавшееся возрождение интереса к историческим романам — советские писатели явно стали чаще и увереннее обращаться к историческим темам, предшествовавшим 1917 году. Наиболее заметным произведением в этом жанре стал роман А. Н. Толстого «Петр Первый» (в двух частях, написанных в 1929 и 1933 годах). По мнению Замятина, причиной популярности этого советского «бестселлера» стали очевидные параллели, которые прослеживались между царем-диктатором, навязавшим стране технологическую и промышленную революцию в начале 1700-х годов, и положением Советской России в 1930-х годах. Также он высоко оценил недавний роман О. Д. Форш об А. Н. Радищеве, который он назвал одной из тех «книг для 5000 читателей», романов для интеллектуальной элиты, право на существование которых так энергично защищал Ж.-Р. Блок на съезде Союза писателей 1934 года[58].

В следующем письме к Куниной-Александер, написанном три недели спустя, пока Табакович работал над его портретом незадолго до своего отъезда из Парижа, Замятин грустно замечал: «...я теперь жалею, что сравнительно редко встречался с ним. Мысль сбоку: о скольких несделанных вещах и потерянных людях будем мы жалеть, когда придет последний день жизни...» Но, по крайней мере, его финансовое положение улучшилось: «Источник, по-прежнему, все тот же (мутноватый): кино. Сейчас вожусь над сценарием для Грановского: да простит нас Николай Васильевич Гоголь за издевательства над "Тарасом Бульбой"!» Он надеялся накопить денег на поездку в Югославию, хотя уже

---

[58] [Галушкин и Любимова 1999: 212–216] («Русская литература. II»).

слышал, что, возможно, Кунина-Александер скоро сама приедет в Париж. Он узнал об этом от мадам Хайльброннер, которая через Табаковича попросила его «...рекомендовать им un professeur intelligent de la langue russe... [умного преподавателя русского языка]. Я вспомнил, что в России я, между прочим, был un professeur de langue anglaise [преподавателем английского языка] — и рекомендовал себя». Накануне вечером он провел первое занятие в своем «новом парижском университете». «Все это забавно, но неоконченный роман пока все грустит в ящике письменного стола и ждет своей очереди. Не в Югославии ли ему суждено быть оконченным? Югославия становится обетованной землей...»[59]

В середине мая он написал длинное и откровенное письмо своему другу, переводчику Чарльзу Маламуту, который в ноябре 1930 года вместе с корреспондентом «Юнайтед Пресс Интернэшнл» Юджином Лайонсом провел сенсационное интервью со Сталиным в Кремле:

> Я — краснею. Краснею — увы! — не политически, а просто от стыда, что отвечаю Вам через четыре месяца. <...> Начинал это письмо несколько раз — и всякий раз оно оставалось недописанным: то мешали какие-то посетители, то работа, то отвратительное настроение, которое противно было выплевывать на бумагу.
>
> И наконец решил начать еще раз уже не по-английски, а по-русски. Почему, в самом деле, и не побаловаться изредка русским: английских и особенно французских писем я пишу довольно, а русские — очень редко.
>
> Итак, как видите, я жив. Но то, как я живу — мне, честно говоря, нравится очень мало. В голове у меня — неплохой капитал, а я его трачу на Ersatz'ы, на писание каких-то сценариев — только потому, что это единственная не так мизерабельно

---

[59] Письмо от 19 апреля 1935 года [Любимова 2002: 340–341] (Куртис Дж. «Неизвестные письма...»). Этот портрет Замятина кисти Табаковича часто появлялся в репродукциях в Югославии; в качестве ответа Замятин сделал предварительный набросок литературного портрета Табаковича, который сохранился в архиве Куниной-Александер.

оплачиваемая здесь работа. Да и то, по Вашим американским масштабам, платят убого. Мне никак не удастся «опередить» свой бюджет месяцев, скажем, на шесть, чтобы засесть за роман. Максимум роскоши, которую я мог себе позволить — это написать несколько новых рассказов, чтобы напечатать их по-французски, по-голландски, по-английски... но только не по-русски. <...>
Так жить — конечно, бессмысленно. Надо попытаться произвести какое-то новое coup d'état [переворот]. Но какое? Вернуться на родину? Но родина до сих пор мне была не матерью, а мачехой. Правда, сейчас как будто положение изменилось, но боюсь — не для меня. Писатели там живут припеваючи. Но когда я читаю, скажем, в «Литературной Газете» эти «припевы» — эту бесстыдную лесть по адресу всякого начальства — у меня начинается жестокий припадок морской болезни. В случае возвращения — в штате льстецов я не буду, а стало быть — останусь писателем «заштатным», обреченным на полное или приблизительное молчание.

В этом письме, пожалуй, наиболее отчетливо отражена дилемма, стоявшая тогда перед Замятиным. В то время как другие, например Прокофьев, решились на возвращение в СССР, он все еще сопротивлялся уговорам Федина и продолжал доверять своему внутреннему голосу, предупреждавшему об опасности такого шага, так как он никогда не станет полностью «красным». Зато он подумывал о путешествии дальше на Запад:

> А потому — не поискать ли счастья в Соединенных Штатах? Недавно вернувшийся из Америки Борис Григорьев рассказывал мне соблазнительные вещи. Голова у меня есть. Язык у меня есть. Друзья в Америке есть — от них же первый Чарлз Маламут (Лайонс замолк, на письмо не ответил...). Есть даже некоторая артиллерийская подготовка для набега (была ли у Вас в руках книга Max Eastman — «Artists in Uniform»?) [«Художники в униформе»].
> Словом — я возвращаюсь к мысли о поездке в Америку, для начала — с lecturing trip [лекционной поездкой]. Попробуйте провести по этой части серьезную разведку. Темами лекций могут быть: советский театр, советская литература, советские дети. Может быть, спишетесь об этом с Eastman'ом, если Вы с ним знакомы?

В книге Истмена, опубликованной в 1934 году, была целая глава, посвященная Замятину и нападкам на него со стороны РАППа. Из упомянутого плана поездки в США в очередной раз ничего не вышло.

В апреле 1935 года Замятин все еще был занят работой над сценарием «Тараса Бульбы», так как уже летом его должны были запустить в производство. В том же письме он предложил Маламуту целый ряд возможных киносценариев: «Царь в плену» (о царе Александре II и его любовнице Е. М. Юрьевской), «Великая любовь Гойи», «Пиковая дама» и, наконец, проект его «Атиллы»:

> «Атилла» — тема, конечно, для Сесиль де-Милля. Нельзя ли предложить ему?
> Все эти материалы посылаю Вам, так как, честно говоря, вижу в Вас больше дружеской заботливости, чем, скажем, у Лайонса (в нем — много от business man [бизнесмена]). Да и «Разин» мой, судя по Вашему письму, оказался у Вас. <...>
> Устал здорово. Сегодня отдыхаю, а завтра опять за работу: надо набросать текст conférence о советском театре, буду читать этот доклад 7-го июня в Амстердаме (по-французски). Оттуда еду в Антверпен и Брюссель — читать свои рассказы по-русски. В Брюсселе предлагают кроме того прочитать по-французски доклад о роли театра в воспитании в России, это — для конгресса, организованного при выставке в Брюсселе[60].

7 июня Замятин действительно выступил в Амстердаме с лекцией на тему «Русский театр сегодня». Текст его выступления, где речь шла о том, что русский театр является самым передовым в Европе, был основан на лекции, прочитанной им в Праге в конце 1931 года. Видимо, он готовил лекцию в спешке, так как 17 страниц текста состоят из написанных от руки строк, вкле-

---

[60] О Григорьеве см. [Лейкинд и др. 2000: 241]; письмо от 14 мая 1935 года [Malmstad and Fleyshman 1987: 143–146]; Маламут владел экземпляром книги Истмена, в которой имелось восторженное посвящение автора, сделанное в 1934 году; о влиянии этой книги см. [Fleishman 1990: 184]. В этой ситуации Замятин недооценил готовность помочь, проявленную Юджином Лайонсом, который действительно в начале апреля 1934 года взял с собой в Голливуд копию проекта «Атиллы» для де Милля [Harvey 2001].

енных машинописных фрагментов и даже газетных вырезок [BDIC, dossier 88]. Находясь в Амстердаме, Замятин, по-видимому, нашел время, чтобы посетить район красных фонарей, так как у него в записных книжках есть краткое описание сидящих в окнах женщин [Замятин 2001: 244]. Он написал Шаховской, спрашивая, можно ли остановиться у нее примерно на три дня на обратном пути. Кроме лекции на конгрессе, он собирался 15-го числа прочитать еще одну лекцию в русском Еврейском клубе, поэтому спрашивал, сможет ли Шаховская помочь с продажей билетов и получится ли, если понадобится, заранее отдать деньги за аренду директору клуба. Лекция, которую он прочитал в Брюсселе, называлась «Театральные параллели»[61].

В 1934 и 1935 годах Эренбург тоже много путешествовал по Европе, и во время своих поездок в Эльзас, Бельгию и Нидерланды он ужасался успехам нацистской пропаганды в агрессивном распространении принципов немецкого национализма. Поэтому осенью 1934 года он обратился непосредственно к Сталину, убеждая того создать антинацистское движение. В результате летом 1935 года Эренбургу было поручено организовать антифашистский конгресс в Париже. Он состоялся 21–25 июня в «Пале де ла Мютюалите» под названием «Международный конгресс писателей в защиту культуры»: его посетило около 3000 человек, а участвовали в нем 230 делегатов из 38 стран. Среди участников были Бертольт Брехт, Роберт Музиль, Анна Сегерс, Лион Фейхтвангер, Генрих Манн, Эрнест Хемингуэй, Олдос Хаксли, Герберт Уэллс и Э. М. Форстер, а также представители Франции и СССР. Специфика конгресса во многом определялась тем, что большую роль в его организации сыграли Французская коммунистическая партия и представители советской власти. Они преследовали двоякую цель: создание единого антифашистского фронта и формирование положительного образа СССР как защитника Европы от нацизма. Незадолго до этого французские и советские дипломатические отношения были скреплены новым договором о взаимопомощи, подписан-

---

[61] [BDIC, dossier 69; BAR, Box 2, 23 and 36]; также см. [Shane 1968: 91].

ным 2 мая 1935 года. Гитлеровская угроза, конечно, ставила перед очевидной дилеммой тех, кто имел предубеждение против сталинской России. Многие из присутствовавших на конгрессе, скорее всего, поддерживали первую его цель (объединение против Гитлера), хотя скептически относились к просоветской пропаганде [Menegaldo 1998: 183].

Эренбург взял на себя организацию конгресса, ему также помогали Андре Жид, Андре Мальро, Жан-Ришар Блок и другие. Этот съезд должен был подчеркнуть значение интеллигенции и призвать к сплочению для защиты основных ценностей европейской цивилизации. Эренбург, Савич и Познер намеревались писать репортажи для основных советских газет. За пять дней до открытия съезда Мальро сообщили, что Горький, который должен был возглавить советскую делегацию, «нездоров» и поэтому не сможет приехать (в начале 1935 года ему уже отказали в разрешении поехать на Запад для лечения, что было недобрым знаком). По совету Эренбурга Жид и Мальро отправились в советское посольство и попросили включить Бабеля и Пастернака в состав советской делегации, чтобы придать вес ей и всему конгрессу. Последовал гротескный эпизод: Пастернаку позвонил личный секретарь Сталина и велел немедленно отправляться в дорогу. Несмотря на его протесты, его вместе с Бабелем посадили в поезд, забрав прямо из санатория, где он лечился от депрессии. Они смогли прибыть во Францию только к концу конгресса. Уже через год после съезда Союза писателей Пастернак был глубоко потрясен последствиями недавней коллективизации в русской деревне и волнами арестов среди литературной интеллигенции. В Париже он был в ужасном состоянии — больной и явно напуганный. Его краткая речь в защиту эстетической ценности поэзии (по словам Бабеля, именно он в парижском кафе с помощью Эренбурга набросал для Пастернака ее текст) была прочитана в последний день конгресса и имела успех. Бабель бегло говорил по-французски, но никаких свидетельств его выступления не сохранилось.

В Париже произошла катастрофическая «не-встреча» Пастернака с М. И. Цветаевой, с которой он не виделся с 1922 года, хотя они продолжали обмениваться эмоциональными письмами. Видимо, боясь, что обо всем будет доложено в органы безопасности, до смерти напуганный Пастернак пробормотал что-то банальное и непонятное в ответ на вопрос Цветаевой, не стоит ли ей вернуться в СССР, как ее убеждали муж С. Я. Эфрон и дочь Ариадна. Она была озадачена и разъярена [Саакянц 1997: 648]. Анненков на своей машине возил Пастернака и Замятина по Парижу и в Сен-Дени. Возможно, после разговора с Пастернаком им удалось составить для себя более ясную картину действительного положения дел в Москве, в то время как Цветаевой этого сделать не удалось. По окончании конгресса в Париже открылась выставка русского искусства, проходившая с 26 июня по 10 июля. Эта была уже вторая крупная выставка русских художников, которую Замятин посетил в Париже, и она сильно отличалась от выставки «Мира искусства», прошедшей в 1932 году. Эта более «советская» выставка была организована мужем Цветаевой С. Я. Эфроном от имени «Союза возвращения на родину» (он считался напрямую подчиненным ГПУ), и на ней были представлены работы Ю. П. Анненкова, Н. С. Гончаровой, М. Ф. Ларионова и М. З. Шагала.

Высказывалось предположение, что Замятина могли даже приравнять к официальным членам советской делегации — или, возможно, он просто автоматически имел право присутствовать на конгрессе в качестве члена Союза советских писателей? В любом случае, его парижские знакомые — Эренбурги и Савичи — активно участвовали в организации этого мероприятия, и он смог встретиться со своими давними друзьями из СССР. Никитин пересказал впечатления А. Н. Толстого от встречи с ним, а Тихонов, впервые в жизни оказавшийся за границей, вспоминал, что Замятин, как и Цветаева, регулярно приходил на сессии конгресса. Он отметил, что тот вел себя уже не как уверенный в себе английский джентльмен, а как человек, переживший много неудач[62]. Интересно предположить, что Замятин,

---

[62] [Тихонов 1980: 175]. Савина и Нечипоренко [Савина и Нечипоренко 1989: 91–92] даже утверждают, что Замятин выступил с речью, видимо, представлявшей собой выдержки из его статьи о ледоколах.

возможно, познакомился на конгрессе с Олдосом Хаксли или еще раз встретил Герберта Уэллса. Вероятно, он также входил в число тех пяти тысяч человек, которые, как Бабель, присутствовали на состоявшемся 30 июня официальном открытии нового бульвара Максима Горького в рабочем районе Вильжюиф на юго-востоке Парижа [Фрезинский 1996б: 166–168; Фрезинский 1998: 197]. В эти дни у него было много возможностей понаблюдать за своими товарищами-писателями из СССР и обдумать их положение. Общение с ними явно не убедило его в необходимости возвращения в Ленинград, и, возможно, именно этот конгресс склонил его к окончательному решению не возвращаться.

Той осенью в России произошли новые неприятные события. Сын и муж Ахматовой были арестованы, а позже освобождены [Fleishman 1990: 193–194]. В октябре заболели мать и сестра Али Савич — она поспешила в Москву, чтобы ухаживать за ними, но затем ей было отказано в разрешении выехать, и в итоге она попала в ловушку. Эренбург пытался сделать все возможное, чтобы помочь Савичам; также они с Савичем освещали события в Испании в 1937 году. Но Аля оставалась в разлуке с мужем до 1939 года, когда он наконец присоединился к ней в СССР[63].

После антифашистского конгресса Замятин подумывал отдохнуть в сельской местности в Бельгии, но не нашел, у кого остановиться[64]. На шесть недель супруги вернулись в Бельвю, где они были так счастливы в прошлом году. 17 августа Анненков навестил их там, на вилле доктора Рубакина, а Замятин, просматривавший литературные журналы, сделал критические замечания о текущем состоянии советской культуры. Он праздно проводил время, так как только что закончил очередную работу для Оцепа (дальнейшие поправки к «Анне Карениной») и ничего нового не начинал [Анненков 1991, 1: 273–275]. Как он писал Куниной-Александер: «С начала августа — мы в Бельвю... <...> Погода, воздух, безлюдье, тишина, дятлы в парке — замечатель-

---

[63] [Фрезинский 2003: 70–71]; в Париже Савичи жили в том же доме, что и художник Н. И. Альтман, который тоже вернулся в СССР в 1935 году.

[64] Письмо Франца Хелленса от 2 июля 1935 года [BAR, Box 1, 15].

ные! Здесь — до начала сентября, и потом в проекте совместная поездка куда-нибудь (на юг) с Анненковым»[65]. Через несколько недель он сообщил Шаховской: «Лето окончилось, и Арденнские мои планы пошли прахом... <...> Сейчас — на старой квартире в Париже. Если не свяжусь с новыми кинематографическими работами — может случиться, что сбегу отсюда куда-нибудь на юг: засесть там в какой-нибудь средиземной дыре и писать»[66]. Эти планы путешествия на юг так и не осуществились, хотя Людмила, похоже, все же уехала на какое-то время, предоставив мужа самому себе. Слоним вспоминал: «...осенью 1935 года он жил в моей квартире, и мы почти каждый вечер вели долгие задушевные разговоры. Теперь я не только восхищался им как писателем, а и по-человечески привязался к нему» [Slonim 1959, XXIII]. 6 сентября рассказ Замятина «Лев» вышел в «Paris-Soir», а 9 октября еще одна, более значительная публикация, в «Marianne» — это был французский перевод «Пещеры» [BDIC, dossiers 54, 110, 111]. После работы над киносценариями для Оцепа и Грановского 10 сентября он закончил еще один для В. Ф. Стрижевского[67].

В последующие месяцы Замятин погрузился в работу над «Бичом Божьим», это был самый длительный период работы над романом. Как и его друзья-писатели в СССР, он тоже обратился к истории русских земель до 1917 года, посвятив свое сочинение жизни Атиллы, который в юности в качестве заложника стал свидетелем упадка Римской империи. Рассказ о нем переплетается с повествованием об историке V века Приске Панийском, писавшем о периоде, когда Рим стал жертвой вторжения варваров. Важной темой романа становится столкновение Запада и Востока и крах слабой и вырождающейся цивилизации перед лицом молодой силы первобытных готов и славян, что было

---

[65] Письмо от 27 августа 1935 года [Любимова 2002: 341] (Куртис Дж. «Неизвестные письма...»).
[66] Письмо от 30 сентября 1935 года [Шаховская 1975: 183].
[67] Об Оцепе и Стрижевском см. [Malmstad and Fleyshman 1987: 148]; также см. [Анненков 1991, 1: 280–281] и [Shane 1968: 92, 224].

вполне актуально. Замятин закончил только семь глав «Бича Божьего»; в редакции М. Л. Слонима они были опубликованы посмертно в 1939 году, но работа над ними фактически завершилась уже в 1935 году. Сохранившиеся главы отличаются утонченным стилем и взвешенностью и лишены угловатости, характерной для некоторых работ Замятина неореалистического периода. Здесь надо учитывать его возраставшую «нетерпимость» к жизни на Западе, все чаще возникавшую у Людмилы тоску по снегу и холоду и ее чувство неловкости из-за слишком комфортной жизни. Как результат самые яркие и чувственные образы этого исторического романа сопряжены с моментами, когда молодой Аттила, находясь в Риме, мечтает о простых вещах, связанных с родиной: сыром поте, грубой пище, необработанной ткани, волках, диких лошадях и снеге. Одним из последних фрагментов, который можно найти в записных книжках Замятина, было обращение к своему главному герою: «О, Атилла! Когда же, наконец, вернешься ты, любезный филантроп, с четырьмя сотнями тысяч всадников и подожжешь эту прекрасную Францию, страну подметок и подтяжек!» [Замятин 2001: 254].

В самом конце года Замятины, а также выдающийся филолог Б. Г. Унбегаун с женой были приглашены Цветаевой на организованный ею вечер. На нем также присутствовали ее муж С. Я. Эфрон (возможно, советский агент) и дети Ариадна и Мур. Все трое к тому моменту в той или иной степени разделяли промосковские взгляды и хотели вернуться в СССР. Сама Цветаева, чей круг знакомств в Париже пересекался с кругом Замятина — например, в него входили такие люди, как Ходасевич, Шарль Вильдрак, Прокофьев и Слоним, — испытывала большие сомнения по этому поводу. Трагическое развитие событий после того, как семья все-таки вернулась — сначала в 1937 году Ариадна, затем Эфрон (тайно), а в 1939 году сама Цветаева с сыном Муром, — конечно, доказало ее правоту. Когда Цветаева приехала в Москву, она узнала, что ее сестра отправлена в трудовой лагерь. Вскоре арестовали Ариадну, затем Эфрона, которого, судя по всему, расстреляли. Цветаева покончила жизнь самоубийством в 1941 году, а все следы Мура пропали во время войны.

11 января 1936 года Замятин писал Куниной-Александер: «Эту зиму я чувствую себя гораздо приличней, чем прошлую. <...> Недавно кончил один сценарий, а сейчас, отправивши это письмо, сажусь за другой»[68]. Первым из упомянутых им сценариев была, вероятно, экранизация пьесы Горького «На дне» для Жана Ренуара[69]. Он и правда мог сразу перейти к работе над следующим сценарием, потому что его 30-страничная киноверсия «Мазепы» датирована 15-м числом того же месяца [BAR, Box 2, 6; BDIC, dossier 58]. За день до окончания работы он послал шутливое и одновременно полное практических деталей письмо о своих финансовых делах А. Н. Толстому, недавно побывавшему в Париже. Обращает на себя внимание то, что он обращается за помощью уже не к Федину:

> Дорогой товарищ-греховодник, <...> ...напиши о деле, о котором мы говорили в Париже: по поводу моих гонораров [за «Блоху»] в Драмсоюзе.
> На получение этих денег я послал доверенность нашей Аграфене Павловне, засвидетельствованную в Парижском Советском консульстве — и все-таки денег по ней не выдали: заявили, что срок доверенности будто бы истек (хотя я отлично помню, что давал доверенность не на определенный срок).
> Мне эта волокита надоела. Мои авторские гонорары принадлежат мне, и задерживать их выплату Драмсоюз не имеет никакого права. Деньги эти мне нужны. Зачем — я тебе в Париже рассказывал. Я не хочу прежде всего, чтобы в ожидании моего приезда Аграфена Павловна жила впроголодь. Мне нужно выписать много советских изданий — и так далее.
> Словом: будь добр, сядь на свою машину, съезди в Драмсоюз и получи там мои деньги. Доверенность прилагаю. Из полученных сумм дай Аграфене, скажем, пока тысячу. Сколько останется у тебя — напиши. <...>
> Половину зимы сидел и писал роман, а с декабря навалились кинематографические заказы один за другим. Дела заворачиваются интересные. Скоро, похоже, поеду в Лондон [Толстой 1989: 250–251].

---

[68] [Любимова 2002: 342] (Куртис Дж. «Неизвестные письма...»).

[69] См. [RS 1996 II, 2: 375–385] (Любимова М. Ю. «О законе художественной экономии...»).

15 апреля в «Marianne» вышла третья статья Замятина из серии «Lettres russes». В ней он гораздо более остро и открыто критикует советскую литературу, даже Горького. Возможно, причина этого заключалась в уже окончательно принятом им решении никогда не возвращаться в СССР:

> В советской печати конца 1935 года на художественную литературу сыпались упреки за «отставание» ее от генеральной линии государственной машины. По всей вероятности, музам невмоготу идти нога в ногу с новой модой на «стахановщину».
> И действительно, урожай прошлого года с хлебных и сталелитейных полей оказался намного обильнее, чем с полей литературных. Доныне мы не видим ни одного произведения равного по силе «Поднятой целине» Шолохова или «Петру I» Алексея Толстого.

М. М. Пришвин и Ю. И. Яновский, по мнению Замятина, сохранили свои индивидуальные голоса:

> Почти что у всех советских авторов мы находим общую черту: явное предпочтение отдается ими механической цивилизации, конечно, в ее советской трактовке. Природа рассматривается ими прежде всего как объект, к которому можно приложить энергию горожанина. Руссоистские тенденции приобщения к природе, бегство от городской жизни теперь встречаются только как редкие исключения: Пришвин — одно из них. <...> Ни один из современных советских писателей не умеет, как он, видеть и внимать деревьям, зверям, птицам, понимать их язык.

Книга Яновского была написана скорее в жанре героического эпоса, в нее вошли лирические описания степи: «Обе книги — и Пришвина, и Яновского — как мы видим, трактуют не злободневные темы, темы, к которым авторы призываются как правящей партией, так и "папой советской литературы" Горьким, и какой-то частью читателей»[70].

В начале 1936 года с вышедшей в «Правде» 28 января печально известной редакционной статьи «Сумбур вместо музыки»,

---

[70] [Галушкин и Любимова 1999: 216–219] («Русская литература. III»).

в которой был разгромлен Шостакович, начался очередной этап ущемления художественных свобод в СССР. За этим последовали публичное осуждение Булгакова и новый запрет его произведений. 9 апреля Горький ответил на происходящее своей последней большой статьей в защиту «формализма» [Fleishman 1990: 196–203]. Тем временем вслед за своей третьей статьей «Lettres russes» Замятин выступил с еще более откровенной критикой советской культурной политики. 24 мая он завершил работу над статьей «Actualités soviétiques» («Новости из Советского Союза»), первоначально предназначавшейся для газеты левого толка «Vendredi» («Пятница»), хотя она осталась неопубликованной и вышла в Нью-Йорке только в 1990 году. Это был его ответ на дискуссии, начавшиеся после нападок на Шостаковича:

> Последний mot d'ordre [лозунг] в советской литературе — это борьба с «формализмом». Сигнал к атаке был дан статьей в московской «Правде». <...> Генеральное сражение разыгралось на нескольких собраниях писателей в Москве в середине марта. Одновременно словопролитные бои с «формалистами» проходили на собраниях художников, режиссеров, музыкантов.

Затем он дает объяснение термину «формализм», описывая стремящееся к ярким эффектам, но полное оригинальности творчество Мейерхольда и лингвистические исследования Шкловского, Тынянова и Эйхенбаума. Он подчеркивает, что в ходе недавних нападок в это понятие грубо включили все «левые» формы в искусстве. Почему это произошло? «Следует вспомнить, что литература в Советской России — это в некотором роде государственная служба, писатель считается обязанным служить тем же целям, которые ставит себе государство». Другими словами, «формалистами» были все те, кто не разделял утилитарного взгляда на литературу:

> Мужества в защите своих позиций «формалисты» проявили очень мало: они не столько защищались, сколько каялись в своих «ошибках». Мазохистское покаяние, кажется, вообще

надо включить в число основных свойств пресловутой âme slave [славянской души]. Эпидемии публичных покаяний за годы революции уже разыгрывались в советской литературе, часто представляя собою нечто, напоминавшее средневековые процессии флагеллантов.

Меня всегда удивляло, что старые, настоящие революционеры спокойно созерцали эти процессии.

Только Пастернак повел себя достойно, выступив против доводов, приводимых критиками «формализма». Замятин снова ссылался на высказанное в 1934 году Жаном-Ришаром Блоком мнение о важности литературы «для 5000», т. е. текстов, которые могут не понравиться массовому читателю, и, цитируя известную фразу, которой Сталин на совещании в октябре 1932 года охарактеризовал писателей, отмечал: «Если писатели — "инженеры человеческих душ", то ведь лаборатория, эксперимент — необходимое условие работы инженера. И пусть из 1000 опытов удачным окажется только один: 999 неудачных не менее нужны, чем этот последний»[71]. В Москве, однако, преследования продолжались, и Пильняк, которого наряду с ним самим третировали с 1929 года, был вновь подвергнут открытым нападкам со стороны литературного истеблишмента. 28 октября его роман «Мясо», написанный в соавторстве с С. М. Беляевым, был публично осужден на заседании Союза писателей[72].

Из отправленного 24 мая Постникову в Прагу еще одного длинного письма Замятина видно, что литературная ситуация в России по-прежнему заботила его:

> Сегодня — первый по-настоящему весенний день, тепло и солнечно. Повеселей и на душе, хотя так, как будто, веселиться особенно нечему. Есть люди, которые радуются, что в России — колбасы, чины и ордена, а меня воротит от одного слова «орденоносный». Среди уважаемых писателей — все то же подхалимство. Срам: дождались до того, что «Правда» публично порет

---

[71] [Галушкин и Любимова 1999: 219–221, 327–328] («Actualités soviétiques»).

[72] См. [Галушкин и Любимова 1999: 329, примеч. 5; Андроникашвили-Пильняк 1994: 152].

их за излишнее усердие! <...> Но эта порка — хороший знак: не вырастут ли и там из рабов — люди?
Тогда и мне можно будет работать там (если не будет поздно). А пока сижу здесь, хотя Париж уже осточертел мне. <...>
Большая часть зимы работа над романом (тот же мой «Атилла»), написана первая часть, но в результате, понятно, казна пуста. Опять кинематограф...
Печатаюсь помаленьку у французов, голландцев, сербов, американцев. У французов — больше всего. <...>
Людмила Николаевна — здравствует в Париже, который ей надоел* еще больше, чем мне.

Людмила вставила в это письмо звездочку и добавила приписку от себя: «ЕИ сочиняет как беллетрист: Париж совсем мне не надоел, наоборот, с каждым годом люблю его больше и больше» [RS 1996 II, 2: 508–514]. 1 июня, поддерживая, как обычно, семейную переписку с Булгаковым, она написала ему: «Около двух лет прошло (подумайте — 2 года!), как я получила Ваше последнее письмо. В нем Вы писали, что Елена Сергеевна собирается "возить Вас по Европам", <...> а Елена Сергеевна до сих пор не исполнила своего намерения, и Вы все не едете». Она, по-видимому, не знала, что Булгаков недавно попал в опалу:

> Не раз мечтали о достойной встрече Вас. Под гитару, как Николка в «Днях Турбиных», была бы исполнена в Вашу честь кантата (как замечательно поет Ваш Николка!), выпили бы ароматного густого бургундского etc., etc. Читали рецензии о «Мертвых душах», о «Мольере», т. к. имеем почти все московские газеты и журналы. <...>
> Живем — неплохо. Париж с каждой весной люблю все больше и больше. И когда ЕИ поднимает вопрос о возможном переезде в Лондон — я протестую. Расстаться с этим изумительным городом, с «прекрасной Францией» — не хочется. Но ЕИ уже давно Париж поднадоел [Бузник 1989: 187–188].

В то лето Горький скоропостижно скончался при обстоятельствах, до сих пор вызывающих споры, причем некоторые считают, что к этой смерти приложили руку Сталин или органы безопасности. Андре Жид в это время находился в Москве и на похоронах произнес речь в честь покойного[73]. По-видимому, Замятин и Анненков были единственными из русских, кто выступал на поминках, организованных в Париже через несколько дней после смерти Горького (и все же даже Анненков считал, что Замятин наивно преувеличивал его «добрые дела»)[74]. В июле Замятин написал эссе, посвященное памяти писателя, которое было опубликовано 1 августа в «La Revue de France» под заголовком «Максим Горький»[75]. По случайному совпадению той осенью Жан Ренуар закончил снимать фильм «На дне» по сценарию Замятина и Жака Компанейца, в котором главные роли сыграли Жан Габен, Луи Жуве и Сюзи Прим. Официальная премьера «На дне» [на французском — «Les Bas-Fonds»] состоялась в начале декабря, и фильм получил хорошие отзывы в прессе[76], а в конце декабря был удостоен премии за «Лучший фильм 1936 года»[77]. Должно быть, Замятину было приятно, что после стольких лет того, что он считал скучной и тяжелой работой, он наконец поучаствовал в проекте, получившем широкое признание во Франции за свои художественные достоинства.

7 октября он позвонил Анненкову, и они вдвоем сходили в ресторан отведать креветок и мидий. Однако М. Л. Слоним вспоминал, что в тот год здоровье его друга ухудшилось: «Осенью 1936 года меня вызвал его врач и сказал, что Замятин неизлечимо болен и что дни его сочтены: болезнь сердца, которая заставляла его неделями быть прикованным к постели, предвещала неизбежный конец» [Slonim 1959: xxv]. 16 ноября Замятин написал Куниной-Александер, что не может много работать. К этому времени его надежды быть опубликованным, по-видимому, сосредоточились главным образом на ней и Югославии:

---

[73] А. М. Горький умер 18 июня 1936 года.

[74] [Анненков 1991, 1: 268]; о речи Замятина «Une manifestation littéraire à la mémoire de Maxime Gorki» см. [Галушкин и Любимова 1999: 328].

[75] [BDIC dossiers 59 и 222]; [Галушкин и Любимова 1999: 221–232] («М. Горький»).

[76] См.: Адамович Г. В. Последние новости. 1936. 4 дек.

[77] [RS 1996 II, 2: 375–385]; [Shane 1968: 93] (Любимова М. Ю. «О законе художественной экономии...»).

> Драматизацию «Островитян» — т. е. пьесу «Звонари» послал Вам в субботу заказным. Это — последний, имеющийся у меня, и, кажется, единственный в Европе экземпляр.
> A propos [кстати]: «Островитяне» в начале 1937 г. появятся в одном из парижских revues [журналов] по-французски, «Север», который Вы собираетесь «осербить» или «охорватить» — уже офранцужен и тоже вскоре будет напечатан.

В заключение он писал: «Уже месяца 3 как привязались какие-то crises de coeur [боли в сердце], вожусь с докторами — надоело и не укладывается в программу»[78]. По всей вероятности, доктором, которого упоминает Слоним, был младший брат Булгакова Николай Афанасьевич, эмигрировавший во время Гражданской войны и много лет работавший в Париже. Николай написал брату, что весной 1934 года он встретился с Замятиным, и Булгаков, чьи периодические попытки поддерживать связь с Замятиными к тому времени сошли на нет, в ответном письме попросил сообщить их адрес. В 1935 году Николай еще посылал приветы от Замятина. 9 декабря 1936 года он писал брату: «Евгений Иванович жалуется на сердце, я его лечу и навещаю: он с женой шлют тебе привет»[79].

11 декабря на открытке с изображением горгулий собора Парижской Богоматери Замятин по-английски написал в Нью-Йорк Маламуту: «Созерцая Париж подобно этим химерам, я задаюсь вопросом, почему вы не написали мне ни строчки за весь прошлый год. Я пишу, чтобы напомнить [вам], что я все еще существую. <…> Вы читали "Возвращение из СССР" Жида?» Книга Жида, написанная после его летней поездки в Советский Союз, вышла в ноябре того же года и произвела фурор, так как в ней достаточно неожиданно для всех осуждалась тоталитарная природа советской системы; такой же сенсацией в свое время

---

[78] [Любимова 2002: 342–343] (Куртис Дж. «Неизвестные письма…»). На самом деле «Островитяне» не были напечатаны на французском языке до 1939 года, и неясно, вышел ли тогда на французском «Север».

[79] Письма от 24 июня и 1 августа 1934 года; 8 апреля 1935 года; 9 декабря 1936 года [Curtis 1991: 176, 181, 194, 244; Булгаков 2011: 551].

стало его внезапное обращение к коммунизму четырьмя годами ранее [Malmstad and Fleyshman 1987: 148–149; Фрезинский 1998: 238]. Английский язык Замятина стал менее беглым и уверенным по сравнению с прошлым — может быть, на него повлияло изучение французского, или он просто плохо себя чувствовал. В ответном письме две недели спустя Маламут писал: «Я еще не читал книгу Андре Жида "Возвращение из СССР", но, судя по злобным нападкам на нее в "Правде", это довольно точное описание условий жизни в счастливой сталинской стране. Надеюсь, скоро прочитаю». Затем он подробно рассказывает о своем активном участии в «Американском комитете защиты Льва Троцкого»: «Хотя я и не троцкист, я сделал все, что мог, чтобы обеспечить его права как человека. <...> Наш комитет смог организовать ему убежище через посредничество Диего Риверы и других людей». Он описал противоречивые настроения американских рабочих на массовых митингах: они негодовали при упоминании Сталина, но при этом освистывали Макса Истмена, критиковавшего сталинский аппарат. Он продолжал: «Лайонс сейчас пишет свою автобиографию, которая стала исповедью о его жизни в России. Он оправдывается перед всеми порядочными людьми, извиняясь за то, что помог создать хорошую репутацию этому монстру Франкенштейна, который сейчас пожирает страну. Я прочитал все, что он успел написать, и считаю, что это очень честная книга»[80]. 15 декабря Замятин написал Куниной-Александер длинное, полное раздумий письмо:

> У меня сегодня день, когда я отдыхаю и занимаюсь уплатой «письменных долгов». Начинаю с письма Вам, а на очереди еще 3 письма в Нью-Йорк, одно в Амстердам, одно в Прагу... всюду кроме России, как видите.
> Я теперь почти не пишу Туда: атмосфера сейчас там такая, что лучше оставить их в покое.
> От Федина было письмо в начале лета (вернее, не от него, а от его жены). Он собирался приехать сюда, чтобы конец лета

---

[80] [Malmstad and Fleyshman 1987: 149–151]; книга Юджина Лайонса «Назначение в Утопию» была напечатана в 1937 году.

и осень провести во Франции. Но с путешествием, очевидно, дело у него не выгорело. <...>
С физикой, видимо, у него наладилось, а по части благополучия душевного — не думаю, чтобы очень. Роман его — «Похищение Европы» — конечно, провал: скучная, тусклая, неживая вещь. Советская критика пыталась сначала это замазать, но теперь уже, кажется, и Там печать «провала» поставлена.
Это примерно, рассказывал мне и А. Толстой, который несколько дней пробыл в Париже в конце сентября.
Вот кому «живется весело, вольготно на Руси» — Толстому! Циник, политический бесстыдник — он плавает как рыба в воде. Отложил сейчас окончание своего «Петра», чтобы написать другой более «актуальный» роман: «Оборона Царицына» — которой, как известно, руководил Сталин. Все ясно...
Сошлись мы с Толстым в одном: в оценке последних «достижений» советской литературы. Неурожай, засуха! Олеша пьет как лошадь и не пишет, Бабель и еще несколько других — просто не пишут, а те кто пишут — лучше бы не писали. «Похищение Европы» — скука, «Дорога на океан» Леонова — фальшь, от которой начинают болеть зубы, самая слабая из его вещей... <...>
Пильняк... Не знаю, читали ли Вы где-нибудь, что недавно, на собрании в редакции «Нового мира» он публично обратился к товарищам с серьезным вопросом: не лучше ли ему, по их мнению, бросить литературу и «переквалифицироваться в честные советские служащие». Недавно я писал для «Marianne» (здесь, в Париже) свою очередную статью о советских романах — и с трудом нашел только одну [книгу], о которой стоило написать: «Наши знакомые» Германа. <...>
В новом, 37-м году думаю больше позаняться журналистикой (французской, конечно).

Он написал также, что редко видит Слонима, хотя часто созванивается с ним по телефону:

А я — эту зиму редко выхожу из дома из-за своего состояния: история не жизнеопасная, но очень неприятная. Не столько сердце, сколько «симпатический нерв» — словом то, что господа доктора называют fausse angine de la poitrine [ложная грудная жаба]. Причины — толком никто не знает. Главным образом — переутомление, «перекур» etc. Я горжусь: не курю уже 3–4 месяца, и запретил себе курить сам, до всяких докторов. Оно не-

плохо, но очень трудно работать без папирос: за годы уже выработался «условный рефлекс».
Не люблю — и Вы знаете? — стыжусь быть больным...[81]

Упомянутая здесь статья для «Marianne» стала четвертой в серии «Lettres russes» и последним критическим эссе Замятина, которое тогда так и не было опубликовано. Замятин называет роман Ю. П. Германа «Наши знакомые» глотком свежего воздуха в полном помпезности мире советской литературы 1935 года. Ему понравилась героиня романа Антонина, в которой мало геройства и много честного реализма: «...несомненно, в ней есть то колдовство, которое у фильмовых героинь называется sex appeal'ем [сексуальной привлекательностью]». Герману удалось сделать из коммунистов правдоподобных персонажей, хотя даже в этом романе представитель ГПУ описан как абсолютно идеальная личность. Замятин также оставил отзыв на книгу Н. А. Островского «Как закалялась сталь», которая со временем станет образцом социалистического реализма. Он отмечает, что слава была дарована Островскому свыше: «Московская власть — не в пример прочим — наградила его орденом, он получил приветствие за подписью первейших людей Кремля — до Сталина включительно». Он считает литературный стиль Островского упрощенным вариантом манеры Горького. Популярность же писателя была обусловлена в основном трагическим героизмом его собственной жизни — он оставался партийным активистом, несмотря на то что из-за болезни потерял зрение и был парализован. Жид в трогательных выражениях описал жизнь Островского в приложении к «Возвращению из СССР». Замятин отмечает, что оба автора принадлежат к молодому поколению:

> Но где же писатели старшего поколения, уже, казалось, прочно устроившиеся на советском Парнасе, — Бабель, Олеша, Пильняк, Леонов, Федин, Лидин и др.? Бабель и Олеша, едва ли не наиболее талантливые и интересные среди этой группы, уже

---

[81] [Любимова 2002: 342–346] (Куртис Дж. «Неизвестные письма...»).

давно и упорно молчат — несмотря на то, что советская критика постоянно ставит им это на вид. Других в молчании упрекнуть нельзя, но... лучше бы они молчали: книги «старших», опубликованные в этом году — это серия неудач.

Что ж, такова была горькая судьба воспитанных им «Серапионовых братьев» и их современников. Он снова вспоминает о нападках на Пильняка, заставивших последнего сомневаться, не сменить ли профессию. «Когда талантливый писатель ставит перед собой такой вопрос — над этим стоит задуматься»[82]. В начале 1937 года Пильняк совершит поступок, резко отличающийся от его унизительного поведения в октябре прошлого года. На писательском собрании, где осуждались «фашисты-троцкисты», Пильняк осмелился выступить в защиту бывшего оппонента Замятина А. К. Воронского, который к тому времени был арестован. Самого Пильняка арестовали 28 октября и расстреляли 21 апреля 1938 года [Андроникашвили-Пильняк 1994: 152–153].

Узнать что-то о последних месяцах Замятина можно только из его писем к Куниной-Александер, написанных в то время. 4 февраля 1937 года он отправил ей нежное и необычайно длинное письмо, в котором подробно разбирал ее пьесу о жизни Пушкина, написанную к столетней годовщине смерти поэта, подготовка к которой велась в том году во всех странах, где говорили по-русски. Он с юмором описал и свои собственные драматургические мучения:

> Милая авторша, успокойтесь: Ваш холодный пот, отчаяние и прочее — это все общеизвестные симптомы болезни, именуемой morbus authorica [авторская болезнь]. Болезнь столь же неприятная, но неопасная, как морская болезнь: как только Вы переплывете через премьеру — Вы сразу же забудете обо всех неприятных ощущениях и будете чувствовать себя отлично.
> Но до тех пор холодный пот Вас прошибет еще не раз. С генеральной репетиции Вы уйдете в полном отчаянии. После первых картин (которые публика встретит сдержанно) Вы будете сидеть в своей ложе как на иголках. Но к концу — зрители начнут

---

[82] [Галушкин и Любимова 1999: 232–236] («Русская литература. IV»).

сморкаться и вытирать глаза, а потом хлопать и вызывать автора (или Пушкина), а затем автор будет вытирать глаза — уже от сладких слез успеха...

В заключение он пишет: «Это — все. А затем — прощайте, или — до свидания? Бог знает, живем мы в такое время, что трудно сказать. К тому же — чувствую я себя препогано. <...> Сердечный привет Божидару, а Вам — самое искреннее пожелание успеха». Всего через две недели Замятин написал Ирине последнее в своей жизни письмо, из которого видно, что его здоровье ухудшилось. Он уже не начинает с обычного вежливого обращения «дорогая», а сразу, без вступлений, описывает свое настроение:

> Парижские февральские сумерки. Какая-то серая отрава ползет в комнату из-за окна. Если б я был псом — я выл бы от тоски. Вместо меня — где-то внизу воет радио. Я жду звонка: сейчас должен придти доктор, чтобы говорить всякие утешительные слова, которым я не верю...
> Звонок — и вдруг вместо доктора — Ренэ Гейльброннер, с огромной коробкой в объятиях — и с объятиями «de la part de Irotchka» [«от Ирочки»]. Вы себе не представляете, до чего это было вовремя *морально* — чтобы заставить настроение измениться — чтобы заставить вспомнить, что не так уж плохо на белом свете, пока есть друзья.
> Спасибо Вам, милая «Irotchka» — прежде всего не за что-нибудь другое, а за Вас самоё — за дружбу — за внимание. Мне очень трудно чувствовать себя растроганным или, особенно, говорить об этом, но ей-богу, Вы победили, милая галилеянка!
> Я начал вчера утром писать Вам ответ на Ваше письмо от 10-II, но успел написать только несколько строк — «деловых» — по поводу предложенного Вами «учета» моего будущего югославского гонорара. По совести — я предпочитал бы обойтись без этого аванса. Есть шансы, что в ближайшие дни придут к разрешению какие-нибудь из затеянных мною кинематографических дел — и тогда, хотя на время, все будет в порядке. Но — это рулетка, Lotterie Nationale [национальная лотерея]: шансы могут и обмануть. (А еще вернее, что могут обмануть почтенные кинематографические деятели: это — за самыми малыми исключениями — гангстеры, по которым плачет тюрьма).

> Во всяком случае, я писал Вам, чтобы Вы подождали с посылкой денег до следующего моего письма, которое я рассчитывал послать через несколько дней. Но раз уж Ваша Ренэ привезла мне и выложила на стол un beau billet de cinq cent francs [прекрасная банкнота в 500 франков] — с заявлением, что имеет Ваш категорический мандат оставить деньги у меня — я взял их, в чем торжественно и расписываюсь.
> Но все-таки: за что? Что предполагается перевести и издать? Книгу повестей? Роман — «Nous autres» [«Мы»]? Как только это выяснится — напишите: что, кто, сколько, когда (à propos: роман весною выходит по-испански, в Южной Америке — в Сант-Яго) — чтобы мне знать счет моим «авансам» от Вас.
> Впрочем, Вам сейчас — в Вашей театральной горячке — не до этих всех дел: Ваш Пушкин уже ходит, наверное, по сцене и говорит. <...>
> Привет Вам, Пушкину и Божидару. ЕвгЗ[83]

Как вспоминает Анненков: «В последний раз я был у него за несколько дней до его смерти. Замятин принял меня, лежа на диване и, конечно, с улыбкой на усталом лице» [Анненков 1991, 1: 278]. Слоним тоже навещал его: «Замятин исхудал, стал почти прозрачным; он говорил с трудом, и единственное, что доставляло ему радость, была музыка, особенно Мусоргский, которым он всегда восхищался как величайшим проявлением русского гения. В день своей смерти он слушал "Бориса Годунова"...» [Slonim 1959: xxv]. Замятина нашли мертвым рано утром 10 марта 1937 года. Цветаева рассказывала жене Бунина, что они должны были встретиться у общего приятеля 11-го, «и он сказал: — Если буду здоров...»[84] Даманская пишет о том, что все были очень удивлены этой смертью, потому что мало кто знал, что он болен, а уж тем более серьезно: когда Замятин периодически появлялся на парижских встречах русских писателей, он всегда выглядел безукоризненно:

---

[83] Письма от 4 и 19 февраля 1937 года [Любимова 2002: 346–351] (Куртис Дж. «Неизвестные письма...»).

[84] Письмо М. Цветаевой Вере Буниной от 11 марта 1937 года [Цветаева 1998, 1: 298].

> Е. И. Замятин, по мнению врачей, умер от осложнившейся в последние дни гриппом грудной жабы. <...> Утром 10-го марта предполагалось перевезти его в клинику, где он должен был подвергнуться операции переливания крови. В успешный результат этой операции он твердо верил. Но до этого утра ему дожить не суждено было. Он скончался между 4-мя и 6-ю часами утра, не просыпаясь, от паралича сердца, по мнению одних, от кровоизлияния в мозг, по мнению других врачей. Трудно было освоиться с мыслью, глядя на четкое, с закрытыми глазами лицо, на котором застыла его тонкая, чуть-чуть насмешливая улыбка, что это лицо мертвого уже Евгения Ивановича[85].

Похороны состоялись в пятницу 12 марта, а перед этим в доме Замятиных собрались друзья писателя. Вспоминает Анненков:

> В день похорон я поднялся на этаж замятинской квартиры в доме № 14 на улице Раффе, но войти в квартиру у меня не хватило мужества. Я остался на площадке лестницы перед открытой дверью. Через несколько минут из квартиры вышел заплаканный Мстислав Добужинский и прислонился к стене рядом со мной. Он сказал мне, что лицо Замятина сохраняло улыбку.

Сперва в девять утра отец Никон провел в квартире короткую панихиду, затем вынесли гроб. Замятин (или Людмила), очевидно, в достаточной степени примирился со своим религиозным воспитанием и пожелал, чтобы после его смерти были проведены необходимые обряды. И действительно, в годовщины его смерти в 1938 и 1939 годах в русской церкви святого Александра Невского на улице Дарю прошли поминальные службы. Дальше Анненков пишет: «Еще минут через пять на лестницу вынесли гроб. Лестница в доме была крутая, вьющаяся и слишком узкая, так что гроб пришлось спускать по ней в вертикальном положении. Присутствовало много провожающих, но мне было так тяжело, что я не запомнил ни лиц, ни имен»[86]. Похоронили Замятина на

---

[85] [Любимова 2002: 377–379] (Даманская А. «Смерть Е. И. Замятина (Письмо из Парижа)»).

[86] [Анненков 1991, 1: 278]; [BDIC]: в папке 211 есть отчет «Последних новостей» (13 марта 1937 года) об этом дне.

кладбище в Тье, расположенном на юго-востоке Парижа. Сегодня до него можно добраться от ближайших станций метро в Вильжюифе, названных в честь Луи Арагона и Поля Вайана-Кутюрье. Чтобы попасть на кладбище, надо выйти на бульвар Максима Горького, который открыли в этом рабочем районе за восемнадцать месяцев до смерти Замятина, и пройти по авеню Сталинград. Для Замятина не нашлось места ни на кладбище Пер-Лашез, ни на русском православном кладбище в Сент-Женевьев-де-Буа, где похоронены 10 000 других русских эмигрантов, включая такие крупные фигуры, как Бунин, Ремизов, Газданов, Мережковский и Гиппиус.

В дальнейшем у знакомых Замятина возникли некоторые разногласия по поводу того, сколько человек присутствовало в то утро на похоронах в Тье, но все сходятся во мнении, что это было малолюдное, достаточно формальное и совершенно заурядное событие. Был холодный дождливый день, и в могиле уже стояла вода, когда в нее опускали гроб. На похоронах точно присутствовали Слоним, который все организовал, Цветаева, Даманская, Т. И. Манухина, Р. Б. Гуль и, нужно предполагать, Людмила. Неизвестно, были ли там Анненков и Добужинский, и Гуль подвергает сомнению слова Берберовой о том, что она тоже там была. Ремизов в те дни лежал с лихорадкой. «Надгробных речей не было. Ни слова...»[87]

В любом случае, это были тяжелые дни для Цветаевой — ее дочь Ариадна через три дня покинет Францию и уедет в Советский Союз: «...ни взгляда назад»[88]. На другой день после похорон Цветаева укоризненно писала Ходасевичу и его жене:

> Я [из] тех, которые ни нашим ни вашим. С горечью и благодарностью думала об этом вчера на свежей могиле Замятина, с этими (мысленными) словами бросила ему щепотку глины на

---

[87] Копия статьи Т. И. Манухиной (под псевдонимом Т. Таманин), жены доктора И. И. Манухина (супруги были друзьями Замятина) из «Русских записок», 16 (1939), 98 [ALBANY].

[88] Письмо М. Цветаевой Вере Буниной от 11 марта 1937 года [Цветаева 1998, 1: 298].

гроб. — Почему не были?? Из писателей была только я — да и то писательница. Еще другая писательница была Даманская. Было ужасно, растравительно бедно — и людьми и цветами, — богато только глиной и ветрами — четырьмя встречными. <...> Умер 10-го, в среду, в 7 ч. утра — один. Т. е. в 7 ч. был обнаружен — мертвым. У меня за него — дикая обида[89].

Цветаева всегда чувствовала глубокое родство душ с Замятиным: с еретиком, который обычно шел против течения и сохранял независимость духа; с эмигрантом, который так и не вписался в парижский русский круг и умер с загадочной улыбкой на лице. «Ужасно жаль, но утешает мысль, что конец своей жизни он провел в душевном мире и на свободе. Мы с ним редко встречались, но всегда хорошо, он тоже, как и я, был: ни нашим ни вашим»[90].

---

[89] Письмо М. Цветаевой Владиславу и Ольге Ходасевич от 13 марта 1937 года [Цветаева 1998, 2: 54].

[90] Письмо М. Цветаевой Вере Буниной от 11 марта 1937 года [Цветаева 1998, 1: 298].

Заключение

В течение нескольких недель после похорон Замятина, прошедших 12 марта 1937 года, Людмила, естественно, получала письма с соболезнованиями от близких друзей (Григорьевых[1], Фединых[2]), а также от менее знакомых ей литературных деятелей, русских эмигрантов с самыми разными политическими взглядами. Автор исторических романов и химик М. А. Алданов выражал свои глубочайшие соболезнования: «Я мало знал лично Вашего покойного мужа, но очень почитал его как большого писателя и смелого независимого человека»[3]. Писатель Б. К. Зайцев, близкий друг Бунина, писал ей, что, хотя он и его жена никогда не встречались с ней, в свое время они были дружны с Замятиным и очень тепло относились к нему[4]. В последующие годы и даже десятилетия Зайцевы стали одними из самых близких друзей Людмилы. Вернувшись в Москву 21 марта, Булгаков узнал о смерти своего друга. Совпадения, ознаменовавшие траектории жизни двух писателей, продолжились: он проведет лето 1938 года на даче на той самой улице в Лебедяни, где родился и вырос Замятин (Елена Сергеевна имела связи в городке через своего первого мужа). Булгакову выпала удача избежать ареста в эпоху сталинского террора и умереть в собственной постели ровно через три года после Замятина, 10 мар-

---

[1] Письмо от 11 марта 1937 года [RS 1996 II, 3: 365].
[2] Письмо от 13 марта 1937 года [BDIC, dossier 139].
[3] Письмо от 12 марта 1937 года [BDIC, dossier 136].
[4] Письмо от 18 марта 1937 года [BDIC, dossier 149].

Могила Замятина и его жены Людмилы на кладбище Тье (Париж) (фото автора)

та 1940 года [Curtis 1991: 247; Полякова и Комлик 2007, 2004: 252; Комлик и Урюпин 2007: 145–161].

Откликнулись и французские почитатели таланта писателя. Так, Андре Пьер в «Les Nouvelles Littéraires» писал о Замятине как о «великолепном писателе, у которого было много друзей во французских литературных кругах», а Б. Кове-Дюамель, переводчик романа «Мы» (вышедшего под названием «Nous autres»), написал Людмиле: «Я очень любил месье Замятина, с его ярким талантом и искренностью»[5]. Кунина-Александер была слишком расстроена известием о смерти, чтобы откликнуться сразу:

> Я верю в то, что среди друзей и учеников, среди читателей и поклонников Евгения Ивановича есть еще много таких, как я, которые до гроба донесут каждое его слово, ласку, упрек, урок, совет, шутку. Его великодушие, мужество, храбрость, дальновидность — эти высокие отличия его свободного еретического духа — делали его одиноким среди людей…

---

[5] Статья от 20 марта 1937 года [BDIC, dossier 211]; письмо Б. Кове-Дюамеля от 19 апреля 1937 года [BDIC, dossier 138].

Она собиралась приехать с Божидаром в Париж в начале июня, а потом уговорила Людмилу отправиться вместе с ними обратно на отдых[6].

24 апреля в «Последних новостях» появилось объявление о том, что 26-го состоится вечер памяти Замятина, который проведет М. Л. Слоним. Планировалось, что в нем примут участие Дрие Ля Рошель и Жан Ренуар, Поль Эттли и Мария Рейнхардт исполнят отрывок из «Блохи», а Жан Габен и Сюзи Прим сыграют сцену из «На дне». 28 апреля в газете сообщалось, что на том вечере Сирин (Набоков) прочитал «Пещеру», а Бунин — «Дракона». Этот весьма заметный состав участников вечера еще раз подтвердил, что Замятин все-таки вовсе не был презираемым чужаком для всех кругов белой эмиграции. Мария Рейнхардт прочитала «Апрель», а Дрие Ля Рошель вспоминал многочисленные увлекательные беседы с Замятиным в парижских бистро, которым не помешали некоторые заминки с французским у последнего [BDIC, dossier 211].

Авторы некоторых некрологов подчеркивали трудность жизни Замятина в последние годы. Даманская утверждала, что «в действительности он умер от тоски, от духовного одиночества, от того, что не нашел в эмиграции того, на что, вероятно, рассчитывал, расставаясь пять лет тому назад с Россией: не нашел аудитории»[7]. М. А. Осоргин, писавший о нем как о «большом русском писателе, редком стилисте, образованном и умном человеке», также упоминал о его «очень стесненном положении»[8]. Были и такие, кто, казалось, преувеличивал его неудачи. В статье в газете «Возрождение» автор под псевдонимом Гулливер писал, что он умер «голодным и нищим». «Гулливер» был псевдонимом Н. Н. Берберовой (иногда писавшей вместе со своим мужем Ходасевичем), и это намеренно неточное воспоминание напоминает о той враждебности к Замятину, которую она почувство-

---

[6] Письмо от 26 апреля 1937 года [BDIC, dossier 142].

[7] Цит. по [Любимова 2002: 377–379] (Даманская А. «Смерть Е. И. Замятина (Письмо из Парижа)»).

[8] Статья в «Последних новостях» от 11 марта 1937 года [BDIC, dossier 211].

вала при первой встрече с ним в 1932 году. Людмила была глубоко оскорблена (эта фраза была подчеркнута красным и в копии статьи, принадлежавшей Ремизову), и ей удалось заставить «Возрождение» напечатать опровержение[9]. Два года спустя поэт и критик Г. В. Адамович сделает следующий вывод: «О Замятине-художнике возможны разногласия. Но вот что в облике его всем должно быть дорого: это — единственный из больших советских писателей, не сдавшийся, не согласившийся на безоговорочные поступки, нашедший в себе силу и мужество сказать "нет", отказаться от карьеры, которая могла бы быть внешне-блестящей»[10].

В мае 1938 года Людмила переехала с улицы Раффе в квартиру поменьше примерно в полутора километрах к югу, по адресу площадь Доктора Поля Мишо, 14, где она жила как «réfugiée russe (Nansen)» [«русская эмигрантка с Нансеновским паспортом»] вплоть до своей смерти в 1965 году. Ее похоронили рядом с Замятиным на кладбище в Тье. В течение почти тридцати лет она делала все возможное, чтобы защитить его посмертное наследие и вызвать общественный интерес к его произведениям, преданно и решительно боролась с препятствиями, временами казавшимися непреодолимыми. Дело в том, что к 1930-м годам Замятин как писатель уже был забыт. Публикации романа «Мы» за границей в не самом лучшем переводе на английский в 1924 году, а затем на чешском и французском языках, оставшиеся практически незамеченными, не смогли создать писателю международную репутацию. Другие немногочисленные публикации 1930-х годов на нескольких языках и в разных странах не изменили ситуацию, и Людмиле потребовалось огромное упорство в ее борьбе с очевидным забвением Замятина в течение многих лет после смерти писателя.

В первую очередь встал вопрос о создании и сохранении его архива. 11 ноября 1931 года, перед самым отъездом из Ленинграда, Замятин попросил С. А. Толстую-Есенину следить за его

---

[9] [AMHERST; BDIC, dossier 211].
[10] Статья от 11 мая 1939 года (под псевдонимом «Сизиф») [BDIC, dossier 211].

архивом. Она работала в Государственном литературном музее в Москве и в конечном итоге обеспечила передачу многих материалов в московские литературные архивы ИМЛИ и РГАЛИ (ранее ЦГАЛИ). Предполагают, что часть этих материалов пропала без вести, возможно, включая и черновики романа «Мы»[11]. Что касается бумаг и книг, увезенных Замятиными на Запад или накопившихся там за тридцатые годы, то их хранила Людмила:

> По счастью, Людмила Николаевна отличалась редкой бережливостью ко всему литературному наследию Замятина и тщательно охраняла все им написанное — до кратчайших заметок, записных книжек, всевозможных черновиков и писем. И это не только береглось, но одновременно и распределялось по хронологическим и иным признакам, с точными указаниями дат и другими пояснительными примечаниями. Замятинские архивы уцелели [Анненков 1991, 1: 279–280].

Подобно вдове Булгакова Елене Сергеевне и вдове Мандельштама Надежде Яковлевне, Людмила совершила этот подвиг в очень трудных условиях.

Спустя три года после смерти Замятина Париж захватили нацисты. Людмила в спешке собрала весь архив писателя и передала его на хранение историку Б. И. Николаевскому, который взял на себя труд спрятать ряд архивов для русских эмигрантов во Франции. Но после окончания войны Николаевский сначала не мог вспомнить, куда он положил архив Замятина: в августе 1946 года он объяснил, что чемодан Людмилы попал к нему в последний момент, а не с другими архивами, которые были спрятаны в подвале и недавно извлечены оттуда. Он попросил напомнить ему, как выглядел чемодан, и прислать ключ от него, если он сохранился. Только в ноябре 1947 года он заверил Людмилу, что архив в безопасности и что он сам распаковал его, но пересылка была отложена из-за голландских почтовых правил

---

[11] Для этого обзора архивов Замятина я в основном обращалась к научной работе М. Ю. Любимовой «Творческое наследие Е. И. Замятина в истории культуры XX века» (докторская диссертация, Санкт-Петербургский государственный университет культуры и искусств, 2000), с. 16–19.

(видимо, архив был спрятан в Нидерландах). В итоге архив наконец дошел до вдовы писателя только в сентябре 1950 года, через десять лет после того, как был передан на хранение [Шерон 1994: 73–74].

Оставленные Замятиным в России книги и бумаги тоже чудом спаслись. 8 августа 1942 года, в тяжелое время блокады Ленинграда, вскоре после смерти преданной Замятиным Аграфены Павловны, литературовед А. П. Могилянский посетил квартиру по адресу Жуковского, 29. Причиной его визита стали последовательные действия управления городских библиотек по спасению заброшенных коллекций. Книги на русском, французском, английском и немецком языках были разбросаны по полу вместе с бумагами: Могилянский собрал их в три мешка, захватив и 334 письма Людмиле от Замятина, написанные в период до их эмиграции. Сам факт того, что эти письма были оставлены Замятиными при отъезде в 1931 году, очевидно, служит дополнительным доказательством того, что они надеялись в конечном итоге вернуться. Могилянский отнес найденные бумаги и книги в Публичную библиотеку, чтобы сохранить архив для потомков.

После важнейших публикаций произведений Замятина на русском языке в США в 1950-х годах к Людмиле обратился Л. Ф. Магеровский, куратор Архива Бахметьева в Колумбийском университете в Нью-Йорке, с просьбой передать архив им. Архив был приобретен в 1957 году, но Людмила предупредила Магеровского, что он был, «…к сожалению, далеко не полным: часть погибла во время оккупации [Парижа]». Людмила оставила себе личную часть архива и сделала машинописные копии множества художественных текстов и черновиков, прежде чем отправить их в Колумбийский университет. После ее смерти остатки коллекции перешли к дочери Б. К. Зайцева Наталье, которая в 1995 году передала ее в Библиотеку современной международной документации (BDIC) в Университете Париж-10 в городе Нантерр.

На протяжении всех предыдущих лет Людмила делала все от нее зависящее, чтобы произведения Замятина появились в печати. Первой значительной публикацией стал незаконченный роман об Атилле «Бич Божий», вышедший в Париже в 1939 году под редакцией М. Л. Слонима[12]. Издательство «Петрополис» в Берлине, по-видимому, в 1939 году собиралось издать роман «Мы», но начало Второй мировой войны остановило подготовку к тому, что могло стать первым официальным изданием этого произведения на русском языке[13]. После окончания войны ключевые роли в возрождении интереса к роману Замятина и обеспечении его сегодняшней репутации сыграли Г. П. Струве и Джордж Оруэлл. Еще 17 февраля 1944 года, во время войны, Джордж Оруэлл написал Струве, который преподавал в Центре славянских и восточноевропейских исследований Лондонского университета, поблагодарив его за присланную книгу «25 лет советской русской литературы». Оруэлл писал: «Она уже пробудила во мне интерес к роману "Мы" Замятина — о нем я раньше не слышал. Я интересуюсь такого рода книгами и даже продолжаю работать над черновиками для чего-то подобного, и, возможно, рано или поздно я его закончу». Оруэлл получил экземпляр романа во французском переводе летом 1944 года и опубликовал рецензию на него в «Трибьюн» 4 января 1946 года, описав его следующим образом:

> ...Одна из литературных изюминок в этом веке сжигаемых книг. <...> Удивительно, что ни один английский издатель не оказался достаточно предприимчивым, чтобы переиздать роман. <...> Я уверен, что «О, дивный новый мир» Олдоса Хаксли частично корнями в нем... <...> Атмосфера двух книг схожа, и описывается примерно тот же вид общества, хотя для Хаксли не так важны политические аспекты, как современные биологические и психологические теории. <...> Именно интуитивное понимание иррациональной стороны тоталитаризма — принесение людей в жертву, жестокость как самоцель, поклонение вождю, которому приписывают божественные свойства, — ставит книгу Замятина на голову выше книги Хаксли. <...> Замятин, похоже, не описывает какую-то конкретную страну, но критикует цели индустриальной цивилизации, как он их себе представляет.

---

[12] «Бич Божий» (Париж: Дом книги, 1939). См. критическую статью М. Осоргина в [BDIC, dossier 211].

[13] Переписка между Л. Н. Замятиной и представителем «Chekhov Press» В. А. Александровой [BAR].

Через пару недель по приглашению Оруэлла они со Струве вместе пообедали в Лондоне, и Струве рассказал о своем плане заказать новый английский перевод романа «Мы», к которому он собирался написать предисловие. Струве не оставил эту идею и 7 апреля 1946 года послал Ремизову письмо, осведомляясь, пережила ли Людмила Николаевна войну и где можно было бы получить экземпляр этого произведения на английском или французском языках. Вероятно, Ремизов связал его с Людмилой Николаевной, так как через две недели Струве отправил письмо ей. В нем он благодарил вдову писателя за то, что она предложила прислать экземпляры романа на английском и французском языках (несмотря на то что в данный момент у нее на руках не было архива) и помогла связаться с М. Л. Слонимом. В мае Ремизов смог выслать Струве отдельные гранки романа на русском языке (возможно, из «Петрополиса»?). Той же осенью Струве переехал в Америку, где ему вскоре предложили место лектора и профессора в Калифорнии. Между декабрем 1946 и июлем 1949 года, как раз в период создания и публикации своего романа «1984», Оруэлл написал по меньшей мере девять писем Струве и целому ряду британских издателей, так как очень хотел, чтобы издание нового перевода состоялось. 24 января 1947 года, ошибочно написав, что книга вот-вот будет переиздана, Оруэлл в «Трибьюн» еще раз попытался привлечь внимание читателей к Замятину: «Ждите выхода этой книги». Два года спустя, весной 1949 года, он написал Фредрику Варбургу (издателю «1984»): «Я просто думаю, что *кто-то* должен напечатать эту книгу, и это позор, что книга такого рода, с ее странной судьбой и заложенным глубоким смыслом, остается ненапечатанной, когда так много ерунды публикуется каждый день». Смертельно больной туберкулезом, Оруэлл уже лежал в больнице, и его письмо Струве о романе «Мы» от 27 июля 1949 года стало последним письмом, которое он смог напечатать на машинке сам. Он умер в январе 1950 года[14].

---

[14] См. [BDIC, dossier 147] — там есть 7 писем Людмиле от Глеба Струве, написанных в 1946–1948 годах; Orwell G. *The Collected Essays. Journalism and Letters of George Orwell*. Harmondsworth: Penguin, 1970. Vol. 3 (1943–1945). P. 95–96,

Непоколебимая решимость Оруэлла и Струве в конце концов привела не к новому переводу романа на английский язык, а к первой в истории полной публикации романа на русском в 1952 году. В 1951 году Вера Александрова из «Chekhov Press» в Нью-Йорке обратилась к Людмиле с предложением об издании романа, которое та с готовностью приняла[15]. Хотя фактических доказательств того, что на это повлиял Струве, нет, письма Ремизова к Людмиле, посланные в сентябре 1952 года, позволяют предположить, что это было именно так. В них Ремизов выражал уверенность, что вторая книга Замятина — сборник литературных портретов под названием «Лица» — тоже будет опубликована в «Chekhov Press», а Глеб Петрович обязательно поможет в этом [BDIC, dossier 145]. Особенно радует то, что в конце концов именно англо-русское сотрудничество позволило увидеть в печати важнейшее произведение русского англофила Замятина. Это особенно символично, поскольку, как утверждал переводчик Майкл Гленни, именно русский роман Замятина стал важным звеном в развитии британских фантастических романов-антиутопий, служа мостом между Гербертом Уэллсом и Хаксли с Оруэллом, писавшими в следующем столетии[16].

Публикация романа «Мы» на русском в 1952 году, за которой последовали «Лица» в 1955 году, вызвала новую волну интереса к творчеству Замятина. В 1950-х годах вышли переводы «Мы» на несколько языков, в том числе на итальянский и немецкий, в 1959 году был переиздан английский перевод Зильбурга, а в 1960 году появился новый перевод Б. Г. Герни. Славистские кафедры университетов по всей Европе и в США с энтузиазмом приняли этот текст, который при жизни автора был крайне

Vol. 4 (1945–1950). P. 417–418, 485–486; Orwell G. «We» by E. I. Zamyatin (*Tribune*. 1946. January 4); Vol. 4 (1945–1950). P. 72–75; Orwell G. *The Complete Works*. London: Secker and Warburg, 1998. Vol. 18 (1998). P. 16–17 (note 2), 23, 75, 526; Vol. 19 (1998). P. 13, 26, 276, 471–473; Vol. 20 (1998). P. 18, 72 (note 1), 95, 152–153.

[15] Письма Л. Н. Замятиной Вере Александровой от 1951–1955 годов [BAR].

[16] Glenny M. Introduction // *Yevgeny Zamyatin* «We». Trans. by B. G. Guerney. London: Jonathan Cape, 1960. P. 21–22.

недооценен, а теперь, после эры сталинизма и Второй мировой войны, обнаружил свою ценность как одно из самых провидческих художественных произведений своего века.

В Университете Беркли, Калифорния, этот новый интерес к работам Замятина нашел свое отражение в написанной в 1965 году докторской диссертации Алекса Шейна, которую он в дальнейшем развил, превратив в первое исследование, посвященное писателю — «Жизнь и творчество Евгения Замятина», — изданное в 1968 году. Научным руководителем Шейна был, конечно же, профессор Г. П. Струве, и хотя в то время он не имел доступа к архивам в России, Шейн смог проконсультироваться с самой Людмилой незадолго до ее смерти, а также с друзьями Замятина Чарльзом Маламутом и М. Л. Слонимом. Маламут писал Шейну: «Он был человеком большого мужества, большой целостности; следовательно, бескомпромиссен в своей преданности определенным важным принципам и стандартам. <...> В позиции Замятина относительно конкретных вопросов и собственных принципов не было самообмана, не было бегства от реальности»[17]. Этой преданной группе друзей Замятина с помощью Оруэлла и Струве удалось сохранить его репутацию и донести ее до второй половины столетия, а дальше она только росла и укреплялась.

В России имя Замятина после середины 1930-х годов практически не упоминалось, за исключением очень редких случаев, когда о нем вспоминали как о «буржуазном писателе, [который] в своих произведениях (особенно в «Пещере» и «Нечестивых рассказах») рисует картину, совершенно искажающую советскую действительность. В опубликованном за границей романе "Мы" Замятин злобно клевещет на советскую страну»[18]. Несмотря на огромный вклад, который он внес в развитие ранней советской литературы, его роль была почти полностью вычеркнута из ее истории. Его имя почти не упоминается, например, в мемуарах и переписке Федина и Эренбурга, опубликованных при их жиз-

---

[17] Письмо Маламута от 18 августа 1964 года [Shane 1968: 88].

[18] Цит. в [Анненков 1991 1: 278–279] из «Малой советской энциклопедии» (1936. Т. 6).

ни. В 1966 году случился момент оттепели, когда Ленинградская публичная библиотека отважилась составить биобиблиографический каталог произведений Замятина, но в то время он так и не был опубликован — цензоры просто изъяли его из седьмого тома Энциклопедии русских советских писателей[19]. Реабилитация Замятина состоялась только в последние дни существования СССР, когда политика гласности в 1988 году привела к первой публикации романа «Мы» в стране, где он был написан. Роман вышел в журнале «Знамя». По причине отсутствия каких-либо архивных фондов рукописей или черновиков романа в этом издании (как и всех последующих в России до нового издания 2011 года) был просто перепечатан текст из «Chekhov Press», вышедший в 1952 году[20]. С 1990-х годов серия конференций и важных публикаций в России за авторством ученых из Москвы, Санкт-Петербурга и других городов, а также открытие музея в его бывшем доме в Лебедяни упрочили место Замятина в истории литературы как русского писателя первостепенной важности. Последующее включение его в школьные и университетские программы, несомненно, на сегодняшний день позиционирует его — хотя и с большим опозданием — как классика русской литературы.

Подводя итоги, хочется предоставить слово двум почитателям Замятина за пределами России, писавшим по-английски. Первый из них — Чарльз Маламут:

> На протяжении 53 лет своей жизни (1884–1937) Евгений Замятин был единственным русским писателем с советским гражданством, которого Кремль не мог заставить надеть ливрею.

---

[19] [Любимова 2002: 5–7]; Любимова М. Ю. «Творческое наследие Е. И. Замятина в истории культуры XX века» (докторская диссертация, Санкт-Петербургский государственный университет культуры и искусств, 2000).

[20] Тот факт, что мне удалось обнаружить единственную машинописную рукопись романа, переданную И. Е. Куниной-Александер в архив Университета штата Нью-Йорк в Олбани (там преподавал Алекс Шейн), позволил подготовить к печати новый, выверенный вариант текста на русском. См.: Евгений Замятин «Мы. Текст и материалы к творческой истории романа» / Под ред. М. Ю. Любимовой и Дж. Куртис. СПб.: Mipъ, 2011.

Он жил и умер, храня верность высоким гражданским стандартам, установленным для русской литературы ее великими мастерами еще в XIX веке. <...> Он приветствовал освобождение от старых оков, которое принесла революция 1917 года, но возненавидел ее губительный догматизм и регламентирование жизни и сразу же стал бороться против него [BAR].

М. Л. Слоним, вспоминая человека, чью жизнь он едва не погубил в 1927 году и которого через десять лет провожал в последний путь, резюмировал:

> Александр Блок с дружеской насмешкой называл его «англичанином из Москвы». Худощавый, чисто выбритый, с рыжеватыми волосами, сбоку разделенными пробором, всегда в твидовом костюме и с «неугасимой» трубкой в большом рту, он действительно походил на англичанина. Он говорил ровным голосом, почти не сменяя интонацию, когда саркастически язвил или иронически шутил; манеры его были сдержанны, и тем, кто плохо его знал, он казался «застегнутым на все пуговицы» человеком, который хранил в сердце «нетаявшую сосульку» — некое твердое ядро совершенного самообладания, сильной воли и острого ума. Но этот джентльмен был независимым художником и бесстрашным мыслителем. Он сочетал в себе логику и воображение, точность и фантазию. Техник, который проповедовал «функциональный экспрессионизм» и учил молодых людей писать компактную, экономичную прозу, был человеком сильных страстей. Под его внешностью скрывались национальные черты интенсивной и глубокой внутренней жизни. Как и многие люди с научным образованием, он любил мечты и иррациональные полеты и прославлял стремление человека преодолеть все ограничения. Будучи врагом общепринятых правил и догматических структур, он был романтически предан свободе и индивидуализму и разоблачал все, что им угрожало[21].

---

[21] М. Л. Слоним написал это в 1964 году (переработанный вариант — 1977 год) в своей книге «Soviet Russian Literature — Writers and Problems: 1917–77». P. 84.

Благодарности

На написание этой книги ушло несколько лет, и у меня скопилось бесчисленное количество благодарностей за поддержку и помощь, которую мне оказывали друзья, коллеги и академические учреждения.

Мне особенно посчастливилось опираться на обширные знания, человеческое великодушие и дружбу других специалистов по Замятину, особенно М. Ю. Любимовой, а также покойных А. Ю. Галушкина, Р. М. Янгирова и Алана Майерса. Профессор Л. В. Полякова и профессор Н. Н. Комлик, а также многие другие участники Замятинской конференции 2009 года в Тамбове и Ельце неустанно помогали мне. И естественно, любой биограф Замятина должен воздать должное новаторским исследованиям профессора Алекса Шейна в 1960-х годах.

Мне исключительно повезло в том, что я имела возможность положиться на помощь Джона Столлуорти и Дэвида Бетеа, а также Рэя Окендена и Филипа Буллока. Они были предельно внимательны к деталям и дружески поддерживали меня при чтении этой книги, по мере того как она создавалась. Я также благодарна за предложения и замечания, сделанные анонимными рецензентами этой рукописи. Кроме того, разными способами мне великодушно помогали в работе над этим проектом Дэвид Брэдшоу, Кэтрин Чепела, Генриетта Кёртис, Миранда Кёртис, Ричард Дэвис, Хью Делоне, Джулиан Граффи, Рене Герра, Брайан Харви, Эдвард Хиггинботтом, Дева Джэшвей, Сергей Казаков, Катриона Келли, Джереми и Джейни Ноулз, Лариса Коновалова, Сергей Кроленко, Джим Нотон, Игорь Немировский, Кира Немировская, Дженис Пилчер, Андре и Валери Познер, Стэнли Рабиновитц, Дональд Рейфилд, Дэвид Сондерс, Джерри

Смит, Игорь Урюпин, Шарона Ведол, Азели, Гай и Сюзанна Уильямс, Нина Замятина и Андрей Зорин.

Сотрудники многочисленных библиотек и архивов также делали все возможное, чтобы помочь мне. В Великобритании это были Тейлорианская славянская библиотека в Оксфорде, Британская библиотека в Лондоне и архивы Тайн и Уира в Ньюкасле; во Франции — Международная библиотека современной документации в Нантерре и Институт славянских исследований в Париже; в Италии — Национальная библиотека в Риме; в США — архивы и библиотеки Университета штата Нью-Йорк в Олбани, Центра русской культуры в Амхерсте, Бостонского университета, Бахметьевского архива Колумбийского университета, Гарвардского университета, Университета штата Пенсильвания, Принстонского университета, Стэнфордского университета. В России мне очень помогли сотрудники РГАЛИ, РГБ и ИМЛИ в Москве; отдела рукописей Российской национальной библиотеки, Пушкинского Дома и Театральной библиотеки в Санкт-Петербурге; а также Музея Замятина и Краеведческого музея Лебедяни.

Мне посчастливилось получить несколько грантов на исследования и поездки, предоставленных мне Советом исследований в области искусств и гуманитарных наук, Британской академией, факультетом современных и средневековых языков и Колледжем Вулфсон Оксфордского университета.

Я безмерно благодарна за любовь, поддержку и огромное терпение моей семьи, и особенно Рэя, Саши и Джессики.

Архивы и музеи

ДМЗ — Дом-музей Замятина. Лебедянь, ул. Ситникова (бывшая ул. Покровская), 14 (открылся в 2009 году).

ОР ИМЛИ — Отдел рукописей Института мировой литературы им. А. М. Горького (Москва) (Архив Замятина. Фонд 47).

ОР РНБ — Отдел рукописей Российской национальной библиотеки (Санкт-Петербург) (Архив Замятина. Фонд 292).

РГАЛИ — Российский государственный архив литературы и искусства (Москва) (Архив Замятина. Фонд 1776).

РО РГБ — Рукописный отдел Российской государственной библиотеки (Москва).

ТЕАТРАЛЬНАЯ БИБЛИОТЕКА — Санкт-Петербургская государственная театральная библиотека.

ЦГИА СПб — Центральный государственный исторический архив Санкт-Петербурга.

ALBANY — Отдел специальных коллекций и архивов М. Е. Гренандера, Университетские библиотеки, университет Олбани, Государственный университет Нью-Йорка (Собрание Евгения Замятина).

AMHERST — Центр русской культуры Амхерст, архивное собрание (Амхерст колледж, Амхерст, Массачусетс) (Архив А. Ремизова и С. Довгелло-Ремизова, 2.6, книга заметок и вырезок Евгения Ивановича Замятина).

BAR — Архив русской и восточно-европейской истории и культуры имени Бахметьева. Библиотека редких книг и манускриптов. Университет Колумбия, Нью-Йорк (Рукописный архив Замятина).

BDIC — Библиотека современной международной документации, Парижский университет (Нантерр). Коллекция Е. Замятина, F DELTA

RES 614; недавно прошла новая каталогизация этого собрания, поэтому нумерация отдельных досье может варьировать.

BOSTON — Особые собрания, Мемориальная библиотека Мугара, Бостонский университет (Собрание Марка Слонима; коробка 12, папка 5/166, Замятин Евгений).

POZNER — Частный архив семьи Познеров, Париж.

PRINCETON — Подотдел рукописей, отдел редких книг и особых коллекций, библиотека Принстонского университета (Собрание Евгения Ивановича Замятина, C0824).

TYNE and WEAR — Архивы и музеи Тайна и Уира (Ньюкасл-на-Тайне).

Источники

Замятин 2001 — Замятин Е. И. Записные книжки / Под ред. С. С. Никоненко и А. Н. Тюрина. М.: Вагриус, 2001.

Замятин 1967 — Замятин Е. И. Лица. New York: Inter-Language Literary Associates, 1967.

Замятин 2011 — Замятин Е. И. Мы. Тексты и материалы к творческой истории романа / Под ред. М. Ю. Любимовой и Дж. Куртис. СПб.: Мiр, 2011.

Замятин 2003–2011 — Замятин Е. И. Собрание соч.: В 5 т. / Под ред. С. С. Никоненко и А. Н. Тюрина. М.: Русская книга / Республика / Дмитрий Сечин, 2003–2011.

Замятин 1970–1988 — Замятин Е. И. Соч.: В 4 т. München: A. Neimanis Buchvertrieb und Verlag, 1970–1988.

Тургенев 1979 — Тургенев И. С. Полное собрание сочинений и писем: В 30 т. Т. 3. М.: Наука, 1979.

Библиография

Андроникашвили-Пильняк 1994 — Андроникашвили-Пильняк Б. Б. Два изгоя, два мученика: Б. Пильняк и Е. Замятин // Знамя. 1994. № 9. С. 123–153.

Анненков 1922 — Анненков Ю. Портреты. Пг.: Петрополис, 1922.

Анненков 1991 — Анненков Ю. Дневник моих встреч: Цикл трагедий. В 2 т. Л.: Искусство, 1991.

Балашова и др. 2002 — Диалог писателей. Истории русско-французских культурных связей XX века. 1920–1970 / Под ред. Т. В. Балашовой и др. М.: ИМЛИ РАН, 2002.

Барабанов 1988 — Барабанов Е. Комментарии // Замятин Е. И. Сочинения. М.: Книга, 1988. С. 524–575.

Баран и Гиндин 1999 — Роман Якобсон: Тексты, документы, исследования / Под ред. Х. Барана и С. И. Гиндина. М.: РГГУ, 1999.

Браун 1990 — Взыскующий человека (Творчество Евгения Замятина) / Публикация И. Н. Соболевской // Критика и критики в литературном процессе Сибири XIX–XX вв.: Сб. науч. тр. Новосибирск: Наука (Сиб. отделение), 1990. С. 202–220.

Брюханова 2008 — Брюханова И. А. «Воспитанник точных наук» — Е. И. Замятин в Санкт-Петербургском — Ленинградском политехническом институте» // Аврора. 2008. № 1. С. 23–37.

Бузник 1989 — Бузник В. В. Из переписки М. А. Булгакова с Е. И. Замятиным и Л. Н. Замятиной (1928–1936) // Русская литература. 1989. № 4. С. 178–188.

Бузник 1992а — Бузник В. В. Письма Е. И. Замятина А. М. Ремизову // Русская литература. 1992. № 1. С. 176–180.

Бузник 1992б — Бузник В. В. «Автобиография» Е. И. Замятина // Русская литература. 1992. № 1. С. 174–176.

Булгаков 2011 — Булгаков М. А. Под Пятой: Дневник. Письма и документы. СПб.: Азбука, 2011.

Вейдле 2002 — Вейдле В. Воспоминания // Диаспора. 2002. № 3. С. 7–159.

Галушкин 1992 — Галушкин А. Ю. Е. И. Замятин: Письмо А. К. Воронскому. К истории ареста и несостоявшейся ссылки Е. И. Замятина в 1922–1923 гг. // *De visu*. 1992. № 0. С. 12–23.

Галушкин 1994 — Галушкин А. Ю. К «допечатной» истории романа Е. И. Замятина «Мы» (1921–1924) // Stanford Slavic Studies. Vol. 8. Themes and Variations: In Honor of Lazar Fleishman. Stanford: Berkeley Slavic Specialties, 1994. P. 366–375.

Галушкин 1999 — Галушкин А. Ю. Безработный еретик: Евгений Замятин — член Союза советских писателей // Русская мысль. 1999. № 4285. 23–29 сент. С. 13.

Галушкин и Любимова 1999 — Е. И. Замятин. Я боюсь: Литературная критика. Публицистика. Воспоминания / Под ред. А. Ю. Галушкина и М. Ю. Любимовой. М.: Наследие, 1999.

Геллер 1997 — Новое о Замятине / Под ред. Л. М. Геллера. М.: МИК, 1997.

Герра 2004 — Герра Р. Они унесли с собой Россию... Русские эмигранты — писатели и художники во Франции (1920–1970). 2-е изд. СПб.: БЛИЦ, 2004.

Голикова 2009 — Голикова Н. А. Евгений Замятин — человек-амфибия // За кадры верфям 6, № 2396 (март 2009). С. 2–3; 8–9; 2009. № 2396. Март. 2009. № 2398–2399. Апр. С. 4.

Грачева 1997 — Грачева А. М. Алексей Ремизов — читатель романа Е. Замятина «Мы» // Творческое наследие Евгения Замятина: Взгляд из сегодня. Книга V. Тамбов: Тамбовский государственный педагогический институт, 1997. С. 6–21.

Давыдова и Тюрин 1996 — Давыдова Т. Т., Тюрин А. Н. «...Я человек негнущийся и своевольный. Таким и останусь»: Письма Е. И. Замятина разным адресатам // Новый мир. 1996. № 10. С. 136–159.

Дубинская-Джалилова и Чернев 1997, 1998 — Дубинская-Джалилова Т., Чернев А. «Жму Вашу руку, дорогой товарищ»: Переписка Максима Горького и Иосифа Сталина // Новый мир. 1997. № 9. С. 167–192; 1998. № 9. С. 156–178.

Дэвис и Келдыш 2002 — Дэвис Р., Келдыш В. А. С двух берегов: Русская литература XX века в России и за рубежом. М.: ИМЛИ РАН, 2002.

Ерыкалова 1997 — Ерыкалова И. Е. К истории создания пьесы Е. И. Замятина «Атилла» // Творческое наследие Евгения Замятина: Взгляд из сегодня. Книга III. Тамбов: Тамбовский государственный педагогический институт, 1997. С. 137–158.

Иванова 1997 — Иванова Е. М. Шестое чувство: Книга для чтения по истории и культуре Петрограда. СПб.: Белое и Черное, 1997.

Казнина 1997 — Казнина О. А. Русские в Англии: Русская эмиграция в контексте русско-английских литературных связей в первой половине XX века. М.: Наследие, 1997.

Каталог выставки 1997 — Евгений Замятин, 1884–1937: Каталог выставки. СПб.: РНБ, 1997.

Комлик 1997 — Комлик Н. Н. Лебедянский комментарий к художественному творчеству Е. И. Замятина // Творческое наследие Евгения Замятина: Взгляд из сегодня. Книга VI. Тамбов, 1997. С. 108–127.

Комлик и Урюпин 2007 — Комлик Н. Н., Урюпин И. С. «...Пишу Вам из России...»: Русское подстепье в творческой биографии Е. И. Замятина и М. А. Булгакова. Елец: ЕГУ им. И. А. Бунина, 2007.

Кукушкина 2004 — Кукушкина Т. А. «Странное чувство сытости» // Taleon. СПб. 2004. № 3. С. 26–34.

Кунина 1991 — Кунина [-Александер] И. Встреча с Блоком // Литературное обозрение. 1991. № 9. С. 92–101.

Купченко 1988 — Купченко В. «Пишу Вам из России...» (Письма Е. И. Замятина М. А. Волошину) // Подъем. 1988. № 5. С. 121–125.

Лахузен и др. 1994 — Лахузен Т., Максимова Е., Эндрюс Е. О синтетизме, математике и прочем... Роман «Мы» Е. И. Замятина. К 100-летию Е. И. Замятина. СПб.: Сударыня, 1994.

Лейкинд и др. 2000 — Художники русского зарубежья. Биографический словарь / Под ред. О. Л. Лейкинда, К. В. Махрова и Д. Я. Северюхина. СПб.: Nota Bene, 2000.

Лунц 2007 — Лунц Л. Литературное наследие / Под ред. А. Л. Евстигнеевой. М.: Научный мир, 2007.

Любимова 1991 — Любимова М. Ю. Е. И. Замятин в годы первой русской революции (Из писем Замятина 1906 г.) / Под ред. В. Н. Сажина и Н. А. Ефимовой // Источниковедческое изучение памятников письменной культуры в собраниях и архивах ГПБ. История России XIX–XX веков. Л.: ГПБ им. М. Е. Салтыкова-Щедрина, 1991. С. 97–107.

Любимова 1994 — Любимова М. Ю. Е. И. Замятин и Б. А. Пильняк (материалы к биографиям) // Источниковедческое изучение памятников письменной культуры. СПб.: РНБ, 1994. С. 98–108.

Любимова 2002 — Евгений Замятин и культура XX века: Исследования и публикации / Под ред. М. Ю. Любимовой. СПб.: РНБ, 2002.

Нерлер 1991 — Нерлер Р. О. Е. Мандельштам — Е. И. Замятину // Литературная учеба. 1991. № 1. С. 161.

Нечипоренко 1996 — Нечипоренко В. Новые факты из биографии Евгения Замятина // Петербургский текст — из истории русской литературы 20–30-х гг. XX века. С. 69–72. СПб.: Изд-во СПбГУ, 1996.

Павлова и Лавров 1997 — Неизданный Федор Сологуб / Под ред. М. М. Павловой и А. В. Лаврова. М.: Новое литературное обозрение, 1997.

Перхин 2001 — Перхин В. В. Е. И. Замятин и «Серапионовы братья» в 1929 году (по неопубликованным дарственным надписям) // Филологические науки. 2001. № 3. С. 13–20.

Полякова и Комлик 2004 — Замятинская энциклопедия. Лебедянский контекст / Под ред. Л. В. Поляковой и Н. Н. Комлик. Тамбов и Елец: ТГУ имени Г. Р. Державина и ЕГУ им. И. А. Бунина, 2004.

Полякова 2009 — Литературоведение на современном этапе (Материалы международного конгресса литературоведов. К 125-летию Е. И. Замятина) / Под ред. Л. В. Поляковой. Тамбов: ТГУ имени Г. Р. Державина, 2009.

Попов и Фрезинский 1993–2001 — Илья Эренбург. Хроника жизни и творчества / Под ред. В. Попова и В. Фрезинского. Т. 1–5. СПб.: Лина, 1993–2001.

Примочкина 1987 — Примочкина Н. Н. М. Горький и Е. Замятин (к истории литературных взаимоотношений) // Русская литература. 1987. № 4. С. 148–160.

Примочкина 1996 — Примочкина Н. Н. Писатель и власть. М. Горький в литературном движении 20-х годов. М.: РОССПЭН, 1996.

Примочкина 2003 — Примочкина Н. Н. Горький и писатели русского зарубежья. М.: ИМЛИ РАН, 2003.

РНЗ 1997 — Рукописное наследие Евгения Ивановича Замятина. Российская национальная библиотека / Под ред. Л. И. Бучиной и М. Ю. Любимовой // Рукописные памятники. Вып. 3, 1–2. СПб.: РНБ, 1997.

RS 1996 — Russian Studies (Ежеквартальник русской филологии и культуры). Т. II. № 2–3. СПб., 1996.

Саакянц 1997 — Саакянц А. Марина Цветаева. Жизнь и творчество. М.: Эллис Лак, 1997.

Савина и Нечипоренко 1989 — Савина В., Нечипоренко В. Доцент ЛКИ Евгений Замятин // Вестник высшей школы. 1989. № 7. С. 88–92.

Савич 2003 — Савич А. Я. «Минувшее проходит предо мною…»: Из воспоминаний / Под ред. Б. Я. Фрезинского // Диаспора. 2003. № 5. С. 68–98.

Сарнов 2010 — Сарнов Б. Сталин и писатели. Т. 3. М.: Эксмо, 2010.

Стрижев 1994 — Стрижев А. Замятин на фоне эпохи // Литературная учеба. 1994. № 3. С. 101–121.

Струве 1996 — Струве Г. П. Русская литература в изгнании. 3-е изд. Париж; М.: YMCA Press; Русский Путь, 1996.

Терехина 1988 — Терехина В. Н. «Все тот же, русский и ничей…»: Письма Бориса Григорьева к Евгению Замятину // Знамя. 1988. № 8. С. 163–176.

Тихонов 1980 — Тихонов Н. Устная книга. Конгресс в защиту культуры // Вопросы литературы. 1980. № 8. С. 163–178.

Толстой 1989 — Переписка А. Н. Толстого: В 2 т. Т. 2. М.: Художественная литература, 1989.

Турков 1998 — Турков А. М. Борис Михайлович Кустодиев. М.: Терра, 1998.

Тюрин 1987 — Тюрин А. Евгений Замятин. Из блокнота 1931–1936 годов // Новый журнал. Нью-Йорк. 1987. № 168–169. P. 141–174.

Федина и Коновалова 1998 — Федина Н. К., Коновалова Л. Ю. «Молчание — моя основная литературная профессия»: Письма Е. Замятина К. Федину // Русская литература. 1998. № 1. С. 94–109.

Федина и Старков 1990 — Федина Н. К., Старков А. Н. «…Мне сейчас хочется тебе сказать…»: Из переписки Бор. Пильняка и Евг. Замятина с Конст. Фединым // Литературная учеба. 1990. № 2. С. 79–95.

Фрезинский 1996а — Фрезинский Б. Замятин в архиве М. Слонимского // Новое литературное обозрение. 1996. № 19. С. 186–190.

Фрезинский 1996б — Фрезинский Б. Эренбург и Замятин // Новое литературное обозрение. 1996. № 19. С. 162–185.

Фрезинский 1998 — Фрезинский Б. Великая иллюзия — Париж, 1935 (Материалы к истории Международного конгресса писателей в защиту культуры) // Минувшее. 1998. № 24. С. 166–239.

Фрезинский 2003 — Фрезинский Б. Судьбы серапионов (портреты и сюжеты). СПб.: Академический проект, 2003.

Цветаева 1998 — Цветаева М. Собр. соч.: В 7 т. Т. 7. Кн. 1 и 2. М.: Терра, 1998.

Чудакова 1988 — Чудакова М. Еретик, или Матрос на мачте // Замятин Е. И. Сочинения. М.: Книга, 1988. С. 498–523.

Чуковский 1979 — Чукоккала. Рукописный альманах Корнея Чуковского. М.: Искусство, 1979.

Чуковский 2003 — Чуковский К. Дневник 1901–1969. Т. 1: 1901–1929. М.: ОЛМА-Пресс, 2003.

Шаховская 1975 — Шаховская З. А. Отражения. Париж: YMCA Press, 1975.

Шерон 1994 — Шерон Ж. К судьбе зарубежного архива Е. И. Замятина // *De visu*. 1994. № 3/4. С. 73–74.

Barnes 2004 — Barnes C. *Boris Pasternak: A Literary Biography*. Vol. 2. Cambridge: Cambridge UP, 2004.

Barratt and Scherr 1997 — *Maksim Gorky — Selected Letters* / A. Barratt, B. P. Scherr, eds. Oxford: Clarendon Press, 1997.

Cavendish 2000 — Cavendish P. *Mining for Jewels—Evgenii Zamiatin and the Literary Stylization of Rus'*. London: Maney Publishing for the MHRA, 2000.

Clark and Dobrenko 2007 — Clark K., Dobrenko E., with Artizov A. and Naumov O. *Soviet Culture and Power: A History in Documents, 1917–1953*. New Haven and London: Yale UP, 2007.

Curtis 1987 — Curtis J. A. E. *Bulgakov's Last Decade: The Writer as Hero*. Cambridge: Cambridge UP, 1987.

Curtis 1991 — Curtis J. A. E. *Manuscripts Don't Burn — Mikhail Bulgakov. A Life in Letters and Diaries*. London: Bloomsbury, 1991.

Curtis 2017 — Curtis J. A. E. *Mikhail Bulgakov*. London: Reaktion Books, 2017.

Dougan 1968 — Dougan D. *The History of North East Shipbuilding*. London: Allen & Unwin, 1968.

Dullin 2008 — Dullin S. *Men of Influence — Stalin's Diplomats in Europe: 1930–1939*. Edinburgh: Edinburgh UP, 2008.

Ellis 1920 — *The Newcastle-upon-Tyne Official Blue Book 1920: A Compendium of Municipal and Social Information* / W. B. Ellis, ed. (1920).

Ermolaev and Shane 1968 — Ermolaev H. and Shane A. Pis'ma K. Fedina k E. Zamiatinu // *Novyi zhurnal*. 1968. № 92. P. 188–205.

Fleishman 1990 — Fleishman L. *Boris Pasternak: The Poet and his Politics*. Cambridge, MA and London: Harvard UP, 1990.

French and Smith 2004 — French R. and Smith K. *Lost Shipyards of the Tyne*. Newcastle upon Tyne: Tyne Bridge Publishing, 2004.

Goldt 1995 — Goldt R. *Thermodynamik als Textem. Der Entropiesatz als poetologische Chiffre bei E. I. Zamjatin*. Mainz: Liber Verlag, 1995.

Gor'ky 1995 — Gorky M. *Untimely Thoughts: Essays on Revolution, Culture and the Bolsheviks 1917–1918*. New Haven and London: Yale UP, 1995.

Graffy and Ustinov 1994 — Graffy J. and Ustinov A. «Moi deti — moi knigi»: From Evgenii Zamiatin's Letters // *Stanford Slavic Studies. Vol. 8. Themes and Variations: In Honor of Lazar Fleishman*. Stanford: Berkeley Slavic Specialities, 1994. P. 342–365.

Guerra 1990 — Guerra R. L'émigration russe des années trente aux années soixante / Etkind E. and Nivat G., eds. // *Histoire de la littérature russe* (vol. 6). *Le XXe siècle — Gels et dégels*. Paris: Fayard, 1990. P. 116–139.

Harvey 2001 — Harvey B. Evgeny Zamiatin — stsenarist // *Kinovedcheskie zapiski*. 2001. № 53.

Heywood 1992 — Heywood A. The Armstrong Affair and the Making of the Anglo-Soviet Trade Agreement 1920–21 // *Revolutionary Russia*. 1992. № 1. Vol. 5. June. P. 53–91.

Kemp-Welch 1991 — Kemp-Welch A. *Stalin and the Literary Intelligentsia: 1928–39*. Basingstoke and London: Macmillan, 1991.

Kern 1988 — *Zamyatin's «We»: A Collection of Critical Essays* / Kern G., ed. Ann Arbor: Ardis, 1988.

Keys and Smith 1997 — Keys D. and Smith K. *From Walker to the World: Charles Mitchell's Low Walker Shipyard*. Newcastle upon Tyne: Newcastle Libraries & Information Service, 1997.

Keys and Smith 2002 — Keys D. and Smith K. *Ferry Tales: Tyne-Norway Voyages 1864–2001*. Newcastle upon Tyne: Tyne Bridge Publishing, 2002.

Kitchen 2001 — *Voices from Vickers. The Workers' Story* / Kitchen P., ed. Newcastle upon Tyne: Tyne Bridge Publishing, 2001.

Livak 2003 — Livak L. *How it was Done in Paris: Russian Emigré Literature and French Modernism*. Wisconsin: University of Wisconsin Press, 2003.

Lyons 1937 — Lyons E. *Assignment in Utopia*. New York: Harcourt Brace, 1937.

Malmstad and Fleyshman 1987 — Malmstad J. and Fleyshman L. Iz biografii Zamiatina (po novym materialam) // *Stanford Slavic Studies*. Vol. 1. Stanford, 1987. P. 103–151.

McGuire 1988 — McGuire D. F. *Charles Mitchell 1820–1895. Victorian Shipbuilder*. Newcastle-upon-Tyne: Newcastle upon Tyne City Libraries & Arts, 1988.

Menegaldo 1998 — Menegaldo H. *Les Russes à Paris: 1919–1939*. Paris: Autrement, 1998.

Myers A. 1990a — Myers A. Evgenii Zamiatin in Newcastle // *Slavonic and East European Review*. 1990. № 1. Vol. 68. P. 91–99.

Myers A. 1990b — Myers A. Evgenii Zamiatin in Newcastle: A Source for Islanders // *Slavonic and East European Review*. 1990. № 3. Vol. 68. P. 498–501.

Myers A. 1993 — Myers A. Zamiatin in Newcastle: The Green Wall and The Pink Ticket // *Slavonic and East European Review*. 1993. № 3. Vol. 71. P. 417–427.

Myers A. 1995 — Myers A. Review of Harold Heslop. *Out of the Old Earth* // *Slavonic and East European Review*. 1995. № 3. Vol. 73. P. 525–527.

Myers J. 1975 — Myers J. *George Orwell: The Critical Heritage*. London: Routledge and Kegan Paul, 1975.

Nice 2003 — Nice D. *Prokofiev: From Russia to the West 1891–1935*. New Haven and London: Yale UP, 2003.

Parish 1990 — Parish C. *The History of the Lit & Phil*. Vol. 2: 1896–1989. Newcastle upon Tyne: Literary and Philosophical Society of Newcastle upon Tyne, 1990.

Peacock 1986 — Peacock B. *A Newcastle Boyhood 1898–1914*. Sutton: Newcastle upon Tyne City Libraries and London Borough of Sutton Libraries & Arts Services, 1986.

Pozner 2001 — Pozner V. *Souvenirs sur Aragon et Elsa*. Rambouillet: Société des amis de Louis Aragon et Elsa Triolet, 2001.

Pyman 1980 — Pyman A. *The Life of Aleksandr Blok. Vol. II. The Release of Harmony — 1908–1921*. Oxford, London and New York: Oxford UP, 1980.

Russell 1992 — Russell R. The Drama of Evgenii Zamiatin // *Slavonic and East European Review*. 1992. № 2. Vol. 70. P. 228–248.

Seton-Watson 1967 — Seton-Watson H. *The Russian Empire 1801–1917*. Oxford: Clarendon Press, 1967.

Shane 1968 — Shane A. M. *The Life and Works of Evgenij Zamjatin*. Berkeley and Los Angeles: University of California Press, 1968.

Slonim 1959 — Slonim M. Preface // Zamiatin E. *We*. Tr. by G. Zilboorg. New York: E. P. Dutton & Co., 1959. P. xxi–xxv.

Smith 2000 — Smith G. S. *D. S. Mirsky: A Russian-English Life, 1890–1939*. Oxford: Oxford UP, 2000.

Tejerizo 1988 — Tejerizo M. Evgeny Zamyatin in the British Press. Three Articles and Three Interviews (1932–34) // *Scottish Slavonic Review*. 1988. Vol. 1. P. 65–89.

Victory Meeting — Victory Meeting. North East Coast Institution of Engineers and Shipbuilders, Newcastle-upon-Tyne. July 8, 9, 10 and 11, 1919 (record of proceedings).

Указатель имен

Авдиева И. Д.   270
Авербах Л. Л.   209, 218, 261, 323, 328
Агранов Я. С.   171
Адамович Г. В.   324, 391, 405
Адрианов С. А.   252
Айхенвальд Ю. И.   76, 222–223
Алданов М. А.   402
Александер Божидар   344, 397–398, 404
Александр II, царь   379
Александринский театр   198, 216, 267
Александрова Вера   408, 410
Альтман Н. И.   383
Алянский С. М.   166, 289, 331
Американский театр (Париж)   302
Амфитеатров А. В.   130
Ангарский Н. С.   65
Андреев Л. Н.   40–41, 52, 127, 189, 208, 229
Анненков Ю. П. (литературный псевдоним: Б. Темирязев)   6–7, 66–67, 121, 123, 127, 131–132, 136, 141–144, 146, 148–152, 154, 162, 164–165, 179, 185–186, 243, 275, 298, 304–306, 320, 324, 330, 336–337, 339, 343, 349, 354, 359, 366, 370, 373–374, 382–384, 391, 398–400, 406, 411, 419
   Повесть о пустяках   359
Анненкова Е. Б.   336–337, 370
Анненкова В. И.   186
Антонов А. С.   140
Арагон Луи   356, 367, 400
Армстронг Уильям (Armstrong William)   78–79, 82, 97, 100
Аросев А. Я.   294–295, 304
Атилла (Аттила)   200–201, 203–204, 211, 235, 240–241, 250
Ахматов (врач)   226
Ахматова А. А.   114, 131, 134–135, 143, 145–146, 151, 162, 165–166, 173, 175, 180, 189, 207, 211, 224, 261, 265, 268, 275, 287, 289, 350–352, 383
   Anno Domini   134
   Белая стая   162
Бабель И. Э.   189–190, 193, 220, 330, 334, 337, 367–369, 381, 383, 394–395
   Конармия   190
Балдерстон Джон Л.   218
Бальзак Оноре де   367
Бальмонт К. Д.   114
Барбюс Анри   302, 309, 311, 349
Барков В. Н.   299, 311
Басалаев И. М.   251, 253

Бебель Август   35
Безыменский А. И.   245–246
Беллини Джованни   207
Белый Андрей (Б. Н. Бугаев)   113, 267, 281, 354–355
Беляев С. М.   389
  Мясо   389
Бем А. Л.   294–295
Беннетт Арнольд   177
Бенуа Александр Н.   130, 151, 224, 326
Берберова Н. Н.   268, 324, 400, 404
  Курсив мой   324
Бетховен Людвиг ван   17, 33
Биржевые ведомости   76
Блок А. А.   112–114, 120–124, 129, 143–147, 151–152, 154, 192, 195, 215, 229, 235, 349, 367–368, 413, 421
  Двенадцать   112, 154, 349
Блок (Блох) Жан-Ришар   369, 376, 381, 389
Блох Я. Н.   173
Блюм В. И.   129, 197
Бодлер Шарль   95
  Цветы зла   95
Боклевский К. П.   38–39, 41, 45–47, 62, 162
Большой драматический театр (БДТ)   129–130, 145, 210–211, 214–217, 227–228, 235–240
Большой театр   329
Бородин А. П.   326
Боттичелли Сандро   151, 207
Брайант Луиза   109
  Шесть красных месяцев в России   109
Брамс Иоганнес   17

Браун Я. В.   184–185, 419
Брехт Бертольт   380
Бродский И. А.   83
Будберг М. И.   322
Буденный С. М.   190
Булгаков М. А.   4, 8, 10, 12, 117, 181, 190, 204, 209, 220, 227, 231, 236, 239, 248–249, 253, 260–261, 264, 267, 270, 274, 281, 284–285, 288–289, 291, 320–321, 333, 337–338, 343, 345, 353, 361–363, 388, 390, 392, 402, 406, 419–421
  Багровый остров   227, 231, 239
  Бег   236
  Белая гвардия   117, 204, 270, 291
  Дни Турбиных   204, 220, 227, 231, 270, 291, 320, 390
  «Драматург и критика» (неосуществленная статья)   231
  Дьяволиада   190
  Зойкина квартира   227
  Кабала святош (Мольер)   267
  Мастер и Маргарита   12, 181, 338, 362
Булгаков Н. А.   392
Булгакова Е. С.   406
Булгакова Л. Е.   248
Бунин И. А.   306–307, 346–347, 398, 400–402, 404, 421–422
Бухарин Н. И.   262, 346, 363, 368, 374
Бучина Л. И.   34, 423
Быстрова (цензор)   194
В. Николай   30
Вагинов К. К.   216
Вагнер Рихард   33
Вайян-Кутюрье Поль   348
Вальтер Роман   188

ВАПП (см. РАПП) 208–209, 218
Варбург Фредрик 409
Варя, родственница 17–18, 92, 205, 269, 288, 293
Васильева К. Н. 281
Вахтанговский театр 214, 221, 227, 264–265, 267, 270
Венгеров С. А. 16, 72, 74, 94–95
Венгерова З. А. 82, 217, 247, 260, 264, 266, 278
Верейский Г. С. 231
Вересаев В. В. 249, 252, 261, 284
Верлен Поль 151
Верт Александр 312–313, 317, 332, 344
Вечерняя красная, газета 252
Вильдрак Шарль 285, 300, 385
Виноградов В. В. 216
Витте С. Ю. 21
Возрождение, газета 268, 404–405
Волков Е. В., племянник 205
Волков В. В., зять 37, 67, 293
Волковыский Н. М. 161, 166
Волошин М. А. 180, 191, 202, 249–250, 252–253, 421
Волынский А. Л. 131, 139, 151, 162
Вольфил (Вольная философская ассоциация) 180
Воля России, журнал 140, 153, 220–223, 252, 254–255, 305
Воронский А. К. 134, 153, 162–166, 169, 172, 178, 182–183, 192, 268, 396
Врангель П. Н. 135
Врубель М. А. 151
Всемирная литература 107, 112, 120–124, 130, 132, 135, 152, 156,
161, 168, 171, 174, 178, 194, 229, 232, 324
ВСП (Всероссийский союз писателей) 131, 135, 162, 160–170, 177, 202, 208, 215, 228, 244–247, 253, 255–259, 261–262
ВССП (см. ВСП) 261
Вульф, родственник 92
Габен Жан 391, 404
Гагарин А. Г. 31, 42–43, 139–140
Гагарина М. Д. 139
Гагарина С. А. 143, 147
Газданов Г. И. 400
Галушкин А. Ю. 14, 16, 20, 25–27, 30, 39–41, 46–49, 56, 61, 82, 89–91, 100, 102–104, 108–112, 114, 116, 121–124, 127, 129, 134–135, 138, 140, 143, 145–147, 149–150, 152–154, 156–158, 160, 163–164, 166, 172, 174, 176–177, 183, 186–187, 190, 192–193, 198–200, 209, 212, 215, 219, 224, 230, 233, 237–238, 240, 245, 247, 252, 254, 256, 258–259, 262–263, 277, 280, 284, 291, 298, 303, 309–310, 312, 317, 319, 330, 332, 341, 352, 355, 360, 362, 367, 376, 387, 389, 391, 396, 414, 420
Гапон Г. А. 24
Гарбо Грета 339
Гедройц В. И. 270
Гейльброннер Рене 397
Георг V, король 96
Герман Ю. П. 394–395
  Наши знакомые 394–395
Герни Б. Г. 410
«Гильдия», театр (Нью-Йорк) 273

Указатель имен

Гиппиус З. Н.   324, 400
Гитлер Адольф   292, 342, 372–373, 381
Главискусство   274
Главрепертком (см. также Репертком)   236, 238–240, 267, 274
Гленни Майкл   410
Гоген Поль   151
Гоголь Н. В.   19, 57, 94–95, 97, 190, 242, 340, 376
    Мертвые души   19, 390
    Нос   242
    Ревизор   217, 220
    Тарас Бульба   366, 379
Голос России (журнал)   153, 155
Голсуорси Джон   173, 270
    Сага о Форсайтах   173
Гончарова Н. С.   382
Горбачев Г. Е.   209
Горнфельд А. Г.   72
Городецкий С. М.   157
Горький Максим (А. М. Пешков)   9–10, 57, 93, 106–109, 112, 114–115, 117, 120–124, 128, 130, 134, 137, 140, 143, 146, 151, 153, 158, 186, 189–190, 192–193, 195, 202, 207, 219, 223–224, 228–229, 234–236, 240–241, 243 248–249, 256, 259–264, 266, 268, 278–284, 288, 294, 297, 299, 300, 316, 322–323, 329, 337, 346, 361, 368, 374, 381, 383, 386–388, 390–391, 395, 400, 420, 422
    Мать   106
    «О трате энергии»   262
Гофман Э. Т. А.   113, 137, 300
    Серапионовы братья   137
ГПУ   10, 161–162, 169–173, 177–178, 182, 191, 266, 268, 382, 395

Грановский А. М.   366, 376, 384
Гребенщиков Я. П.   27, 60, 75–76, 83, 89–90, 94–95, 127, 133, 197, 210–211, 215, 218, 242, 289
Грегер Вольфганг   188
Гржебин З. И.   122, 132, 140, 150–151, 154, 158–159, 232
Грибоедов А. С.   362
Григорьев Б. Д.   127, 158–159, 191, 207, 286–287, 297–298, 301, 307, 314–315, 317, 326–327, 378–379, 423
Григорьева Е. Г.   127, 301, 307, 315, 327
Григорьевы, семья   127, 207, 301, 307, 314–315, 327, 402
Гроздова А. П.   62
Гронский И. М.   298, 330
Гроссман Л. П.   266
Груздев И. А.   195, 243
Гувер Герберт   299
Гуль Р. Б.   400
Гумилев Н. С.   121–123, 146, 152, 195
Даманская А. Ф.   106, 128, 150, 154, 158, 263, 398–401, 404
Данилевский Г. П.   19
Воля (*Беглые воротились*)   8, 36, 55, 64, 80, 84, 133, 149, 153, 164, 167, 178, 183, 187, 221, 255, 266, 280, 305, 349, 410
Дело народа   110, 113–114, 124
Деспотули В. М.   298
Джойс Джеймс   302, 355
Дзержинский Ф. Э.   160, 162
Дикий А. Д.   160, 162, 195, 197–199, 203, 213
Диккенс Чарльз   120, 156
    Тяжелые времена   156

Добровольский В.   202
Добужинские, семья   147
Добужинский М. В.   129, 139, 148, 224, 306, 399, 400
Дойч Бабетта   200, 273
Дом искусств (журнал)   133, 140, 142, 232
Дон-Аминадо (А. П. Шполянский)   350
Достоевский Ф. М.   22, 144, 149, 170, 181, 184, 241, 358
    Игрок   358
    Идиот   358
Дрие Ла Рошель Пьер   291, 348, 404
Дюма Александр   148
    Анж-Питу
Дягилев С. П.   186
Евклид   183
Евреинов Н. Н.   354, 357
Ежемесячный журнал для всех   65, 72
Ерошин И. Е.   209
Есенин С. А.   76, 93
    Радуница   76
    Яр   93
Жид Андре   339, 381, 390, 392–393, 395
    Возвращение из СССР   392–393, 395
Жизнь искусства, газета (до 1923, потом журнал)   150, 209, 230
Жирмунский В. М.   122, 216
Жуве Луи   391
Заветы, журнал   58, 60, 63, 66, 92, 169
Завтра, альманах   120
Зайцев Б. К.   402, 407

Зайцева Н. Б.   407
Замятин А. Д., дядя   208
Замятин Е. И.   3–4, 6–37, 39–50, 52, 54–81, 83–84, 86–117, 119–135, 137–204, 206–231, 234–328, 330–333, 335–354, 356–380, 382–389, 391–393, 395–412, 414–424
    Алатырь   70, 76, 121, 180
    Ангел Дормидон (см. *Глупый ангел Дормидон*)   75
    Анна Каренина (киносценарий)
    Апрель   72, 404
    Арапы   127, 152–153, 163
    Атилла (киносценарий)   365, 366, 379
    Атилла (пьеса)   202, 210–211, 213–214, 220, 223–224, 226–227, 233, 235–240, 242, 248, 260, 279, 282, 293, 295–296, 305, 358
    Африка   74, 93, 95, 277, 287
    Африканский гость   267–270, 277, 287
    Бич божий   373, 390
    Блоха   195–196, 198–200, 204, 211, 214, 216–218, 222, 230, 242, 247, 260, 264–265, 274, 277, 279, 282, 287, 289–292, 302, 324–326, 342–343, 348–349, 350–352, 355, 358, 360–361, 370, 389, 404
    Бог   93, 95
    Большим детям сказки, сборник   322
    «Будущее морского судостроения и дноуглубительные работы в морских каналах и портах»   46
    «Будущее театра»   293, 316, 323

«Бунт капиталистов» 109
В толпе 49
Вдова Поливанова – Надежное место (В Задонск на богомолье) 115
Великая любовь Гойи 379
Великий ассенизатор 109
Видение 375
Встреча 373, 375
«Воспоминания о Блоке» 112, 122–123, 129, 145–146, 192
«Встречи с Б. М. Кустодиевым» 185, 198–199, 212, 224
«Герберт Уэллс» 131
Глаза 107, 207
Глупый Ангел Дормидон 75
Город Глупов, сценарий по роману Салтыкова-Щедрина *История одного города* 221
Девушка 48–49, 65, 373
Десятиминутная драма 353
«Для сборника о книге» 121
Дракон 110, 153, 165, 183, 323, 404
Дубы 140
Дьячок 75, 85, 93, 95
«Елизавета английская» 109
Желание 50
Житие Блохи 216, 217
«Завтра» 111
«Закулисы» 56, 61, 247, 331
Записные книжки 140, 418
«Записки мечтателей» 134–135, 145–146, 150, 154, 166
Знамение 96
Как мы пишем (сборник) 247–249, 267
Картинки 75
«Кембл. Повесть» 96

«Краткая история "Всемирной литературы" от основания и до сего дня» 168, 194
Кряжи — Иван да Марья 75, 93
Лев 375, 384
Лица (сборник) 237, 276, 410
Ловец человеков 97, 114, 140–141
Мазепа 386
Мамай 61, 133, 201, 302–303, 332
Маруся. Сибирь (киносценарий повести *На куличках*) 293
«Москва — Петербург» 340–341, 344–345, 351–352
«Моя работа над *Блохой*» 216
Мученики науки 242, 275, 287, 303
Мы 9, 11–12, 30, 50, 97, 108, 112, 114, 119, 125–128, 130, 132, 143–144, 148–150, 153–155, 159, 161, 165–166, 168–169, 174, 177, 179–181, 183, 185–196, 188, 199–201, 203, 206–207, 214, 221–224, 227–230, 232, 234, 243, 252–254, 256–258, 261, 263, 268, 285, 293, 295, 305–306, 309–310, 322, 331, 258–359, 398, 403, 405–406, 408–412, 418, 420–421
На куличках 8, 57, 63, 65–67, 93, 154, 183, 227–229, 293, 303, 372
Наводнение 241–242, 265, 324, 331, 334, 353
«Народный театр» 216
Непутевый 60–62, 65
Нечестивые рассказы (сборник) 220, 229, 411

«Новая русская проза» 175–176
«О лакеях» 109
«О литературе, революции, энтропии и о прочем» 169, 183
«О моих женах, о ледоколах и о России» 100, 102, 318–319
«О своей работе» 233
«О сегодняшнем и о современном» 190
«О синтетизме» 7, 150
«О сюжете и фабуле» 122
О том, как исцелен был инок Эразм 132, 153
О чуде, происшедшем в Пепельную среду 177
«О языке» 122
Общество почетных звонарей, сценарий рассказа *Островитяне* 174, 195–196, 214, 217, 222, 273, 290, 302, 358
Огни св. Доминика 128, 140, 167–168, 184, 211, 214, 227, 268
Один 42, 47–49
Островитяне 82, 91, 96–97, 114, 119, 153–154, 159, **164**, 174, 179, 182, 184, 195–196, 201, 214, 222, 229, 373, 392
Первая, вторая, третья и последняя сказки про Фиту 108, 184
«Перегудам. От редакции *Русского современника*» 193
Петр I (киносценарий) 365, 394
Петька – Дрянь-мальчишка 75, 94

Пещера 133, 140, 153, 180, 188, 207, 214, 220, 224, 230, 302–303, 322–323, 327, 384, 404, 411
Пиковая дама (киносценарий) 379
Письменно 93
Подземелье Гунтона 230, 277, 282
Правда истинная 95
Премудрый Нгабами. Притча 49
«Психология творчества» 122
Рай 134, 153
Рассказ о самом главном 176, 180, 189, 193
«Речь на вечере памяти А. А. Блока» 189, 215
«Роберт Майер» 277
Рождение Ивана 277, 287
Русь 168, 175
Север 74, 116, 119, 121, 224–225, 230, 392
Северная любовь (киносценарий повести «Север») 225
Сенсация (The Front Page) 247, 264, 266–267, 270
Сибирь (см. *Маруся. Сибирь*) 293, 358
Слово предоставляется товарищу Чурыгину 219–220, 264, 268, 353, 357
Снежное окно 49
Солонина 70, 72
Сподручница грешных 115, 119, 183, 353
Старшина 72
Стенька Разин, киносценарий 334, 358

Сюрприз 277
Тарас Бульба, киносценарий 366, 379
«Театральные параллели» 380
Три дня 26, 62, 65
Уездное, повесть 56, 58, 64, 93, 166, 226
Уездное, сборник 65, 74–76, 89, 99, 168,175
Утром и вечером 49
Херувимы 110
Царь в плену 379
Цветы говорят мне о сумерках — Зеркало цветов 49
«Цель» 218–219
Церковь Божия 127, 152–153
Чайная роза 49
Часы 364, 373–374
Четверг 109
Чрево 63
«Я боюсь» 12, 133–134
«Actualités soviétiques» 388–389
«Ballet et la révolution, Le», «Балет и революция» 375
Bas-fonds, Les (киносценарий пьесы М. Горького *На дне*) 391
«D-503» («Д-503», киносценарий романа *Мы*) 322, 358
Dieu de la Danse, Le 375
«En URSS» 316–317
«Enfants Soviétiques», Советские дети 332
«Higher Production at Any Price...» 353
«Lettres russes» 355, 359, 373, 376, 387–388, 395
«Maxime Gorki» 391

«Russian Shipbuilding: Problems Following the Revolution...» 78, 335
«Russian Theatre Today, The», *Русский театр сегодня* 379
«Shipbuilding in Soviet Russia...» 372
X (L'aventure du diacre Indikoplev), Приключения дьякона Индикоплева 303
Замятин И. Д., отец 17–18, 23, 30, 58, 77
Замятин М. А., двоюродный брат 208
Замятина (Волкова) А. И., сестра 15, 17–19, 21–23, 37, 49, 67, 284, 288, 293
Замятина (рожд. Усова) Л. Н., жена 8, 10, 13, 24, 27–29, 31–37, 39–40, 42, 46–64, 67–73, 75, 80–96, 99, 102–104, 115–116, 118–120, 131–132, 140–143, 148–149, 152, 154, 158, 162–163, 165, 171, 175, 177–185, 189–197, 199, 203–205, 208, 212–213, 218, 220, 225–226, 230–231, 236–237, 239, 249–250, 252–253, 259, 264–267, 269–273, 275–276, 281–285, 287, 290–292, 294, 296, 300–302, 305, 307–308, 313–315, 321, 324, 328, 344–345, 347–348, 352, 354, 356, 364, 369–371, 375, 384–385, 390, 399–400, 402–407, 409–411
Замятина (рожд. Платонова) М. А., мать 17, 23, 62, 123, 163, 204, 218
Записки мечтателей, альманах 134–135, 145–146, 150, 154, 166

Зеленин Д. К.   76
Великорусские сказки Пермской губернии; Куриозное и краткое изъяснение любопытства достойных наук физиогномии и хиромантии   76
Земля и Фабрика (ЗиФ), альманах   229, 241–242
Зилбург Григорий (Gregory Zilboorg)   179, 188, 200, 203, 207, 221, 322
Зиновьев Г. Е.   374
Знамя, журнал   412, 419, 423
Золя Эмиль   32, 151
Зощенко М. М.   122, 137, 147, 157–158, 217, 219, 226, 243, 253, 256, 269, 308
Иванов В. В.   157, 285–286, 361
Иванов-Разумник Р. В.   58, 62, 72, 94, 113, 124, 169, 179, 221
Известия   157, 275, 298, 305, 330
Измайлов А. А.   76
Ильф И. А.   337
Инкижинов В. И.   365–366
Ионин Георгий   242
Ионов И. И.   41, 113, 122, 128, 132, 137–138, 194
Истмен Макс   378–379, 393
Художники в униформе   378
Каган А. С.   293
Каганович Л. М.   346
Каганский З. Л.   236
Кадеты, партия   27, 35, 70, 109
Казарновский Ю. А.   209, 211
Калейдоскоп, журнал   19
Каменев Л. Б.   164, 178, 374
Капица П. Л.   224
Каплан Ф. Е.   116

Катаев В. П.   286
Каутский Карл   35
Кёниг Вацлав   214, 222
Кизеветтер А. А.   294
Кики (Алиса Прен)   304, 337
Киодзи Исида   224
Кириллов В. Т.   110, 125
Киров С. М.   374
Клюев Н. А.   74
Ключарев В. П.   174, 195, 197, 203
Книга и революция, журнал   134
Кове-Дюамель Б.   243, 403
Кок Йохан   40
Коллинз Уилки   177
Женщина в белом   177
Комеди Франсес   300
Комиссаржевский Ф. Ф.   357–358
Компанеиц Жак   391
Конан Дойль Артур   178
Конрад Джозеф   177
Комсомольская правда, газета   252, 305
Константин Николаевич (великий князь, генерал-адмирал)   79
Коперник Николай   111
Корчагина-Александровская Е. П.   289
Корша театр   196
Космополитен (журнал)   275
Крандиевская-Толстая Н. В.   250, 256
Красин Л. Б.   172
Красная газета   253, 261
Красная новь, журнал   153, 162, 172, 192, 268
Кремье Бенжамен   286, 348
Критико-биографический словарь   94

Кроленко А. А.   166, 216, 234, 244, 255, 270–273, 275–276, 287, 289, 414
Крупская Н. К.   230
Крыленко Н. В.   248
Крылов Борис   27–28, 31, 68, 338
Крымов Н. П.   197
Крымов В. П.   342
Крючков П. П.   280, 282, 285
Кузьмин М. А.   151
Кузьмин Н. М.   67
Куклин Г. О.   202
Кукушкина Т. А.   70, 72, 131, 135, 137, 144, 147, 162, 170, 215, 231, 246, 253, 421
Кунина-Александер И. Е.   228–229, 296, 321, 331, 333, 341, 343–345, 349, 351, 354, 358–361, 364–365, 371–377, 383, 386, 391, 393, 396, 403, 412, 421
Красная феска   360
Курода Отокичи   207, 224
Кустодиев Б. М.   153, 167–168, 170, 175, 185, 197–199, 201, 211–213, 215–217, 224, 229–230, 423
Кустодиев К. Б.   212
Куткин, инженер   59
Лазаревский Б. А.   74
Лайонс Юджин   265, 276, 303, 329, 377–379, 393
  Автобиография   393
Ларионов М. Ф.   303, 382
Левинсон А. Я.   138–139, 158
Ленин В. И.   108–109, 116, 126, 137, 153, 160, 186
Ленинградская правда   234
Леонидов Б. Л.   221

Леонов Л. М.   189, 193, 229, 394–395
  Вор   228
  Дорога на океан   394
Лесков Н. С.   139, 193, 195–197, 215–216, 349
  Левша   195–196
Летопись, журнал   93, 106
Лефевр Фредерик   138, 309–312
Либерман С. П.   201, 207, 214, 236
Лидин В. Г.   147, 395
Литературная газета, журнал   139–140
Литературная газета   245–246, 252–256, 259, 261, 266, 307, 313, 323, 330, 338, 361
Лихачев Н. П.   268
Ллойд Джордж Дэвид   97, 103
Ло Гатто Этторе   275, 321–322
Локк Уильям Дж.   93
  Обломки крушения   93
Лондон Джек   73, 93, 120
  Железная пята   93
Лонг Рей   275–276, 294, 299, 321
Лоуренс Д. Г.   177
  Сыновья и любовники   177
Лукницкий П. Н.   175
Луначарский А. В.   140, 178, 263
Лундберг Е. Г.   72
Лунц Л. Н.   128, 137, 147, 157–158, 183–184, 421
  Вне закона   128
Льюис Синклер   177
Любимова М. Ю.   14, 16, 20, 25–27, 29–30, 32, 35, 39–41, 46–49, 56, 61, 70, 72, 74, 76, 82, 89–91, 94–95, 100, 102, 104, 106, 108–112, 114, 116, 121–124, 127, 129,

131, 134–135, 138–140, 143–150, 152, 154, 156–158, 162, 165–167, 169–170, 174–177, 180, 183, 185–187, 189–190, 192–193, 196–200, 208–212, 215–219, 221, 223–224, 227–231, 233–234, 237–238, 240, 242, 244–247, 253, 261, 263–264, 266, 268–270, 272–273, 276–277, 280–281, 284, 287, 289, 291, 295, 298, 301–303, 307, 309–310, 312, 315, 317, 319, 321, 327, 329, 331–333, 341–343, 345, 349, 351–352, 355, 359–360, 364–367, 373–377, 384, 386–387, 389, 391–392, 395–396, 398–399, 404, 412, 420–422

Магарам Н. И.   189, 193
Магеровский Л. Ф.   407
Майер Джулиус Роберт   127, 277
Майерс Алан   83, 97, 99, 414
Макартур Чарльз (см. Хехт)   247
Маклай Джозеф   98
Максимов С. В.   76, 229, 323, 421
  Нечистая сила   76
Маламут Чарльз   275–276, 322, 377–379, 392–393, 411–412
Малый оперный театр (бывш. Михайловский)   196
Малый театр   220
Мальро Андре   363, 381
Ман Рэй   337
Мандельштам Н. Я.   406
Мандельштам О. Э.   122, 147, 363, 406, 422
Манн Генрих   380
Манухин И. И.   400
Манухина Т. И.   400
Маракуев Н. Н.   127
Маркс Карл   35, 95

Марр Н. Я.   268
Маршак С. Я.   130, 217, 228
Матисс Анри   314
Маяковский В. В.   90, 120, 135, 263, 271
  Мистерия-буфф   135
Мейерхольд В. Е.   217, 220, 332, 341, 388
Мельникова-Папоушкова Н. Ф.   222, 296
Менделеева Л. Д.   235
Мережковский Д. С.   400
Милашевский В. А.   148
Милль Сесиль Б. Де   291, 294, 303, 379
Миндлин Е. Л.   140
Мир искусства   76, 167, 326, 382
Мир приключений, журнал   71, 178
Миролюбов В. С.   58, 60–62, 65, 72, 77, 92–93, 123–124, 133–135, 141, 150, 243–244
Мирский (Святополк-Мирский) Д. С.   214
Митрохин Д. И.   76
Митчелл Чарльз   79
Могила П. С.   76
Могилянская Мария   85
Могилянский А. П.   407
Мокульские, семья   276
Мокульский С. С.   216, 276
Мольер Жан-Батист П. де   288, 320–321, 338, 345, 367, 390
Монахов Н. Ф.   211, 215–216
Монд, газета   302–303, 309, 311
Моруа Андре   309, 334, 348, 355
Моцарт Вольфганг Амадей   33
Мстиславский С. Д.   169, 174, 179
Музиль Роберт   380

Указатель имен

Мукаржовский Ян   295
Муссолини Бенито   207
Мусоргский М. П.   398
МХАТ   174, 182, 195, 197–198, 204, 210–211, 213, 216, 220, 236, 267, 270, 274, 277, 282, 287–289
Мясин Л. Ф.   326
На литературном посту, журнал   209, 227
Набоков В. В. (Сирин)   350, 404
Накануне, газета   156, 158
Наппельбаум М. С.   194
Нарбут В. И.   229
Нечипоренко В.   46, 340, 382, 422–423
Нижинский В. Ф.   375
Никитин Н. Н.   137–138, 157–158, 172–173, 213, 224, 235, 243, 271, 382
Никитина Е. Ф.   277
Никитина З. А.   271, 289, 292, 301, 304, 308, 315–316, 323, 325, 328, 338, 346
Николаевский Б. И.   406
Николай II, царь   23, 40, 43, 96, 139
Никон, отец   399
Ницше Фридрих   35, 95, 151
  По ту сторону добра и зла   35
Нобл Эндрю   97
Нобл Марджери Дарем   97
Новая жизнь, журнал   31, 109
Новицкий П. И.   239
Новые мысли, журнал   49
Новый мир, журнал   394
Новый мир, журнал (Берлин)   140
Нордау Макс   32
  В поисках за истиной (Парадоксы)   32

О. Генри   79, 120, 380, 414
О'Кейси Шон   266
  Серебряный кубок   266
«Обезволпал» (лит. группа)   113, 146
Обрадович С. А.   241
Образование, журнал   47
Общество для пособия нуждающимся литераторам и ученым   72
ОГПУ   191, 266, 268
Олеша Ю. К.   270, 394–395
Онеггер Артюр   223
  Юдифь   223
Оречкин Б. С.   291
Оруэлл Джордж   11, 126, 408–411
Основы, журнал   169, 174, 178
Осоргин М. А.   164, 306, 404, 408
Островский Н. А.   395
  Как закалялась сталь   395
Оцеп Ф. А.   338–339, 372–373, 383–384
Оффенбах Жак   300
  Сказки Гофмана   300
Парес Бернард   214
Пастернак Б. Л.   140, 151, 176, 207, 213, 249, 256, 332, 362–363, 368–369, 381–382, 389
  Охранная грамота   249
Пэррье Конрад   275
Петр I, царь   78
Петров Евгений (Е. П. Катаев)   337
Петров-Водкин К. С.   124
Петровский Д. В.   187
Пешкова Е. П.   202, 268
Пикассо Пабло   151
Пильняк Б. А.   134, 140–141, 148, 153–154, 158–159, 162, 164–165,

167, 171–174, 176, 182, 186, 189–190, 192–193, 207, 209, 213, 220, 249, 252–254, 256, 259, 262–265, 268, 275, 279, 346, 360, 363, 389, 394–396, 419, 422–423
  Волга впадает в Каспийское море   264, 275
  Красное дерево   252, 264, 270
  Мясо   389
Питирим, епископ   70
Платонова А. В., бабушка   17
Платонова В. А., тетя   205, 269, 288, 293
Поволоцкий Л. С.   270
Подгорный В. А.   274, 277, 287
Поджоли Ренато   275, 322
Поздюнин В. Л.   274
Познер Андре   285, 328, 414
Познер Валери   285, 328, 414
Познер В. С.   127, 137, 158, 243, 285–286, 291–292, 298–300, 303, 309–312, 318–319, 328, 346, 348–349, 354, 356, 381, 414, 417
Познер С. В.   328, 349
Полонская Е. Г.   137–138, 243
Полонский В. П.   93, 115, 175
Последние новости, газета   164, 291, 297, 399, 404
Постников А. С.   42
Постников С. П.   57–58, 62–63, 113, 154, 158–159, 221–222, 263, 293, 295, 317, 326, 329, 333–334, 389
Поттешер А.-Ф.   367
  «Три часа на Бельвю с русским писателем Евгением Замятиным»   367
Правда, газета   108, 146, 160, 164, 193, 219, 230, 387–389

Прево Марсель   333–334, 353, 364
  Полудевы   334
Прейс А. Г.   242
Прим Сюзи   196, 404
Приск Панийский   211, 384
Пришвин М. М.   58, 113, 387
Прокофьев С. С.   223, 366–367, 370, 378, 385
Пролеткульт   110, 125, 160
Пряник осиротевшим детям   75
Пудовкин В. И.   264, 365
  Буря над Азией (Потомок Чингисхана)   365
Пунин Н. Н.   224
Пушкин А. С.   21, 70, 135, 145, 215, 253, 396–398, 415
Пьер Андре   403
Рабинович И. Я.   289
Радищев А. Н.   376
Радлов Н. Э.   4, 148, 231–233, 276, 289
Радлова Н. К.   289
Райс Элмер   247
  Уличная сцена   247
РАПП   10, 208, 245, 247, 253, 258, 261, 279, 316–317, 323, 352, 361, 368, 379
Расин Жан   367
Распутин Г. Е.   69, 219
Рафаэль   110
Резерфорд Эрнест   224
Рейнхардт Макс   291, 300
Рейнхардт Мария   404
Ремарк Эрик Мария   360
  На Западном фронте без перемен   360
Ремизов А. М.   58, 64–65, 74–77, 82, 92, 94, 112–113, 124, 128, 132,

143–145, 151, 158–159, 263, 298, 302, 306–307, 318, 324, 339, 353–354, 375, 400, 405, 409–410, 416, 419–420
Укрепа: Слово к русской земле, о земле родной, тайностях земных и Судьбе   77
Ремизовы, семья   144–145, 302, 318, 324
Ренуар Жан   386, 391, 404
Ренуар Пьер-Огюст   314
Реперткóм (см. также Главреперткóм)   235–240, 267, 270, 274, 288
Репин И. Е.   151
Речь, газета   69–71, 73, 76, 103
Ривера Диего   393
Риви Джордж   302, 322–324
Рид Джон   109
Римский-Корсаков А. Н.   271
Роден Огюст   122
Рождественский В. А.   187
Розанов В. В.   113
Роллан Ромен   120
Романов Е. А.   68, 122, 130, 156, 330, 359–360, 376, 402, 410
Романовы   8, 57
Ротшильд Эдуард де   315
Ротшильды, семья   325
РСДРП(б)   27, 30–31, 34, 280
Рубакин А. Н.   366, 383
Рубакин Н. А.   366
Рубенс Питер Пауль   151
Руль, журнал   222
Руски архив, журнал   331
Русская мысль, журнал   70, 420
Русские записки, журнал   72, 400
Русские советские писатели, энциклопедия   412

Русский современник, журнал   177, 188–190, 192–195, 200, 210, 222, 232
Русское судоходство, журнал   47
Руссо Жан-Жак   387
Рыков А. И.   240, 260, 263, 266
Рябушинский С. П.   283
Савина В.   340, 382, 423
Савицкий П. Н.   295
Савич А. Я.   383, 423
Савич О. Г.   235, 296, 300, 302, 304, 330, 381
Савичи, семья   300, 304–305, 348, 356, 382–383
Салтыков-Щедрин М. Е.   221, 228
  История одного города   221
Свон Генри   79
Северные записки, газета   93
Сегерс Анна   380
Сегодня, газета   161, 291
Сенкевич Генрик   32
Сера Жорж   151
Серапионовы братья   113, 122, 132, 136, 138, 157–158, 164–166, 176, 184, 195, 218, 243, 285, 314, 396, 422, 424
Сергеев М. А.   289–290
Сибирские огни, журнал   184
Сико Поль   366
Симонов Р. Н.   266, 270
Синклер Аптон   120
Скрябин А. Н.   106–107, 149
Словарь драматургов (неосуществленный)   278
Слоним М. Л.   153, 221–222, 253, 305–307, 332, 350, 376, 384–385, 391–392, 394, 398, 400, 404, 408–409, 411, 413, 417

Портреты советских писателей 332
Слонимский М. Л.   122, 137, 147, 157, 162, 192–193, 243, 255, 263, 265, 286, 290, 297, 308, 361–362, 423
Современник, журнал   72
Современные записки, журнал   154
Современный запад, журнал   156, 232
Сологуб Ф. К.   114, 151, 189, 422
СП (Союз Писателей СССР)   10, 131, 162, 170, 208, 213, 220, 231, 246, 256, 323, 221, 348, 361-364, 368, 376, 381, 389
Спендиаров А. А.   250
Ставицкий А. (Stavi(t)sky Alexandre)   354–355
Сталин И. В.   10, 126, 160, 162, 167, 237–238, 249, 262–263, 274–275, 279–281, 283–284, 287, 294, 297–299, 316, 320, 324, 329–330, 337, 346, 362–364, 374, 377, 380–381, 389–390, 393–395, 400, 402, 411, 420, 423
Станиславский К. С.   332
Тристрам Шенди   131
Стрижевский В. Ф.   384
Струве Г. П.   12, 408–411, 423
25 лет советской русской литературы   408
«Сумбур вместо музыки» (статья в «Правде»)   387
Табакович Иван   372, 376–377
Тарасов-Родионов А. И.   286
Тарле Е. В.   268
Театр русской драмы (Рига)   217
Театральная жизнь, журнал   155

Тескова Анна   295
Теккерей Уильям Мейкпис   149
Тиханов П. Н.   76
Криптоглоссарий   76
Тихонов А. Н.   187
Тихонов Н. С.   114, 121, 137, 138, 152, 156, 189, 192, 202, 219, 226, 228, 237, 243, 245, 276, 281, 361, 362, 382
Тихоновы, семья   276
Толстой А. Н.   65, 113, 156–157, 176, 209, 226, 228, 233, 250, 255, 269, 276, 360, 362, 365, 376, 382, 386–387, 394, 423
Аэлита   176
Оборона Царицына   394
Петр Первый   365, 376, 387
Толстой Л. Н.   111, 151, 170, 217, 338–339
Анна Каренина   170–171, 373, 339, 383
Власть тьмы   217
Война и мир   338
Толстая-Есенина С. А.   405
ТРАМ (Театр рабочей молодежи)   274
Трибьюн, газета   408–409
Триоле Эльза   356
Троцкий Л. Д.   29, 36, 164, 167, 171, 186, 209, 262, 393
Одна или две палаты   35
Тургенев И. С.   15, 217, 358, 418
Вешние воды   358
Записки охотника   15
Лебедянь   15
Месяц в деревне   217
Тынянов Ю. Н.   122, 152, 189, 227, 245, 388
Смерть Вазир-Мухтара   245

Тэффи (Лохвицкая Н. А.) 350
Уайльд Оскар 91
Уитмен Уолт 151
Уманский Д. А. 188, 201, 206
Унбегаун Б. О. 385
Уншлихт И. С. 162, 178
Уотт Д. С. 371–372
Урицкий М. С. 116
Усова Е. И. 31
Усова М. Н., свояченица 31
Усовы, семья 31
Утопия, журнал 174
Уэллс Г. Дж. 120, 130–131, 142, 149, 151, 153, 174, 182, 188, 358, 380, 383, 410
 Машина времени 130
 Война миров 130
Уэст Ребекка 174
Фадеев А. А. 238, 245, 259, 261
 Разгром 238, 245
Федин К. А. 11, 134, 137, 152, 157–158, 188, 190, 192–193, 195, 224, 228, 232, 243, 255–258, 265, 269, 271, 290–293, 295, 297, 300–304, 307–308, 315–317, 323–324, 327–332, 345–348, 351–352, 354–357, 359, 361–366, 368–370, 374, 378, 386, 393, 395, 402, 411, 423
 Похищение Европы 354, 394
Федина Д. С. 188, 257–258, 291, 293, 295, 302, 304, 307–308, 315–317, 323, 328–332, 347–348, 351–352, 357, 365–366, 370, 374, 393, 423
Федины, семья 152, 331, 402, 423
Фейхтвангер Лион 380
Флоренский П. А. 181, 183
 Мнимости в геометрии 181
Фонвизин Д. И. 122

Форд Генри 257
Форстер Э. М. 380
Форш О. Д. 122, 376
 Сумасшедший корабль 122
ФОСП (Федерация объединений советских писателей) 245, 253
Франц Фердинанд, эрцгерцог 69
Фрезинский Б. Я. 114, 137, 157–158, 162, 167, 176, 184, 187, 201, 206, 209, 224, 227, 235, 243, 256, 265, 286, 301, 309, 383, 393, 422–424
Фрейд Зигмунд 360
Хаксли Олдос 11, 309–310, 380, 383, 408, 410
 О дивный новый мир 11, 309–310, 408
Харди Томас 177
 Вдали от обезумевшей толпы 177
Хезлоп Гарольд 278
 Под властью угля 278
Хемингуэй Эрнест 380
Хехт Бен 247
 Первая полоса (с Чарльзом Макартуром) 247
Ходасевич В. Ф. 147, 151–152, 158, 190, 207, 268, 385, 400–401, 404
Ходасевичи, семья 152, 401
Цвейг Стефан 309
Цветаева М. И. 207, 295, 350, 381–382, 385, 398, 400–401, 423–424
Цукмайер Карл 292
Чайковский П. И. 33
Кароль (Charol; переводчик) 201, 207

Чека (ЧК, позже ГПУ, ОГПУ) 10, 116, 123–124, 146, 201, 320
Чехов А. П. 8, 38, 50, 69, 73, 93, 120, 198, 250, 319, 329
Вишневый сад 38, 91, 250
Дядя Ваня 38
Чириков Е. Н. 28
Евреи 28
Чуковский К. И. 116, 121, 123, 127, 129, 132, 135, 139–140, 142–147, 151–152, 155–158, 165, 172–174, 177, 180–182, 189, 190, 192–195, 199–200, 202, 211–212, 222, 226–227, 229–230, 424
Крокодил 230
Чукоккала 194, 424
Чуковские, семья 132, 135
Шагал М. З. 382
Шагинян М. С. 162, 218
Шаляпин Ф. И. 325, 334
Шаляпины, семья 132
Шапиро Р. А. 227
Шапорин Ю. А. 242
Шаховская З. А. 349–351, 361, 376, 380, 384, 424
Шаховской В. Н. 78
Шейн Алекс 125, 299, 411–412, 414
Жизнь и творчество Евгения Замятина 411
Шекспир Уильям 129–130, 149, 279, 367
Король Лир 129
Венецианский купец 129, 215
Отелло 129
Шопенгауэр Артур 151
Шеридан Ричард Бринсли 275, 279
Школа злословия 275
Шериф Р. К. 264
Конец пути 264
Шишков В. Я. 67
Суд скорый 67
Шкловский В. Б. 122, 131, 134, 151, 192, 227, 388
«Сюжет как явление стиля» 134
Шмидт В. В. 268
Шолохов М. А. 255, 387
Поднятая целина 387
Шопен Фридерик 17, 33, 151
Шостакович Д. Д. 242, 388
Шоу Джордж Бернард 120
Шульман Константин фон 29
Шуман Роберт 17
Щеголев П. Е. 21, 75, 113, 151, 162, 202, 211, 213, 238, 268, 276
Щуровский В. А. 54
Эйнштейн Альберт 181, 183, 192
Эйхенбаум Б. М. 65, 122, 152, 189, 216, 388
Эрдман Б. Р. 196
Эрдман Н. Р. 196, 220, 291
Мандат 220
Эренбург И. Г. 176, 187, 201, 206, 209, 215, 222, 224, 234–235, 243, 255, 286, 296, 300, 302, 304–305, 330, 334, 348, 356, 363, 368–369, 380–381, 383, 411, 422, 424
Хулио Хуренито 176
Эренбурги, семья 296, 300, 302, 339, 382
Эрмлер Ф. М. 220
Эсеры (партия социалистов-революционеров) 35, 41, 109–110, 113, 116, 123–124, 160
Эттли Поль 342–343, 351, 355, 404

Эфрон А. С.   382, 385
Эфрон Г. С. (Мур)   385
Эфрон С. Я.   382, 385
Эфрос А. М.   186–187, 189
Юдин П. Ф.   362
Юдина М. В.   269
Юманите (газета)   348, 356
Юркевич В. И.   306
Юрьевская Е. М.   379
Ягода Г. Г.   161–162, 164, 263, 266, 268
Якобсон Р. О.   214, 234, 295, 296, 316, 340
Яковлев Борис   306, 406
Янгиров Р. М.   106, 113, 153–155, 159–161, 169, 174, 186, 222–223, 263, 269, 294–295, 309, 318, 327, 329, 333–334, 414
Яновский Ю. И.   387
Ярмолинский А. Ц.   200, 203, 207, 221, 244–245, 294, 320

Glasgow Herald, The   78, 335, 343, 353, 371
Lidové noviny, газета   214, 221
Lu, журнал   303
Manchester Guardian, газета   332
Marianne, журнал   318, 332, 355, 359, 376, 384, 387, 394–395
Mercure de France, журнал   326
Mois, Le, журнал   310, 316, 326
Monde, Le, газета   302
New Republic, The, журнал   200
Nouvelles Littéraires, Les, журнал   309, 353, 374, 403
Ost-Europa, журнал   316
Paris-Soir, газета   353, 384
Revue de France, La, журнал   333, 353, 364, 391
Rouge et le Noir, Le, газета   349
Russische Rundschau, журнал   201
Slavische Rundschau   316, 340
Vendredi, журнал   388

Содержание

Предисловие 7

Глава первая. Из Лебедяни в Санкт-Петербург (1884–1906) 13

Глава вторая. Из Астрахани в Архангельск (1906–1916) 43

Глава третья. Из Петрограда в Ньюкасл-на-Тайне (1916–1917) 78

Глава четвертая. Петроград (1917–1921) 105

Глава пятая. Петроград/Ленинград (1922–1925) 152

Глава шестая. Ленинград (1926–1929) 206

Глава седьмая. От Коктебеля до Варшавского вокзала (1929–1931) 252

Глава восьмая. Из Риги в Кань (1931–1932) 290

Глава девятая. Париж (1933–1937) 336

Заключение 402

Благодарности 414

Архивы и музеи 416

Источники 418

Библиография 419

Указатель имен 428

Научное издание

**Джули Куртис
АНГЛИЧАНИН ИЗ ЛЕБЕДЯНИ:
Жизнь Евгения Замятина (1884–1937)**

Директор издательства *И. В. Немировский*

Ответственный редактор *И. Знаешева*
Дизайн *И. Граве*
Редактор *Р. Рудницкий*
Корректоры *Г. Князев, А. Нотик*
Верстка *Е. Падалки*

Подписано в печать 15.06.2020.
Формат издания 60 × 90 $^1/_{16}$. Усл. печ. л. 28,0.
Тираж 500 экз.

Academic Studies Press
1577 Beacon Street, Brookline, MA 02446 USA
https://www.academicstudiespress.com

ООО «БиблиоРоссика».
190005, Санкт-Петербург, 7-я Красноармейская ул., д. 25а

Эксклюзивные дистрибьюторы:
ООО «Караван»
ООО «КНИЖНЫЙ КЛУБ 36.6»
http://www.club366.ru
Тел./факс: 8(495)9264544
email: club366@club366.ru

Знак информационной продукции согласно
Федеральному закону от 29.12.2010 № 436-ФЗ

www.ingramcontent.com/pod-product-compliance
Ingram Content Group UK Ltd.
Pitfield, Milton Keynes, MK11 3LW, UK
UKHW022229200326
4878IPUK00006B/11